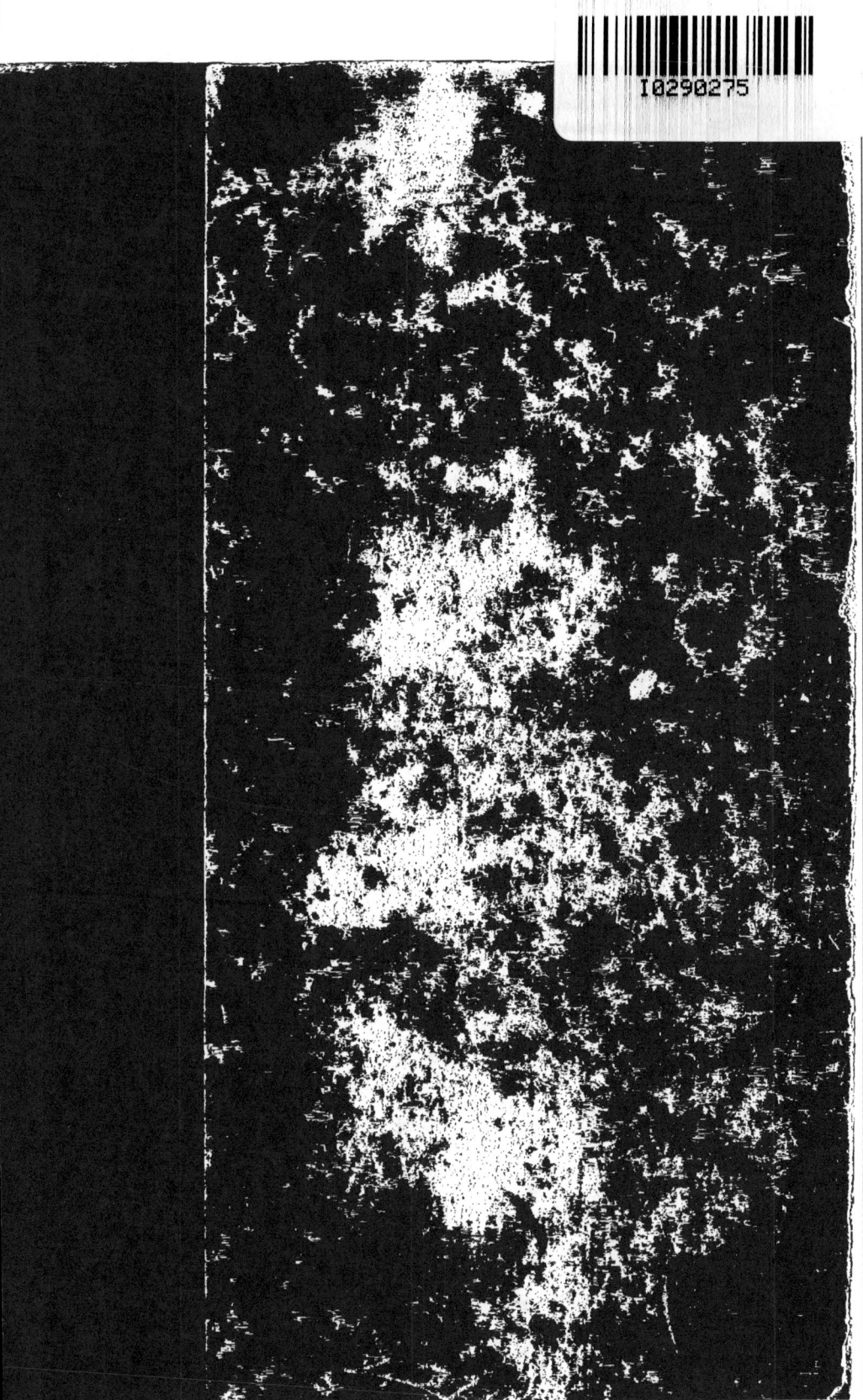

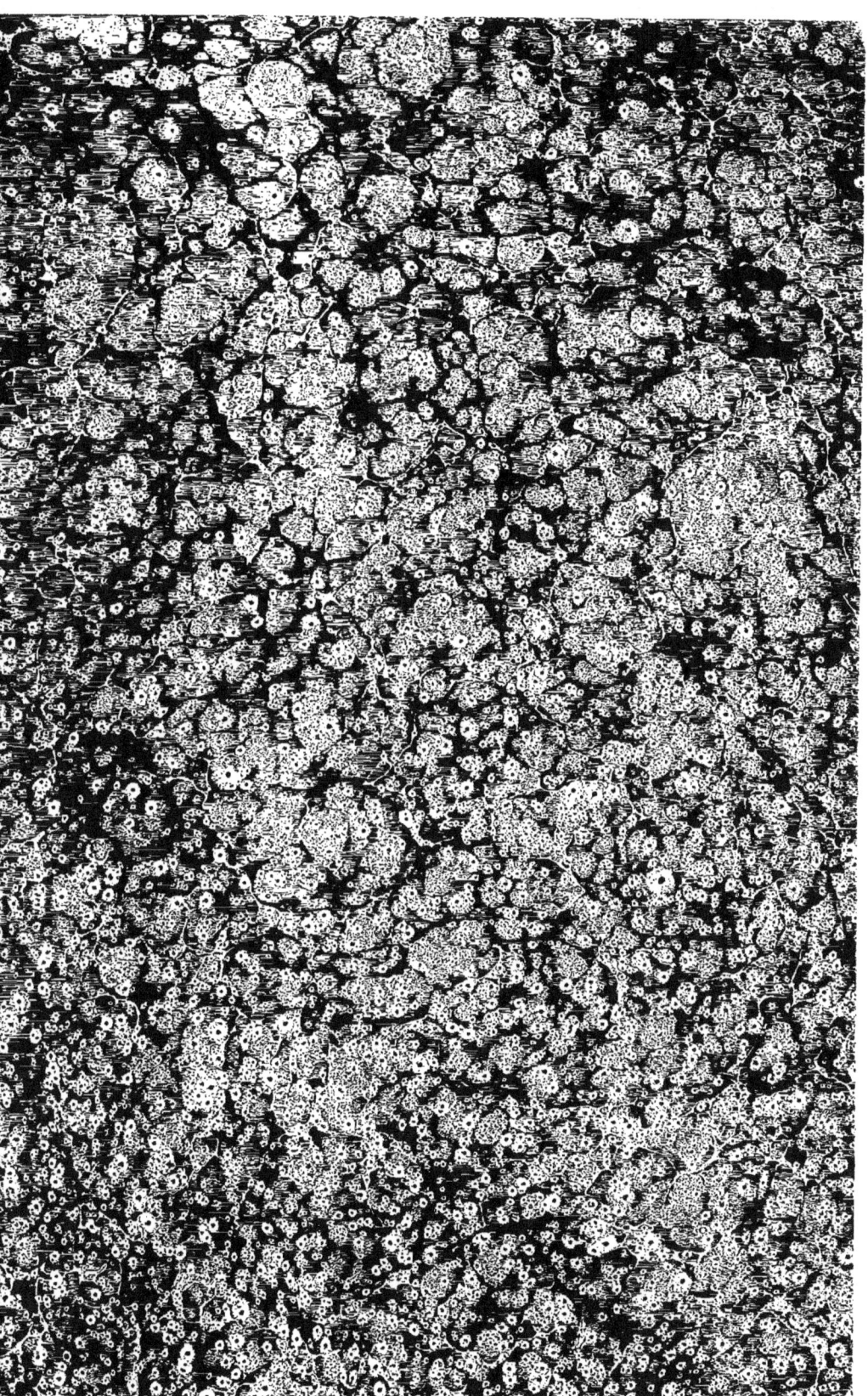

HISTOIRE

DE LA RÉFORME

ET DE LA LIGUE

DANS LA VILLE D'AUTUN

AUTUN, IMPRIMERIES DE MICHEL DEJUSSIEU ET LOUIS VILLEDEY.

HISTOIRE
DE LA RÉFORME
ET
DE LA LIGUE
DANS LA VILLE D'AUTUN

PRÉCÉDÉE D'UNE INTRODUCTION ET SUIVIE DE PIÈCES JUSTIFICATIVES

PAR HIPPOLYTE ABORD

AVOCAT

TOME PREMIER

PARIS AUTUN
DUMOULIN, QUAI DES AUGUSTINS, 13.   M^{e1} DEJUSSIEU, IMPRIMEUR-LIBRAIRE.

1855

AVANT-PROPOS

<small>Scribitur ad servandum, non ad narrandum.</small>

Nous ne possédions presque rien jusqu'ici sur Autun au xvie siècle. Les principales villes de Bourgogne, Dijon, Beaune, Chalon, Mâcon, Tournus, ont eu leurs annalistes contemporains, puis leurs historiens. Autun seul ne connaissait d'autres monuments des guerres religieuses que quelques pages de Théodore de Bèze sur la Réforme, — le vieux tableau de son Musée qui représente le siège soutenu sous la Ligue, — et la *Relation* naïve de ce siège par un contemporain anonyme. La valeur de ces documents est sans doute grande, mais ils se bornent à l'histoire de quelques mois. Plusieurs années d'investigations et de recherches nous permettent aujourd'hui de rétablir avec exactitude la suite des évènements dans cette partie de la province, pendant la seconde moitié du xvie siècle.

On ne saurait trouver une époque plus importante pour Autun dans les temps modernes. C'est celle où les nouvelles doctrines viennent ébranler la vieille foi de cette ville croyante, celle où des guerres renaissantes la menacent d'un de ces coups de main dont elle avait trop connu les funestes résultats dans l'antiquité. L'attachement de nos pères à l'Eglise et aux institutions monarchiques, les entraînements auxquels cédèrent quelques-uns d'entre eux renferment les éléments d'un récit qui nous a paru présenter d'intéressants contrastes.

C'est d'ailleurs à la fin du XVIe siècle que la cité prend momentanément un rôle politique. Ce rôle se maintint tant qu'il importa à l'autorité du souverain, à la paix publique, à l'avenir des deux religions qui divisaient la France, que telle province fût protestante ou catholique, royaliste ou liguée, soumise ou rebelle. Chaque ville avait alors une position à prendre, des principes à propager ou à défendre, un appoint à donner aux partis. Mais une fois les tempêtes civiles calmées sous la main de Henri IV, l'importance politique des villes disparaît et avec elle leur individualité. La paix et l'uniformité refondent en quelque sorte le pays dans un même moule. Les murailles s'abaissent, les forteresses tombent et avec elles une partie des institutions, des souvenirs et l'esprit d'indépendance locale dont avaient vécu nos ancêtres. L'unité du royaume, ce grand travail poursuivi par nos rois, depuis Charlemagne, malgré les efforts tentés par le protestantisme pour la briser, prend corps et consistance, en attendant les compléments que doit y apporter Louis XIV et le souffle de vie nouvelle qui sortira des orages de la Révolution.

Ce n'est donc pas la solennité du moment qui manque à cette période. Ce ne sont pas non plus la multiplicité des faits et ces mille détails qui donnent, à notre avis, son principal intérêt à l'histoire. Cinquante années de guerres, surexcitant les sentiments moraux et l'énergie du pays, nous en apprennent plus que deux cents ans de calme et de torpeur. Chaque évènement de l'histoire générale a, dans ce petit monde, son contre-coup, son reflet, ses conséquences. On y voit, comme sur un plus vaste théâtre, les partis lutter avec animosité et passer par toutes les phases que traversèrent dans le royaume le protestantisme et le catholicisme, le royalisme et la Ligue.

AVANT-PROPOS. vij

Pour tracer l'esquisse de cette histoire, les documents sont nombreux et de diverses sortes.

Il faut placer en première ligne la collection des *Registres capitulaires* de l'église cathédrale d'Autun. En assurant que cette collection est l'une des plus précieuses qui existent dans les archives de province, nous ne craignons pas d'encourir le reproche d'exagération. Là se trouvent consignées, durant près de deux siècles, l'histoire religieuse d'Autun et l'histoire civile de la partie la plus importante de la cité, le Château; documents uniques dont la découverte récente nous permet de faire revivre par la pensée, presque jour par jour, la vie intime de ces temps agités.

Cette collection se compose de vingt-cinq registres in-folio, dont le premier date de 1340. Malheureusement, elle renferme de grandes lacunes. Pour nous borner au XVIe siècle, des dix volumes qui devaient nous fournir des éclaircissements sur la Réforme et la Ligue, deux seulement ont échappé aux causes nombreuses de destruction auxquelles ont été soumises les archives depuis soixante ans.

Le premier de ces registres porte pour titre :

— « *Registre des Actes capitulaires de l'église d'Autun, reçu » par moi Antoine Bullier, secrétaire d'icelle église, pour les » années* 1558, 1559, 1560, 1561. » — Avec cette épigraphe : « *Doce me facere voluntatem tuam, Domine, quia ad te levavi » animam meam.* »

Ce registre, tenu par le prêtre Bullier, chambrier de l'église, est un des plus utiles à consulter, parce qu'il initie aux premiers développements de la Réforme à Autun et dans le sein du chapitre. [1]

---

[1] Nous voyons par des extraits partiels que ces registres étaient encore rédigés en langue latine vers 1535. En 1558 et les années suivantes, ils le sont en français, mais en un français qui, dans le mot et la syntaxe, n'offre qu'une suite continuelle de latinismes.

Mammès Chevalier, clerc du diocèse de Langres, maître-ès-arts, successeur de Bullier dans les fonctions de secrétaire, demeura attaché pendant près de trente ans à ce travail, ayant à peine le temps de rédiger entre chaque assemblée capitulaire les longues délibérations qui avaient été prises. Sa rédaction est remarquable par la multiplicité des détails et par la netteté du style. Elle dépouille autant que possible l'aridité du procès-verbal, et ne laisse échapper aucun incident digne d'intérêt. On y reconnaît presque à première vue le sens exact des faits et le véritable caractère des hommes. Les services rendus par Chevalier dans la tenue des Actes capitulaires le firent proposer plusieurs fois au canonicat; mais ils étaient un obstacle aussi bien qu'un titre à son admission; il n'y parvint que dans sa vieillesse.

Son premier registre, le seul qui nous ait été conservé, commence au 7 avril 1564 et finit en décembre 1569. Il porte un intitulé solennel qui semble indiquer tout le prix que le chapitre et son secrétaire attachaient à cette collection.

— « *Acta ex conclusis capitularibus ecclesiæ Eduensis.*

» *Monumenta non minùs fideliter quàm probatè per Mam-*
» *metem Chevalier ejusdem ecclesiæ beneficiatum, posteà cano-*
» *nicum, transumpta sex voluminibus sive registris, ut dicitur*
» *distincta.* — »

Que sont devenus les cinq autres volumes dans lesquels étaient relatés les évènements ecclésiastiques et la plupart des évènements civils de la ville d'Autun pendant les guerres de religion et la Ligue? Nous ne sommes pas en mesure de répondre à cette question. Des extraits authentiques faits plus de cent ans après sur ces registres, qui étaient conservés d'ailleurs avec une sollicitude toute particulière dans les archives de la cathédrale, prouvent qu'ils existaient encore à la fin du siècle dernier. Au moment où les décrets révolutionnaires vinrent dissoudre les corps religieux, aliéner leurs biens, ordonner la

AVANT-PROPOS.   ix

suppression des anciens titres, les papiers du chapitre furent dispersés. Le chanoine Dechevannes, syndic de la compagnie, sauva heureusement une partie des délibérations capitulaires ; ce sont celles que nous possédons aujourd'hui.

La seconde source principale où nous avons puisé consiste dans les *Registres des Délibérations de l'Hôtel-de-Ville,* recueil considérable qui fait partie des archives municipales. Le plus ancien date de 1543, et la série s'étend jusqu'en 1789, non sans interruptions, surtout dans la dernière partie du XVIe siècle. Quatre seulement nous sont restés de cette période et embrassent un espace de vingt-quatre ans. Il n'en existe aucun pour les premières années de la Réforme. Un seul nous fait connaître les guerres de religion, de 1568 jusqu'en 1577; encore n'est-il composé que de quelques feuillets épars recueillis sans suite et sans choix. Trois autres embrassent d'une manière à peu près complète les temps de la Ligue, de 1589 à 1600. Il est à regretter que leur rédaction ne soit pas uniforme et qu'elle ne présente pas, comme les registres du chapitre, un ensemble parfaitement soutenu [1]. Si l'on excepte les circonstances importantes où quelques développements sont donnés, où le tableau des séances du conseil et des assemblées générales

---

[1] Au XVIe siècle, les titres principaux de la ville étaient enfermés dans un coffre de bois dont le vierg et le syndic avaient la clef. Plus tard, la garde en fut confiée aux échevins. A différentes reprises, on eut à se plaindre de la disparition de pièces importantes. « La majeure partie des papiers, — dit un » procès-verbal de 1600, — avoit subi la peine du feu ; plusieurs chartes et » registres du conseil avoient été détournés ou vendus à des marchands. » Le terrier même resta longtemps égaré, et on fut obligé de recourir à la cour des comptes de Dijon et à celle de Paris pour avoir une copie des privilèges de la ville. En vain des monitoires furent-ils publiés et des poursuites commencées contre les gens *avides de papiers* : les restitutions furent rares. — En 1785, un archiviste, nommé Trécourt, fut chargé par l'avocat Leseure, premier échevin, de classer les archives d'Autun et d'en dresser un inventaire détaillé ; ce travail ne coûta pas moins de 3,000 livres. — Aujourd'hui, nos archives sont retombées dans un désordre auquel il serait temps qu'un maire intelligent mît fin.

s'anime et prend couleur, ils renferment le plus souvent de simples conclusions non motivées, sous forme de nomenclatures sèches et arides.

La perte de plusieurs registres du chapitre et de la ville, toute regrettable qu'elle soit dans l'intérêt de notre sujet, l'est moins cependant qu'elle le paraît d'abord, car lorsque l'une de ces collections fait défaut, l'autre la supplée. Ainsi, sous la Réforme, au moment où l'hérésie éclate dans l'Eglise, à défaut des registres de la ville, nous avons ceux du chapitre, de qui partait l'initiative des mesures répressives contre les protestants. Sous les guerres de la Ligue, qui furent plutôt politiques que religieuses, les registres de la ville sont restés pour nous initier à tous les mouvements militaires. On regrette moins les documents capitulaires quand on réfléchit que la ville entière étant placée sous l'autorité d'un gouverneur, le rôle des chanoines, dans la défense du Château, se réduisait à un simple concours et ne consistait plus dans un commandement presque souverain comme sous les guerres de religion.

Nous avons puisé largement dans ces deux collections, persuadé que c'était le moyen de prendre en quelque sorte l'époque *sur le fait*. Mais il n'était pas sans difficulté d'en tirer parti. En nous bornant à inscrire à leur date les délibérations, principalement celles du chapitre qui renferment pêle-mêle des détails de toutes sortes, nous eussions perdu en grande partie le tableau des choses, des idées, le portrait des principaux acteurs du temps. Il nous a fallu, avant tout, coordonner ces documents, rapprocher sur un même fait, sur un même homme, des textes sans liaison écrits à plusieurs mois ou à plusieurs années de distance, et relier un fil vingt fois interrompu, dont la trace même semblait disparaître. Souvent un mot, une date, le nom, la qualité d'un personnage, d'autres indices non moins fugitifs et cependant certains nous ont mis sur la voie d'un éclaircissement qui ne se présentait pas au premier coup-d'œil, mais qu'il fallait arracher à une étude attentive des textes. Cette étude, nous l'avons faite en quelque sorte à la loupe. C'est ainsi que nous avons pu recomposer, à l'aide de mille fragments, un ensemble que les contemporains n'ont pas jugé à propos d'écrire, parce qu'il vivait tout entier dans leur mémoire. C'est ainsi qu'un sujet complètement inconnu a été tiré du profond oubli d'où, selon toute vraisemblance, il ne devait jamais sortir.

Nous avons aussi extrait un grand nombre de pièces détachées du terrier de la ville, désigné sous le nom de *Livre noir*. Ce recueil n'est autre chose qu'un assemblage de titres originaux ou copies, relatifs à divers sujets, transcrits à différentes époques et réunis vers la fin du siècle dernier. On y trouve des matériaux précieux pour l'histoire municipale d'Autun, tels que les privilèges renouvelés par Henri IV, Louis XIII et Louis XIV, des lettres patentes pour l'établissement de la viérie, pour la création des octrois et impôts, des règlements concernant la défense armée, les fortifications, la police intérieure de la cité.

Les archives de l'Evêché nous ont fourni de nombreux documents, surtout en ce qui touche aux rapports du clergé avec la ville. [1]

A la Bibliothèque nationale, les manuscrits provenant des fonds des présidents Fontette, La Mare et Bouhier renferment

---

[1] Nous en devons la communication bienveillante et souvent l'explication ingénieuse à M. l'abbé Devoucoux, dont la science et le dévouement, en ce qui concerne l'histoire de notre pays, n'ont pas besoin de nos éloges. — Nous devons aussi les remercîments les plus sincères à l'un de nos confrères de la Société Eduenne, M. Henri Pignot, que nous avons consulté sur plusieurs parties de ce travail, et qui a bien voulu venir en aide à notre inexpérience. — Enfin, parmi les personnes dont les conseils ou les obligeantes indications ont utilement servi à compléter nos observations et nos recherches, nous nommerons, entre tous, MM. Rossignol, Canat et Lavirotte qui nous ont signalé dans les archives de Dijon, de Chalon et d'Autun des pièces importantes.

des cartulaires, des édits, des lettres missives, des rapports et mémoires, des inventaires, des arrêts du parlement, des décrets des Etats, des notes mêlées, dont plusieurs se réfèrent à l'histoire d'Autun. C'est dans le fonds La Mare qu'est déposée l'inédite et volumineuse correspondance du maréchal Gaspard de Tavannes avec ses lieutenants, pendant son gouvernement en Bourgogne [12 vol. in-folio]. Ce recueil, trop peu connu et trop peu consulté jusqu'ici, renferme des détails pleins d'intérêt sur chaque ville de la province, sur la marche de l'administration et les vicissitudes de la guerre.

Enfin, dans les protocoles de Jean et de Louis Desplaces, qui, pendant près d'un siècle [de 1510 à 1600], furent notaires du chapitre et des calvinistes, nous avons puisé de curieuses indications sur la parenté, la position sociale, la fortune de ceux de nos aïeux qui figurent dans ce récit.

Telle est l'indication sommaire des sources où nous avons puisé les éléments de l'histoire de la Réforme et de la Ligue à Autun. Sans doute, il en est d'autres qui nous ont échappé, mais du moins nous nous sommes efforcé de n'en oublier aucune.

Ces matériaux réunis, nous avions le choix entre écrire une courte narration d'après les pièces justificatives, ou laisser parler ces pièces elles-mêmes. Dans le premier système, quelques pages eussent suffi pour donner le sens général des évènements; mais il eût fallu laisser de côté des aperçus et des indications qui peignent les mœurs et les hommes. Nous avons, — fidèles à notre épigraphe, — préféré *conserver* et insérer aussi souvent que possible ces textes en entier [1], en les accom-

---

[1] Les pièces justificatives, telles que chartes, lettres patentes, documents inédits, qui par leur développement ou par un rapport moins intime avec le sujet auraient surchargé le texte, ont été renvoyées à la fin de l'ouvrage, par ordre numérique.

pagnant des réflexions nécessaires pour établir leur connexité. Nous avons ainsi laissé la couleur locale (si cette couleur existe) sortir du langage même des contemporains. Grâce au nombre et à la concordance des monuments originaux, la liaison des faits, si elle présente parfois quelque lacune, paraît du moins naturelle et logique; les évènements se suivent, s'enchaînent, forment un ensemble, et le fond du tableau avec ses accessoires ressort fidèlement.

Puissions-nous avoir réuni d'une manière à peu près complète les éléments de l'histoire d'Autun sous la Réforme, les guerres de Religion et la Ligue, sauf à laisser, avec ces mêmes documents, quelque chose de mieux à faire après nous. Ce n'est, du reste, qu'en procédant ainsi par parties, en s'attachant à des époques restreintes, qu'il est possible de créer à la longue une histoire générale d'Autun, sujet plus complexe et qui exige plus d'études variées qu'on ne le pense communément. — Il en est des diverses périodes de notre cité comme de quelques-uns de nos anciens monuments. Il faut fouiller bien avant dans le sol, recueillir les pierres une à une, les rapprocher vingt fois pour retrouver la forme et les proportions d'un fragment, et pour arriver à reconstruire un pan de l'édifice.

Autun, 14 mai 1855.

INTRODUCTION

INTRODUCTION

I

PRÉLIMINAIRES DE LA RÉFORME EN BOURGOGNE ET DANS L'AUTUNOIS.

Quand on envisage les révolutions politiques ou religieuses à distance, on est avant tout frappé des doctrines qui les ont produites et des résultats heureux ou funestes qu'elles ont amenés. Les acteurs de ces grands drames, vus à travers l'éloignement, prennent des proportions qui tiennent autant des évènements auxquels ils ont participé que de leur caractère intime; et dans l'appréciation même de leur caractère, on est plutôt tenté de faire une large part aux mobiles qu'ils affichaient ouvertement, que de tenir compte des passions personnelles qui les faisaient réellement agir. Ainsi, souvent des hommes réputés pour des apôtres, des martyrs, des héros, ou simplement des chefs de partis, lorsqu'on pénètre jusqu'au fond de leurs pensées et de leurs actes, se montrent à nous poussés par des haines implacables, un orgueilleux entêtement, une ambition vulgaire.

La théorie plus ou moins vraie des grands effets par les petites causes ne se trouve que trop souvent justifiée dans les temps de révolution. Ce sont de médiocres instruments qui accomplissent les choses les plus importantes au bien ou au mal de l'humanité; et si le bien succède ordinairement au mal, il n'est pas toujours imputable à ceux auxquels on est tenté de l'attribuer, mais à cette loi supérieure qui veille à la conservation du monde moral et qui, soit qu'on l'appelle avec le philosophe du nom de Providence, ou avec le théologien du nom de Rédemption, fait sortir du crime la réparation, de la destruction le germe de vie, et empêche l'humanité de périr par l'abus de son libre arbitre. Si donc l'on voulait écrire l'histoire, *à posteriori*, en descendant dans l'examen minutieux des faits et des détails les plus intimes, au lieu de la tracer, *à priori*, en vertu de théories préconçues et d'amnistier les causes par les résultats, résultats dont la grandeur et l'utilité sont souvent contestables, on se rapprocherait davantage de cet esprit philosophique de l'histoire que notre siècle se flatte de posséder et qui n'est en réalité que la connaissance du cœur humain appliquée à l'étude des hommes et de leurs œuvres.

Nous n'avons pas à juger ici le côté dogmatique de la Réforme, à jeter une vue d'ensemble quelque peu approfondie sur ses effets sociaux, à nous poser la question de savoir si elle fut l'émancipation de l'humanité, ou bien plutôt un premier pas dans cette voie d'indépendance absolue vers laquelle semblent se précipiter les sociétés modernes. Il nous suffira de dégager d'avance du cadre restreint de notre sujet quelques conséquences qui en ressortent naturellement.

En examinant de ce point de vue l'origine du protestantisme en France, il est difficile de se faire illusion sur la grandeur de la scène et des acteurs. C'est au sein des mœurs corrompues du clergé et des hautes classes, au milieu d'une cour livrée aux voluptés, aux ambitions de famille, aux luttes princières, qu'il trouve ses premiers adeptes. L'esprit frondeur inhérent au caractère français, l'amour des nouveautés par lequel on affiche une sorte de supériorité et de dédain sur les vieilles croyances et les vieilles mœurs, y entrèrent aussi pour beaucoup, mais surtout le désir de rejeter une règle gênante et d'ouvrir à la liberté de pensée et d'action un champ illimité où elle pût se jouer sans entraves et sans remords.

Certainement, — et qui pourrait le nier? — le protestantisme a exercé une grande influence sur les destinées du monde; il a secondé le mouvement de liberté qui entraîne les peuples vers des destinées nouvelles; il a fait prévaloir le droit d'examen; il a donné une impulsion plus vive à cette lutte longtemps indécise du libre arbitre humain contre la suprématie spirituelle de l'Eglise [1]. Mais, politiquement parlant, ne fut-il pas un malheur pour le royaume? Il y implanta la guerre civile pendant près de cinquante ans. Les provinces divisées entre elles se trouvèrent dans un état d'hostilité permanent, suivant que l'une ou l'autre religion y dominait. Les politiques du calvinisme portèrent l'exaltation jusqu'au point de préférer le morcellement du territoire à l'abandon de doctrines encore mal définies et mal comprises par des hommes moins convaincus du symbole de Luther ou de Calvin, qu'irrémédiablement enchaînés à l'esprit de parti. Le pouvoir royal fut abaissé, l'unité du pays menacée, la concorde bannie des familles, la sécurité éloignée des villes et des campagnes, la guerre organisée contre l'autorité municipale et le clergé. Partout la Réforme brisa les liens qui unissaient les citoyens, sans rien mettre à la place. Elle prit l'initiative de l'agression et du mépris. Elle se fit un titre de la résistance qu'on lui opposait pour semer sur tous les points l'anarchie. Elle ne craignit pas d'attirer des bandes étrangères dans le royaume et de le livrer à leur merci, sans redouter le reproche de trahison.

---

[1] M. Guizot, *Histoire générale de la Civilisation en Europe*, leçon XII⁰. — *Essai sur l'influence de la Réformation de Luther*, par Ch. Villers, in-8°, 1802.

Voilà les résultats contemporains, réels, positifs des guerres de religion; — voyons maintenant les motifs.

Ne pensons pas y trouver rien de semblable à ce que nous avons appelé de nos jours *émancipation de l'esprit humain, liberté de penser.* Ces formules faites après coup n'étaient pas familières aux hommes du xvi⁰ siècle, et de l'aveu de deux historiens éminents dont le témoignage n'est pas suspect [1], la Réforme ne répondait en France ni à un instinct national, ni aux nécessités politiques du moment. Quel avantage a-t-elle apporté à la cause de la civilisation que cette cause n'ait pas obtenu sans elle? — La liberté de conscience, dira-t-on. — Nous n'avons certes point la pensée de condamner la liberté de conscience. Elle est un besoin de notre nature, une forme essentielle de la liberté individuelle, une condition même du mérite de la foi. Mais nous ne la croyons pas liée à l'antagonisme de deux religions, et son avènement n'en était pas moins certain sans le protestantisme. Le grand travail de la sécularisation de la justice, de la séparation de l'Eglise et de l'Etat, qui fut l'œuvre spéciale du xvi⁰ siècle, conduisait inévitablement à ce but auquel tendaient tous les esprits éclairés. La Réforme ne fit autre chose que le retarder. Dès que la prétendue tolérance religieuse prit un caractère hostile à l'Eglise établie, au lieu de n'être que l'expression calme quoique indépendante de la liberté individuelle, il fallut s'armer contre elle dans un intérêt politique; et des guerres envenimées pendant un demi-siècle, la défiance qu'inspirait au pouvoir le protestantisme, non comme opinion religieuse, mais comme parti politique, amenèrent les deux évènements les plus opposés à toute idée de tolérance, le massacre de la Saint-Barthélemy et la révocation de l'édit de Nantes, ces deux crimes de lèse-nation, l'un plus horrible aux yeux du sentiment

---

[1] M. Augustin Thierry, *Essai sur l'Histoire du Tiers-Etat*, in-12, t. I, p. 129, — et M. Mignet, *De l'établissement de la Réforme religieuse*, Notices et Mémoires historiques, t. II, p. 248.

d'humanité, l'autre attentatoire au développement, à la prospérité, à l'avenir du royaume.

C'est donc dans des intérêts plus matériels et plus directs, dans des passions plus personnelles qu'on doit, selon nous, chercher les causes de l'introduction du protestantisme en France.

Ces causes furent différentes suivant les diverses classes de la société. Les seigneurs furent conduits au calvinisme par l'ambition de constituer à leur profit, dans les provinces, une féodalité indépendante; la petite noblesse et la bourgeoisie dans l'espérance d'augmenter son influence et ses richesses par l'accaparement des fonctions publiques, des honneurs et des profits de la guerre; le clergé dans le dessein de se débarrasser de ses devoirs, de ses vœux et principalement, disons-le, de celui du célibat. Peut-être quelques esprits sérieux, ayant conservé l'austérité de l'ancienne vie, cherchèrent-ils sincèrement un refuge dans les doctrines nouvelles, mais ce fut assurément le petit nombre. Le puritanisme de l'amiral de Coligny trouva peu d'imitateurs, et bientôt, mettant ses opinions au service de son ambition, le religionnaire convaincu fit place à l'homme de parti. Quant au peuple, malgré les tentations qu'on lui présenta, le calvinisme ne lui fut pas sympathique, et les maux de toutes sortes que les guerres firent peser sur lui suffiraient d'ailleurs à prouver combien cette révolution religieuse était anti-nationale.

Ainsi, partout où se développent les germes du protestantisme, on les trouve implantés dans le relâchement des mœurs et le mépris des lois. A mesure que la corruption et le scepticisme débordent, l'homme supporte plus impatiemment la règle, la répression, les remords, et un moment vient où il *proteste*. C'est donc dans les désordres de cette nature qu'il nous faut chercher les racines de notre sujet avant d'arriver aux fruits portés par la Réforme qui vint communiquer une impulsion plus vive à l'insubordination de l'esprit en divisant contre elle-même la religion de l'ancien monde.

Le xve siècle, comme on le sait, fut un siècle de dissolution morale et religieuse. L'Eglise subit les conséquences de cette loi redoutable à laquelle aucune société n'a encore jusqu'ici échappé, de cette loi presque fatale qui place à la suite de la richesse la jouissance, et à la suite de la jouissance le libertinage. Chose remarquable! l'Eglise continua de conserver intact le dépôt de la foi, mais elle perdit une partie de son action sur la vie morale. Ses décisions restèrent toujours conformes à la stricte orthodoxie, mais elles n'eurent plus d'influence réformatrice. Le doute remplaça la croyance, et ceux mêmes qui allumaient le flambeau sur l'autel allèrent s'éclairer à une autre lumière, à celle du paganisme renaissant de ses cendres avec un prestige de jeunesse que la lassitude des sévérités de la foi lui prêtait dans les imaginations amollies.

Aussi, quel spectacle nous offrent la papauté et le haut clergé? Les fils des familles princières et féodales envahissent les dignités ecclésiastiques, cumulent d'opulents bénéfices sans résider, et à l'aide de leurs riches revenus étalent un luxe effréné et vivent dans le concubinage. La littérature et les arts tournés vers les souvenirs de l'antiquité et l'adulation des sens rejettent dans l'oubli les grands travaux de la pensée chrétienne au xiiie et au xive siècle. Rome elle-même, ce centre de la chrétienté, offre l'image d'un paganisme dissolu, sensuel et brutal. Quelle suite indigne de souverains-pontifes pour clore le xve siècle et ouvrir la porte à Luther. — C'est Sixte IV qui comble ses neveux de principautés, d'évêchés, d'abbayes, installe la guerre civile dans Rome, jette l'interdit sur Florence et sur Venise dans l'intérêt de sa politique, se fait soupçonner d'un vice infâme; « homme cruel, affirme un historien [1], sans crainte de Dieu, sans amour de son peuple, n'ayant de passion que pour le plaisir, l'avarice et l'ambition. » — C'est Innocent VIII, dont

---

[1] César Cantu, *Histoire universelle*, t. xiv.

les abondantes aumônes ne peuvent faire pardonner les débordements, qui fut le jouet de ses favoris et ne régna que dans la pensée de gorger de richesses ses fils et ses filles. — C'est Alexandre VI, l'amant de la courtisane Vanozza et de Julie Farnèse, le père de cette Lucrèce Borgia aimée à la fois de ses deux frères, dont l'un assassina l'autre par jalousie au sortir d'un repas. Déshonorée par Alexandre, la chaire pontificale est plus tard souillée par les intrigues de Jules II, par les faiblesses voluptueuses de Léon X et de Clément VII.

Sans doute, le mal ne fut pas absolu, et l'exemple du bien ainsi que l'ardent désir de réformer les abus ne manquaient pas à l'Eglise. On sait avec quelle énergie Clémangis, chanoine de Langres et archidiacre de Paris, le chancelier Gerson, les cardinaux Pierre d'Ailly et Julien Césarini signalèrent les désordres du clergé et provoquèrent de sérieuses réformes. Le même siècle qui vit sur le trône des pontifes les Sixte IV, les Innocent VIII et les Alexandre VI présente aussi Nicolas V, l'un des papes les plus dignes par le caractère et les plus zélés pour la renaissance des lettres anciennes ; — Calixte III qui fonda la Bibliothèque Vaticane et fut le principal auteur de la victoire de Belgrade contre les Turcs ; — Pie II dont l'érudition était universelle et qui fut un des plus habiles politiques de son temps ; — Eugène IV dont l'humilité regrettait, au moment de la mort, pour le salut de son âme, d'avoir été élevé au cardinalat et à la papauté.

La Bourgogne, qui donna naissance à deux des plus grands établissements monastiques du monde chrétien, Cluny et Cîteaux, d'où se répandit au moyen-âge la vie catholique dans ce qu'elle a de plus puissant, avait, au milieu de tous ces désordres, gardé à peu près intacte la foi religieuse. Le peuple ne partageait pas généralement la dissolution des grands et ne foulait pas au même point le respect du devoir. « Sa dévotion semble même parfois plus vive que jamais, comme s'il eût senti davantage le besoin de chercher dans le ciel un soulagement aux misères de la terre. On le voit s'imposer les pénitences les plus rigoureuses, des pèlerinages, des macérations sans nombre ¹. » Cette ferveur était excitée par des missionnaires tels que saint Vincent Ferrier qui fit entendre à Nevers, à Chalon, à Autun sa parole apostolique ² ; tels que le fondateur des Minimes, saint François-de-Paule dont les fils spirituels s'établirent quelques années après dans l'Eglise d'Autun. Les documents attestent également l'influence qu'exerça sur la discipline une suite nombreuse de conciles généraux dont deux se tinrent à Lyon. « Dans ces assemblées, on condamnait les abus. La sainteté des mœurs et l'observance des bons principes étaient continuellement inculquées. Jamais on ne vit, pendant tant de siècles, la loi placée face à face contre les passions déchaînées se maintenir plus ferme et plus immobile, sans faire un pas en arrière, sans leur permettre un seul instant de repos ou de trève, jusqu'à ce qu'elle les eût subjuguées ³. » Cette lutte de la règle ecclésiastique contre tous les genres de séductions et d'entraînements accrus par les complications de l'état social d'alors ne fut qu'une longue série de combats mêlés d'alternatives de revers et de succès. Vains efforts ! du centre, la corruption ne tarda pas de gagner les extrémités et de se répandre dans la plupart des provinces. Là, se retrouvent le même antagonisme entre le bien et le mal, la même guerre entre la croyance et le doute, entre la régularité et la licence. — A défaut d'un coup-d'œil général qui sortirait des limites de notre sujet, bornons-nous au diocèse d'Autun.

---

¹ Cantu, t. XIV, p. 414 et 415.

² Saint Vincent Ferrier vint à Autun vers 1417, selon le témoignage d'un ancien archiviste de l'évêché. — « Jours tenus le 1ᵉʳ septembre 1440, — est-il » dit dans une de ses notes, — au champ Saint-Ladre, devant la chapelle où » feu frère Vincent et autres ont prêché. » — Ferrier qui avait embrassé l'ordre de Saint-Dominique mourut à Vannes, en 1419.

³ Balmès, *Le Protestantisme comparé au Catholicisme*, t. I, p. 27.

INTRODUCTION. 9

Il suffit, si l'on veut se faire une idée de son état au xve siècle, de s'arrêter à l'épiscopat du cardinal Rolin, le plus remarquable de tous par la durée. Ce fils du chancelier de Philippe-le-Bon, ce descendant d'un bourgeois enrichi par la générosité de son maître, par l'abaissement des familles féodales et la confiscation de leurs biens, par d'habiles compromis diplomatiques, est un parfait modèle de ces princes somptueux de l'Eglise, dont la puissance imposait à leurs sujets et dont l'ambition épuisait leurs diocèses. En lui, l'ostentation des convictions religieuses, l'accomplissement des devoirs extérieurs s'alliaient aux passions les plus égoïstes. Solliciteur infatigable d'abbayes, cumulateur de bénéfices et de commendes, Rolin semble ne s'être jamais arrêté dans la poursuite de la fortune [1]. Sans doute, il en fit un charitable et magnifique emploi. Il érigea des monuments, répara et embellit les églises, fit peindre des tableaux, plaça partout sa devise et ses armes; il renta les hôpitaux, secourut les pauvres et dota richement ses bâtards. Mais ces exemples de charité et de magnificence étaient-ils sans danger? Si c'était là accomplir toute la loi, l'humilité chrétienne, la sévérité pour soi-même et la chasteté devenaient des vertus inutiles. L'emploi de la richesse amnistiait le relâchement des mœurs, le but dans lequel on la recherchait justifiait les moyens de l'acquérir. Quelle influence pouvaient exercer sur son clergé les conseils d'un évêque qui vivait avec la sœur d'un de ses châtelains, Anne de Gouy, débauchait une religieuse, Raymonde de Roussy, détournait une femme mariée, Alix Regnier, et faisait légi-

---

[1] Jean Rolin, fils de Nicolas Rolin, chancelier de Bourgogne, occupa le siège épiscopal pendant 47 ans [1436-1483].
Outre les revenus considérables de son évêché et les nombreuses prébendes qu'il s'était fait attribuer dans différentes églises, il posséda les abbayes de Saint-Martin d'Autun, de Saint-Marcel de Chalon, de Saint-Etienne de Dijon, de Saint-Michel d'Anvers, de Notre-Dame de Gouaille, de Balerne, les prieurés de Saint-Symphorien, de Bar-le-Régulier, d'Anzy-le-Duc, etc., etc., etc.

timer deux de ses enfants naturels pour les élever aux dignités et aux bénéfices ecclésiastiques? [1]

Mais il faut lui rendre cette justice : indulgent pour ses propres faiblesses, le cardinal ne pardonnait point à celles de ses ouailles. Il réprimait avec rigueur les désordres des clercs et les irrévérences des laïques à l'égard de la religion. Impiétés, sorcelleries, hérésies, tout se trouve en germe sous son épiscopat qui fut aussi brillant par le côté extérieur que déplorable par la décadence de la foi. Le libertinage régnait dans le clergé, le scepticisme s'emparait des âmes, les préceptes de l'Eglise étaient publiquement enfreints, sa

---

[1] Le cardinal Rolin laissa *cinq* enfants naturels; savoir d'Anne de Gouy :

I. *Sébastien* Rolin qui hérita de la terre de Chazeux-sur-Arroux et eut de Louise de Montreu, Jean, Pierre, Barbe et Jeanne.

II. *Pierre,* protonotaire du Saint-Siège, prieur de Bar-le-Régulier, chanoine et archidiacre d'Autun. Il composa, suivant Chasseneuz, un excellent traité sur l'art oratoire. Philippe-le-Bon le légitima, en 1464, ainsi que son frère Sébastien.

III. *Jeanne,* légitimée, en 1484, par Charles VIII. Il est fait mention d'elle dans un catalogue de la confrérie du Saint-Sacrement dressé vers 1532, en qualité de femme de François Desplaces.

Il eut de Raymonde de Roussy (de Russinco) :

IV. *Jean* Rolin. Ses lettres de légitimation, datées de 1484, portent que sa mère était du Comtat-Venaissin, le qualifient conseiller du roi et énoncent que ses père et mère étaient morts.

Il eut enfin d'Alix Regnier :

V. *Blaise* Rolin, légitimé en 1494, curé de Dracy et de Saint-Jean-de-Luze (Saint-Emiland), doyen de l'église collégiale de Saulieu et prieur commendataire de Saint-Symphorien d'Autun.

Alix Regnier, dotée par le cardinal, épousa successivement François Collinet, puis Nicolas, bâtard de La Haye, qui entre autres fiefs posséda celui de Saint-Symphorien : le nom de ce dernier indique assez qu'il était lui-même enfant naturel. Blaise Rolin, marchant sur les traces de son père, eut de Nazaire Jacquelin, mariée à Thomas Bouquin, une fille adultérine, Barbe, légitimée en 1509. On n'eut garde, — dit le généalogiste qui a dressé avec soin cette descendance, — d'exprimer dans la supplique que sa mère était mariée; on y rappelle formellement au contraire qu'elle était fille : ce qui n'est pas, d'après Chasseneuz.

Voir la *Généalogie* manuscrite de la famille Rolin, composée en 1777 par l'abbé Boullenier, principal du collège de Dijon [Archives de la Côte-d'Or, Inventaire, t. XVII]; — et les *Commentaires sur la Coutume de Bourgogne,* par Barthélemy de Chasseneuz, p. 1336 et suiv. (titre de la *Légitimation*).

INTRODUCTION.

discipline méconnue, ses cérémonies les plus sacrées prises en dérision. Citons-en quelques exemples.

Vers 1446, deux habitants de Beaune, nommés Jean Galet et Guillaume Mathon, exposent leurs marchandises avec une sorte d'affectation, le lundi de Pâques, contrairement aux statuts synodaux. Un Girard Bère, de Saint-Aubin-en-Charollais, est signalé pour n'observer ni dimanches, ni fêtes, ni commandements de l'Eglise. Jean Chalamel, de Sanvignes, prêtre, Jean Protat, Huguenin Jayet, de Paray, et plusieurs autres furent condamnés par l'officialité pour leurs propos hostiles à la juridiction spirituelle et épiscopale.

Lorsque la religion perd son empire, l'esprit qui ne peut subitement se déshabituer de croire se jette dans la superstition comme dans un refuge entre la foi et l'incrédulité. De là, le penchant à la magie, aux maléfices, à d'intimes relations avec les puissances surnaturelles. La croyance si répandue des rapports des hommes avec le diable, de qui on attendait certaines jouissances défendues qu'on n'osait demander à Dieu, se trahit vers cette époque par un fait caractéristique.

Le samedi 8 décembre 1447, un nommé Renaud Dillot se fit absoudre de crimes religieux par lui commis quinze ans auparavant. Sa confession publique fut telle. Se trouvant, dit-il, en compagnie de plusieurs personnes honnêtes, dans une taverne voisine d'Autun, il feignit tout-à-coup d'être malade, se jeta sur un lit, et s'adressant à ses compagnons : « Je demande un prêtre. » Jean Frichot, ecclésiastique présent, répondit aussitôt qu'il était disposé à lui rendre les services de son ministère. Sur ce, on entendit le prétendu malade s'écrier : « Oui, je veux être confessé et communié » de par le diable. » Et d'après la remontrance à lui faite qu'il devait se confesser pour Dieu et point pour son ennemi, Renaud reprit : « Non, te dis-je, je me confesserai de » par le diable. » Le curé renouvela ses charitables exhortations, ajoutant : « Renaud, comment te confesseras-tu ? » Le mécréant alors de proférer ces paroles impies : « Je » renie Dieu, la Vierge Marie, la cour célestiale du Paradis

» et prends le diable à père, seigneur et maître, et veux
» ainsi être communié. » Frichot rompit en ce moment du
pain, et s'adressant au blasphémateur : « Je vais donc te
» faire une hostie. » A quoi Renaud répliqua de nouveau :
« Ne me fais point une hostie de pain, mais bien de pa-
» pier, car, entends-tu? je ne veux pas qu'elle soit de pain. »
Le prêtre arrondit alors un morceau de papier en forme
d'hostie : « Il faut, dit-il, te confesser autrement que tu ne
» veux faire. » — « Je ne me confesserai point autrement.
» Je renie Dieu, la Vierge Marie et toute la cour du Paradis
» et veux prendre icelle hostie au nom du diable, mon sei-
» gneur et maître. » A cette dernière imprécation, Jean
Frichot approcha de la bouche de l'impie le papier qu'il
avait préparé : « Eh bien! dit-il, voilà le pain du diable.
» Sois maudit comme lui! » Et ainsi Renaud reçut la fausse
hostie au détriment et à la perdition de son âme et aussi au
grand scandale du peuple témoin de ce fait. Les assistants,
pour donner une explication de cette étrange conduite, se
répétaient entre eux que dans son pays et ailleurs, Renaud
Dillot était réputé sorcier, qu'il avait l'habitude des sortilèges et passait pour avoir des intelligences avec les démons
et les malins esprits. Du reste, c'était, disait-on, un usurier,
un rongeur des pauvres gens qu'il dépouillait à son profit.
On racontait qu'ayant un jour invité quelques amis pour
boire avec eux, et l'un des convives s'étant écrié : « Buvons
» très bien de ce vin du crû! » Renaud avait répondu :
« Buvons et au diable la goutte de ce vin, qu'il soit de bon
» acquêt ou non, pourvu qu'il soit céans, par petits poin-
» çons, en mon cellier! » Or, on ajoutait qu'il avait bien
chez lui dix queues de vin et qu'il se les était appropriées
par des voies illégitimes. L'amende à laquelle l'officialité
condamna le coupable venu à récipiscence fut de vingt
saluts d'or. [1]

---

[1] Les registres de l'officialité de l'évêché nous présentent, à côté du fait que nous venons de rapporter, un autre exemple de blasphème suivi également

La même année, le chapitre de la collégiale nouvellement fondée par le chancelier Rolin était obligé d'instruire contre un chanoine, Jean Hellevin, et l'un de ses confrères qui, « à tous deux, » avaient commis un crime tellement grave et scandaleux que, « pour leur honneur et celui de l'Eglise, » on chercha à le couvrir d'un silence absolu [1]. Cinq ans plus tard, en 1452, le cardinal-évêque ordonnait à l'un de ses confidents, messire Hugues Charles, châtelain de Touillon, de se saisir d'un vassal nommé Jean Champion, de Villeneuve-en-Duesmois, qui avait, en diverses circonstances, prononcé « certaines paroles hérétiques et contraires à la foi catholique, » et de l'enfermer au *Puits* de Touillon [2]. On ne saurait rattacher cet acte d'une manière précise à une hérésie dominante. Il est tout aussi permis d'y voir un de ces exemples d'insubordination religieuse et irréfléchie devenus chaque jour plus fréquents, qu'un témoignage de la propagation des doctrines de Jean Hus ou de son disciple, Jérôme de Prague.

Ce sont là sans doute des faits isolés, sans caractères précis et qui ne peuvent jeter qu'un faible jour sur la tendance générale des esprits; mais ils montrent du moins quelles profondes atteintes recevait alors l'antique simplicité

---

de punition. — « 1450. — Pour ce qu'aujourd'hui Barthélemy Durand a juré » malicieusement la *poison-Dieu*, on l'a condamné à offrir demain, devant » l'autel de Monsieur saint Ladre, un cierge d'une demi-livre de cire, en » manière d'amende. »

[1] *Consultation pour le prévôt de la collégiale de Notre-Dame-du-Châtel d'Autun*, contre les chanoines de la même église. Dijon, 1774, 1 vol. in-4° [à la Bibliothèque de la ville]. — Il s'agissait dans l'espèce vraisemblablement de sodomie.

[2] Prison souterraine, sorte de cul de basse-fosse ou d'oubliette. — La terre de Touillon, près Montbard, appartenait aux évêques d'Autun. Le château bâti à l'antique, sur une hauteur, par Hugues d'Arcy, avait, suivant un plan du XVe siècle, une enceinte fortifiée d'environ 170 pieds de long sur 90 de large, avec tours, guérites, pont-dormant et pont-levis. Au centre de la cour formée par cette enceinte existait une citerne : c'était ce qu'on appelait le *Puits* de Touillon.

de la foi. Nous pourrions en citer un bien plus grand nombre, si nous possédions, sur cette époque, des documents formant une série continue; ceux qui nous sont parvenus suffisent du moins à présenter de l'Eglise d'Autun, vers la fin du xve siècle, un tableau peu flatté. Les statuts délibérés en chapitre général ne cessent de défendre aux chanoines et aux clercs, sous peine d'excommunication, de s'adresser des injures dans le chœur de l'église, de troubler l'office par des rixes qui dégénéraient en effusion de sang, de quitter l'autel, pendant qu'ils servaient la messe, pour aller causer avec les laïques, de posséder des concubines dans leurs maisons, de s'y réunir pour jouer aux dés et aux cartes. L'interdiction est fréquemment renouvelée de célébrer la fête de l'Ane, celle des Fous, des Innocents, de la Circoncision, de se livrer dans le sanctuaire à des mascarades et à des danses accompagnées de propos cyniques et de gestes indécents, de se mêler, durant carnaval, aux troupes de masques qui parcouraient la ville et assaillaient les maisons et les passants.

Cet état de choses continue durant la première moitié du xvie siècle. En 1556, au milieu de l'ébranlement général causé par les doctrines luthériennes, l'évêque Philibert d'Ugny sévit dans ses statuts contre les ecclésiastiques concubinaires. Il recommande aux curés de se comporter avec décence et sobriété aux repas qui se donnent à la suite des services pour les morts et dans les granges des confréries, le jour de la fête de leurs patrons. Ces repas prolongés souvent avec excès donnaient aux prêtres l'occasion de supprimer une partie de l'office, ou de le célébrer dans un état d'ivresse qui était un sujet de scandale pour les fidèles.

Les idées de liberté de croyance et de droit illimité d'examen, les attaques amères contre l'Eglise auxquelles la Réforme donna une plus grande force ne firent qu'augmenter le mal, et en le signalant, sous prétexte de le flétrir, elles l'envenimèrent. Elles augmentèrent la licence des mœurs par la licence des paroles et firent perdre les derniers restes de respect.

Les abbayes et les prieurés présentaient l'image d'une complète désorganisation. Leur indépendance presque absolue du chef diocésain, l'éloignement des supérieurs qui ne résidaient pas, la jouissance de revenus qui, sans donner la richesse, procuraient une large aisance, l'absence de vocation réelle de la part des religieux avaient laissé tomber la règle en désuétude. Les moines vivant comme des séculiers, poussaient souvent plus loin qu'eux l'indépendance et le libertinage. Ils justifiaient par là les attaques des novateurs, lorsqu'ils ne grossissaient pas leurs rangs.

Les deux principaux monastères d'Autun, Saint-Martin et Saint-Jean-le-Grand, fondés par la reine Brunehaut, étaient frappés d'une déplorable décadence. On a souvent rappelé, sans en peindre tous les incidents, la vie licencieuse de l'abbesse de Saint-Jean, Claude de Rabutin, que François Ier exila au prieuré de Marcigny, pour y réparer par la pénitence les scandales qu'elle avait donnés et les débordements qu'elle avait introduits dans son monastère [1]. L'abbaye de Saint-Martin ne présente pas un tableau plus moral; tous les vices y règnent pêle-mêle. « Deux moines avaient contrefait les sceaux de l'abbaye et fabriqué des titres faux dans leur intérêt; d'autres vendaient les actes authentiques à des acheteurs intéressés; d'autres faisaient main basse sur l'argent; d'autres jetaient le froc et couraient le monde; d'autres enfin avaient accumulé des fautes si graves qu'on avait jugé à propos de les couvrir du voile du secret, et que le prieur renvoyait les coupables demander au pape une absolution que lui seul était assez puissant pour donner. Quelques mots jetés au hasard dans les notes manuscrites

---

[1] S'il en faut croire un antique portrait échappé à la dévastation de l'abbaye de Saint-Jean et dans lequel Claude de Rabutin est représentée en voile d'abbesse, avec cette légende :

Je suis l'abbesse dont les flancs
Enfantèrent vingt-quatre enfans,

sa longue vie de désordres n'aurait pas du moins été stérile.

de l'abbaye, comme les suivants : de 1542 à 1546, état de désordre, absence du grand-prieur; en 1549, mandement qui suppose un grand scandale; en 1551, troubles le 23 septembre et le vendredi suivant; en 1556, absolution de deux grands crimes commis par le frère G. de F... De pareils mots peignent assez dans leur concision énergique les mœurs dissolues et turbulentes des religieux. » [1]

C'est sous l'épiscopat de Jacques Hurault [1505-1546], que pour la première fois on commence à s'alarmer de l'invasion du protestantisme dans nos provinces. Un concile fut assemblé à Lyon, en 1527, par l'archevêque François de Rohan. Les prélats et les abbés de la province s'élevèrent avec force contre les hérésies *chaque jour pullulantes*, contre les scandales dont l'état ecclésiastique était *méprisé et vilipendé*. Le concile décida que dans le diocèse de Lyon et dans ses quatre suffragants les doctrines de Luther et de ses sectateurs ne pourraient être répandues, enseignées, soutenues par prêches, instructions, discussions ou autrement. Sous peine d'excommunication, défenses furent portées à toutes personnes de se faire initier à ces dogmes, de lire les traductions de l'Ecriture faites par Luther et par ses disciples. Les prélats et supérieurs ecclésiastiques ne devaient admettre les clercs aux ordres sacrés qu'après un scrupuleux examen de leur vie, de leur âge, de leur science et de leur capacité. Les curés et les vicaires furent invités à redoubler de zèle dans l'enseignement des vérités de la religion et à veiller constamment, de peur que l'hérésie ne se glissât parmi le peuple.

Les statuts synodaux publiés quelques années après par Hurault furent le complément des décisions de cette assemblée. Rédigés avec élégance par l'official Jean Blondel, ils sont également remarquables par la sagesse de leurs prescriptions. La lettre pastorale qui les précède confirme le

---

[1] *Essai historique sur l'abbaye de Saint-Martin d'Autun*, par M. Gabriel Bulliot, t. I, p. 337.

récit des maux que nous venons d'exposer et montre en même temps les efforts tentés pour y porter remède [1]. Hurault s'attacha à compléter ces mesures disciplinaires, en essayant de développer le goût des études sacrées parmi le clergé. Il recherchait les théologiens habiles ; il attirait dans son diocèse les prédicateurs dont la parole éloquente pouvait rendre à la foi l'honneur que les malheurs du temps tendaient à lui enlever. Si sa vigilance n'empêcha point des chutes qu'il regardait lui-même comme inévitables, au moins elle en retarda l'heure, elle en diminua peut-être le nombre.

A côté de ces conseils, il y avait des exemples.

Les traditions de vertu et de science n'avaient pas manqué, depuis un siècle, à l'Eglise d'Autun ; elles étaient encore vivantes dans les souvenirs [2]. N'avait-elle pas compté parmi ses enfants Jean Petit-Jean, l'austère réformateur de Saint-Martin et l'énergique défenseur de son indépendance ; — le cardinal Jean de Montholon, qui laissa en manuscrits, dans l'abbaye de Saint-Victor de Paris, différents traités de théologie et résuma, dans un manuel scholastique, les connaissances du droit civil et canon ; — les théologiens Claude Guillaud et Jean Blondel versés dans toutes les matières

---

[1] Voir aux *Pièces justificatives,* n° 7, la traduction de la lettre adressée par J. Hurault au clergé de son diocèse, extraite du recueil publié à Autun, en 1534, et intitulé : *Constitutiones synodales diocœsis Eduensis.*

[2] L'abbaye de Saint-Andoche, où l'on ne vit jamais de graves désordres, paraît avoir été régulière vers cette époque. François Ier, dans une lettre du 15 juin 1523, écrite quelque temps après son voyage à Autun, dit, au sujet d'une visite de Claude de France et de Louise de Savoie dans cette abbaye : « Nous, nos très chères et très aimées compaignes, la reine et dame-mère, » estans dernièrement au dit Ostun, nos dites compaignes visitèrent le monas- » tère de Saint-Andoche, lequel elles trouvèrent en bon ordre et réparation, » tant des religieuses que des édifices, et désirant la sainte réformation, elles » demandèrent à l'abbesse (Huguette Bouton) si elle et ses religieuses vou- » loient bien être réformées, comme les autres de nostre royaume, lesquelles » abbesse et religieuses répondirent que très volontiers et ne demandoient » autre chose. » — L'original est au fonds Saint-Andoche. [Archives de l'évêché.]

ecclésiastiques, sans parler de la plupart des évêques en qui la science et la régularité se rencontrèrent presque toujours à un degré éminent! Il suffit, d'ailleurs, de remarquer le double rang de chapelles accolées pendant le cours du XVe et du XVIe siècle à l'église Saint-Lazare et de lire les testaments de leurs fondateurs, pour reconnaître combien la foi vive et l'esprit d'expiation s'étaient conservés dans les âmes d'élite. Toutefois, les hommes avides des idées réformatrices, ou habiles à profiter des scandales, ne manquaient pas de prétextes pour justifier aux yeux du grand nombre la tendance vers les opinions nouvelles.

Ce fut seulement vingt ans après l'apparition de Luther que l'agitation religieuse se manifesta à Autun sous une forme arrêtée et avec un esprit tout-à-fait hostile. Elle débuta par un évènement qui marque dans l'histoire de son Eglise et nous montre le fanatisme protestant installé au cœur même du diocèse.

Le 15 mai 1541, dans l'après-midi, une profanation inouïe fut commise dans l'église souterraine de Saint-Jean-de-la-Grotte située au Château d'Autun. On trouva le tabernacle brisé, les hosties répandues sur l'autel et sur les dalles du sanctuaire. Le peuple à ce spectacle, — dit Gagnare [1], — fut vivement touché et criait : Miséricorde ! afin de réparer un si horrible sacrilège. Le chapitre alla aussitôt en corps à l'église paroissiale, toutes cloches sonnantes, pour ramasser les saintes espèces. Le lendemain, une procession générale sortit du cloître, conduite par l'évêque Hurault qui était arrivé en toute hâte de son château de Lucenay. Elle descendit sur le Champ-de-Mars, au couvent des Cordeliers, et une messe d'expiation fut célébrée devant la porte et un sermon adressé au peuple réuni sur la place publique, « à raison de sa trop grande multitude et abondance. » Le jour suivant, le chapitre fit une seconde procession autour du grand cloître, les

---

[1] *Histoire de l'Eglise d'Autun,* par le chanoine Philibert Gagnare, in-8°, 1774, p. 205.

chanoines portant des flambeaux, Jacques Hurault marchant en tête avec le Saint-Sacrement. Une première station eut lieu à la cathédrale Saint-Nazaire où prêcha le théologal Claude Guillaud; une seconde à Saint-Lazare où fut célébré un office solennel.

Il semblait, selon la foi restée encore vive dans certaines âmes, que rien ne pût expier un si grand crime. Il avait été commis au centre de la ville religieuse, dans le voisinage des églises de Saint-Nazaire, Saint-Lazare et Notre-Dame, sous l'œil du chapitre et de l'évêque. C'était dans une crypte vénérée comme le plus ancien sanctuaire de la cité que le sacrement de la charité et de l'amour, respecté par Luther lui-même, avait été profané. Ce sacrilège était évidemment une provocation adressée aux catholiques. Partout, avant de s'attaquer aux personnes, les réformés brisaient les images, renversaient les autels, souillaient les espèces eucharistiques, témoignant par là leur mépris pour la présence réelle qui faisait un des principaux points litigieux entre Genève et Rome.

La promptitude de la répression répondit d'une manière terrible à l'horreur inspirée par le crime. Les soupçons se portèrent immédiatement sur des habitants d'Autun connus pour être affiliés à la secte. On arrêta un des notables de la ville, Pierre d'Andozille, médecin, qui fut incarcéré à la citadelle de Rivaux et bientôt relâché faute de preuves [1]. Deux jours après, on saisit à La Bussière, en Nivernais, maître Pierre Moreau, praticien, et à Bourbon-Lancy Nicolas Charbonnier, son complice [2]. Tous deux s'étaient enfuis à grande

---

[1] Pierre d'Andozille, docteur en médecine, mourut en 1566, laissant un fils unique, André d'Andozille, qui fut aussi médecin. André embrassa, à l'exemple de son père, les idées nouvelles, et nous aurons plus loin occasion de parler de lui.

[2] On voit un Claude Charbonnier, recteur des écoles d'Autun, qui, en 1517, reconnaît tenir de l'abbaye de Saint-Andoche la maison du *Grand-Saint-Christophe* où existait son collège. Nicolas, arrêté comme coupable en 1541, appartenait-il à sa descendance? On peut le supposer, car nous ne trouvons aucune famille de ce nom originaire d'Autun, au XVIe siècle.

hâte pour se soustraire aux poursuites; ils furent ramenés chargés de fers et mis en accusation.

Jamais procédure ne fut conduite avec plus grande rapidité. Quatre jours après l'arrestation des suspects, le 26 mai, arrivaient à Autun, envoyés de la cour, deux commissaires de la Chambre ardente, le président de Boisy et François de Vendôme, vidame de Chartres, son neveu [2]. Le 4 juin suivant, moins de dix jours après le sacrilège, au milieu d'un immense concours de peuple attiré par ce funèbre spectacle, Pierre Moreau et Nicolas Charbonnier étaient brûlés, *comme luthériens*, sur le Champ-Saint-Ladre, à deux pas de la potence dressée de temps immémorial pour les criminels, entre la croix, symbole du pardon de Dieu, et l'ormeau séculaire, symbole de la justice des hommes.

Cet auto-da-fé, propre à frapper les esprits d'épouvante, donna lieu à un jeu de mots rapporté par le chanoine chroniqueur du temps, jeu de mots intraduisible en français et portant sur le prénom de l'un des condamnés, Nicolas Charbonnier :

Christum *ni colas*, peribis (tibi dico), *Nicolas!*

Les deux suppliciés du Champ-de-Mars furent-ils dûment convaincus d'être les auteurs du sacrilège commis à Saint-Jean-de-la-Grotte? Nous n'en avons pas aujourd'hui la preuve, la procédure n'étant pas arrivée jusqu'à nous. Mais leur fuite précipitée, la marche hâtive de l'instruction, la solennité de l'exécution indiquent assez, ce semble, que la culpabilité

---

[2] Le président Boisy était de la maison de Gouffier. Jacqueline de La Trémoille avait épousé un Claude Gouffier et lui avait apporté, entre autres biens, la terre et le château de Dracy-Saint-Loup. Lors de son séjour à Autun, durant le procès, le président alla rendre visite à sa parente. « Mercurii prima » junii 1541. — Dominus de Boisy apulit Dracei. » — *Journal manuscrit d'un chanoine d'Autun, de 1539 à 1545.* [Archives de l'évêché.] L'auteur de ces notes historiques pleines d'intérêt paraît avoir été un Nicolas Gaucher, natif d'Avallon, pourvu vers ce temps d'un canonicat de l'église Saint-Lazare.

INTRODUCTION. 21

n'était point douteuse et que la main qui frappait un coup si terrible ne croyait pas s'égarer.[1]

Ce châtiment n'empêcha pas, quelque temps après, un religieux jacobin de prêcher dans les chaires de St-Nazaire et de St-Jean des doctrines suspectes et de se faire jeter dans les prisons du chapitre, d'où il parvint à s'évader. En 1544, un Celse Gaigne reste pendant treize mois dans la même prison et dans celle des Cordeliers pour fait d'hérésie. En février 1545, un nommé Mathon est incarcéré pour la même cause par le procureur de l'Eglise. Enfin au mois de septembre suivant, un prêtre d'Arnay, accusé d'avoir foulé aux pieds les espèces eucharistiques, s'en échappait et y était plus tard réintégré.

Théodore de Bèze, ce premier disciple de Calvin, qui fut tour-à-tour un rhéteur frivole et un amer controversiste, qui composa des petits vers libertins et des traités théologiques empreints d'une sauvage intolérance, Bèze a tracé, dans son Histoire des Eglises de France, les actes des martyrs de la secte calviniste. Son patelinage doucereux quand il parle de l'innocence et de la simplicité de colombe de ses coreligionnaires se change en une causticité mordante à l'égard des catholiques. L'allure de l'écrivain dans ce livre curieux par les détails qu'il renferme sur la naissance des communautés protestantes est, — qu'on nous pardonne la trivialité de la comparaison, — celle d'un chat qui fait patte de velours à ses amis et jette les griffes à ses adversaires. L'historien calviniste s'est plu à rapporter le sacrilège de Saint-Jean-de-la-Grotte, avec des insinuations qui tiennent plus de l'apologie de ses frères en religion que de la vérité de l'histoire :[2]

---

[1] On ne lira peut-être pas sans intérêt le texte latin du *Journal* du chanoine contemporain de ce fait important pour l'histoire religieuse d'Autun. — Voir *Pièces justif.* n° 8.

[2] *Histoire ecclésiastique des Eglises réformées au royaume de France, de 1517 à 1563,* par Théodore de Bèze. Anvers, 1580, t. I, p. 96. — Bèze, rappe-

— « D'autre côté, à Autun, ville épiscopale du parlement de Dijon, advint qu'en la paroisse de la Crotée (St-Jean-de-la-Grotte), ès festes de Pâques, le ciboire tomba sur l'autel plein d'hosties qui s'espandirent çà et là, jusques en terre, soit que la cordelle dont il étoit suspendu fût pourrie, ou comme aucuns voulurent dire, que quelques enfans, cuidans avoir des oublies, les fissent tomber; laquelle chose divulguée et courant le bruit soudainement que quelques luthériens estrangers avoient faict cela, il fut quand et quand advisé de rechercher par les maisons, s'il s'y trouveroit quelques estrangers. Cela fut cause que deux personnages trouvés en la maison d'un pauvre tisserand, avec quelques balles de livres de la Religion, qu'ils advouèrent avoir amenées et vouloir porter en France, furent aussitôt conduits en prison, là, où étans torturés sur le faict précédent, ils montrèrent assez qu'ils ne savoient que c'étoit; mais ayant faict pleine et entière confession de leur foi, ils furent condamnés à être bruslés; ce qui fut exécuté quant à leurs personnes avec une merveilleuse constance qui en édifia plusieurs. Mais, quant à leurs livres, on fourra au lieu d'iceux, dans les balles, de vieux registres et papiers, et furent les livres partagés entre quelques-uns de la justice et un nommé Guillaud, docteur en Sorbonne et chanoine théologal d'Autun, homme de bonnes lettres aussi, et non éloigné de la Religion quant au sentiment, de sorte qu'il en a faict plusieurs plus gens de bien qu'ils n'étoient. » —

Discutons, en deux mots, les différents points de ce récit. Il importe peu de savoir si les hosties étaient déposées dans un ciboire d'argent, en forme de colombe, suspendu au-

---

lons-le en passant, n'était pas étranger à la Bourgogne. C'est sur les limites de la province, dans la ville de Vézelay, alors du diocèse d'Autun, à l'ombre des hautes murailles de l'abbaye, que naquit d'une famille catholique noble le plus éloquent des réformés. Son père, Pierre de Bèze, était bailli de Vézelay. Il transmit sa charge à Nicolas, l'un de ses fils, qui embrassa aussi la Réforme. Une sœur, malgré l'exemple de ses deux frères, resta fidèle à la foi de ses ancêtres.

dessus de l'autel, comme cela avait lieu au moyen-âge, ou si elles étaient renfermées dans un tabernacle, selon l'usage qui s'établit vers cette époque [1]. Les récits contemporains tracés sur les lieux mêmes signalent une effraction, et elle était possible dans l'un et l'autre cas. En supposant que des enfants s'emparèrent des hosties, comme par jeux, et *cuidans avoir des oublies,* Bèze n'a voulu, croyons-nous, que plaisanter, avec son cynisme habituel, sur le mystère le plus vénéré de la religion catholique. Enfin, ces deux libraires brûlés et ces livres calvinistes distribués par le théologal Guillaud pour servir de *semence à la bonne parole,* sont la répétition ou le double emploi d'un fait que nous allons raconter et qui arriva quinze ans plus tard, en 1556, d'après le témoignage du même auteur confirmé cette fois par nos manuscrits.

— « En cette année, — dit Théod. de Bèze, — le 26 septembre, furent pris et amenés à Autun deux libraires avec leurs balles, l'un nommé Robert Cotereau et l'autre Noël Bardin. Mais, par le moyen de quelques-uns des principaux qui avoient déjà embrassé la Religion, comme entre autres du lieutenant de la chancellerie d'Autun, nommé Bretagne, ceux qui leur firent procès, encore que de leur part ils eussent faict entière confession de leur foi, les condamnèrent seulement au fouet : ce qui fut tellement exécuté qu'ayans à grand'peine reçu trois coups de verges, ils furent inconti-

---

[1] Le *repositorium* ou *tabernaculum*, en forme de colombe, est très ancien et nous vient d'Orient. Saint Basile conservait les hosties dans une colombe d'or sur l'autel; saint Perpet de Tours, au ve siècle, lègue une colombe d'argent, et Aaron, évêque d'Auxerre, fait à son église, en 806, un pareil présent. Ce fut vers le commencement du xvie siècle, et par crainte des profanations des huguenots, que l'usage s'introduisit de placer les espèces consacrées dans un lieu fermé. — On lit dans les *Constitutiones synodales diocœsis Eduensis* dressées par ordre de l'évêque Hurault, en 1534 : « Ostias quæ re-
» liquæ fuerint post administrationem præcipimus ut in loco honesto et mundo,
» serà occluso asserventur. » — Dans l'*Histoire de Tournus,* par Pierre Juenin, p. 263, le mot *repositorium* est ainsi annoté : « Armoire à côté de l'autel
» où dans la plupart des églises on conservait le Saint-Sacrement. » Cette armoire ou tabernacle a remplacé ce qu'on nommait, au moyen-âge, la *suspense,* la *conserve,* la *tour,* la *réserve,* la *colombe.*

nent couverts de manteaux par quelques-uns des magistrats mêmes, et leurs livres qui avoient été confisqués leur furent en partie rendus secrètement et en partie achetés et payés : ce qui servit grandement, comme on pense, à en instruire plusieurs autres. » [1] —

Il paraît certain qu'il n'y eut que ces deux libraires arrêtés pour cause de propagande réformée. Nulle part il n'est fait mention de ceux que Bèze assure avoir été brûlés à la suite de la profanation de Saint-Jean-de-la-Grotte, et les coupables, nous l'avons vu, étaient citoyens d'Autun. Les livres confisqués sur les colporteurs protestants furent remis au théologal Guillaud, en exécution de l'édit de Châteaubriand [1551], qui attribuait l'approbation des ouvrages imprimés aux facultés de théologie et l'inspection de ceux mis en vente et colportés à deux délégués de ces facultés et aux juges locaux. Guillaud les légua en partie au chapitre avec sa bibliothèque composée de 3,000 volumes environ, bibliothèque fort considérable pour le temps. [2]

Claude Guillaud, dont Bèze se plaît à mettre en doute l'orthodoxie, fut un des hommes éminents du clergé d'Autun. Professeur en Sorbonne, prédicateur éloquent, commentateur érudit des Ecritures saintes, ses ouvrages font foi de sa soumission absolue à l'Eglise [3]. « En sa qualité de théologal,

---

[1] *Hist. des Eglises réformées*, t. 1, p. 110.

[2] La Bibliothèque du chapitre fut réunie à celle du grand séminaire, quelques années après la Révolution. On y voit plusieurs ouvrages calvinistes datant de l'origine de la Réforme. Il n'est pas moins intéressant d'y trouver un fonds de livres ecclésiastiques qui remontent à la naissance des écoles cathédrales sous Charles-le-Chauve, ou même sous Louis-le-Débonnaire. — V. le *Catalogue des manuscrits de la Bibliothèque du séminaire d'Autun*, par Libri, dans le Recueil général des manuscrits des départements, t. I. Ce travail bibliographique, utile à consulter, fait connaître en quoi consistait la propagande populaire du protestantisme dans nos contrées et présente par cela même un vif intérêt. La nomenclature de ces divers opuscules et pamphlets, suivie de courtes indications de leur contenu et souvent d'analyses raisonnées, peint mieux que nous ne saurions le faire l'esprit de l'époque.

[3] On lit en tête de chacun d'eux cette épigraphe significative : OMNIA JUDICIO ECCLESIÆ SUBMISSA SUNTO.

dit un biographe, il eut la précaution de préserver son chapitre cathédral de la lecture des livres de Calvin dont les novateurs envoyoient des caisses entières à ce chapitre pour le pervertir [1]. » Il sut, par la sagesse de son enseignement et la modération de ses idées, calmer l'irritation des esprits et conserver, dans Autun, l'attachement à la foi catholique, sans flatter les abus. [2]

Afin d'être aussi complet que possible, citons encore, d'après le témoignage unique de Théodore de Bèze, le fait suivant dont nous ne pouvons vérifier l'exactitude :

— « En ces temps, un jeune homme nommé Andoche Minard, natif de Saulieu, et chapelain de l'église collégiale qui y est, étant revenu de Genève, où il s'étoit retiré pour la Religion, fut saisi au bourg de Montcenis, pour avoir repris quelques blasphémateurs du nom de Dieu, et après avoir faict magnifique confession de foi par plusieurs fois réité-

---

[1] *Annales de l'histoire d'Autun et de son Eglise,* par ordre chronologique, jusqu'en 1760. [Biblioth. de M. l'abbé Devoucoux.] — Ces annales manuscrites, longtemps attribuées par erreur à l'abbé Pinot, ancien prévôt de la collégiale de Notre-Dame, ont été compilées par Jean-Marie Duchêne, curé de l'Hôpital-le-Mercier près Paray, puis curé de Créancey, de 1760 à 1780. Dans une Relation inédite d'une excursion dans l'Autunois et le Charollais, en 1774, Courtépée, qui travaillait alors à sa *Description du duché de Bourgogne,* fut en rapport avec M. Duchêne, et a dit de lui, page 108 : « Je laissai au curé de » l'Hôpital-le-Mercier une critique en huit cahiers de l'*Histoire d'Autun* par » le froid Gagnare, dont il me parut fort curieux. C'est un des plus respecta- » bles pasteurs du diocèse, la fleur des curés du canton et surtout plein de » connaissances dans l'antiquité. »

[2] Guillaud, né à Villefranche dans le Lyonnais et mort à Autun, en 1561, a laissé des *Commentaires* sur les Evangiles de saint Mathieu et de saint Jean, dont il offrit la dédicace au cardinal de Lorraine, des *Homélies* sur les Epîtres de saint Paul dédiées, en 1543, à l'évêque Jacques Hurault, et des *Sermons* auxquels on peut reprocher une crédulité poussée jusqu'à la superstition et qui surprend quand on la compare à la gravité de ses autres ouvrages. — On voit encore aujourd'hui, au-dessus de la sacristie de la cathédrale, la belle salle gothique où Claude Guillaud donnait ses leçons de théologie. On y remarque surtout un pilier central qui supporte la gerbe de soutènement d'où partent toutes les nervures de la voûte. C'est dans un des compartiments de cette vaste salle que l'on conservait la bibliothèque qu'il avait léguée.

rée, fut bruslé vif, devant le grand temple de Saint-Ladre d'Autun, le 15ᵉ d'octobre 1556, avec une merveilleuse constance. » [1] —

Tels sont les premiers symptômes qui signalent l'existence encore occulte du protestantisme dans le diocèse, symptômes isolés, dépourvus de liaison, peu propres à nous éclairer sur les causes qui retardèrent ou hâtèrent sa marche. Ils nous conduisent au seuil même de notre sujet.

Malgré le nom de luthériens donné aux deux premières victimes du protestantisme autunois, la Réforme s'introduisit principalement dans nos pays par la voie de Genève. Elle ne se propagea avec succès que lorsque Calvin eut publié ses éloquentes Institutions en langue française, et qu'il eut frappé les esprits par l'élévation orgueilleuse de son caractère, par la sévérité de sa vie, et rempli de ses disciples les provinces du midi.

Dans le cours des années 1559 et 1560, la Bourgogne éprouva les premiers tressaillements du calvinisme, mais ils furent aussitôt comprimés. Les gentilshommes de la province se glorifiant d'avoir été, par leurs aïeux burgondes, *les premiers chrétiens d'entre les Francs* [2], déclarèrent qu'ils seraient les derniers à souffrir dans leur pays cette nouvelle religion. Ils étaient confirmés dans cet esprit de résistance par un homme qui, pendant plus de quinze ans, eut la haute main sur les affaires de la province. C'était Gaspard de Saulx-Tavannes [3], lieutenant-général de Bourgogne

---

[1] *Hist. des Eglises réformées*, t. 1, p. 110.

[2] *Mémoires de Guillaume de Tavannes*, p. 444. « Les Bourguignons, — écrit » Tavannes, — se disoient plus anciens et premiers chrestiens que les autres » François, lesquels ne l'avoient été que par le moyen de l'une de leurs prin- » cesses mariée au roy Clovis. »

[3] Gaspard de Saulx était le second fils de Jean de Saulx, seigneur d'Orain, d'Arc-sur-Tille, grand-gruyer de Bourgogne, et de Marguerite de Tavannes. Lorsque dans sa jeunesse il fut présenté par Jean de Tavannes, colonel des

pour le duc d'Aumale. Il était un des plus braves et des plus éclairés de son temps, prompt et tenace dans ses déterminations, téméraire sur le champ de bataille, plein de confiance en sa fortune dont il disait : « Elle est dans ma tête et dans mon bras [1]. » Son indépendance vis-à-vis des partis, des rois et des grandes familles était poussée jusqu'à l'audace; sa franchise mordante n'épargnait personne. Entre autres sorties, il s'écriait un jour « que si Charles IX vou- » lait donner le bâton de maréchal de France au comte de » Retz, comme le bruit en courait, lui, donnerait le sien à » son valet. » Lorsque cette haute dignité lui fut conférée en récompense de ses services : « Je fais autant pour vous » de l'accepter, répondit-il au roi, étant tel que je vous suis, » que vous faites pour moi de me l'offrir. » Son âme, selon l'expression énergique d'un historien, était de celles qui entrent de fer dans les épreuves et qui en sortent d'acier.

Bandes noires, comme page de François Ier, ce prince, le substituant d'avance à la faveur dont jouissait son oncle, voulut qu'il joignît à son nom celui de sa mère. Le titre de Saulx fut dès lors affecté à l'aîné de la famille, Guillaume, seigneur de Villefrancon et de Sully dans l'Autunois.

Peu de temps après la bataille de Renti, Tavannes, par lettres du mois de novembre 1556, reçut la lieutenance de Bourgogne. De ce moment, il résolut de ne s'attacher ni aux princes, ni aux partis qui divisaient la cour, de rester étranger à la faction des Guise comme à celles des Montmorency et des Châtillon et de n'être plus que du seul parti du roi. Avant lui, les lieutenants dans les provinces obéissaient à l'impulsion des gouverneurs; « il les mit *hors* » *de pages,* dit-il, et disposa de tout sans avertir le duc d'Aumale. »

Claude de Lorraine, chef de la branche des ducs d'Aumale, avait été nommé gouverneur de Bourgogne, le 16 juin 1550. Il mourut au siège de La Rochelle, la même année que Tavannes (1573), à l'âge de 47 ans. Tavannes répugna toujours à considérer d'Aumale comme son chef. Lorsque le duc venait dans la province, le lieutenant se retirait dans sa terre de Sully et habitait le vieux donjon des Rabutin (le château moderne n'était pas encore achevé), jusqu'à ce que le gouverneur eût quitté le pays ; alors, mais seulement, il retournait à sa charge.

[1] C'est à peu près la réponse de Jeannin au médecin de Semur qui, voulant donner sa fille en mariage à l'avocat autunois, l'interrogeait sur sa richesse : « Ma fortune et mon bien, les voici ! » répliqua Jeannin en se frappant le front et en montrant du doigt les livres de ses tablettes.

Le même homme qui, dans sa jeunesse, prenait plaisir à faire sauter son cheval d'une roche à l'autre, sur une largeur de vingt-huit pieds, plus tard, à Renti, se jetait sur la cavalerie impériale et décidait la victoire. Le duc François de Guise aurait bien voulu s'attribuer l'honneur de cette action. « Monsieur, dit-il à Gaspard de Tavannes, nous » avons fait les plus belles charges qui furent jamais. » — « Monsieur, répondit Tavannes, vous m'avez bien sou- » tenu. » Et comme le duc cherchait à l'éloigner pour se mettre à sa place et l'engageait à prendre du repos, il ajouta : « Monsieur, je suis à la place que Dieu et mon épée m'ont » acquise. » Henri II, qui survint, le trouvant à la tête de ses hommes d'armes et voulant lui témoigner sa satisfaction aux yeux de l'armée entière, détacha son propre collier de l'ordre de Saint-Michel et le lui passa au col, en disant : « Vous êtes un lion qu'il faut enchaîner. »

Tavannes avait un profond attachement pour la religion catholique. Toute sa conduite pendant les guerres civiles tendit à la protéger contre les protestants. Il mourut avec la satisfaction de n'avoir accompli que sa mission et se confessa sans faire mention d'avoir adhéré à la Saint-Barthélemy, « contre des rebelles qui s'étoient précipités à leurs » malheurs, malgré que Leurs Majestés en eussent. » Il n'avait pas craint de la conseiller ouvertement; et joignant l'ironie à la fureur, on le vit courir dans Paris, l'épée à la main, au moment du massacre, en criant au peuple : « Saignez ! saignez ! les médecins disent que la saignée est » aussi bonne en tout le mois d'août, comme en mai ! » « Tavannes, a dit un de ses biographes, fut plus grand que sa renommée. Assez homme de bien pour se placer en dehors des factions, assez habile et assez ferme pour se maintenir dans cette position si difficile, les partis ne l'ont point exalté et l'histoire l'a presque méconnu. C'était pourtant l'un des plus grands hommes de guerre du XVIe siècle, un des politiques les plus sensés, un des plus remarquables caractères. » Ses *Mémoires* rédigés par son fils, d'après ses inspirations, nous montrent dans un curieux pêle-mêle

INTRODUCTION. 29

les connaissances multiples du théologien orthodoxe, du stratégiste consommé et du politique inflexible.[1]

Dur et austère dans son gouvernement de la Bourgogne comme à la guerre, Tavannes ne se laissa jamais entraîner que dans la ligne du devoir la plus droite et la plus sévère. Abandonné de la cour et livré le plus souvent à ses seules ressources, il s'occupa sans relâche de préserver la province de l'hérésie, et c'est à sa persévérance qu'elle dut d'avoir été faiblement agitée par la guerre civile et de n'avoir pas vu dans son sein deux religions lutter publiquement entre elles.[2]

Les calvinistes ne laissèrent pas de chercher à y fonder des établissements, mais ces établissements ne furent ni considérables, ni de longue durée. Dès 1559 et 1560, ils possédaient à Lyon plusieurs temples. A Tournus, Pierre

---

[1] Tavannes « dure expression du parti catholique », écrit avec beaucoup de justesse M. Capefigue, *la Réforme et la Ligue,* 3ᵉ édition, in-12, p. 370. — Voir la notice de M. Moreau sur Saulx-Tavannes en tête des *Mémoires* de Jean de Saulx, vicomte de Tavannes, dans la grande *Collection des Mémoires pour servir à l'histoire de France,* par MM. Michaud et Poujoulat, t. VIII.

[2] Th. de Bèze, avec sa tactique habituelle, appelle Tavannes « un homme » d'autant plus dangereux qu'il avoit eu autrefois connoissance de la Religion. » On ne trouve dans les *Mémoires* de son fils rien qui puisse autoriser une pareille imputation. Tout y respire au contraire une orthodoxie sévère, un attachement profond à l'Eglise. Tavannes a pu gémir des abus qui s'étaient glissés dans le culte ou dans la discipline, sans s'écarter pour cela du respect filial d'un vrai catholique. C'est là probablement ce qui a donné à l'écrivain calviniste l'idée de le ranger parmi les premiers adeptes de la Réforme. « Du reste, » Gaspart de Tavannes et Villefrancon, son frère, — continue-t-il, — acquirent » cet honneur d'avoir plutôt vidé les bourses que coupé les gorges, et s'ils » persécutoient les huguenots, c'étoit surtout pour les forcer à se racheter... » Aussi c'est chose incroyable comme parmi toutes ces guerres et tempêtes, ils » peschèrent en eau trouble. » — Mézeray, dans son *Histoire de France,* t. x, p. 124, a adopté cette opinion. « La Bourgogne se maintint dans l'obéis- » sance du roi et dans l'ancienne religion, par la vigueur de son parlement » et par les soins de Saulx-Tavannes qui désarmèrent les huguenots et chas- » sèrent les artisans et autres racailles de cette profession des principales » villes de la province, comme de Dijon, d'Autun, de Beaune, retenant pour » ôtages les plus riches; mais, du reste, ils leur firent plus coûter d'argent » que de sang. »

Bolot; à Mâcon, Dumoulin et Jean Raymond, élèves de Guillaume Farel, ministre-adjoint de Calvin, propageaient son dogme. Les réformés avaient pour chefs dans cette dernière ville les quatre frères Dagonneau, riches, adroits, influents, qui se rendirent maîtres des charges d'administration, de justice, de police et prirent la haute main dans les affaires de la cité. A Chalon, deux ministres, nommés Lamotte et Duprey, prêchaient publiquement, chantaient les psaumes en français, administraient, selon le rit de Genève, les sacrements du baptême et du mariage, célébraient la Cène dans une maison de la rue aux Fèves appartenant à la ville, tandis que leurs émissaires distribuaient dans les faubourgs des catéchismes, des livres de doctrine et annonçaient dans les campagnes que le nouveau règne du Christ allait commencer, que les temps étaient venus où il ne fallait plus payer ni cens, ni dîmes, ni recettes manuelles à l'Eglise et aux *papistes*, c'est-à-dire aux catholiques. Les huguenots disposaient à Beaune d'une grange pour leur prêche et d'un cimetière pour leurs inhumations. A Arnay-le-Duc, à Charolles, à Paray, ils se comptaient en assez grand nombre. A Couches, les semences d'hérésie qui se développèrent si puissamment quelques années après existaient déjà. Dans quelques campagnes, se formaient de petites communautés, sous la protection du seigneur, fauteur souvent fanatique des idées nouvelles. Tels étaient, entre autres, le baron de Traves à Saint-Léger-sous-Beuvray, et le seigneur de La Nocle, Dupuis-Montbrun, qui avait fait de son château-fort le refuge des protestants d'une partie de l'Autunois et du Nivernais. Enfin, le scandale fut porté au comble et un dangereux exemple fut donné lorsque Spifame, évêque de Nevers, et Antoine Caraccioli, évêque de Troyes, apostasièrent publiquement.

Les associations protestantes ne se composèrent, dès les premiers temps, que d'un petit nombre de fidèles et ne furent pas toujours présidées par un ministre du culte. Les émissaires de Genève disparaissaient au premier orage, laissant le troupeau sans pasteur. Quelquefois les convertis s'assemblaient en plein champ, au nombre de mille à douze cents; le ministre montait sur une hauteur, le peuple se plaçait sous le vent, pour mieux recueillir sa parole; puis hommes et femmes entonnaient les psaumes, tandis que ceux qui avaient des armes veillaient à l'entour, la main sur la garde de leur épée . Plus tard, quelque prédicant, *enseigneur de la voie salutaire*, venait constituer la communauté et lui donner une organisation complète, un ministre, des diacres, des dépositaires des aumônes, des anciens ou surveillants des mœurs et de la police. Ces Eglises jetées dans le même moule, entourées des mêmes obstacles, occupées des mêmes intérêts, entretenant entre elles pour la défense commune des relations intimes, formèrent bientôt une vaste société. Leur premier soin fut d'éviter l'inquisition du clergé catholique, le second de s'étendre. Elles se propagèrent rapidement dans les provinces où les magistrats, par humanité ou par connivence, fermaient les yeux sur ces assemblées dont on ne pouvait révéler l'existence, sans exposer ceux qui les composaient, hommes, femmes et enfants, aux châtiments les plus sévères.

Il est difficile de savoir en quoi consista, dès le principe, le parti réformé à Autun, comment grandit son influence et quelle fut sa force morale et numérique. Ses traces se dérobent au début, apparaissent confusément durant le cours des guerres religieuses et disparaissent sous la Ligue. Après elle, on trouve encore quelques individus isolés, quelques familles étrangères qui, malgré la surveillance du chapitre et des magistrats, viennent s'établir dans la cité; mais l'édit de Nantes protégea à grand'peine ces nouveaux venus, et s'il profita à quelque vieillard appartenant à la génération qui avait vu naître le calvinisme, sa révocation ne frappa aucune famille originaire d'Autun même.

Les éléments dont pouvait s'emparer le protestantisme à Autun étaient moins nombreux qu'ailleurs. Il n'y avait pas dans la ville de cette petite noblesse à qui la Réforme et les guerres de religion présentaient une occasion d'occuper son oisiveté et de se relever momentanément de sa décadence; elle vivait confinée dans quelques châteaux voisins et n'était pas nombreuse.[1]

L'étude de la jurisprudence et les charges de justice étaient devenues, depuis l'affranchissement des communes, la cause principale et surtout la plus générale de l'élévation de la bourgeoisie et un moyen de se rendre indispensable au clergé et à la noblesse qui, jusque là, s'étaient souvent passé d'elle. Mais, si l'on excepte les magistrats imbus des traditions administratives et parlementaires, cette bourgeoisie n'avait que des prétentions modérées à l'influence publique; elle rendait volontiers hommage à celle du clergé et n'eût pas voulu acheter la prédominance au prix d'une rupture ouverte avec lui. Elle était liée par ses habitudes, ses besoins, ses croyances, ses sympathies même aux gens de l'Eglise. Dans une petite ville où chacun vivait avec une simplicité sans prétention, les relations étaient trop fréquentes et trop intimes pour ne pas consister dans un échange ha-

---

[1] En parcourant les papiers du temps et surtout les listes des notables qui assistaient aux assemblées générales ou qui étaient convoqués pour les cérémonies publiques, il est difficile d'y découvrir quelques nobles de bon aloi. Le petit nombre de ceux qui se parent de ce titre sont d'anciens bourgeois ayant occupé des charges municipales ou acheté de petits fiefs, tels que les Tixier, les Venot, les Barbotte,...... familles chez lesquelles on voit pour la première fois ce travers devenu si commun depuis, de chercher à s'élever vaniteusement au-dessus de la bourgeoisie : ce qui leur a mal réussi, car, bon gré mal gré, elles y sont restées.

Dans la dernière moitié du XVIe siècle, les principales familles nobles établies aux environs d'Autun étaient : la famille de Tavannes à Sully; celle de Rabutin divisée en deux branches, l'une à Epiry, l'autre à Chantal-lès-Monthelon; celle de Chambellan-Rolin à Epinac; celle de Chaugy divisée en deux branches, l'une à Roussillon, l'autre à Anost; celle de La Tournelle à Arleuf; celle de Loges, qui donna plusieurs baillis d'Autun, à La Boulaye-sur-Arroux et au château de Loges (Morelet); celle de Verdignac-Champecullion à Saint-Léger-du-Bois; une branche de celle de Malain à Missery, près Saulieu; celle de La Motte de Marcilly à La Motte (Saulieu); une branche de Clugny à Conforgien; celle de Jaucourt à Rouvray; de Traves-Choiseul à Vautheau, près Saint-Léger-sous-Beuvray; celle de Beauvoir à La Nocle, près Bourbon-Lancy... Les représentants de toutes ces familles, à l'exception de celles de Conforgien, de Beauvoir, de Traves et de Jaucourt, étaient catholiques.

bituel d'honnêtes procédés et ne pas faire d'une bonne harmonie réciproque le fonds ordinaire de la vie.

Les orages passagers que le calvinisme amena dans cette atmosphère tranquille, en divisant la bourgeoisie en deux camps, prouvèrent que si une partie se laissait entraîner aventureusement dans les nouveautés, l'autre était toute disposée à leur faire rude guerre. Par un contraste assez singulier, cette double tendance se personnifia dans deux familles qui venaient de jeter récemment un grand lustre sur la magistrature et qui étaient alors l'honneur du pays. Nous voulons parler de celles du président Chasseneuz et des deux Montholon, gardes des sceaux. Chasseneuz, théologien autant que jurisconsulte, versé dans saint Thomas comme dans Ulpien, chrétien de la vieille roche, admettant dans sa foi crédule les idées de son temps, les superstitions, les sortilèges, les maléfices, les êtres fantastiques, les influences planétaires, les présages et les songes; Chasseneuz plein d'amour pour sa ville adoptive, de respect pour l'antiquité et les prérogatives temporelles de l'Eglise, peu partisan de la sécularisation de ses justices; Chasseneuz, enfin, homme du moyen-âge, qui ne participe en rien au mouvement d'opposition de la Renaissance et de la Réforme, trouve dans son petit-fils, Georges Venot, le principal défenseur des antiques institutions. Les deux Montholon, au contraire, nourris exclusivement dans les luttes du barreau et la science du droit, imbus de bonne heure des traditions parlementaires, habitués aux ménagements qu'imposent une haute position officielle et le contact avec les gens de cour, disposés à faire place aux idées de réforme, appartenant d'ailleurs à ce tiers-parti qui, indifférent en matière de communion religieuse, était disposé à faire bon marché de l'unité de croyance, pourvu que la paix fût maintenue; les deux Montholon voient dans Jacques Bretagne, leur neveu par alliance, le chef du calvinisme autunois et son premier organe aux Etats généraux.

La bourgeoisie d'Autun consistait dans deux classes actives et s'enrichissant de leur travail. La première était celle des avocats, des médecins, des notaires, des procureurs, des praticiens qui, à raison de leurs fonctions, avaient besoin de l'Eglise, ce grand propriétaire terrien; la seconde, celle des marchands plus ou moins aisés qui avaient besoin de tout le monde. Les institutions municipales qui étaient alors dans toute leur vigueur suffisaient à les occuper et à les relever à leurs yeux. La ville, abritée derrière ses fortifications, jouissait de tous les privilèges des villes murées et vivait en quelque sorte de sa vie propre, sauf les cas de guerre dont elle subissait les chances et les impôts qu'elle payait au roi. Son administration sortie du principe électif était complètement indépendante. Elle possédait la justice sur la plus grande partie de son territoire et de la banlieue, le domaine réel sur les cinq châtellenies de Manlay, du Chêne-Robin, des Planches, du Cellier-Rouge et de la Mazerolle. Comme magistrat administratif, le maire était vierg; comme magistrat judiciaire, il était prévôt. Les habitants avaient leurs élections annuelles et leurs assemblées générales, la viérie, l'échevinage, la capitainerie de la ville, le commandement des centaines, leurs armes, leur guet, leur police, la garde des clefs de Marchaux et du Château, leur solennelle cavalcade du jour de la Saint-Ladre. Ils possédaient une large part dans les offices temporels de l'Eglise. Le chapitre recrutait parmi eux les notaires qui passaient ses actes, les procureurs qui défendaient ses intérêts, les baillis qui rendaient sa justice. Le symbole de cette union, le concours de l'autorité de la magistrature municipale et du chapitre semblait être représenté par la situation même de la viérie placée au-dessus de la porte des Bancs, qui ouvrait de la ville haute dans la ville basse.

Le peuple composé de familles presque toutes originaires du pays vivait d'une vie sédentaire et patriarchale. Il était rarement en contact avec ces ouvriers étrangers qui dans les villes voisines, à Dijon, à Chalon, à Beaune, furent des instruments de troubles entre les mains des calvinistes. Aucune industrie considérable n'appelait à Autun des artisans nomades. Tout s'y faisait par le travail des habitants [1]. Cette situation monotone, isolée, contribuait à conserver les vieilles idées, les anciens usages, le respect des souvenirs et des institutions.

On ne peut donc préciser quelle sorte d'appui les meneurs calvinistes d'Autun trouvèrent dans le peuple, si ce n'est cet appui fragile que les passions surexcitées peuvent prêter un instant. On ne voit figurer le peuple, — nous prenons ici le mot dans son ancienne acception, — qu'obscurément et par masses dans certains moments d'effervescence; mais aucun homme de cette classe n'est désigné comme converti au calvinisme. La plupart d'entre eux étaient enrôlés dans des confréries de métiers, sous l'invocation d'un saint populaire, d'un saint qui, jadis vivant du travail de ses mains comme eux, était maintenant vénéré de l'Eglise et les couvrait d'une protection spéciale. Ils tenaient avec orgueil à la conservation de ces pieuses confraternités qui sont encore respectées de nos jours. Ils tenaient à leurs bannières qui rehaussaient la splendeur des processions, à leurs repas en commun, aux aumônes qui leur donnaient sur les pauvres une sorte de patronage, à leurs châsses parées de fleurs et de rubans qui venaient successivement honorer de leur présence la maison de chaque confrère. [2]

Le caractère peu aventureux des habitants d'Autun, leur respect traditionnel pour la religion empêchèrent la Réforme de pénétrer profondément dans les familles. Elle eut pour

---

[1] Les tanneurs, pelletiers, mégissiers, foulonniers, sergiers, drapiers, chaussetiers, tisserands de toile, taillandiers ou maréchaux, potiers d'étain, bouteliers, arquebusiers, tabletiers ou menuisiers formaient alors, dans la ville, les principales professions organisées en *maîtrises* ou *jurandes*. Les *apprentis* ne pouvaient être admis comme *maîtres* dans ces corporations qu'en soumettant un *chef-d'œuvre* à l'examen des *syndics, jurés* ou *garde-métiers*, chefs de la communauté chargés de présider aux assemblées, de faire exécuter les statuts de la société et de veiller au maintien de ses privilèges.

[2] En 1560, on trouve établies à Autun les confréries du Corps-Dieu, de la Trinité, du Saint-Esprit, du Saint-Sacrement, de Sainte-Anne, de Sainte-Barbe, de Saint-Antoine, de Saint-Honoré, de Saint-Hubert, de Sainte-Reine, de Saint-Sébastien et de Saint-Jean-Baptiste.

prosélytes des individus isolés qui ne transmirent pas leurs opinions à leurs enfants. Ceux-ci continuèrent dans les siècles suivants de peupler l'Eglise. Tous ceux qui nous sont connus appartenaient à la haute ou moyenne bourgeoisie et à la magistrature [1]. Ils semblent s'être jetés dans les nouveautés religieuses, plutôt par haine contre l'influence du clergé et par esprit de domination exclusive que par conviction. Ils formaient la partie de la population la plus éclairée, la plus active, la plus tournée vers les idées d'ambition, de discussion, d'indépendance. Savants dans le droit civil et canonique, habiles dans les affaires, ils appartenaient à ce mouvement qui opposait le jurisconsulte au théologien, la jurisprudence avec ses déductions rationnelles aux dogmes, inaccessibles à la raison. Ils voulaient une réforme dans l'Eglise par l'abolition des justices cléricales, la suppression du cumul des bénéfices, la confiscation d'une partie de ses richesses au profit des pauvres, et la convocation d'un concile national qui eût interposé son autorité entre les deux religions et, se plaçant au-dessus de celle de Rome, n'eût vu dans le culte qu'une institution politique.

De telles opinions inspirées par une jalousie particulière contre la juridiction civile du clergé animèrent les trois personnages importants du parti calviniste d'Autun, Jacques Bretagne, lieutenant de la chancellerie, Lazare Ladone, lieutenant du bailliage, Philibert Tixier, fermier général des greniers à sel de Bourgogne. Si le premier embrassa la Réforme avec ardeur et quelque apparence de sincérité, les deux derniers la protégèrent principalement dans le but de harceler le clergé par des vexations juridiques, des voies de fait sur ses justiciables, des questions de répartition d'im-

---

[1] A cette époque et plus tard, on voit parmi les réformés autunois les Bretagne, les Tixier, familles récemment anoblies; les Ladone, les Lalemant, les Devoyo, les Salins, les Joffriot, les Naulot, les Labarge, les d'Andozille, etc., qui comptaient parmi eux des magistrats, des avocats, des praticiens, des médecins, et donnèrent pour la plupart, au XVIe, au XVIIe et au XVIIIe siècle, des prêtres et des chanoines à l'Eglise.

pôts. Ce système de taquine opposition, joint à l'absence de convictions désintéressées, n'était pas de nature à leur créer des prosélytes. Aussi, ils purent bien organiser un parti dont les circonstances entretinrent l'ardeur, mais non créer une religion durable.

La résistance énergique du clergé d'Autun n'était rien moins que favorable à leurs projets. Malgré l'état déplorable des mœurs dans le chapitre, l'orthodoxie et les droits de l'Eglise furent défendus par lui avec énergie. Il est difficile de croire, au milieu de tant d'exemples affligeants, que l'esprit de l'Evangile ne se fût pas conservé intact dans quelques-uns de ses membres. On en trouve souvent la preuve dans leur langage, dans leur ferme volonté de sauvegarder non-seulement leurs prérogatives temporelles, mais encore la foi catholique et la dignité de la vie cléricale. Cette pensée se trahit, à diverses reprises, par d'énergiques imprécations contre les huguenots, non comme ennemis politiques, mais comme ennemis de la doctrine de Jésus-Christ. Ce caractère chrétien s'était surtout conservé parmi les dignitaires du chapitre. La plupart de ceux que nous verrons figurer dans la lutte contre le calvinisme n'étaient point des hommes vulgaires. C'étaient des chanoines d'un âge mûr, d'une vertu éprouvée, signalés au choix de l'évêque ou de leurs collègues par leur érudition, leur éloquence, leur fermeté ou tout autre don de la nature. En présence de chaque difficulté, un d'eux surgissait, et peu restèrent au-dessous de leur tâche. Ainsi nous verrons, quand le schisme éclate dans le clergé cathédral, le syndic Landreul prendre en main la cause de l'orthodoxie; — quand la licence se glisse à la faveur des troubles parmi les clercs, le grand-chantre Charvot les rappeler solennellement à leurs devoirs, le chanoine Delafosse multiplier ses prédications; — quand la guerre civile menace le Château d'un coup de main, le prêtre Ferrand revêtir le casque, la cuirasse et commander la milice. Tels furent, avec Tavannes, avec l'évêque, avec quelques catholiques appelés à la magistrature de la ville, les éléments opposés à la bourgeoisie calviniste et qui, pendant près de vingt années, la tinrent en échec, jusqu'à ce qu'elle eût disparu peu à peu.

Le protestantisme ne fut donc à Autun que le fruit des intrigues de quelques membres de la bourgeoisie, et comme tel, il fut stérile et passager. Tandis que Couches et Arnay, situés à peu de distance, se peuplaient de familles réformées qui s'y conservèrent jusqu'à nos jours, Autun subissait la Réforme comme un orage qui ébranle un moment l'atmosphère sans causer de ravages. Cet état de choses fut heureux pour la paix de la ville. Le calvinisme combattu avec persévérance par l'évêque et le chapitre ne le fut qu'en passant par les gens de guerre : Autun ne se vit pas livré, comme Mâcon et Chalon, à la merci de deux partis qui s'insultaient journellement, fomentaient la guerre civile, appelaient à leur aide leurs frères des provinces voisines, et se rendaient maîtres tour-à-tour de la cité, en exerçant de sanglantes représailles. Aussi, chose remarquable! Autun, ville de tradition romaine et ecclésiastique où le sens de plusieurs monuments, l'existence de certains faits, la pratique de certains usages se sont conservés dans la mémoire des classes populaires, Autun n'a pas même conservé le souvenir de la Réforme. Interrogez les habitants des faubourgs où les calvinistes tinrent leur prêche, vous n'en obtiendrez aucune réponse. Ces maisons transmises de génération en génération dans les mêmes familles, et auprès desquelles bruit jadis l'émeute religionnaire, ces maisons n'en ont pas gardé l'écho. — C'est donc de la froide poussière des papiers du temps que nous avons essayé d'en évoquer le souvenir.

II

LE CLERGÉ D'AUTUN AU MOMENT DE LA RÉFORME.

Nobilis et famosa Ecclesia Eduensis.

Quelle était cette puissance ecclésiastique qui pesait de moitié dans les destinées de la ville, commandait le respect aux fidèles, inspirait la crainte à ses ennemis, et qui joue un si grand rôle dans l'histoire de ce temps? Elle consistait principalement, avons-nous dit, dans le clergé de la cathédrale. — Avant d'entrer dans notre sujet, jetons un coup-d'œil sur l'organisation du chapitre, sur sa hiérarchie, sa situation matérielle et morale.

L'église cathédrale, dédiée à saint Lazare, était située dans la partie haute de la ville ou *Château* qui avait été autrefois le *Castrum* romain, le siège de la justice des ducs de Bourgogne, des rois de France, et le centre religieux de la cité. Sur les ruines du Prétoire des empereurs s'étaient élevées les premières églises chrétiennes. Autour de la cathédrale se groupaient l'ancienne basilique de Saint-Nazaire, la collégiale de Notre-Dame fondée par le chancelier Rolin, les paroisses Saint-Jean-de-la-Grotte et Saint-Quentin, dont les cures étaient à la collation du chapitre. Il restait encore, à cette époque, des vestiges de l'ancien cloître construit au IXᵉ siècle, sous l'évêque Jonas, dans deux portes fermant deux rues situées au chevet et à l'entrée de l'église Saint-Lazare. Ce cloître se composait primitivement d'un ensemble de maisons attribuées exclusivement aux chanoines; mais depuis longtemps la vie claustrale avait disparu, et à l'exception des cinq églises situées l'une près de l'autre, le Château offrait par ses constructions et son enceinte de murs étroitement fermée l'aspect ordinaire d'une petite ville : aussi, dans quelques actes de ce temps, le trouvons-nous désigné sous le nom de *ville du Château* d'Autun. [1]

Le chapitre cathédral de Saint-Lazare était composé, au XVIᵉ siècle, d'environ cinquante chanoines, pourvus ou non de prébendes, dont plusieurs étaient dispensés de la résidence à raison des fonctions qu'ils exerçaient ailleurs. Tels nous verrons Robert Hurault, abbé de Saint-Martin, Jean de La Vesvre, principal du collège de Cambrai à Paris, Jean Quintin, régent de la faculté de droit, Celse Morin, conseiller au parlement de Chambéry, Charles Ailleboust,

---

[1] Indépendamment de son évêché, de ses deux cathédrales, Saint Nazaire et Saint-Lazare, [ou Saint-Ladre ainsi qu'on disait alors], de sa collégiale richement dotée, Autun, — la ville *aux biaux clochiers,* comme l'avait surnommée Louis XII, en 1501, — renfermait, au XVIᵉ siècle, dix paroisses, de vastes couvents, trois fondations hospitalières, [l'hôpital du Saint-Esprit ou Maison-Dieu-du-Châtel, l'hôpital de la Grange-Saint-Antoine et celui de Saint-Nicolas]. A ses portes s'élevaient les abbayes de Saint-Martin, de Saint-Jean-le-Grand et de Saint-Andoche et les prieurés de Saint-Symphorien et de Saint-Racho.

Au moment de la Révolution, le clergé d'Autun avait conservé une grande partie de son importance et de ses établissements religieux. Il restait dans la ville, outre Saint-Lazare et Notre-Dame, *trois* abbayes et *six* communautés d'hommes et de femmes : les *Cordeliers* et les *Capucins,* les *Visitandines,* les *Jacobines,* les *Ursulines* et les *Dames de Saint-Julien ;* de plus, *sept* paroisses qui, en suivant l'ordre de leur importance, étaient : *Saint-Jean-de-la-Grotte, Saint-Quentin, Saint-Branchet* ou *Saint-Pancrace, Saint-Pierre-Saint-Andoche, Saint-Jean-l'Evangéliste, Saint-Jean-le-Grand* et *Saint-André.* Chacune de ces églises avait son cimetière particulier.

syndic-général du clergé de France, et d'autres jeunes chanoines qui étudiaient aux frais du chapitre dans les universités.

Il comptait dans son sein dix dignitaires : un *doyen* et un *grand-chantre* électifs, deux *prévôts*, quatre *archidiacres* et deux *abbés séculiers*.

Le *doyen* nommé par le chapitre au scrutin et à la pluralité des suffrages en était le chef et comme tel chargé principalement de la direction spirituelle de ses membres. Il présidait les réunions capitulaires et officiait en l'absence de l'évêque dans toutes les fêtes solennelles où ce dernier en avait le droit.

Le *grand-chantre*, également élu par ses confrères, remplissait dans l'intérieur de l'église l'emploi de maître des cérémonies, dirigeait les offices, le chant, la psalmodie et veillait à la tenue du chœur. Il portait comme insigne le bâton cantoral, toutes les fois que l'évêque ou le doyen célébrait la messe pontificalement. Il avait la direction des écoles de la ville et en désignait le principal ou recteur.

Le *prévôt de Sussey* administrait anciennement tous les biens de l'Eglise ; mais dans la suite, afin d'éviter de lui donner trop d'influence, on s'était borné à lui confier le gouvernement de la terre de Sussey en Auxois, l'une des principales.

Les quatre *archidiacres* d'*Autun*, de *Beaune*, de *Flavigny*, d'*Avallon*, jouissaient d'un titre dont l'établissement remontait à une époque fort reculée. Cette division ecclésiastique en quatre ressorts correspondait à la division civile mentionnée dans les Capitulaires de Charles-le-Chauve où il est parlé des comtés contenus dans le diocèse d'Autun. Ils possédaient la juridiction spirituelle dans leur archidiaconé et leurs archiprêtrés et l'exerçaient eux-mêmes ou par des officiaux.

---

[1] L'archidiacre d'Autun, pour se distinguer de ses collègues, portait jadis le surnom de *cardinal* : récemment il avait adopté celui de *grand-archidiacre* qu'il prend encore de nos jours.

Les *abbés* de *Saint-Etienne* et de *Saint-Pierre-l'Etrier*, le *prévôt de Bligny* près Beaune, qui avait autrefois la gestion de cette terre, étaient revêtus de dignités purement honorifiques auxquelles étaient attachés quelques avantages et de légères prérogatives. Ces deux premiers titres provenaient de ce que les anciens oratoires de Saint-Pierre et de Saint-Etienne, placés dans le polyandre de la *Via strata*, près des voies romaines de Sens et de Besançon, à l'est de la ville et près du village actuel de Saint-Pierre, étaient desservis, durant les premiers siècles, par des communautés religieuses. Ces deux chapelles, objet d'une grande vénération pendant une partie du moyen-âge, étant tombées en ruines, sous l'épiscopat de saint Nectaire, et étant devenues cures à la disposition du chapitre, les noms qui rappelaient leur ancienne destination avaient été conservés.

Toutes ces dignités à l'exception de celles du doyen et du grand-chantre devaient être conférées par l'évêque. Le chapitre mettait seulement les titulaires en possession et les créait chanoines, s'ils ne l'étaient pas encore, afin de leur faire prendre place au chœur. — Enfin, et sur le même rang que ces dignitaires se plaçait le *théologal* qui, institué en 1215 par le concile de Latran, confirmé par la Pragmatique-Sanction de François Ier, le Concordat, le concile de Trente et les ordonnances d'Orléans et de Blois, avait pour fonctions spéciales de prêcher les dimanches et grandes fêtes et de faire, trois fois la semaine, des leçons d'Ecriture sainte aux clercs.

Entre les chanoines et les prêtres habitués de l'église venaient, dans la hiérarchie, quatre *sous-chantres* destinés à aider le grand-chantre ou maître des cérémonies dans les exercices fériaux, et un *vicaire du chœur* chargé de vaquer à certaines prédications, d'administrer les sacrements au-dehors et de pourvoir à la célébration des offices ordinaires.

Des prêtres ou clercs, en nombre à peu près égal à celui des chanoines, étaient attachés au service quotidien de l'église et formaient ce qu'on appelait alors le *bas-chœur* de la cathédrale. Les uns, en qualité de *chapelains*, desservaient les différentes chapelles et officiaient, selon leur tour, sous la direction du chanoine semainier. Ils étaient présentés à ces fonctions par chaque chanoine prébendé et résidant. C'était un souvenir des anciens statuts [ceux de 1401 et de 1414], qui ordonnaient encore, en 1515, à chaque chanoine de loger dans sa maison et de nourrir à sa table un chapelain ou un chorial destiné à le conduire à l'église et à le ramener, parce que, disait-on, il était indécent qu'un chanoine y allât ou en revînt seul. Mais cette prescription, dont le véritable but était de maintenir entre ecclésiastiques une surveillance réciproque, était tombée en désuétude à mesure que l'esprit d'indépendance et la liberté d'action avaient fait des progrès. D'autres prêtres, prenant le titre d'*habitués*, les uns réduits aux distributions de pain, de vin et d'argent, les autres possédant cure et dispensés de la résidence, étaient également attachés à l'église. De jeunes clercs revêtus des ordres mineurs assistaient au chœur, sous le nom de *choriaux*, en attendant la prêtrise qu'ils devaient recevoir dans l'année de leur admission [1]. Une maîtrise composée d'un *directeur* et de six *enfants d'aube*, des *chantres* et *musiciens* loués pour un temps et recrutés souvent parmi les compagnons-chantres passants (la profession du plain-chant était considérable à cette époque), des *carillieurs* ou *sonneurs* pour les grandes et petites cloches, des *huissiers*, des *marguilliers* attachés au service intérieur complétaient cette imposante organisation de l'église cathédrale. [2]

---

[1] Les choriaux et habitués non prêtres étaient considérés comme des postulants aux dignités ecclésiastiques; ceux qui n'étaient pas promus aux ordres devaient se tenir droit et la tête nue contre les piliers de l'entrée des hauts sièges ou stalles du chœur.

[2] Nous ne saurions omettre la charge assez bizarre et tout honorifique des deux *bâtonniers* et *sous-bâtonniers de Saint-Ladre*. Ces employés, sorte de bedeaux d'honneur, portaient la *masse* et le *bâton d'argent* aux cérémonies et aux processions générales. Ils précédaient les chanoines au banc des prédications et accompagnaient le terrier à sa revue annuelle. Ces fonctions

Les canonicats étaient honoraires ou effectifs, pourvus ou non d'une prébende.

La dignité canoniale honoraire, conférée quelquefois à des jeunes gens de dix-huit ans, ne nécessitait pas la réception immédiate des ordres. Elle était comme une invitation d'entrer dans l'Eglise par l'espérance donnée d'avance de jouir des avantages attachés aux canonicats effectifs; mais seuls, les chanoines titulaires avaient droit d'entrer au chapitre. Parmi ces jeunes chanoines, le clergé cathédral en entretenait constamment deux ou trois, à ses frais, dans les universités de Padoue, de Pérouse, de Poitiers, de Paris; ils y étudiaient le droit civil et canonique, la médecine, la théologie, les belles-lettres. Plusieurs d'entre eux devinrent des sujets distingués, donnèrent des dignitaires et quelquefois des évêques au diocèse. Les prêtres habitués et les choriaux profitaient de la même faveur. Les enfants d'aube étaient envoyés au collège en sortant de la maîtrise, de sorte que, depuis l'enfance jusqu'à son admission aux ordres, le jeune homme adopté par l'Eglise était élevé, entretenu et instruit de ses deniers.[1]

étaient ordinairement conférées à des citoyens qualifiés, tels qu'anciens viergs, officiers royaux, avocats et praticiens. En 1535, sur une requête du chapitre, François Ier avait mandé à son bailli d'Autun de faire jouir les bâtonniers de Saint-Ladre des mêmes privilèges accordés aux 110 chapelains, choriaux et habitués de la cathédrale.

[1] Celse Morin, Antoine Borenet, Jacques Charvot, dont nous parlerons dans la suite, avaient étudié, le premier à Padoue, le second à Poitiers, le troisième au collège de Pérouse où le cardinal Nicolas Capocci, ancien archidiacre et chanoine de Saint-Lazare, avait fondé, en 1368, deux bourses pour deux clercs du diocèse d'Autun.

En 1565-1567, le chapitre se plaignant de la faiblesse des études faites à Autun par quelques jeunes chanoines qui, « faute de savoir, étoient presque » du tout inutiles à tout œuvre et service », alloue sur les revenus de leurs prébendes une pension de 80 livres, par an, à Mathias Vériet, Jean Bouton de Chamilly, Philibert Madot, Odot Desmolins et Jean Rouhette, « afin de se » transporter aux universités fameuses, travailler aux lettres humaines et être » promus à sciences, vertus et disciplines plus ardues. » [*Registre Capitulaire*, 1 février 1566.] Cette pension fut portée quelque temps après jusqu'à 100 livres. Elle était envoyée en quatre termes au principal du collège où les

Les canonicats effectifs étaient devenus un sujet de convoitises et de sollicitations de toutes sortes. On se faisait recommander par le roi, par un personnage influent de la cour, par le gouverneur de la province, par quelque puissant seigneur voisin, afin d'obtenir la dignité canoniale. Le chapitre, résistant à ces obsessions, la conférait volontiers à des chanoines honoraires, à des chapelains ou bénéficiers recommandables par leur science, leur régularité, leurs services, ou bien encore reconnaissant un principe de transmission quasi-héréditaire, l'accordait à des frères, neveux ou parents d'anciens chanoines qui souvent n'abdiquaient qu'à cette condition. Ces derniers avaient eux-mêmes le droit de disposer de leurs bénéfices et de leurs dignités en toute propriété. Ils les cédaient gratuitement, à prix d'argent, par voie d'échange ou de transaction, et souvent au profit de leurs proches. Ainsi se constituèrent des familles canoniales, comme plus tard des familles parlementaires. Telles étaient, à l'époque qui nous occupe, celles des Vériet, des La Coudrée, des Desplaces, des Gautherault, des Ailleboust, des Dumoulin, des Ballard, des Dechevannes, des Hurault. L'Eglise était donc, en quelque sorte, la mère nourricière d'un grand nombre de familles de la bourgeoisie. « Les biens du clergé, — a dit un profond penseur, — étaient la source universelle de leurs richesses. Ils remplissaient cet objet de deux manières : l'Eglise se chargeait

---

élèves étaient internés, afin d'en suivre les cours. Les jeunes chanoines s'obligeaient par caution à restituer ces diverses sommes, dans le cas où ils ne persévéreraient pas dans l'état ecclésiastique.

Quant aux habitués et choriaux qui montraient d'heureuses dispositions et avaient bonne volonté, on les autorisait quelquefois à se rendre *à Paris* ou *ailleurs,* pour apprendre « les lettres saintes, constitutions canoniques et » autres connaissances dont l'Eglise pût ressentir grand profit et utilité à » l'avenir », et à cet effet on leur fixait, comme aux chanoines étudiants, certains appointements *sur les deniers de leur boite,* espèce de réserve créée pour chacun d'eux lorsqu'ils étaient enfants de chœur, et dont on leur tenait fidèle compte quand ils venaient à être licenciés ou voulaient rentrer dans la vie civile.

d'une partie des enfants, et la famille finissait par hériter de leurs épargnes. » [1]

Mais les bénéfices de l'Eglise, en devenant presque héréditaires et vénaux, avaient banni l'esprit de désintéressement et d'édification. Ce trafic de canonicats, de cures, d'abbayes y attirait parfois des sujets indignes. Elle se peuplait de jeunes gens dont l'unique pensée était de succéder aux bénéfices de leurs parents ou de s'en procurer par l'influence de leurs familles. De là, tant de vocations qui n'en étaient pas. De là, l'indifférence, le scepticisme, le désordre dans un clergé qui possédait l'aisance, la puissance, le respect, mais rarement l'humilité, l'abnégation, la chasteté sans lesquelles le prêtre n'est qu'un vivant mensonge ou un scandale incarné. Le ministère religieux, qui doit faire vivre l'homme plus près du ciel que de la terre, était pour plusieurs un métier commode, une part à prendre dans la jouissance des biens de ce monde. On s'en aperçoit assez au caractère matériel, intéressé de certaines délibérations, de certains actes concernant les biens de l'Eglise. Contestations au sujet de leurs prébendes, contestations au sujet des prérogatives de leurs dignités, réclamations sur la réduction du pain et du vin des distributions (réduction souvent nécessitée par la pénurie du temps),... telles sont les graves questions qui occupent constamment chanoines et habitués, et témoignent de leur attachement à leurs droits, plus encore qu'à leurs devoirs.

Il y avait loin de cet esprit d'intérêt à l'esprit de paix et de charité. Aussi, le démon de la chicane ne manquait pas dans l'Eglise d'autels et d'adorateurs. Les matières bénéficiales forment une des parties les plus considérables de la jurisprudence des trois derniers siècles. On ne saurait dire combien de difficultés elles ont produites, combien de haines elles ont entretenues, quel déluge de mémoires et de factums elles ont amené, combien de cours et de tribunaux

---

[1] Bonald, *Pensées,* édit. 1847, in-8°, p. 341.

elles ont fait retentir, combien de poudreux in-folios elles ont remplis.

La vie commune, si toutefois on peut appeler de ce nom la vie du clergé au XVIᵉ siècle, au lieu de resserrer l'union de ses membres ne faisait que multiplier les causes de divisions. Malgré les soins apportés par le chapitre dans la dévolution des canonicats et des prébendes, dans la distribution des gros fruits et des deniers, il était impossible qu'il ne s'y glissât pas quelques faveurs et quelques préférences. Souvent même la jalousie n'avait pas besoin d'autres motifs. Beaucoup de chanoines ne pardonnaient pas à leurs confrères d'être mieux pourvus qu'ils ne l'étaient eux-mêmes, et peut-être de semblables causes ne furent-elles pas étrangères aux dissidences religieuses. Les habitués et les choriaux réduits à portion congrue, subordonnés aux chanoines qui les tenaient à leurs pieds à l'église, *ad pedes dominorum*, selon l'expression des textes, et les obligeaient à habiter dans les maisons canoniales, à y prendre leurs repas, à rentrer avant le couvre-feu, soupirant après l'indépendance et les bénéfices de leurs seigneurs et maîtres, prenaient patience en secouant le joug de l'obéissance et en vivant, autant que possible, dans le dérèglement.

L'organisation compliquée du chapitre cathédral était donc, à n'en pas douter, une cause de faiblesse morale. Elle manquait d'un centre unique pour la relier et la dominer, comme le centre domine les rayons. Entre confrères, on était facilement porté à s'épargner, surtout quand le coupable possédait quelque influence. On redoutait alors de soulever des animosités particulières ou des dissidences dans le chapitre. C'est ce qui arriva pour la minorité huguenote qui fut ménagée jusqu'à la fin. L'impossibilité de surveiller exactement le personnel entier de l'église, la nécessité de s'en rapporter pour chaque faute à une commission spéciale, étaient des causes de retards, de ménagements, d'omissions dans l'application de la discipline. Au sein des inquiétudes causées par les troubles civils, cette responsabilité divisée entre tant de têtes tombait facilement en oubli.

Les moyens ne manquaient pas toutefois au chapitre pour rappeler les clercs à leurs devoirs. La réprimande en séance capitulaire avec insertion au procès-verbal; l'obligation de se tenir debout, dans le chœur, par pénitence, pendant les offices; l'expulsion du sanctuaire pour un certain temps; la suspension des distributions pendant un ou plusieurs jours; l'emprisonnement; le refus de l'habit pour ceux qui n'étaient pas encore engagés dans les ordres; enfin l'expulsion du giron de l'Eglise, telles étaient les peines appliquées selon la gravité des circonstances.

Dans les cas majeurs qui impliquaient une difficulté de conscience, une interprétation canonique et exigeaient une instruction secrète et longue, la cause était déférée à un tribunal purement spirituel composé de quelques membres du chapitre, sous la présidence d'un juge nommé *official*. Ce dernier était annuellement choisi, à l'assemblée générale de la Saint-Hilaire, parmi les chanoines les plus recommandables, et le plus souvent on lui adjoignait un substitut. Il était aussi créé, disent les actes d'institution, « afin que des vices, scandales, insolences et autres cas illicites venant à sa connaissance, justice exacte et punition fût faite. » Des assignations avec délai étaient données par deux, quelquefois trois chapelains devant ces juges qui tenaient leurs séances une fois la semaine [1]. C'était là le tribunal de l'officialité *capitulaire*, de même que l'évêque avait son officialité *diocésaine*, et l'archevêque, à un degré supérieur, l'officialité *métropolitaine*.

Quels étaient les rapports réciproques du chapitre et de l'évêque ?

On sait qu'avant le xe siècle, il n'existait pas de chapitres

---

[1] La justice civile, — il est utile de le rappeler ici, — a emprunté aux tribunaux ecclésiastiques l'assignation avec délai, ainsi que la plupart des formalités de la procédure judiciaire. Le droit canonique avait porté, comme on sait, très loin le progrès en ce genre, et les tribunaux civils n'ont eu que la peine de l'imiter.

cathédraux. L'évêque avait à sa disposition un certain nombre d'ecclésiastiques élevés dans les écoles épiscopales et qui exerçaient sous sa direction le ministère dans les églises et les oratoires de la ville. Ils menaient en commun la vie religieuse. C'était ce qu'on appelait le *Presbyterium*, sorte de conseil diocésain sans l'avis duquel l'évêque ne prenait aucune décision. Le quatrième concile de Carthage avait même ordonné d'en user ainsi, à peine de nullité. Au viiie siècle, les prêtres de la cathédrale adoptèrent la règle de saint Clodégand [1], et vers le milieu du ixe, l'évêque Jonas fit reconstruire autour de l'église le *Cloître* dans lequel ils pratiquèrent la communauté régulière. Il y avait une telle identification entre l'église et l'évêque, que ce dernier en lui faisant donation de ses biens ne pensait point s'en dépouiller lui-même. C'est ainsi que saint Léger, Jonas et Adalgaire cédèrent des terres nombreuses à celle d'Autun et contribuèrent à l'enrichir. Ces propriétés considérables, qui accordaient à l'église et à ses représentants tous les droits de la féodalité, devinrent la cause de leur affranchissement. A la suite de longues contrariétés, où l'esprit de charité finit par disparaître presque entièrement, l'évêque et le chapitre séparèrent leurs manses l'une de l'autre. Les richesses de ce dernier, ses droits féodaux sur le Château d'Autun, le privilège extraordinaire de justice que lui concéda Hugues III, les cures nombreuses dont il disposait dans le diocèse, lui inspirèrent la pensée de rendre sa position spirituelle aussi indépendante que sa position temporelle, et il obtint dans le courant du xiie siècle d'être exempt de la juridiction de l'*ordinaire*, c'est-à-dire de l'autorité immédiate du chef diocésain et du métropolitain [2]. Il posséda

---

[1] Clodégaud, évêque de Metz, avait composé cette règle pour son chapitre, en 765. — En pleine vigueur dans le clergé d'Autun vers l'an 1000, la vie commune fut observée jusqu'au xiie siècle.

[2] « La juridiction du chapitre, exempte de celle de l'évêque, est fort ancienne et remonte au xiie siècle, où les papes s'attribuaient partout les droits de l'é-

même et exerça jusqu'au commencement du XVIe siècle le droit d'élire les évêques.[1]

Mais la perte de cette prérogative, dont s'empara le pouvoir royal, n'avait diminué en rien l'indépendance de l'église cathédrale vis-à-vis de son premier pasteur. L'évêque trouvait toujours dans le chapitre un égal. Confiné dans son palais épiscopal, dans ses terres de Lucenay et de Thoisy, il n'avait rien à voir dans l'administration spirituelle et temporelle de la cathédrale, comme dans le patronage des cures et bénéfices dépendant d'elle. La tenue intérieure de l'église, l'ordre et le cérémonial des offices échappaient à sa direction. Il n'était admis au chœur qu'en revêtant un costume moitié épiscopal, moitié canonial. Ce costume lui rappelait qu'il devait déposer aux portes de l'église une partie de son autorité et ne voir dans les chanoines que des confrères. En dédommagement de cette soumission aux privilèges du chapitre, le *révérend* (c'était le nom qu'on lui donnait) officiait pontificalement à certains jours de l'année, suivant un cérémonial plein de déférence pour lui. Il était accompagné de huit dignitaires en chape, de deux chanoines d'honneur qui allaient le chercher à son palais, le conduisaient à l'église, l'assistaient durant l'office, l'accompa-

---

» piscopat. Mais elle a été attaquée par les évêques, pendant près de six siècles.
» Elle a occasionné tant de procès, que cette exemption contre le droit com-
» mun, appelée par saint François de Sales *la mousse autour de l'arbre de*
» *l'Eglise*, a coûté au chapitre des sommes immenses. On est fatigué en lisant
» l'histoire de cette Eglise [par Gagnare], des tracasseries continuelles, des
» appels à la cour de Rome contre les libertés ecclésiastiques, des traités mal
» observés et des divisions sans cesse renaissantes dont elle a été la cause. »
— Courtépée, *Description du duché de Bourgogne*, t. II, p. 502.

[1] De 1500 jusqu'à 1515, année du concordat de François Ier et de Léon X, le chapitre jouit encore du droit honorifique d'approuver la nomination de l'évêque par le roi. Le cardinal Hippolyte d'Est fut le premier évêque (1546) nommé en vertu de ce concordat qui enlevait aux chanoines jusqu'au droit d'approbation. Ceux-ci qui avaient eu jusqu'alors plusieurs manières de procéder à l'élection, entre autres la voie du *Saint-Esprit* ou de l'*inspiration*, du *scrutin*, du *compromis* ou de la *postulation*, employèrent ce dernier mode pour conserver l'apparence de l'élection libre.

gnaient à son retour. Enfin, il trouvait à sa disposition dans le trésor de la sacristie une crosse splendide, symbole de sa dignité.

L'évêque était tenu d'être présent en habit de chanoine, à moins d'excuse légitime, aux chapitres généraux présidés par le doyen et possédait seulement voix délibérative. Les statuts et règlements propres à l'Eglise délibérés dans ces assemblées étaient en dehors de ses attributions. L'édit de Romorantin confirmé par l'ordonnance d'Orléans l'avait investi du droit d'instruction directe contre le crime d'hérésie [1]. On attendait plus de fermeté d'un prélat catholique que de magistrats indifférents dans leur foi et que d'un chapitre jaloux avant tout de son indépendance. Il pouvait traduire, en pareil cas, devant son official les membres et les justiciables de l'Eglise, sauf à remettre les procédures terminées entre les mains des juges séculiers chargés d'appliquer la peine aux coupables. Mais la répugnance avec laquelle le clergé se soumit à cette innovation rendait parfois ces poursuites lentes et difficiles, ainsi que nous en trouverons bientôt un exemple dans l'affaire Vériet et La Coudrée. Cependant, comme des rapports d'autorité mixte existaient dans certains cas entre l'évêque et le chapitre, il possédait vis-à-vis de ce dernier un droit de concours et de représentation. Il exerçait ce droit par ses officiers, son *vicaire-général*, son *official*, son *scelleur*, son *secrétaire*, son *greffier*, choisis la plupart parmi les chanoines. Ils étaient les organes de ses réclamations, mais ils perdaient voix aux assemblées quand il s'agissait des intérêts personnels de l'évêque, et dans ce cas, les statuts les déclaraient récusables de droit.

---

[1] L'édit de Romorantin fut rendu par François II, en mai 1560. [*Recueil des anciennes lois françaises,* par Isambert, t. XIV, p. 31.] — L'historien de Thou assure que ce fut pour résister au tribunal de l'Inquisition qui cherchait à s'établir en France, que le chancelier L'Hôpital prit le parti de confier aux évêques la procédure contre le crime d'hérésie et les assemblées religieuses, à l'exclusion des juges séculiers.

Afin de resserrer en un seul faisceau les diverses parties de ce grand corps de l'Eglise qui manquait d'un chef unique, on avait cherché à grouper la vie cléricale à l'ombre du sanctuaire. Les chanoines, les chapelains et tout le personnel ecclésiastique étaient obligés de résider dans le Château. Il leur était défendu de passer la nuit hors de son enceinte, à moins de justes raisons. Ils devaient rentrer le soir, à la fermeture des portes et avant que le couvre-feu eût fini de sonner [1]. Au moment des guerres civiles, la nécessité de redoubler de surveillance à l'égard des clercs rendit cette prescription plus sévère que jamais.

La plus grande partie des maisons dans le Château appartenait au chapitre. Les unes étaient louées à prix d'argent, les autres attachées à certaines dignités, comme celles de doyen, de grand-chantre; et à certains services, comme ceux de la trésorerie, de la réfectorerie, de la panneterie ou de l'aumône, de la maîtrise ou des enfants d'aube. La résidence consistait pour les gens d'Eglise dans l'acquisition ou la location obligée d'une de ces maisons mises aux enchères et délivrées au plus offrant, à mesure qu'elles devenaient vacantes. Ces ventes ou locations, qui se publiaient aux

---

[1] Le couvre-feu devait être sonné pendant *trois quarts-d'heure* avec les grosses cloches, et pendant *une heure* avec les cloches ordinaires. La même sonnerie était en usage pour avertir le peuple et l'appeler aux offices fériaux, primes, nones, prédications ou sermons. — On voit encore à la cathédrale la grosse cloche dite du *couvre-feu,* fondue en 1476 par le cardinal Rolin, sous le nom de *Marthe,* avec l'inscription gothique suivante :

> Je fus du nom de Marthe baptisée,
> Par Jehan Rolin, cardinal, donnée,
> Noble pasteur du saint lieu de céans.
> De sept milliers au poids fus pesée;
> Mil quatre cents septente et six l'année,
> Et cy-mise ou je suis bien céans.
>
> *Deum time.*

Courtépée et d'autres auteurs ont lu *dix sept milliers* : c'est une erreur que les dimensions seules de la cloche auraient dû faire soupçonner. Il est facile de lire le mot *de* inscrit en relief.

prônes de Saint-Lazare et de Notre-Dame, étaient faites à vie, *ad vitam,* ou pour le temps que celui qui en avait la jouissance, possédait une prébende ou portait l'habit, à la charge par lui d'entretenir sa maison en bonne et suffisante réparation et d'acquitter chaque année les cens et rentes auxquels elle était imposée. Un chanoine ne pouvait même la céder qu'avec l'agrément de ses confrères. [1]

La résidence au Château, avons-nous dit, était une condition nécessaire pour participer aux revenus et aux distributions. Ceux-là seuls s'en trouvaient exempts qui obtenaient une dispense du chapitre ou séjournaient momentanément dans leurs bénéfices. Tels étaient, pour ne pas nous éloigner d'Autun, les chanoines-abbés de Saint-Martin et de Saint-Symphorien, les curés de Saint-Jean-l'Evangéliste, de Saint-André et d'autres paroisses voisines.

Une *distribution* de pain et de vin était faite chaque jour, « au premier coup de primes, » par deux chapelains, aux chanoines, habitués, choriaux, employés de l'église à divers titres et aux prédicateurs appelés par le chapitre. Un chanoine connu sous le nom de *chef-distributeur* ou *pointeur* était chargé de noter sur un *quaterne* ou registre ceux qui, par leur présence habituelle à l'office canonial ordinaire, devaient y prendre part. Outre cette distribution quotidienne, il s'en faisait encore d'autres aux jours de fêtes et

---

[1] La citation suivante d'un mémoire sur les *Prébendes canoniales,* trouvé dans les papiers manuscrits de l'abbé Germain, fera mieux comprendre cette partie de l'organisation intérieure du chapitre. Rappelons-nous que Germain écrivait au commencement du XVIIIe siècle : « Quoique le chapitre possède » plusieurs maisons dans le cloître et dans le Château, il a néanmoins jugé » à propos de n'en choisir que trente situées tant dans le cloître que hors du » cloître, appelées *maisons canoniales,* lesquelles sont délivrées au plus haut » et dernier enchérisseur. Ainsi, un chanoine peut acheter plusieurs maisons ; » les séculiers même sont admis à faire une enchère sur la tête d'un cha- » noine. Les sous-chantres, chapelains et autres ont des maisons attachées à » leurs prébendes et chapelles; et tel qui en a plusieurs possède aussi plusieurs » maisons. Le chapitre afferme quelques-unes de ses trente maisons, et afin » de mieux les vendre ou louer, il y a attaché des privilèges et des revenus » dont jouissent même les séculiers qui les détiennent. »

cérémonies extraordinaires, par exemple pour une fondation d'anniversaire, une messe solennelle, un obit, un service. Elles profitaient également aux prêtres qui y assistaient pendant toute leur durée [1]. Une faute légère, une négligence, une absence dûment constatée entraînaient la privation plus ou moins longue de ce pain de chaque jour. Rappelons cependant qu'à une époque fixe de l'année le chapitre jouissait de certaines vacances. Pendant le mois appelé communément *pro mense*, les chanoines pouvaient, à tour de rôle et en prévenant le pointeur, aller visiter leurs cures et bénéfices, y résider et faire le devoir de leur charge, sans

---

[1] La distribution extraordinaire ou double des jours de fête tels que Noël, la Circoncision, les Rois, procession générale de la Fête-Dieu, octave et Révélacc de Saint-Lazare, etc., etc., ne s'accordait, selon les statuts, qu'à ceux qui assistaient, « la veille de la fête, aux vêpres, et le jour, à la procession, grand'-» messe et vêpres du chœur, tout au long et non autrement. » — Cette présence aux offices était constatée, au XVIe siècle, par des jetons ou *méreaux* donnés à chaque assistant. Les gens d'église devaient à des époques périodiques rapporter ces pièces représentatives au trésor capitulaire qui en acquittait la valeur indiquée le plus souvent par un ou plusieurs chiffres frappés au revers.

Le droit d'user de ces méreaux, derniers restes du privilège qu'avait autrefois possédé l'Eglise d'Autun de battre monnaie, fut confirmé vers notre époque (par arrêt de 1577), avec condition expresse de s'en servir comme jetons de présence et non à d'autres fins. On conserve encore plusieurs de ces pièces de métal (cuivre ou plomb), aux millésimes de 1574, 1580, 1587, représentant d'un côté Lazare sortant du tombeau, et de l'autre les armoiries du chapitre. Voir la *Numismatique des Eduens* [*Mém. de la Société Eduenne*, 1844, p. 107 et 110, pl. XII], et les ouvrages spéciaux de M. J. de Fontenay sur la matière : *Histoire métallique*, p. 103, et *Manuel de l'Amateur de Jetons*, p. 349.

Les armes de l'Eglise d'Autun étaient au XVIe siècle, comme de nos jours : « *Sur champ de gueules, la croix ancrée de sable à la bordure d'argent* », avec cette légende :

ECCLESIA EDUENSIS.

perdre droit aux différentes distributions et aux revenus de leurs prébendes.

On répartissait également entre les chanoines, sous le nom de *gros fruits*, des sommes d'argent provenant de certaines terres qui n'acquittaient pas leurs revenus en nature pour les distributions. Ces terres étaient, en 1567, au nombre de six. Celle de Sampigny, la plus importante, avait été assignée à cinq prébendes de 50 livres chacune; celle de Perreuil à trois prébendes de même valeur. Dix prébendes de 20 livres étaient créées sur la terre d'Autun, six sur Marigny, onze sur Sussey et un pareil nombre sur Bligny-sur-Ouche [1]. Le revenu de chaque terre était, comme on le voit, divisé en plusieurs portions égales, mais plus ou moins élevées entre elles. On les tirait au sort tous les trois ou quatre ans, au chapitre général de Saint-Pierre, et quand une de ces portions de revenus devenait vacante par la mort d'un chanoine, le droit d'option appartenait au membre le plus ancien de la compagnie.

La réunion des trois espèces de revenus, distributions *ordinaires*, *extraordinaires* et *gros fruits*, constituait la prébende dont la valeur variait, à l'époque qui nous occupe, de 150 à 200 livres. [2]

Ces prébendes, au nombre de quarante-cinq à cinquante au XVIe siècle, ne devaient pas dépasser ce dernier chiffre, de peur de subir une trop grande réduction. Elles n'étaient pas, nous l'avons dit, nécessairement attachées au titre de chanoine. Il y avait chanoines prébendés, chanoines étudiants réduits à leur pension d'études, chanoines d'honneur

---

[1] V. aux *Pièces justif.*, n° 26, la distribution des *gros fruits* faite aux chanoines, le jour de la fête de Saint-Pierre-en-Chaire, 22 février 1567. [Extrait du registre Mammès Chevalier, fol. 362.]

[2] « Il arrive rarement, — écrit l'abbé Germain vers 1720, — qu'une pré-
» bende canoniale excède la somme de 500 fr. Les revenus consistant en ar-
» gent, blé, vin et avoine se gagnent par l'assistance journalière, et tel cha-
» noine qui s'absente perd environ 25 sols par jour, tant sur l'argent que sur
» les gros fruits. » *Mémoire* cité.

attendant la prébende, pour la réception de laquelle il fallait être revêtu du caractère sacerdotal. Une prébende était dévolue à la personne de l'évêque et deux autres lui étaient accordées pour en disposer à sa volonté, au profit de deux chanoines d'honneur [1]. Le doyen, le grand-chantre, le théologal en possédaient chacun une. Deux étaient affectées à l'entretien des quatre sous-chantres, une afférente à l'entretien du collège dont le grand-chantre désignait le recteur; plusieurs enfin servaient à acquitter les dépenses matérielles de l'église.

Indépendamment des terres désignées plus haut, appartenant au chapitre et formant, pour parler le langage du temps, sa *mense capitulaire*, d'autres terres non moins considérables parmi lesquelles on voit figurer celles de Chissey, Saisy, Braux, Monnetoy, Savigny-le-Vieux, Maupertuis, etc., formaient la principale source des revenus du clergé cathédral, avec les cures nombreuses, au nombre de cinquante environ, dont il amodiait, sous son patronage, la desserte à des titulaires. [2]

Les chanoines se partageaient entre eux l'administration de ces terres et la perception de leurs revenus. Il en était de même de la gestion des sommes et biens mobiliers qui

---

[1] Ces prébendes étaient purement nominales, c'est-à-dire que l'évêque n'en avait pas la partie utile. En 1565, Pierre de Marcilly ayant demandé au chapitre les fruits de sa prébende et de celles de ses deux acolytes *de comitatu*, les chanoines, à raison des charges « insupportables, et tout extraordinaires », qui pesaient sur eux, prièrent l'évêque qu'il lui plût, « selon la modestie et » humanité de ses prédécesseurs, principaux auteurs, conservateurs et ampli- » ficateurs du bien de leur église, de vivre en concorde avec MM., sans rien » innover »; en un mot, sans réclamer les revenus des trois prébendes. — (*Reg. Capit.*, 24 mars.)

[2] Les ventes ou amodiations des terres et des maisons du chapitre se publiaient, aux enchères ou criées, les jours de marché, de quinze jours en quinze jours, quelquefois jusqu'à quatre reprises, sous le portail principal de l'église Saint-Lazare, appelé alors *Pas des Marbres*. Nous voyons le greffier de l'évêché Simon Barbotte, et André Ailleboust, amodier ainsi *aux Marbres*, l'un après l'autre, la Motte de Chissey, après s'être mis en mesure, disent les registres, de fournir caution *bourgeoise* et *suffisante*.

composaient le fonds commun de l'église, à l'instar de ce qui se passait dans les abbayes et dans le chapitre même, lorsque la vie claustrale y régnait. Le *chambrier* était dépositaire de l'argent et acquittait les dépenses [1]. Le *sommelier* ou *cellerier* était préposé à l'inspection des caves et celliers, le *grenetier* à la conservation des blés resserrés dans les greniers. D'autres avaient la garde de l'argenterie et des joyaux, des archives et des titres, des livres et de la bibliothèque (du *trésor des lettres* ou de la *librairie*, comme on disait alors). D'autres enfin remplissaient les fonctions de *maîtres-fabriciens*, de *collecteurs* et de *chefs-distributeurs* des aumônes, de *trésoriers*, de *solliciteurs ordinaires* des procès. Leurs écritures, leurs actes étaient contrôlés par deux *auditeurs des comptes* et par le *syndic* qui concentrait entre ses mains la surveillance générale.

Ces ressources semblent considérables quand on en lit le détail dans les terriers et les comptes de l'église; mais les désastres causés par les guerres, l'absence de culture régulière, les impôts multipliés les rendaient presque toujours insuffisantes. Plus d'une fois le clergé fut obligé de recourir à des emprunts, [2] d'engager ou de vendre l'argenterie et les

---

[1] Antoine Bullier cumula longtemps, avec les fonctions de secrétaire du chapitre et de chapelain de la chapelle de Saint-Pierre-et-Saint-Paul de Saint-Lazare, celles de *chambrier* ou *dépensier*. Ses émoluments montaient à 300 fr. et il était tenu, à chaque réélection annuelle, de fournir une caution de 1000 livres.

[2] L'inventaire des objets précieux du chapitre, dressé à différentes époques, mentionne la grande crosse *d'argent doré d'or fin* qui pesait 27 marcs (le marc valait 18 livres tournois), et était estimée 486 francs. Lorsque l'évêque l'empruntait pour ses tournées pastorales, il était obligé au préalable d'en consigner le prix entre les mains du chambrier du chapitre. En 1560, les officiers du roi la firent vendre pour payer les impositions de l'église; mais, peu de temps après, le chapitre la racheta d'un orfèvre d'Autun, nommé Gabriel Robert, qui l'avait acquise. — La même année, le chapitre, pressé par de nouveaux besoins, aliéna plusieurs reliquaires, « après avoir eu préalablement » soin, — dit l'acte du 6 nov., — de déposer en lieu saint les ossements et vé- » nérables reliques enveloppés en quelque étendard ou drap de soie, marqués » par billets, pour les distinguer les uns des autres, jusqu'à ce qu'on pût les » remettre en leur première forme. »

joyaux de son trésor pour payer ses dettes, acquitter ses charges, satisfaire aux aumônes, pourvoir à ses approvisionnements de pain et de vin.

Le chapitre possédait dans le Château, ainsi que dans ses terres, pleine juridiction comme seigneur haut-justicier. A ce titre, il avait à son service de nombreux fonctionnaires et officiers attachés à l'administration temporelle. Les *baillis* rendaient la justice en son nom; les *greffiers* gardaient le dépôt des sentences; les *notaires* passaient les contrats de rente, de cens, d'acquisition et de vente; les *receveurs* percevaient les deniers et revenus; les *procureurs* poursuivaient les procès et étaient nantis des pièces contentieuses. Des émoluments fixes étaient attachés à ces fonctions qui étaient remplies, au XVIe siècle, par des familles bourgeoises, dont quelques-unes, comme les Desplaces, les Pigenat, les Dechevannes, existent encore de nos jours. Elles formaient la classe instruite de la ville où il y avait peu de nobles, mais beaucoup de prêtres et de praticiens.

Comme seigneur justicier dans le Château, le chapitre soutenait de doubles rapports avec les officiers du roi et avec les magistrats de la ville, rapports bien plus compliqués autrefois, mais que la sécularisation de la justice tendait à simplifier chaque jour davantage.

Ainsi, récemment, l'ordonnance de Villers-Cotterets [1] rendue par François Ier avait éteint la compétence civile des tribunaux ecclésiastiques, en supprimant tous les prétextes par lesquels ils attiraient à eux les causes. Ils avaient perdu la connaissance de tous les *actes civils* se rattachant aux trois grandes époques de la vie consacrées par la religion, la naissance, le mariage et la mort; par suite des questions de filiation et de légitimité (ou *état des personnes*), de vali-

---

[1] Voyez, dans le *Recueil des anciennes lois françaises*, par Isambert, t. XI et XII, les ordonnances de François Ier, et entre autres l'édit de Villers-Cotterets, en 192 articles, août 1539.

dité de mariage, de conventions matrimoniales, de testaments, de sépulture ecclésiastique, de droits de patronage et de dîme, matières qui se référant à des sacrements conférés par l'Eglise, à des actes passés par ses officiers, à des obligations contractées envers elle, avaient anciennement, sous prétexte de *connexité*, relevé de sa juridiction. Cette ordonnance détruisit tout vestige de ces attributions, en défendant de citer les laïques devant les juges d'Eglise, en matière réelle et personnelle. Elle laissa subsister seulement le pouvoir clérical pour les sacrements et les choses du domaine spirituel, à l'égard des clercs et autres [1]. A ce sujet donc, plus de difficultés et de contestations avec le pouvoir civil.

Mais, en revanche, malgré ces démembrements successifs, le chapitre cathédral de Saint-Lazare avait, à l'époque qui nous occupe, conservé intacte la justice purement séculière ou *seigneuriale*, et plus il avait perdu de ses anciennes prérogatives, plus il se montrait jaloux d'assurer celles qui lui restaient. [2]

---

[1] Rappelons que la première atteinte portée à l'indépendance des tribunaux ecclésiastiques et à l'immunité des clercs le fut, en 1329, dans la célèbre conférence où l'avocat du roi Philippe de Valois, Pierre de Cugnères, organe de la juridiction civile, obtint contre Pierre Bertrandi, évêque d'Autun et cardinal, organe du clergé de France, *l'appel comme d'abus* qui ramenait au parlement de Paris le jugement définitif de toute cause séculière ou cléricale. Cette appellation directe eut pour effet de restreindre successivement la juridiction de l'Eglise dans des bornes plus étroites, et plus tard de la soumettre presque entièrement au pouvoir royal.

On sait comment le clergé se vengea de l'adversaire qui avait si éloquemment combattu ses prétentions. Un tailleur d'images ayant représenté Cugnères sous la forme d'une petite statue grotesque ou marmouset, la statue fut exposée en évidence dans la niche de l'un des piliers placés à l'entrée du chœur de Notre-Dame de Paris, et les clercs et enfants d'aube de service reçurent ordre de venir éteindre sur cette face grimaçante les cierges de l'autel voisin.

En même temps, on faisait circuler sur lui des couplets satiriques :

    Venez, venez, venez,
    Voir maistre Pierre du Cognet, etc...

[2] Avant le XVIe siècle, le chapitre possédait des privilèges de toutes sortes, d'épave, d'aubaine sur les biens des étrangers décédés dans le Château *ab in-*

Cette justice du chapitre dans le cloître pendant toute l'année lui avait été cédée par le duc de Bourgogne, Hugues III, dans une charte de 1171 et confirmée par ses successeurs, ainsi que par un arrêt du parlement de Paris du mois de février 1286 rendu entre Robert II et les chanoines, lequel établissait d'une manière décisive les franchises du cloître [1], et mettait ces derniers, comme garantie de leurs droits, en possession des clefs des portes qui étaient au nombre de six, y compris celle de Breuil. En 1322, le duc Eudes renonça, par une nouvelle confirmation, à exercer aucune juridiction dans le Château; il déclara que nul de ses sergents n'y pourrait exploiter son office, ni assigner aucun des hommes de l'église, se réservant en revanche de punir les criminels saisis par ses officiers hors de cette enceinte. Il n'était loisible à personne d'y mettre à exécution aucun mandement, de quelque part qu'il vînt, sans la permission des juges capitulaires. Les magistrats, jusqu'en 1566, ne purent y faire ni proclamations, ni cris publics, ni capture de prisonniers. Ainsi, en 1394, un criminel arraché du cloître et conduit à la citadelle de Rivaux, dans les prisons du duc par son bailli, fut restitué au chapitre par sentence. En 1442, on voit un nommé Tabourin, coupable de viol, venir se réfugier en ce lieu, pour se mettre à l'abri des poursuites des magistrats civils, préférant, à leur tribunal, celui de l'église.

---

testat; le droit d'asile dans le cloître, celui de battre monnaie, de prendre des bois dans les forêts du duc, lesquels étaient devenus depuis droits royaux. Le chapitre avait également possédé dans l'enceinte du Château des traites foraines; mais les foires ayant cessé de s'y tenir, elles se bornaient, à notre époque, à un prélèvement sur certaines marchandises exposées par les étrangers. Il restait encore aux chanoines l'exemption, en temps de paix, du logement des gens de guerre.

[1] « Decanus et Capitulum habent omnimodum justitiam in claustro et fran-
» chisiâ claustri; sed tamen dux est in saisinâ justitiandi delinquentes in
» claustro, dùm tamen gentes ducis inveniant eos extrà claustrum vel bona
» eorum. Dux et justitiarius civitatis Educensis est in saisinâ dictæ justitiæ,
» excepto claustro et franchisiâ claustri. »

Pour marquer les limites de la justice claustrale de celle de la ville, les chanoines avaient fait construire des portes et des portails qui séparaient les deux juridictions. Une de ces portes s'élevait près de la fontaine Chaffaud, vis-à-vis la rue Saint-Georges ; une autre dans la rue Saint-Quentin, au point de jonction des rues Dufraigne, Rivaux et Saint-Ladre ; une troisième dans cette dernière rue, près de l'ancien hôtel Bretagne, à l'entrée de l'impasse actuelle du Jeu-de-Paume ; la quatrième près de la porte des Bancs ; enfin, la dernière se trouvait dans la rue qui descend de la place du Terreau à celle de l'Evêché. Mais ces constructions massives et irrégulières, rétrécissant les rues à cause de leur épaisseur, et tombant d'ailleurs de vétusté, finirent à la longue par disparaître. [1]

---

[1] En divers temps, les magistrats firent des remontrances au chapitre pour la démolition de ces portes qui embarrassaient la voie publique et nuisaient à sa commodité. Ce dernier ne les accueillit point. Plus tard, quand sa justice temporelle eut été à peu près démembrée, les chanoines consentirent à la suppression complète de ces portes, à condition qu'on élèverait à leur place des bornes en forme de pilastres. Un procès-verbal dressé le 1er février 1781 nous fait connaître l'état des choses et des lieux à la fin du siècle dernier :

1° — Près de la fontaine Chaffaud, et vis-à-vis la rue Saint-Georges, deux pilastres en pierres de taille ont été placés à l'endroit d'un ancien portail qui était à l'entrée du cloître et séparait les deux pouvoirs.

2° — Deux bornes à l'extrémité occidentale de la rue Saint-Quentin, au point d'intersection des rues Dufraigne, Rivaux et Saint-Ladre. L'ancien portail du cloître Saint-Lazare placé à ce carrefour ayant été démoli pour élargir la rue Saint-Quentin, avait précédemment fait place à une borne servant de pilier. « Elle fut plantée, — dit un acte de 1774, — au sommet formé par une ligne » droite prenant depuis l'angle nord de la maison Montagu ou Gamay (lequel » était un des piliers de l'ancienne porte), jusqu'à l'ancien mur de clôture du » cloître, à 63 pieds de l'angle décrit plus haut, et à 24 pieds de l'angle sud » d'une maison de la collégiale, située à l'entrée de la rue Notre-Dame. Cette » borne avait son aspect sur la rue dite *Derrière Saint-Ladre.* »

3° — Au bas de l'église Saint-Lazare, deux pilastres à l'entrée de l'impasse du Jeu-de-Paume qui conduit à l'hôtel Bretagne ou Mac-Mahon.

4° — Dans la rue des Bancs, deux bornes qui succédaient à l'antique porte fortifiée.

5° — Enfin, dans la rue descendant de la place du Terreau à la place d'Hallencourt, on voyait encore, ces dernières années, deux piliers qui avaient chassé une ancienne porte.

Toutes ces bornes, qui déterminaient le rayon juridique des chanoines, étaient marquées à leurs armes avec cette inscription : *Portes du Cloître.*

Pour compléter ce tableau de la puissance du chapitre, rappelons qu'en dehors de sa justice seigneuriale il en possédait une extraordinaire, toute spéciale et qui n'avait pas ailleurs d'analogue. Nous voulons parler des grandes assises tenues par son terrier, pendant *seize jours*, avant et après la fête de Saint-Ladre. Ces jours-là, il faisait sentir aux magistrats de la ville son antique suprématie, en les obligeant à recevoir son cortège sur la place du Champ-de-Mars, et aux officiers du roi, en fermant pendant ce temps, dans la cité entière, tous autres tribunaux que le sien [1]. — Expliquons l'origine de ce pouvoir juridique extraordinaire qui semblait un souvenir de ces premiers siècles où le clergé étant la classe la plus éclairée de la population, rien dans la ville ne se faisait sans son concours et son autorité.

En 1171, le roi Louis-le-Jeune et l'empereur Conrad résolurent d'aller en Terre-Sainte. Hugues III, duc de Bourgogne, voulant accompagner le roi, se croisa et passa par Autun. Afin de réparer certaines injustices par lui commises sur les biens de l'église, il fit amende honorable, à genoux, devant l'autel Saint-Nazaire et Saint-Celse, jura la main sur l'Evangile d'être plus réservé à l'avenir, et prenant un cierge dans la corbeille que tenait Guichard, archevêque de Lyon, il fonda, en reconnaissance de son serment, une rente de vingt sols pour l'entretien d'un luminaire perpétuel; puis, pour le salut et remède de son âme, il donna au chapitre cathédral « sa justice en la cité, ville et faubourgs d'Autun, durant les trois jours de la Révélation de Saint-Ladre et durant cinq autres faisant la moitié des dix jours de la fête

---

[1] M. Alfred Nettement, dans une monographie d'Autun — [*Histoire des villes de France*], — cherche à expliquer le rôle de cette justice d'exception. Selon lui, le bailli du duc dans l'origine représentait la noblesse; le clergé était le protecteur naturel des classes populaires, et les *grands jours* du chapitre d'Autun étaient une espèce de recours donné aux faibles contre les puissants. Cette manière de voir nous paraît plus philosophique que conforme de tous points aux faits. Il put y avoir un résultat de ce genre à la création des seize jours, mais leurs auteurs, le duc Hugues III et ses prédécesseurs, n'en avaient sans doute pas eu la pensée.

Saint-Ladre, rappelant toutefois les cinq autres premiers avoir été déjà concédés par ses prédécesseurs. Quant aux autres trois jours de l'octave des fêtes Saint-Nazaire et Celse, il n'en fut rien dit, comme appartenant à l'église de si grande antiquité, qu'il en étoit souvenir longtemps avant les treize autres jours. » [1]

Dans cette donation, le duc s'était réservé la moitié des droits et péages aux foires de Saint-Ladre, de la Révélace et de Saint-Nazaire; mais bientôt il les céda en entier, et cette cession fut approuvée, en 1190, par la duchesse Alix sa femme, par Eudes leur fils et par un de ses successeurs, Eudes IV, dans une reconnaissance définitive du 21 mars 1342. [2]

Le privilège des seize jours fut confirmé par un arrêt du

---

[1] Pour éclaircir l'obscurité de ce texte touchant la répartition des seize jours privilégiés, donnons-en l'indication exacte. C'était :

1° — Dans la première semaine d'*août,* les 3, 4 et 5, veille, jour et lendemain de l'octave Saint-Nazaire et Saint-Celse.

2° — Au mois de *septembre,* l'avant-veille, veille, jour et huitaine de la fête Saint-Ladre. Ces dix jours commençaient donc au 30 août et finissaient au 8 septembre.

3° — Au mois d'*octobre,* les 19, 20 et 21, veille, jour et lendemain de la fête de la Révélace de Saint-Lazare.

L'exercice de cette justice s'ouvrait le soir, veille de chaque fête, lorsque la cloche sonnait le couvre-feu, et prenait fin le dernier jour, aussi à l'heure du couvre-feu.

La charte latine de la fondation des seize jours, en 1171, — le plus ancien titre sur lequel les chanoines appuyaient leur possession, — se trouve dans le *Gallia christiana,* t. IV, col. 91, pièce LVII. Elle a pour titre : *Hugo, Burgundiæ dux, tres juris in urbe dicundi dies addit suprà decem jam anteà canonicis sancti Nazarii concessos.*

[2] V. *Pièces justif.,* n° 1 ; cette pièce est extraite des archives de l'évêché.

En 1403, un contrat passé entre le chapitre et la ville régla les droits d'entrée, vente, étalage et terrage, sur les marchandises amenées aux trois foires des seize jours. Le tarif des droits perçus par l'église, réglé par les *gens de métiers et vendeurs de denrées d'Ostun,* tarif qui donne de curieux détails sur le commerce du temps, se trouve en entier dans le recueil manuscrit de M. Lavirotte, *pièce* 15. [Archives de la Société Eduenne.] A cette époque, les limites de la ville pour la perception de ces droits étaient ainsi désignées : au N. le milieu des ponts d'Arroux et Saint-Andoche; à l'E. et au S., la porte Talus, en allant de la porte des Bancs jusqu'au *rut* des Bouchers, les portes Matheron et de Breuil jusqu'à l'endroit des murs de la cité; à Saint-Branchet jusqu'au *rut* des Moulins; du côté de l'Etang-l'Evêque jusqu'aux anciens murs; du côté

parlement de Paris et le duc Robert II, en 1286; par Philippe-le-Bel, en 1288; par des lettres du roi Jean, en janvier 1361, lettres où la charte de Hugues III est relatée en entier et qui reconnaissaient en outre le droit de l'église sur les foires et péages, avec faculté de les faire exercer dans une loge située à l'extrémité de la Halle de Marchaux. Après la réunion de la Bourgogne à la France, le clergé ne manqua pas de faire reconnaître ses libertés et ses franchises à l'avènement de chaque nouveau roi. Pour s'en tenir à notre époque, nous voyons Jacques Charvot, député aux États d'Orléans, solliciter de Charles IX cette reconnaissance; mais le prince, contrairement à ses prédécesseurs, ne la voulut accorder qu'à prix d'argent, prétention qui amena une longue discussion au sein du chapitre. [1]

Cette justice extraordinaire, haute, moyenne et basse, civile et criminelle, mais en première instance seulement [2],

de Saint-André jusqu'à l'extrémité du pont, et au-dessous de Saint-Jean-le-Grand et de l'abbaye de Saint-Martin jusqu'à l'autre bord de la rivière.
Un autre règlement des mêmes droits, dressé près de cent cinquante ans après (11 décembre 1505), fait partie du Livre noir, fol. 13, sous ce titre: « Déclaration des droits sur les ventes, péages, étalages et entrées aux foires, » par laquelle se voit le partage des droits de la ville d'avec ceux particuliers » des vénérables de la cathédrale, des dames abbesses de Saint-Jean-le-Grand, » Saint-Andoche et autres. »
Ces droits indivis pendant plusieurs siècles firent enfin retour à la ville, par acte du 9 novembre 1772, moyennant une rente de 100 fr. au profit du chapitre.

[1] Les lettres patentes expédiées en décembre 1560, « au sujet des dons, » grâces, octrois, justice, juridictions, foires, usages, exemptions et immunités » jadis accordés aux vénérables de Saint-Lazare, tant par les rois que par les » ducs », se trouvent aux archives de la ville, sous la cote 167. — La dernière pièce confirmative de la donation de Hugues III est l'arrêt rendu, le 12 janvier 1673, par la cour de Dijon, après un procès de treize ans entre le chapitre et la ville et dont voici la principale disposition : « La cour maintient les » doyen et chanoines à la justice haute, moyenne et basse, civile et criminelle, » dans l'étendue de leur cloître, durant toute l'année, et dans toute la ville » d'Autun, faubourgs et banlieue d'icelle, pendant leurs seize jours. »

[2] La justice tant ordinaire qu'extraordinaire n'était qu'*inférieure*, de premier degré, ainsi que toute justice seigneuriale [comme celle de la viérie, de la prévôté de la maréchaussée, etc., etc.]. La justice *supérieure* ou d'appel était dévolue, selon le droit commun, au bailliage, et du bailliage au parlement.

s'étendait sur toute la ville, faubourgs et banlieue d'Autun, jusqu'à près de deux lieues aux environs. Elle comprenait les causes civiles, les crimes et délits (à l'exception des cas royaux) qui survenaient pendant les seize jours privilégiés. Mais, passé ce délai, les procédures instruites et non terminées devaient être remises aux greffes du bailliage ou de la viérie, pour y suivre leur cours ordinaire. L'église n'avait pas sur elles ce qu'on peut appeler le droit de suite.

Afin d'exercer ce pouvoir juridique extraordinaire de la manière la plus solennelle, le chapitre élisait tous les ans, à la pluralité des voix, sous le nom de *terrier*, un chanoine qui était chargé de la justice des seize jours. Choisi parmi les membres les plus distingués, les plus habiles dans la science du droit, il pouvait être continué dans ses fonctions pendant plusieurs années; mais dans la suite chaque chanoine devint terrier à son tour[1]. On lui adjoignait un certain nombre d'officiers et de sergents « suffisants et idoines », pour lui prêter main-forte et faire les réquisitions accoutumées. On lui octroyait pour gages les amendes, émoluments, confiscations et épaves provenant des procès qu'il poursuivait, de sorte que l'exercice de cette prérogative judiciaire ne coûtait rien au chapitre.

Le terrier prenait possession la veille de la fête de saint Lazare, patron de la cité. Chaque année, il se rendait, accompagné des chanoines, chapelains, tous à cheval et en costume d'apparat, bâtonniers, enfants de chœur, gens de la temporalité, jusqu'à la croix du pont d'Arroux, près d'une petite chapelle attenante au portail et qui existait encore en 1601. Là, il prêtait serment « d'administrer fidèlement la justice et la police, par toute la ville et par le cloître, de faire punition des vices et actes notoirement scandaleux, de sorte que clameurs et doléances n'en puissent advenir,

---

[1] Avant la Révolution, — affirme Gagnare, p. 486, — chaque chanoine recevait le *bouquet* de terrier ; l'évêque seul le prenait à volonté. M. d'Hallencourt est le dernier qui l'ait porté, en 1717.

ni aucun attentat ou entreprise sur l'autorité et la juridiction temporelle des seize jours. » Puis, un sergent de l'église criait par trois fois : « *Messieurs, qui veut justice, qu'il » s'approche!* » et les assises étaient ouvertes. Après avoir renouvelé ce cérémonial dans différents quartiers de la ville, le terrier se retirait dans l'auditoire du cloître et y continuait ses audiences.

Pour prévenir le tumulte et maintenir l'ordre dans la foule grossie des migrations d'étrangers que la curiosité attirait à la fête de Saint-Ladre, le terrier distribuait aux habitants des armes tirées de l'arsenal du chapitre. Il passait lui-même la *revue* de ses hommes, faisait avec eux des rondes de police dans les rues de la ville et surveillait la tranquillité publique. Ajoutons que parmi ses nombreux devoirs était celui d'offrir un souper à ses collègues. [1]

Telle était l'origine de la *cavalcade* faite tous les ans, le 31 août, par les chanoines. Le lendemain 1er septembre, et comme contre-partie, le corps municipal célébrait la sienne. Du reste, il y avait entre eux échange de bons procédés. Il était d'usage, le jour de la *montre,* que le terrier donnât quarante-huit bouteilles de *vin d'honneur* au vierg qui lui en rendait un pareil nombre. [2]

Le principal magistrat investi par le chapitre du droit de rendre sa justice ordinaire, tant au civil qu'au criminel, était le *bailli de l'église* ou de *la temporalité.*

---

[1] Le terrier étant tombé malade, en 1511, on le dispensa du souper auquel il était tenu, à la charge par lui de distribuer *cinq sols* à chaque chanoine, et *six blancs* à chaque chapelain assistant à la cavalcade. Enfin, en 1630, ce souper fut converti en une prestation annuelle de 120 fr. qui furent consacrés depuis à tirer un feu d'artifice sur le clocher. [Courtépée, t. II, p. 503.]

[2] En passant à travers les temps, le droit de justice extraordinaire donna lieu, comme on le pense, à des difficultés. Au commencement du XVIIe siècle, le chapitre fut mis en demeure de justifier de son antique possession. A défaut de titres originaux dont on exigeait la production, il donna comme preuves les procès-verbaux dressés par les officiers de la temporalité, des *montres, revues et cavalcades* faites par le terrier. — On ne trouvera peut-être pas sans intérêt, aux *Pièces justif.,* n° 9, des extraits de ces procès-verbaux pour les années 1542, 1591, 1595 et 1602.

Les pouvoirs du bailli étaient assez étendus pour faire de cet officier un magistrat influent, considéré et honorablement rétribué. Il connaissait, au *civil*, de toutes causes personnelles, réelles et mixtes entre les chanoines et leurs justiciables. Il avait le droit de faire les tutelles et curatelles, les ventes et les inventaires. Il jugeait entre les mêmes parties les contestations relatives aux domaines et baux, rentes, dîmes, revenus ordinaires et casuels. Ses attributions, au *criminel*, portaient sur la connaissance des crimes et délits commis par les habitants du Château, domiciliés dans le cloître et dans les maisons canoniales, à l'exception des cas royaux réservés au bailli du prince, tels que ceux de lèse-majesté, fausse monnaie, hérésie, assemblées illicites, etc... Il pouvait prononcer toutes peines afflictives et infamantes, même la mort. Il avait des prisons, des piloris, une potence dont les trois fourches patibulaires désignaient ses trois degrés de justice haute, moyenne et basse [1]. Il commandait à un certain nombre d'employés inférieurs et de sergents chargés d'exercer la police sous sa surveillance et de prêter main-forte à l'exécution de ses sentences. Ces derniers appréhendaient au corps, menaient à la prison les condamnés et les récalcitrants, maintenaient la tranquillité dans les rues, mettaient la paix dans les tavernes, veillaient à la sûreté du Château et du cloître. Ils accompagnaient aussi le bailli et le terrier dans les cérémonies publiques, en grand costume, avec des *casaquins* ou manteaux aux couleurs et aux armes du chapitre.

Le juge de l'église tenait, à l'instar de celui du bailliage, des assises connues sous le nom de *grands jours*, dans les

---

[1] En 1577, le bailli de l'église ayant condamné Adrienne Fleichot à être pendue et étranglée, la potence fut dressée devant la maison où le crime avait été commis. — Avant qu'Autun fît retour au domaine royal et *de temps immémorial*, les exécutions à mort prononcées par les justiciers du chapitre, de l'évêque et des ducs, avaient lieu à La Jennetoie, terrain commun de juridiction entre ces trois pouvoirs. Le gibet, signe de leurs attributions criminelles, élevait ses fourches sinistres sur les bords de l'Arroux, « vers le grand chemin » tendant au village de la Genestoie-sous-Ostun. »

terres appartenant au chapitre, ou dans celles sur lesquelles il possédait justice. Tels étaient la prévôté de Sussey ¹, les villages de Châteauneuf et de Vandenesse en Auxois; ceux de Chenoves, Saulon-la-Chapelle dans le Dijonnais; de Savigny-le-Vieux près Curgy, d'Auxy, Brion, Laizy, Verrières, Monthelon, Saint-Jean-de-Trézy, Reclesne au territoire d'Autun; et dans les environs de la ville, les faubourgs de Breuil et de Couhard, les hameaux de La Jennetoie, d'Ornée et de La Barre. Les habitants de ces divers lieux devaient au chapitre des hommages, des fruits de main-morte, des cens, tailles, revenus manuels et autres droits seigneuriaux. ²

La justice ordinaire et extraordinaire du chapitre blessait profondément les officiers du bailliage. On comprend de

---

¹ La terre de Sussey, de laquelle dépendaient les seigneuries de Manlay, Suze, Marcheseuil, était la principale terre de l'église. Les droits seigneuriaux y étant considérables, on avait fait de cette prévôté une des premières dignités du chapitre. Le prévôt exerçait la justice sur Sussey, Maupas, Vouvres, Pierre-Pointe, Chellecey, Mellecey, Argey, Viécourt, Ogny, et l'a rendue jusqu'à la Révolution. — On lit dans un procès-verbal du *plaids général* ou *tenue de jours* de Sussey, dressé en 1674 : « Tous les manants,
» habitants, et toutes personnes telles que nobles, ecclésiastiques, mécaniques
» ou de telle profession que ce soit, possédant meix ou héritages de grande
» ou petite valeur sur le sol et territoire des prévôté de Sussey et autres
» seigneuries du fief des doyen et chanoines d'Autun, ont toujours été
» tenus de comparoir en personne, ou par un fondé de procuration spéciale,
» au plaids général du dit Sussey, et de répondre à haute et intelligible
» voix le mot *sire* à l'évocation et appel de leur nom et surnom qui est
» fait par le greffier des vénérables seigneurs, chacun an, au jour de la
» Saint-Hilaire, pour les charges, prétentions et devoirs annuels que pour-
» roient prétendre les dits seigneurs, sur peine contre les défaillants de 20
» deniers d'amende. »

² Ces droits étaient souvent accompagnés de servitudes fâcheuses qui avaient persisté à travers les siècles, malgré les efforts tentés pour s'en affranchir. Ainsi, dans certaines terres, les sujets du chapitre ne pouvaient moissonner ni vendanger qu'après avoir fait publier aux prônes des églises paroissiales le jour fixé pour la moisson ou la vendange, et cela afin de faciliter la perception des dîmes seigneuriales. En 1566, les Etats de Bourgogne réclamèrent et obtinrent la suppression de ce privilège exorbitant particulier à l'Eglise d'Autun.

quel œil jaloux ils envisageaient ce pouvoir rival et voyaient pendant toute l'année l'auditoire du bailli de l'église s'ouvrir à deux pas du leur [1], et faire de presque tous les habitants du Château ses justiciables [2]. La juridiction des seize jours les contrariait non moins vivement, parce qu'elle s'exerçait avec solennité aux dépens de la leur, au moment où il y avait dans la ville une plus grande affluence d'étrangers. L'autorité de justice était donc partagée dans la cité et dans les environs, et ainsi pesait sur les représentants du roi une institution féodale qui n'avait pas de plus grands ennemis qu'eux. De là, des débats continuels, des contestations sans cesse renaissantes, et, aux époques agitées, une guerre ouverte avec l'Eglise.

Enfin, avec les magistrats de la ville, les attributions du chapitre nécessairement multiples donnaient lieu, parfois aussi, à des difficultés. Mais, les fonctions du vierg n'étant qu'annuelles et dépendant presque toujours de la bonne entente entre le clergé et les habitants, ces contestations ne constituaient pas un système de lutte bien arrêté, et se terminaient le plus souvent par une transaction. De fréquents arrêts, de nombreux règlements modifièrent successivement ces rapports, en augmentant de plus en plus dans le Château l'autorité des magistrats.

---

[1] Dans la rue actuelle de *Rivaux* ou du *Marquisat* (ainsi nommée des seigneurs de Montjeu qui y avaient leur maison de ville), existait, à la fin du siècle dernier, une vaste salle gothique que l'on croit communément avoir été l'auditoire du chapitre. Sur les verrières qui ornaient les fenêtres, on voyait peintes les armes de l'évêque Hurault qui l'avait fait construire, avec sa devise : « TESTIMONIUM CONSCIENTIÆ VINCAT. »

[2] En 1543, au sujet d'une imposition à laquelle le chapitre refusait de participer, les magistrats prétendirent qu'il était possesseur de plus de *trois cents* maisons dans la partie haute de la ville dépendante de son autorité, c'est-à-dire au Château, sur lesquelles il avait justice pendant toute l'année, et à certains jours juridiction privilégiée, les cours du bailliage et de la viérie cessant d'exercer. En 1627, le procureur de la municipalité déclara que les chanoines occupaient encore plus des *trois quarts* du Château, et que le *quart* seulement des autres maisons dépendait de la viérie.

Maintenant que nous avons essayé de recomposer dans son ensemble et tel qu'il était constitué au XVIe siècle le chapitre cathédral de Saint-Lazare, que nous nous sommes efforcé de remettre en lumière chaque partie de son importante organisation; si, avant de terminer, nous rappelons que, de tout temps, ce chapitre s'était recruté dans la bourgeoisie autunoise ou la noblesse de la province, qu'il avait compté des hommes célèbres par leurs vertus ou par leur science, comme les Honoré-le-Solitaire, les Etienne, les Nicolas de Toulon, les Blondel, les Guillaud, les Brochot, les Féaul, les Ailleboust, les Charvot, les Guijon; qu'on y avait vu souvent briller des noms historiques, les Rolin, les Clugny, les Vergy, les Grancey, les de Saulx, les de Vienne, les Quintin, les Marcilly-Cipierre, les Jeannin, à côté de ceux des plus anciennes familles parlementaires, les Montholon, les Ganay, les Chamilly, les La Tournelle, les Hurault de Chiverny et les Vintimille, on comprendra quelle influence devait exercer sur la cité tout entière ce corps à la fois riche, illustre, éclairé et puissant.

III

LES OFFICIERS DU BAILLIAGE D'AUTUN ET LES MAGISTRATS
DE LA VILLE AU XVIᵉ SIÈCLE.

*Autun, second bailliage, seconde municipalité
de la province de Bourgogne.*

En face de ce clergé suzerain, respecté durant tout le cours du moyen-âge comme la première autorité de la ville, il s'en était élevé une autre dans laquelle, nous l'avons déjà vu, se personnifiaient la force et l'avenir de la bourgeoisie. C'était la magistrature avec les nombreux hommes de loi qui s'y rattachaient. — Il nous reste à en esquisser le tableau, afin de poser en présence l'un de l'autre les deux acteurs qui jouent le principal rôle dans les troubles religieux du XVIᵉ siècle.

La magistrature était *royale* ou *municipale,* préposée à la justice du bailliage ou à l'administration de la ville. Toutes deux remontaient à une haute antiquité.
Parlons d'abord de celle du bailliage.

INTRODUCTION.

§ 1ᵉʳ

OFFICIERS DU BAILLIAGE AU MOMENT DE LA RÉFORME.

Depuis que la branche des comtes d'Autun s'était perdue dans la race des Capétiens, et que ceux-ci, devenus rois de France, avaient fourni à la Bourgogne, dans la personne du fils de Robert, la tige d'une nouvelle race ducale établie à Dijon, Autun avait cessé d'être un *comté*. Cette transition fit descendre peu à peu Autun au rang de *bailliage*, révolution administrative et politique déjà accomplie, en 1218, sous le duc Hugues IV; car on voit, dès ce temps, des baillis administrant la justice au nom du prince. Le comté d'Autun devint alors le second bailliage de la Bourgogne : seulement, le bailli n'y résidait pas encore et venait de Dijon tenir ses assises.

Un bailliage était à la fois une circonscription administrative et un ressort judiciaire, et ce double caractère répondait aux doubles attributions du bailli, comme nous le verrons tout-à-l'heure. Il était composé de tout le territoire dans lequel un grand-bailli avait le droit de rendre la justice. Quelques-uns de ces officiers commandaient à plusieurs sièges secondaires occupés par des lieutenants. Le premier de ces sièges s'appelait siège *principal*; les autres, sièges *particuliers*.

En 1550, il n'existait en Bourgogne que cinq sièges principaux : ceux de Dijon, d'Autun, de Chalon, de Semur-en-Auxois, de la Montagne ou de Châtillon-sur-Seine. — Le bailliage d'Autun comprenait autrefois les trois sièges particuliers de Montcenis, de Semur-en-Brionnais et de Bourbon-Lancy, dans lesquels le bailli allait lui-même ouvrir ses audiences. Il embrassait aussi vingt-cinq paroisses environ des bailliages d'Arnay-le-Duc, de Saulieu, et possédait quelques enclaves dans ceux de Sens, de Mâcon et de Saint-

Pierre-le-Moûtier. Mais les ducs en avaient distrait successivement ces différentes localités et constitué à part le siège de Montcenis, en lui donnant une telle importance, que la juridiction d'Autun ne s'étendait plus, au midi, qu'à une lieue de la ville. Il paraît, du reste, que si ce siège devint un bailliage séparé, ce fut, — dit Serpillon, [1] — lorsque les officiers d'Autun, « pour s'éviter la peine d'y aller juger, » firent désunir eux-mêmes leurs offices. Lors de la réunion de la Bourgogne à la France, l'occasion se présenta de rendre ce bailliage à la juridiction d'Autun. Louis XI, par lettres-patentes du 18 septembre 1477, « à l'occasion de très graves rébellions et désobéissances commises par les officiers et habitants de Montcenis et autres lieux d'environ, étant à présent du tout inhabitables et inhabités... Comme aussi étant plus profitable que ledit siège fût annexé et inséparablement uni au bailliage principal d'Autun, qui est belle ville, bien garnie et fournie de grand nombre et notables clercs, praticiens et autres gens de conseil, » ordonna que les justiciables du tribunal de Montcenis ressortiraient désormais à celui d'Autun. Mais ces lettres patentes ayant souffert quelques oppositions, on convint amiablement d'envoyer les officiers d'Autun siéger à Montcenis tous les quinze jours. Ils ne tardèrent pas à se rebuter, ajoute Serpillon, « des voyages et de la peine, et consentirent que leurs charges fussent de nouveau désunies, ce qui rétablit, sans le consentement du roi, le bailliage de Montcenis, au grand préjudice du public. Il est notoire que la

---

[1] *Code criminel ou Commentaire sur l'ordonnance de 1670*, par François Serpillon, lieutenant-général criminel et conseiller aux bailliage, chancellerie et siège présidial d'Autun. Lyon, 1767, t. II, p. 1058 et suivantes. — Serpillon, né à Saulieu et mort à Autun, en 1771, après y avoir exercé pendant quarante ans la charge de lieutenant criminel, a encore publié le *Code du Faux* et le *Code civil*, compilations assez indigestes comme la plupart des œuvres de jurisprudence de ce temps. Son *Code criminel*, fruit d'une longue expérience et d'un travail considérable, lui valut toutefois une sorte de réputation auprès des jurisconsultes du siècle dernier. — Consulter une Notice biographique sur Serpillon insérée dans le journal l'*Eduen*, année 1841.

justice y est maintenant administrée par un seul officier et que le barreau y est mal composé. Les parties sont le plus souvent obligées de venir se consulter à Autun [1]. » — Le bailliage d'Autun réduit à cinquante paroisses par les agrandissements des sièges limitrophes de Montcenis, Semur et Bourbon-Lancy [2], occupait cependant le second rang dans la province et possédait des attributions étendues.

L'édit de Crémieux, rendu en 1536 par François Ier, avait nettement établi la prédominance des baillis sur les prévôts, châtelains et autres juges inférieurs, et fixé leur juridiction respective sans avoir réussi cependant à empêcher complètement les empiètements réciproques. Tout ce qui intéressait l'Etat et la police générale devait être porté au bailliage. Les ordonnances, les édits royaux, les arrêts du parlement et du conseil privé, les provisions d'officiers, les lettres-patentes y étaient publiés, enregistrés et mis à exécution.

---

[1] Le bailliage de Montcenis était, comme siège secondaire, soumis à des conditions de dépendance vis-à-vis du siège principal. Citons, pour nous en tenir à notre époque, un arrêt de la cour de Dijon, du 12 décembre 1577, qui sanctionne le droit de supériorité du bailli d'Autun. « Sur la requête présentée » par Barthélemy de Montrambault, lieutenant-général au bailliage d'Autun, » la cour ordonne à Jacques Guijon, lieutenant au siège de Montcenis, de ne » faire aucune publication des édits, ordonnances et lettres patentes, qu'il n'en » ait reçu ordre du lieutenant d'Autun, qui doit auparavant les examiner et » enregistrer. » Deux autres arrêts (de 1603 et 1711) ont renouvelé les mêmes dispositions.

[2] Le démembrement du bailliage de Bourbon-Lancy ne se fit pas sans de nombreuses contestations. En 1576, — rapporte Serpillon, p. 1255, — un procès s'éleva entre cette ville et Autun qui réclamait la réunion des deux sièges. Les Autunois ne réussirent pas dans leur instance, car Bourbon fut déclaré siège particulier. En 1601, nouveau procès entre les deux bailliages, celui d'Autun soutenant que l'appel des causes de la justice de Bourbon devait être évoqué à son tribunal et non au parlement. Une transaction, intervenue le 31 août et signée par Jeannin de Montjeu, président à la cour de Dijon, et Lecamus, conseiller d'Etat, établit que le bailliage de Bourbon « seroit et » demeureroit royal, non dépendant de celui d'Autun, mais seulement deu-» xième siège, Autun étant siège principal. » En 1622, de nouvelles conférences eurent lieu à la suite de nouvelles difficultés; elles furent encore réglées au profit du bailliage de Bourbon-Lancy qui paraît être de ce moment complètement constitué.

Les questions qui intéressaient le domaine royal, l'état des personnes, les églises, la noblesse, le ban et l'arrière-ban, les appellations des juges royaux et des juges seigneuriaux appartenaient également au bailliage [1]. Au criminel, il connaissait exclusivement de toutes causes dans lesquelles les nobles étaient défendeurs, des crimes de lèse-majesté en tous ses chefs (matérialisme, hérésie, athéisme, schisme, magie, sacrilège), de fabrication de fausse-monnaie, d'assemblées illicites, séditions, émotions populaires, port d'armes et autres cas royaux. L'ordonnance de 1670 vint, plus tard, compléter ces attributions, en y joignant le jugement des crimes de rébellion aux officiers, de malversations par eux commises dans leurs charges, de troubles faits au service divin, de rapt et enlèvement de personnes par force et violence et autres matières criminelles énumérées dans les règlements antérieurs. [2]

---

[1] Avant la Révolution, il existait deux sortes de justices : les justices *seigneuriales* et les justices *royales*.
La justice *seigneuriale* se divisait, comme on sait, en trois degrés : *basse, moyenne* et *haute*. Le *bas* justicier connaissait des contestations concernant les droits dus au seigneur par les hommes de son fief. Le juge de la *moyenne* justice prononçait sur les actions réelles, personnelles et mixtes, intentées entre les sujets du seigneur ou contre l'un d'eux. Le *haut* justicier comprenait les deux autres ; il pouvait de plus donner des tuteurs et des curateurs, émanciper les mineurs, apposer les scellés et faire les inventaires.
La justice *royale* comprenait plusieurs degrés et était exercée par des juges nommés par le roi dans les terres de son domaine. On les appelait *prévôts*, en certaines provinces *châtelains*, en plusieurs *vicomtes*, en d'autres *viguiers* et *viergs*; mais c'était partout le même pouvoir et la même autorité sous des noms différents. Après les prévôtés venaient les *bailliages* ou *sénéchaussées*, et enfin les *parlements*.
D'après la hiérarchie de ces tribunaux, on trouvait cinq degrés de juridiction. La basse ou la moyenne justice seigneuriale formait un *premier* degré; là, se rendait le premier jugement, (on n'appelait point de la basse à la moyenne). L'appel de ces deux justices allait directement à la haute, *deuxième* degré ; de cette dernière, on pouvait appeler à la justice royale, telles que la prévôté ou la châtellenie, *troisième* degré ; de cette justice au bailliage, *quatrième* degré ; enfin du bailliage au parlement, *cinquième* degré.

[2] Ordonnance de 1670, sur les crimes et délits, titre 1er, article XI. — Voir aussi Boncenne, *Théorie de la procédure civile*, t. I, chap. VII.

Les principaux officiers du bailliage étaient : le *bailli* ou *sénéchal*, le *lieutenant-général civil*, le *lieutenant-général de la chancellerie*, leur substitut ou *lieutenant particulier*, et, à dater de 1586, le *lieutenant criminel*. On les appelait les *gens du roi*.

Le bailli. — Les baillis, dont l'office fut définitivement créé par une ordonnance de Philippe-Auguste de 1190, étaient des commissaires envoyés par le prince, dans diverses parties du royaume, pour y rendre la justice et en surveiller l'exercice [1]. Ils devinrent ensuite sédentaires dans les ressorts qui leur furent départis et ne jugèrent plus qu'à charge d'appel aux parlements.

Les baillis réunissaient dans le principe l'autorité militaire, civile, judiciaire et fiscale; ils étaient capitaines du ban et de l'arrière-ban de la noblesse, et collecteurs des deniers du prince. Ils recevaient les foi et hommage des vassaux, prononçaient sur les différends entre les sujets et les seigneurs, nommaient pour les représenter des lieutenants qui ne pouvaient être destitués que par le prince ou par eux, et pourvoyaient aux offices de notaires, tabellions, greffiers, sergents et autres officiers de justice.

L'autorité énorme des baillis, — dit Courtépée [2], — ne tarda pas à donner de l'ombrage aux rois de France et aux ducs de Bourgogne. Ils leur ôtèrent successivement la perception des deniers et l'administration de la justice. La plupart d'entre eux étant de puissants seigneurs, plus initiés au métier des armes qu'à la connaissance du droit romain et

---

[1] « Ils furent ainsi appelés *baillifs,* comme conservateurs et gardiens du bien du peuple contre les offenses qu'il eût pu encourir des juges ordinaires, car le mot *baillif,* en vieil langage françois, ne signifie autre chose que gardien, et *baillie,* garde. » Ce qui a été dit du bailli s'applique aussi au sénéchal ; le nom seul différait : « Quant au sénéchal qui n'a aultre puissance et auctorité que le bailli, quelques personnages de bon sens estiment que ce soit un mot corrompu, ni latin et ni françois, signifiant *vieil chevalier.* » — V. Etienne Pasquier, *Recherches de la France,* liv. II, ch. XIV.

[2] *Description de Bourgogne,* t. I, p. 359.

coutumier, on confia l'exercice de leur judicature à un lieutenant-général et on ne leur laissa que le pouvoir militaire et le droit de convoquer le ban et l'arrière-ban. De là leur nom de *grands-baillis d'épée* [1]. On comprend alors, qu'en temps de paix, leur autorité se trouvait réduite à des prérogatives d'honneur. Les expéditions des sentences étaient, il est vrai, toujours intitulées de leur nom ; ils étaient reçus avec cérémonie, lorsqu'ils se présentaient aux audiences ; ils occupaient la place d'honneur, mais ils n'y possédaient plus voix délibérative. Ajoutons que leur charge devenue vénale se transmettait à titre héréditaire dans les familles nobles, au XVIe siècle.

L'institution des baillis en Bourgogne, comme chargés d'administrer le pays et de rendre la justice au nom du souverain, est attribuée au duc Hugues IV et date du commencement du XIIIe siècle [2]. Le ressort de chacun d'eux dut s'étendre sur le territoire confié aux anciens comtes dont le pouvoir était tombé en désuétude, et c'est ainsi, avons-nous dit, que le comté d'Autun devint un bailliage. [3]

Le premier acte connu de la juridiction du bailli concer-

---

[1] Si les baillis étaient d'*épée* ou de *robe courte,* c'est-à-dire gentilshommes et ayant porté les armes, on leur donnait les qualifications féodales de *messires, chevaliers* ou *écuyers,* selon leurs degrés de noblesse. Ceux de *robe longue* ou légistes étaient appelés *maîtres, licenciés ès-lois, sages en droit.* — Les baillis reçurent longtemps une gratification des villes où ils résidaient. En 1669, les registres de comptes nous apprennent que les gages du bailli d'Autun étaient de 105 fr. par an, lesquels étaient affectés sur la rente de 300 fr. due au roi, comme on verra ci-après, pour la cession de la viérie.

[2] En 1218. — *Histoire de Bourgogne,* par dom Plancher, t. II, p. 273.

[3] Saint-Julien de Balleure, dans son livre des *Antiquités de la ville d'Autun,* écrit, p. 215 : « Le vierg d'Autun souloit jadis avoir l'administration de la » justice au civil et au criminel. Depuis les baillis furent mis en la place de ceux » qui plus anciennement exerçoient l'office de comtes, et comme Autun avoit » été comté, aussi à l'érection des baillis, il devint bailliage. » L'époque de cette transformation n'est pas connue ; il est difficile pour Autun de la déterminer, faute de documents. — Serpillon, dans son *Code criminel,* se plaignait déjà, en 1767, que les archives du greffe du tribunal ne remontant pas au-delà de cent années, on ne pût rien trouver sur l'origine et l'histoire du bailliage d'Autun.

nant Autun est relatif à une contestation qui s'éleva, en 1304, entre le duc Robert II et le chapitre de la cathédrale au sujet d'un cerf d'épave trouvé sur le territoire de Corbigny (aujourd'hui Fillosie, Filliouse), près de Couhard. Ce cerf avait été retenu par les chanoines en vertu de leurs droits de justice haute et basse sur ce territoire, droits qui furent contestés par les officiers du prince [1]. La sentence rendue par Jean Desgranges, bailli de Dijon, *en ses assises d'Ostun*, le lundi avant la fête Saint-Denis, 1306, prouve que la ville n'était pas pourvue d'un de ces officiers de robe et d'épée. En 1318, on voit encore le bailli de Dijon venir exercer à Autun. Quelques années après, en 1326 seulement, Eudes le Changeur prend la qualité de bailli d'Autun, « qui est grand chose et grand estat au pays », dans une charte concernant l'abbaye de Saint-Martin ; il est probable qu'il fut le premier bailli résidant ; du moins nous n'en trouvons pas d'autres avant lui. [2]

---

[1] Cette difficulté donna lieu à une enquête qui dura deux ans. Les détails qu'elle renferme, diffusément étendus sur un rouleau de parchemin, long de plus de douze mètres, n'offrent pas assez d'intérêt pour être consignés ; mais la sentence qui la termine est le premier acte de ce genre où il soit fait mention du bailli ducal.

[2] *Essai historique sur l'abbaye de Saint-Martin*, t. II, chartes 103 et 108. — Voir une liste des baillis d'Autun dans les *Mémoires de la Société Eduenne*, 1844, p. 113. Cette liste étant inexacte, nous la donnons rectifiée pour le XVIe siècle :

1480-1500. — Antoine de Lamet, seigneur de Saint-Martin, conseiller et chambellan du roi.

1503. — François Rolin de Beauchamp, petit-fils de Nicolas Rolin, chancelier de Bourgogne.

1516. — Jean Rolin de Savoisy, conseiller et pannetier ordinaire du roi.

1528. — Hugues de Loges, seigneur de La Boulaye-sur-Arroux et de Chailly-en-Auxois.

1534-1556. — Louis de Loges, écuyer, seigneur de Loges (ou Morelet) et de Charettes.

1556-1595. — Simon de Loges, fils de Hugues et frère du précédent, seigneur de La Boulaye, de Chailly et d'Alonne, chevalier, conseiller du roi.

1595-1614. — Edme de Rochefort, baron de Pluvault, marquis de La Boulaye, capitaine de cinquante hommes d'armes, bailli d'Autun et lieutenant-général du Nivernais.

Le lieutenant-général. — Le lieutenant-général du bailliage était devenu de fait le premier officier de justice, le chef de la juridiction civile, en qualité de représentant direct du bailli. Le choix de ce lieutenant appartint, jusqu'à Charles VIII, au sénéchal qui pouvait le révoquer à son gré. Ce roi lui imposa l'obligation de prendre l'avis des procureurs, avocats et praticiens de la juridiction. Louis XII mit la main sur ces fonctions, les érigea en titre d'office, les déclara inamovibles, et François Ier, par l'introduction de la vénalité des charges, les rendit héréditaires.

Le lieutenant-général avait conservé quelque chose des fonctions multiples du bailli. Il connaissait des convocations du ban et de l'arrière-ban, des taxes et impositions de guerre, de la nomination et de l'examen des comptes des receveurs et trésoriers. C'étaient là ses attributions militaires.

Il veillait à la publication et à l'enregistrement des lettres-patentes, édits, arrêts, ordonnances royales et des missives émanées des gouverneurs de la province. C'étaient là ses attributions administratives.

Comme magistrat judiciaire, le lieutenant d'Autun, qui devait être gradué, présidait les audiences ordinaires et les *assises générales*, tant dans le siège principal que dans les sièges inférieurs de Montcenis, Semur, Bourbon-Lancy et autres justices royales ressortissantes. Ces assises générales étaient destinées à entendre les plaintes du peuple contre les officiers de justice du ressort tenus chaque année de rendre compte de leurs fonctions. Il y en avait quatre, l'une pour les juges, l'autre pour les procureurs, une troisième pour les greffiers, la dernière pour les huissiers et sergents. Elles se tenaient aux jours des *quatre-temps* prescrits par l'Eglise, et pendant leur durée les juges seigneuriaux devaient suspendre leurs audiences.[1]

Comme premier magistrat royal, le lieutenant-général d'Autun siégeait aux Etats de la province après celui de

---

[1] L'art. 49 de l'ordonnance d'Orléans porte : « Seront tenus les dits baillis » et sénéchaux, ou leurs lieutenants, visiter les provinces quatre fois l'année

Dijon. Il avait la préséance aux assemblées de l'hôtel-de-ville et à l'élection des magistrats. C'était lui qui les installait dans leurs fonctions. Il jouissait aussi de plusieurs prérogatives d'honneur dans les cérémonies publiques. [1]

Le lieutenant de la chancellerie. — Après le lieutenant-général venait dans l'ordre hiérarchique le lieutenant de la chancellerie.

La chancellerie constituait en Bourgogne une juridiction spéciale qui connaissait de l'exécution des actes et contrats notariés. Cette institution était particulière à la province. Ces fonctions furent, dès le principe, conférées par les ducs à leurs chanceliers, et on n'appelait de leurs décisions [2] qu'au

---

» et plus souvent, si besoin est, pour ouïr les plaintes de nos sujets... » — Les juges des seigneurs avaient aussi leurs *tenues de jours,* dans lesquelles ils faisaient lecture des édits et règlements. D'après la même ordonnance, ces assises secondaires ne pouvaient plus, comme autrefois, se tenir dans les châteaux, les maisons seigneuriales, ni sous les chapiteaux des églises.

[1] Lieutenants-généraux du bailliage au XVIe siècle :
1548. 1551. 1566-1574. — Lazare Ladone, seigneur de La Saussaye, docteur en droit.
1574 (7 juillet). 1591-1594. — Barthélemy de Montrambault, avocat et docteur en droit.
1594 (9 avril). 1600. — Jean de La Grange.

[2] « Si aucun appelle du chancelier du duc, il ne le peut, qu'à Monsei-» gneur. » *Commentaire de la Coutume de Bourgogne,* par le président Bouhier, édit. de 1717, titre XXXIII, art. 349. — Voir aussi *Description du Gouvernement de Bourgogne,* par Ant. Garreau, p. 264.
Gandelot, — dans son *Histoire de Beaune,* p. 83, — pense que cette juridiction existait sous les ducs de la première race. Dans le règlement que le roi Jean fit, en 1361, pour l'administration de la justice en Bourgogne, il est parlé de la chancellerie et de ses officiers. Il n'est donc pas douteux, dit-il, que ce tribunal ne soit antérieur à la réunion du duché à la couronne. Mais comment cette juridiction s'est-elle formée? Quelques auteurs modernes prétendent qu'originairement les officiers de la chancellerie n'étaient que les secrétaires, les notaires ou les greffiers des gouverneurs et des juges de la province; qu'ils rédigeaient leurs sentences et les actes publics; qu'ensuite ils furent délégués par les juges ordinaires pour vérifier les écritures, les signatures des actes et les sceaux qui y étaient apposés ; qu'enfin les parties les choisirent pour juges. Ainsi, les lieutenants civils de Bourgogne auraient été dépouillés peu à peu de leurs attributions par les lieutenants des chancelleries.

duc lui-même. Mais le chancelier ne pouvant exercer dans toute l'étendue du duché, les ducs créèrent la charge de *gouverneur de la chancellerie* de Bourgogne, qui devint une des plus éminentes, et donnèrent pour auxiliaires à ce magistrat supérieur des lieutenants dans chaque bailliage. On les voit à Autun et à Chalon, dès 1378, sous Philippe-le-Hardi.

François Ier confirma cette institution par l'édit de Mâcon du 8 janvier 1535, qui portait en substance que les lieutenants de chancellerie connaîtraient, à l'exclusion de tous autres officiers et à charge d'appel au parlement, de la validité des contrats et des contestations concernant les actes des notaires royaux, dont ils ordonnaient l'exécution provisoire à quelques sommes que pussent s'élever les actions qui en résultaient. Ils jugeaient de toutes questions, en fait de meubles, immeubles, héritages, publications de testaments et autres soumises au *scel aux contrats*, ou scel royal. Cette juridiction était purement civile. Le lieutenant n'avait pas à se mêler de l'instruction criminelle, de l'élection des magistrats, de l'exercice de la haute police, de l'examen des comptes, impositions, deniers communs et octrois, etc. [1]

Le lieutenant de la chancellerie jugeait seul les procès de sa compétence qui ne dépassaient pas cinquante livres. Au-dessus de cette somme, il devait s'adjoindre comme con-

---

[1] Jean Guijon, dans un opuscule intitulé : *De Magistratibus Augustodunensis fori*, où il passe en revue, mais d'une manière fort confuse, l'organisation judiciaire en Bourgogne sur la fin du XVIe siècle, traite, avec un certain mépris, la juridiction de la chancellerie, dont les *juges cartulaires*, dit-il, n'ont pas même le titre de magistrats, « ne magistratus quidem videntur, » tout leur pouvoir se bornant à celui que les parties leur donnent dans les actes notariés. — « Burgundicus iste Cancellarius qui synallactica et contractuaria » cognitione occupatus est. Districtus videtur mihi ex veteribus illis in pro- » vinciâ officiis et cellis ubi publicas carthas agere dicebantur, ad nos erepsisse. » Hi judices cartularii nullam aut minimam habent juridictionem, cujus totum » fondamentum situm est in clausulâ (se suaque bona submittit jurisdictioni » cancellariæ). » Chapitre VII du livre intitulé : *Jacobi, Joannis, Andreæ et Hugonis Fratrum Guijoniorum opera*, recueilli par Philibert de La Mare, Dijon, 1658, p. 412.

seillers le lieutenant-général civil et le lieutenant particulier. Lui-même siégeait comme conseiller au bailliage dans toutes causes soumises à cette juridiction. Aux audiences destinées aux affaires de chancellerie, le lieutenant présidait; aux audiences du bailliage, il ne prenait rang qu'après le lieutenant-général. [1]

Le lieutenant criminel. — En 1581, Henri III, afin de procurer une plus prompte expédition des affaires de justice, jugea à propos de créer en Bourgogne, comme il l'avait fait ailleurs, un nouveau magistrat sous le nom de lieutenant criminel; mais celui d'Autun ne s'établit qu'en l'année 1586. Jacques Guijon fut le premier titulaire. [2]

---

[1] Lieutenants-généraux de la chancellerie au XVIe siècle :
149.... — Chapet.
1510. — Nicolas I de Montholon.
1522. 1536-1555. — Nicolas II de Montholon, son fils.
1555 (13 octobre)-1572. — Jacques Bretagne, seigneur de Lally, bailli de Saulieu.
1572 (27 septembre). 1600. — Odet de Montagu, depuis vierg d'Autun de 1583 à 1586 et de 1587 à 1589.
1613. 1637. — Simon de Montagu, fils du précédent, vierg en 1613 et 1614. Il assista, comme représentant du tiers, aux États généraux de 1614.

[2] Citons, pour faire comprendre les fonctions du lieutenant criminel, un extrait de l'édit de création du 31 décembre 1581 rapporté par Serpillon, t. I, p. 79. — « Pour éviter la confusion du pouvoir et juridiction en nos bailliages » de Bourgogne, où la justice civile est confondue avec la criminelle, sous la » puissance d'un même juge, ce qui cause infinies longueurs... Nous avons » avisé d'y pourvoir et établir un juge ou lieutenant criminel, près du bail- » liage, qui séparément d'avec le civil, connoîtra de tous les procès intentés » criminellement entre les sujets du ressort, et où notre procureur sera partie, » duquel les appellations ressortiront en la cour de Dijon. »
Lieutenants criminels depuis leur établissement à Autun jusqu'à leur suppression en 1789 :
I. — 1586 (22 avril). — Jacques Guijon.
II. — 1604 (23 juin). — Jean Duban.
III. — 1617 (16 décembre). — Philibert Calard.
IV. — 1634. — Etienne Calard.
V. — 1663. — Lazare Calard.
VI. — 1667. — André Cortelot.
VII. — 1689. — André Cortelot, neveu du précédent.
VIII. — 1725 (28 juillet). — François Serpillon.
IX et dernier. — 1765 (5 juin). — Etienne-Anne Serpillon, son fils.

Comme chef de la justice criminelle, on lui attribua la connaissance des cas royaux énumérés plus haut, et des cas ordinaires dévolus précédemment au lieutenant-général. Il eut la poursuite des crimes et délits et la présidence des audiences où ils étaient jugés. Il jouissait des mêmes honneurs que le lieutenant civil et que le lieutenant de la chancellerie.

Ces trois magistrats étaient de droit conseillers du bailliage. Il y avait entre eux réciprocité de prérogatives, d'épices et profits dans le jugement des causes qui leur appartenaient en propre. Chacun d'eux instruisait séparément les procès de sa compétence, et le procès instruit venant à l'audience, ils en décidaient ensemble. Dans les cérémonies publiques telles que processions, cortèges, entrées solennelles, ils prenaient la droite et marchaient de front avec les magistrats de la ville. Par contre, aux assises du bailliage, le vierg avait séance après les lieutenants, avant les avocats; et les échevins prenaient rang sur les procureurs. Dans les fêtes religieuses, *Te Deum*, messes d'actions de grâces, services funèbres, les gens du roi occupaient les stalles à main droite du chœur, le doyen de l'église conservant la stalle la plus rapprochée de l'autel; vis-à-vis d'eux, à gauche, se plaçaient les magistrats municipaux, vierg, échevins, syndics, à côté du grand-chantre qui faisait face au doyen.

De même que les lieutenants civils avaient un substitut nommé *lieutenant particulier* [1], de même le lieutenant criminel obtint un substitut sous le nom d'*assesseur*. — Pendant longtemps les trois lieutenants rendirent seuls la

---

[1] Lieutenants particuliers du bailliage d'Autun au XVIe siècle :
154....-1556. — André Venot, mort en 1556.
1556. 1558. 1566. — Jacques Ballard, docteur en droit.
1569-1572. — Emiland Naudot, docteur en droit.
1572 (30 novembre)-1586. — Pierre Pupelin, depuis vierg d'Autun en 1577 et 1578.
1586 (30 mai). 1600. 1619. — Jacques Arthault, aussi vierg en 1618 et 1619.

justice. François Ier leur adjoignit trois *conseillers* chargés de siéger avec eux tant au civil qu'au criminel.

L'organisation du bailliage d'Autun se compléta, sous le même règne, par un *procureur* et un *avocat du roi* chargés de poursuivre au nom du souverain et de soutenir ses intérêts. Le procureur n'était pas seulement le défenseur des intérêts du domaine, il devait encore veiller à ceux de l'Eglise, des mineurs, à la police et à l'ordre public; il instruisait les procédures, donnait ses conclusions dans toutes les affaires civiles et criminelles, assistait aux jugements, mais ne jugeait pas. Il avait sous ses ordres un substitut [1]. Les avocats royaux étaient surtout chargés de plaider les causes où le prince et l'intérêt public se trouvaient engagés. Ces officiers existaient déjà sous François Ier. L'ordonnance de Moulins de 1566 leur permit de plaider dans les affaires des simples particuliers. Ce ne fut qu'en 1573 que leur charge, donnée jusqu'alors à titre honorifique, devint vénale et fut érigée en office. [2]

Il y avait encore de menus emplois d'*enquêteurs*, sous-

---

[1] Procureurs du roi au XVIe siècle :

1549-1558. — Odot Desmolins ou Dumoulin, seigneur de Visigneux.

1558-1568. — Jean de Ganay, seigneur de Velée, de Lépaneaux et d'Echamps.

1568 (9 août)-1583. — Antoine de Ganay, son fils.

1583 (4 avril). 1600. — Jean Guijon, frère du lieutenant criminel Jacques Guijon.

[2] Avocats du roi au bailliage :

1500-1506. — Pierre Seurre ou Lesseure, dont la veuve, Pétronille Languet, épousa Chasseneuz.

1506-1508. — Guy Moreau de Montbard, depuis président à la cour de Dijon.

1508-1531. — Barthélemy de Chasseneuz, à qui le parlement de Bourgogne confia successivement les charges de substitut et d'avocat du roi aux bailliages d'Autun et de Montcenis.

1531. — Hugues d'Arlay, gendre de Chasseneuz.

154... — Jacques Bernard [Claude, son fils, fut conseiller au bailliage et vierg d'Autun en 1586].

1558. 1574-1584. — Nicolas Munier.

1584 (9 juin). — Jean Munier, son fils.

1600. — Simon Munier.

1619. — Jacques Guijon, fils de Jean Guijon, procureur du roi.

INTRODUCTION. 85

enquêteurs, gardiens du scel aux jugements et du scel aux contrats, *maîtres-clercs, greffiers, huissiers* attachés au bailliage et à la chancellerie.

En 1540, l'*auditoire* du bailliage était situé au Château, dans une maison qui forme encore aujourd'hui l'angle des rues Dufraigne et de Rivaux. Cette ancienne construction, où l'on voit une niche avec sa madone et quelques vers modernes gravés sur la pierre, fut longtemps connue sous le nom d'*hôtel de Gamay*. Elle avait reçu ce nom de Pierre de Thoisy, sieur de Gamay, bailli d'Autun vers 1462. En 1608, cet auditoire tombant en ruines, un arrêt du conseil d'Etat imposa la ville à 6,000 livres pour la construction d'une nouvelle salle. En 1624, on l'établit au-dessous des deux églises Notre-Dame et Saint-Jean-de-la-Grotte, avec façade sur la rue des Maréchaux, dans un bâtiment ayant jadis appartenu au chapitre et occupé de nos jours par le tribunal civil. On y réunit le greffe, le bureau du grenier à sel et les prisons.

Telle était la composition du bailliage au XVI° siècle; nous n'en suivrons pas les vicissitudes, lorsque plus tard la chancellerie fut supprimée et le présidial créé [1]. L'exposition de ce nouvel ordre de choses ne touche point d'assez près à notre sujet.

---

[1] C'est en janvier 1696 que Louis XIV institua en Bourgogne *cinq présidiaux*. Un présidial fut de ce moment uni au bailliage d'Autun. En 1704, on l'installa dans de nouvelles constructions qui agrandirent l'auditoire royal. En 1774, le 21 mai, un violent incendie détruisit en partie cet auditoire, « et il » en coûta bien, — dit un registre de comptes, — 267 livres pour les journées » employées à éteindre le feu. » On le reconstruisit, l'année suivante, à la même place.

Le tribunal de la chancellerie exista jusqu'en 1762, année où Louis XV, par un édit du mois de janvier, incorpora « le siège de la juridiction aux contrats à » celui du bailliage et siège présidial » et réunit les deux greffes, « sans que » désormais, sous quelque prétexte, les offices pussent être séparés. » Anne-Paul de Fontenay, alors lieutenant-général, paya pour l'adjonction de cette charge 4,000 livres au roi, et 2,000 à la veuve de Claude Blochet, dernier titulaire.

§ II.

MAGISTRATS MUNICIPAUX D'AUTUN AU MOMENT DE LA RÉFORME.

L'origine de la magistrature municipale à Autun n'a jamais été complètement éclaircie. Les pertes éprouvées par nos archives, sous la Ligue, ont fait disparaître les chartes d'affranchissement et les privilèges antérieurs au XVIe siècle [1]. Jusqu'à quelle époque Autun vécut-il sous le régime de la curie romaine ; comment les institutions féodales modifièrent-elles ce régime ? En existait-il encore des traces au XIIIe et au XIVe siècle, ou bien avaient-elles complètement disparu ? La souveraineté dans la ville ne se partageait-elle pas entre le duc qui tenait le château de Rivaux et le fort de Marchaux, et l'évêque, puis le chapitre qui paraissent avoir toujours été plus ou moins indépendants dans leur cloître, de telle sorte que l'affranchissement ne fut jamais complet que vis-à-vis du premier et resta longtemps soumis à des conditions de concours égal et d'entente mutuelle vis-à-vis des autres ? — Ce sont là autant de questions qui appellent une étude sérieuse, mais dont l'examen n'appartient pas directement à cet essai. Nous nous contenterons d'exposer en quoi consistaient les attributions des magistrats municipaux au XVIe siècle.

Le premier de ces magistrats, connu sous le nom de *vigerius* ou *viarius*, était, au moyen-âge, un officier du duc de Bourgogne, sorte de chambellan civil et militaire chargé de préparer au prince, quand il venait à Autun, des vivres et

---

[1] La charte d'affranchissement de la commune d'Autun n'a pu être découverte, malgré les recherches consciencieuses de M. Cl. Rossignol, conservateur des archives de Bourgogne à Dijon, et malgré celles que nous avons faites nous-même.

un logement, de veiller à l'approvisionnement de ses équipages et à l'entretien de ses châteaux. La police militaire de la ville et du pays faisait aussi partie de ses attributions. Il possédait, avec un pouvoir administratif assez étendu, une justice de premier degré qui devint inférieure à celle du bailli, quand ce dernier fut créé. Il paraît certain que le vigerius, loin de descendre de l'ancien *vergobret* élu par ses concitoyens [1], comme l'ont avancé, sans preuves, certains auteurs, était nommé par le duc, ainsi que deux autres officiers, le *portarius* chargé de la perception de ses deniers, le *forestarius* de la surveillance de ses eaux et de ses forêts. Ce dernier, comme le vigerius, possédait d'importantes attributions. Rappelons-nous, en effet, qu'en l'absence de domaines cultivés, la majeure partie du sol de la Bourgogne était couverte de bois dépendant du domaine des ducs; que les droits féodaux de chasse et de pêche

---

[1] « Vergobretum appellant Edui qui creatur annuus. » César, *de Bello gallico*.
Par une lettre de 1171, dans laquelle il rappelle la charte de fondation des seize jours, le duc Hugues III recommande au *vigerius* de payer une certaine somme au chapitre. Environ cent ans après, Eudes IV réclame au *viergt* une rente assignée sur la viérie. Ainsi, le même magistrat appelé *vigerius*, en 1239, est nommé *viergt*, en 1317. *Vyer, viergt, viguier* ou *vierg* sont donc, d'après ces exemples, plutôt un diminutif de *vigerius* que de *vergobretus*. [Courtépée, t. II, p. 530.] — Selon Du Cange, au contraire, le nom de *vierg*, donné au maire d'Autun, dérive de vergobret, mot qui, selon lui, signifie premier prince ou prince des œuvres, *princeps operum*, le vergobret étant un magistrat souverain élu tous les ans chez les Eduens. Gollut soutient, à son tour, que ce mot signifie *force* ou *autorité* et que le vierg portait l'épée de la guerre et le sceptre de la justice. Enfin, ce mot, selon Watchter, veut dire, en langue celtique, *vir legis*. Nous ne nous engagerons pas sur ce terrain hasardeux des étymologies, parcouru avec tant d'ardeur par les écrivains des derniers siècles. Disons seulement que le nom des chefs de la communauté civile varie suivant les pays. On voit des maires s'appeler *consuls, jurats, capitouls, prévôts des marchands* (à Paris), *viguiers, viergs*... Le mot *maire* lui-même, d'après Etienne Pasquier, dans ses *Recherches de la France*, p. 768, serait une altération du mot *maistre*. — Voyez sur les titres de maires, échevins, pairs et jurés, les *Considérations sur l'histoire de France*, chap. V et VI, placées en tête des *Récits des temps mérovingiens*, par M. Aug. Thierry. Voir aussi le *Tableau de l'ancienne France municipale* du même auteur, à la suite de l'*Histoire du Tiers-Etat*, t. II, p. 69 [au mot Autun].

étaient, si nous pouvons nous exprimer ainsi, un des plus beaux fleurons de la couronne ducale, comme signes de suzeraineté et comme moyens d'alimentation. La charge de forestier remontait à Charlemagne et à Louis-le-Débonnaire qui s'occupèrent tous deux dans leurs Capitulaires de la législation des forêts et en donnèrent la régie à cet officier.

Dans le courant du XIIIe siècle ou vers le commencement du XIVe, sans qu'il soit possible de préciser la date, l'affranchissement des communes fit perdre aux ducs la nomination du vigerius connu désormais sous le nom de vierg. Elle passa aux habitants d'Autun qui l'élurent en assemblée générale.

Voici la mention la plus exacte qui soit faite de ces assemblées et de cette magistrature transférée au peuple, dans un titre de l'évêché. « En l'année 1425, au mois de juin, par commandement du lieutenant-général au bailliage d'Autun, par voies de cris solennellement faits en la manière accoutumée, se sont assemblés par-devant le dict, au Champ-Saint-Ladre d'Ostun, les bourgeois, manans, habitans et retrayans de la ville et cité d'Ostun, en la plus grande et saine partie d'iceulx, lesquels pour eulx, en leur nom singulier, comme pour tous autres habitans, ont faict, créé, constitué, ordonné et establi leurs procureurs généraux et certains ménagers spéciaulx, acteurs, facteurs et négociateurs de leur besoigne, les vierg, échevins et syndics d'icelle ville, pour passer, consentir tout ce qu'est besoin et nécessité, pour excuser la faculté et pouvreté des habitans, et généralement faire, dire, procurer, consentir, accorder et discorder tout ce qui sera de nécessité, ainsi, par la forme et manière que feront les aultres bonnes villes de Bourgogne. » [1]

Ces franchises municipales et ce droit de réunion furent

---

[1] Protocoles de Laiguemorte, t. I, *Actes vagues* [archives de l'évêché].
Nous citons ce procès-verbal de 1425, parce qu'il est inédit; mais on voit des assemblées générales bien antérieurement à cette époque. Rosny, p. 132, rapporte en entier une délibération prise en mars 1359, au nom des habitants d'Autun, mais où il n'est fait mention ni du vierg, ni des échevins.

confirmés par lettres patentes du duc Philippe-le-Bon, données à Bruges le 14 décembre 1440. De nouvelles lettres de Louis XI, datées d'Arras, en mars 1476, maintiennent les habitants dans leur ancien privilège de s'assembler tous les ans, le jour de la Saint-Jean, pour nommer un vierg, deux échevins et un procureur-syndic pour la ville du Château, deux échevins et un procureur pour celle de Marchaux, et un clerc ou greffier [1]. De ce moment, la commune autunoise et l'organisation municipale paraissent définitivement constituées. Entre autres élections annuelles, celle de 1542 présente un titre complet. « Le 24 juin de cette année, fut élu vierg d'Autun, Jean Deschasaulx; échevins du Château, Lazare Joffriot et N...; échevins de Marchaux, Guillaume Laguille et Jean Baraud; syndic du Château, N...; et de Marchaux, Charles Berthault; greffier des deux procureurs, Barthélemy Guillemart. » [2]

Le dimanche avant le 24 juin, jour de l'élection des nou-

---

[1] Autun renfermait, au moyen-âge, trois parties distinctes : le *Château*, la *Ville* et *Marchaux*. Le Château et Marchaux, forts isolés dans l'origine, réunis plus tard au corps de la cité, étaient les principaux quartiers qui concouraient à l'élection. La ville placée au milieu et à laquelle cette situation particulière faisait donner le nom de ville *moyenne* se partageait entre ces deux quartiers ; la section supérieure, à partir de la rue Mazoncle, aujourd'hui *rue Neuve*, près du collège, votait avec le Château ; la partie inférieure, au-dessous de cette rue, votait avec Marchaux.

[2] Nous rappelons cette élection de 1542, pour relever l'erreur qui s'est glissée dans les *Mémoires de la Société Eduenne*, 1844, p. 117, et dans l'*Histoire* d'Edme Thomas, p. 409, où la viérie de Deschasaulx est reportée à deux siècles en arrière, en 1342.

Un écrivain étranger à notre pays et qui en a essayé l'histoire, — M. Alfred Nettement, — trompé par cette fausse date, va plus loin encore et la fixe à 1324, puis il part de cette date pour prétendre que le vierg n'est pas le successeur du vigerius, mais du vergobret. « On veut, — dit M. Nettement, — » que le vierg ait été le successeur du vigerius et non une image affaiblie, une » réminiscence du vergobret; cependant, il est établi que, *dès* 1324, le vierg » d'Autun portait le nom de vergobret, et qu'il n'était pas nommé, mais élu. » Voici le texte de la charte : « Die 24 junii 1324, fuit electus vergobretus » Eduensis, Johannes Deschasaulx. » Ainsi, il fut élu par des échevins et il » était lui-même échevin. C'est là évidemment une autorité municipale; ce qui, » du reste, s'accorde très bien avec les fonctions qu'on lui attribue. »

veaux magistrats, le vierg sortant, les échevins, les procureurs-syndics et les receveurs des deniers de la ville étaient tenus de rendre compte de leur gestion, à l'hôtel-de-ville, toutes portes ouvertes, devant les officiers du roi et en présence de six ou huit notables élus à cette fin en assemblée générale; puis ils résignaient leurs fonctions entre les mains du lieutenant-général du bailliage.

Trois jours à l'avance, on publiait au prône des églises et à son de trompe dans les rues et carrefours que tous les habitants, bourgeois et marchands, chefs de famille, imposés aux rôles des tailles pour la somme de *quinze sols* et au-dessus, devaient se trouver au Champ-Saint-Ladre, dans le monastère des Cordeliers, le 24 juin, jour de la fête et Nativité de saint Jean-Baptiste, afin de procéder à l'élection « de personnes idoines, capables et affectionnées au service du roi et du peuple [1]. » Il était défendu, d'après les ordonnances lues à haute voix par le trompette public, à tous habitants, « non compris aux tailles et mendiants, » ainsi qu'aux étrangers, de prendre part aux votes, à peine de la hart, d'amende arbitraire ou de prison. On prohibait *toutes brigues, monopoles et factions,* avec menace contre ceux

---

[1] A Dijon, à Chalon, à Beaune, dans presque toutes les villes de Bourgogne, les élections municipales se faisaient à la même époque. Les magistrats élus conservaient leur charge pendant une année, comme à Autun, du 24 juin au 24 juin suivant. Cette analogie prouve évidemment que les franchises de la commune autunoise, dont le titre est perdu, appartiennent à la même origine et à la même date que celles des autres *bonnes* villes de la province. Mais pourquoi ces élections fixées invariablement au 24 juin, fête de la Nativité de saint Jean? A quelles fins le choix de ce jour célèbre par certaines cérémonies bizarres connues sous le nom de *feux de la Saint-Jean* ou des *Brandons,* longtemps pratiquées dans nos pays et encore aujourd'hui en usage dans certaines parties du Morvan? Cette concordance est-elle fortuite ou avait-elle un sens dans l'esprit de nos pères? Nous ne sachons pas que les auteurs aient tenté d'éclaircir ou même signalé ce point assez obscur de nos institutions communales.

Les formalités relatives à l'élection des magistrats d'Autun sont exposées dans un arrêt du parlement de Dijon du 26 mai 1580 [extrait du *Livre noir,* fol. 207], inséré aux *Pièces justif.,* n° 47. Cet arrêt a été confirmé par d'autres arrêts subséquents du 13 mai 1609, de 1651 et 1680.

INTRODUCTION. 91

qui en seraient reconnus coupables, d'être déclarés indignes d'entrer dans la magistrature et d'être poursuivis comme perturbateurs du repos public.

Le matin de l'élection, les magistrats sortants faisaient célébrer la messe dans l'église des Cordeliers [1], et, depuis cinq jusqu'à six heures, la grosse cloche de la cathédrale sonnait sans discontinuer pour convoquer au couvent les citoyens ayant droit de suffrage [2]. Dès que les électeurs se trouvaient réunis dans le cloître, on fermait les portes et les clefs étaient remises entre les mains du lieutenant du bailliage, président de l'assemblée. Celui-ci et ses officiers entraient dans la grande salle du couvent, prenaient place à droite du bureau et les magistrats de la ville à gauche [3]; puis, le lieutenant procédait à la réception des suffrages. Chaque citoyen, à l'appel de son nom et selon l'ordre de la liste, prêtait serment, votait à *haute voix* et sortait immédiatement de la salle, afin d'éviter toute communication avec les électeurs restés à l'intérieur [4]. Les votes recueillis et

---

[1] L'église des Cordeliers, construite à la fin du XVe siècle, avait été consacrée, en 1501, par l'évêque Jean Rolin, sous le vocable de *Notre-Dame-de-la-Paix*. Détruite en partie, ce qui en reste aujourd'hui sert de dépendance aux casernes de la gendarmerie.

[2] On payait tous les ans, le 24 juin, au sonneur de Saint-Lazare une somme de 4 liv. pour sonner la grosse cloche à cette occasion.

[3] Vers la fin du XVIe siècle, le vierg et ses collègues en exercice perdirent le droit d'assister à l'élection, comme trop intéressés dans la partie; il leur fut permis seulement de se présenter pour faire des remontrances, et ils devaient se retirer immédiatement.

[4] En 1651, quelques citoyens proposèrent de substituer au vote à haute voix le vote par *billets non signés,* et de nommer avec le vierg deux échevins seulement et un syndic. Les magistrats invoquèrent l'arrêt du 26 mai 1580, portant que l'élection devait se faire à la pluralité des suffrages donnés à *haute voix* et en toute liberté, « comme à Dijon. » Ce mode était adopté dans la plupart des provinces et fut suivi jusqu'en 1789. — M. Michelet, dans son *Histoire de la Révolution française*, t. I, p. 5, écrit à propos des élections pour les Etats généraux : « Les assemblées populaires devaient élire à haute » voix ; on ne supposait pas que les petites gens dans un tel mode d'élec- » tion, en présence des nobles et notables, eussent assez de fermeté pour leur » tenir tête, assez d'assurance pour prononcer d'autres noms que ceux qui » leur seraient dictés. »

le scrutin dépouillé, les portes s'ouvraient afin de rendre le peuple témoin de la proclamation du vote. Elle était faite par le lieutenant-général. Un *minimum* de soixante voix était nécessaire pour valider l'opération. Le candidat à la viérie, selon les anciens règlements, devait posséder un assez grand état, le premier échevin être choisi parmi les avocats, les trois autres parmi les bourgeois et marchands, les syndics parmi les praticiens. Les officiers des justices seigneuriales voisines pouvaient être élus, pourvu qu'il n'y eût pas procès entre la ville et les seigneurs. Mais les fermiers et les débiteurs de la communauté étaient exclus tant qu'ils n'avaient pas rendu leurs comptes et acquitté leurs dettes.

Le lendemain, les nouveaux magistrats se rendaient, en corps et dans l'appareil distinctif de leur dignité, à l'auditoire royal où les officiers du bailliage les confirmaient dans leurs fonctions et recevaient leur serment d'obéir au roi, de faire observer ses édits et de s'employer de tout leur pouvoir à maintenir la ville en son obéissance. Ils descendaient ensuite à l'hôtel-de-ville où le vierg jurait entre les mains de son prédécesseur de gérer avec soin les affaires de la cité et de maintenir ses droits et ses privilèges. Les échevins faisaient de même entre les mains du nouveau vierg, et les syndics promettaient à leur tour de rendre un compte fidèle des deniers par eux administrés. Puis, séance tenante, on procédait au partage des châtellenies dépendant de la viérie : celle de Manlay était affectée au vierg, celles du Chêne-Robin, des Planches, du Cellier-Rouge, de La Mazerolle étaient dévolues à chacun des échevins. Cette installation se terminait par une *visite d'honneur* chez le gouverneur de la ville, quand il résidait.

ATTRIBUTIONS DES MAGISTRATS. — Les magistrats de la ville, assistés d'un avocat consultant choisi par eux [1], com-

---

[1] Cet avocat, aussi nommé *conseil* de la ville, parce que dans les affaires contentieuses il aidait les magistrats de sa connaissance des lois, existait dans

posaient ce qu'on appelait le *corps* ou *chambre de ville*. Ils possédaient de doubles attributions, les unes *municipales*, les autres *judiciaires*.

1° *Attributions municipales*. — Ils avaient la police de la ville, veillaient à la sûreté publique, administraient les propriétés urbaines, faisaient emploi des deniers communs. Ils ordonnaient les mesures concernant la milice bourgeoise, la garde des portes, le guet de jour et de nuit. Ils autorisaient le son de la trompette et du tambour pour la levée des hommes d'armes, en l'absence des gouverneurs et lieutenants-généraux de la province. Ils avaient le droit, en temps de guerre, de choisir un capitaine, privilège attaché aux villes municipales. Ils commandaient les habitants pour recevoir à leur entrée les personnes qualifiées et leur présenter les compliments d'usage.

Dans les affaires importantes, ils devaient avoir recours aux assemblées générales et ils convoquaient les habitants, sans la permission des officiers du roi, toutes les fois qu'ils le jugeaient nécessaire. Ces assemblées étaient toujours consultées sur les établissements d'impôts, de subsides et l'emploi des deniers. « En la chambre des magistrats, dit un acte, il ne se peut délibérer et résoudre de fixer la taille sur les habitants, faire le jet des impositions, ni aucune affaire importante, sans l'avoir proposé au peuple réuni à cet effet. » Dans ces réunions, chacun était appelé à pourvoir par ses conseils, ses sentiments patriotiques, son cou-

---

la plupart des villes de Bourgogne. Jeannin, en 1572, était conseil de Dijon, et c'est en cette qualité qu'il dissuada le comte de Charny d'exécuter les ordres de Charles IX. Le conseil prenait part aux délibérations et portait la parole dans les affaires importantes.

Au XVI° siècle, ces fonctions érigées en office furent remplies par les légistes autunois dont les noms suivent :
1546-1547. — Jean de Montrambault.
1547-1549. — Lazare Delacroix.
1549-1594. — Nicolas Rolet, docteur en droit.
1594. — Philibert Venot, encore avocat-conseil en 1630.

rage civil, ses lumières, au bien et au salut de la commune; on y sentait battre en quelque sorte dans les moments d'alarme le cœur de tous les citoyens. Les délibérations étaient enregistrées par un secrétaire qui avait à sa disposition un scel aux armes de la ville [1], pour en revêtir les actes et leur donner foi dans les cours et juridictions.

Vierg d'Autun. — Le vierg ou maire d'Autun siégeait aux États de la province après le *vicomte maïeur* (maire) de Dijon et présidait, en son absence, la chambre du tiers. Aux États généraux du royaume il occupait le troisième rang dans la chambre de son ordre, de sorte qu'il n'était précédé que par les maires de Paris et de Dijon. Son principal privilège honorifique était de faire à cheval, le 1er septembre de chaque année, par toute la ville, la *revue* ou *montre de la Saint-Ladre*, accompagné des officiers du bailliage en robe de palais, des échevins, syndics et autres notables, des habitants en armes marchant devant lui, tambours battants, mèches allumées, enseignes déployées. Au milieu de cette escorte processionnelle, il s'avançait, l'épée au côté, un *bâton* en forme de sceptre à la main, jusqu'au pont d'Arroux et rendait la justice sur son passage à tous venants qui la réclamaient [2]. Une autre de ses prérogatives consistait à se présenter à la cathédrale et à assister aux pro-

---

[1] Les armoiries modernes de la ville d'Autun sont : « *d'argent, à un lion rampant de gueules, au chef de Bourgogne ancien.* »

[2] Nous insérons aux Pièces justif., n° 9, plusieurs procès-verbaux de ces revues passées à différentes époques. — Ces fêtes de nos pères, que nous trouvons encore très populaires à l'aurore de la Révolution, ne tombèrent en désuétude que dans les dernières années du siècle. En 1685, Louis XIV avait réglementé le cérémonial et fixé la dépense à 460 livres. L'évêque d'Autun, Gabriel de Roquette, lui ayant un jour demandé l'attribution de cette somme à l'hôpital Saint-Gabriel nouvellement créé : « Je m'en garderai bien, — répondit le roi ; — il serait à désirer que chaque ville de mon royaume eût une semblable institution. » — Pour plus amples détails sur la cavalcade du vierg et la montre du Champ-de-Mars, nous renvoyons aux nombreux auteurs qui ont écrit sur Autun. Chasseneuz [*Commentaires*, 1574, in-fol.,

cessions, précédé de ses sergents armés de hallebardes. Ce droit lui suscita de la part du chapitre autant de contestations que ses attributions juridiques.

Les maires d'Autun restèrent électifs et annuels jusqu'en 1692, année où Louis XIV, par un édit du mois d'août, créa des maires perpétuels dont la nomination fut confiée aux élus des Etats de Bourgogne. [1]

Echevins. — Il était d'ancienne coutume que les échevins réélus eussent la préséance sur les nouveaux, sans distinction de grade ou de titre. En 1603, on donna au premier échevin la garde des archives, au second la recette des deniers des pauvres; les deux autres avec les syndics surveillaient la rentrée des impositions, à la charge d'en rendre compte, sans pouvoir prétendre à aucun émolument. Les échevins furent électifs et annuels jusqu'en 1789; mais leur installation n'avait lieu qu'avec l'agrément du roi.

Procureurs-syndics. — Les deux syndics s'occupaient spécialement des affaires contentieuses. Ils poursuivaient les procès de la ville, rédigeaient la procédure, passaient les actes de vente, d'acquisition, les baux d'amodiation et les règlements de l'octroi. Le vierg devait leur communiquer les comptes et registres concernant le domaine patrimonial, en les invitant à faire tous actes d'administration et de conservation. Les syndics assistaient aux assemblées géné-

---

p. 26], Munier, Ladone, Thomas, Saulnier, Germain, Gagnare, et en dernier lieu Rosny [p. 148 et suiv.]. Consulter surtout Courtépée, p. 531-535, et plusieurs articles sur la *Saint-Ladre* insérés dans le journal l'*Éduen*, année 1839, n°s 37, 38, 39 et 41, où le sujet nous a paru traité d'une manière complète ou à peu près.

[1] On a vu précédemment que la châtellenie de Manlay était affectée à l'état de vierg. En 1609, les revenus de cette terre furent remplacés par un gage annuel de 20 livres, et, en 1763, la ville payait de plus la capitation de son maire montant à 70 francs. Ajoutons que, par une déclaration du 23 juillet 1697, les veuves des maires conservaient, leur vie durant, certains privilèges et exemptions.

rales, et aucune décision ne pouvait y être prise sans qu'ils eussent été consultés sur l'opportunité de la mesure. En 1600, chaque procureur était élu pour deux ans et recevait *cent sols* de gages. Cette charge fut longtemps élective; mais Louis XIV l'ayant rendue vénale et héréditaire, par un édit de juillet 1690, il n'y eut plus qu'un seul procureur-syndic. L'avocat Toussaint Buffot fit le premier l'acquisition de cet office.

2° *Attributions judiciaires*. — Les attributions judiciaires des magistrats municipaux remontent à une assez haute antiquité; mais leur origine n'a pas été non plus complètement mise à jour. Le *vigerius* des ducs de Bourgogne possédait, sous le régime féodal, la justice entière comme unique représentant du seigneur; mais, depuis la création des baillis, il avait été réduit à une juridiction inférieure et ses jugements se bornaient à certaines causes secondaires dans le territoire de la ville. C'était ce qu'on appelait la *justice de la viérie*. Nous n'en pouvons, faute de documents, suivre les différentes phases jusqu'à l'annexion de la Bourgogne à la couronne. Il nous suffira de dire qu'à l'époque de l'affranchissement des communes, quand les villes commencèrent à se gouverner elles-mêmes, la plupart d'entre elles cherchèrent à s'emparer d'une partie de la justice royale comme d'un élément d'indépendance, et parvinrent à se faire céder des prévôtés, des viéries et autres juridictions. De ce démembrement naquit la lutte entre le bailli, expression du pouvoir féodal, et le prévôt, expression du pouvoir municipal et de la bourgeoisie nouvelle.

La justice de la viérie d'Autun, qui avait passé du domaine des rois de France à celui des ducs de Bourgogne, ne fit retour aux premiers qu'après la mort de Charles-le-Téméraire. Sous Louis XI et Charles VIII, nous trouvons donc cette justice distraite des attributions du vierg. Ces rois l'amodiaient, chaque année, sous le nom de *prévôté royale* avec les droits qui en dépendaient, « au plus offrant et dernier enchérisseur. » Mais les fermiers « ayant commis plusieurs fraudes, pilleries, rançonnements et exactions, à la grande charge et foule des habitants, » ceux-ci demandèrent pour eux-mêmes la cession de la viérie à bail perpétuel, et Charles VIII la leur accorda dans des circonstances que nous croyons devoir rappeler.

Les libéralités princières s'étaient portées de tout temps sur l'Eglise d'Autun. Les ducs de Bourgogne Robert II, Hugues V, Philippe-le-Hardi, Jean-sans-Peur, Philippe-le-Bon et plusieurs rois de France avaient fait, à diverses reprises, des fondations « tant en argent qu'en cire », parmi lesquelles figurait une redevance annuelle de 141 livres 17 sols 6 deniers affectée sur la viérie, pour l'entretien de trois flambeaux qui devaient *arder* perpétuellement devant l'autel Saint-Ladre. Charles VIII, voyant que les revenus de la viérie n'étaient *bastants ni suffisants* pour acquitter ces fondations et payer les gages de ses officiers, vendit, par lettres patentes du 15 mars 1483, à titre de bail à ferme perpétuel, aux habitants de la ville représentés par leur premier magistrat, « la viérie d'Ostun, avec droits de justice, prévôté, juridiction, prérogatives, prééminences, rentes, fruits, profits, émoluements, cens, courvées, gélines, châtellenies, lods, péages, étalages, ventes, accords et autres revenus domaniaux [1]. » Cette cession fut faite moyennant 300 livres payables chaque année, somme équivalente à l'estimation de ses produits [2]. Il fut enjoint au vierg ou à

---

[1] Voir aux *Pièces justif.*, nos 3 et 5, la charte du 23 décembre 1424, par laquelle Philippe-le-Bon confirme la fondation du luminaire perpétuel devant les reliques de saint Lazare, ainsi que la lettre de cession de la viérie, par Charles VIII. Cette dernière pièce, rapportée dans Serpillon, *Code criminel*, t. II, p. 1230-1234, fait partie du *Livre noir*, folios 1, 2 et 3. Elle fut enregistrée au bailliage, le 19 juillet 1484, par Antoine de Lamet, bailli d'Autun, et Philibert Bordier, lieutenant-général. Cette cession de Charles VIII fut confirmée par son successeur, Louis XII, en 1499.

[2] Ces revenus, qui consistaient en droits de justice, d'étape, de péage, d'étalage sur les bancs de la *Grande-Boucherie* (sise vis-à-vis la porte des Bancs), et sur la vente des denrées au marché de la *Halle* de Marchaux, en redevances manuelles d'argent et de grains..., augmentèrent dans la suite. En 1760, ils

ceux qui exerceraient la viérie et rendraient la justice, au nom du roi, sous le titre de *prévôt*, de prêter serment entre les mains du bailli ou de son lieutenant.

Cette prévôté ou viérie consistait dans la justice haute, moyenne et basse, civile et criminelle, en première instance seulement, sur certains domaines appartenant à la ville. Elle s'étendait à Autun, aux faubourgs, à la banlieue [1] et aux quatre châtellenies, à savoir : le village de Manlay, les hameaux du Chêne-Robin sur l'Arroux, de La Mazerolle près de Lally, des Planches et du Cellier-Rouge. [2]

L'édit de Crémieux que nous avons cité plus haut servait de base à la compétence du prévôt. En matière civile, il avait le droit d'apposer les scellés, de confectionner et clore les inventaires chez les habitants de la ville et de la banlieue, et même chez les officiers du roi [3]. Il était appelé à

étaient estimés 1,200 francs environ et valaient quatre fois plus que du temps de l'aliénation par Charles VIII; cependant la ville, au lieu de la somme de 300 liv., ne payait plus au roi que 150 fr. de rente.

[1] Au XVIe siècle, la banlieue d'Autun pouvait s'étendre à deux lieues environ.

[2] Il ne faut entendre ici le mot *châtellenie* que comme droit de justice appartenant à un juge châtelain et seigneurial. — La prévôté de Manlay comprenait le village de ce nom situé entre Autun et Saulieu (canton de Liernais), à 20 kil. de chacune de ces villes, et une partie de la paroisse de Chissey. La justice du Chêne-Robin, près de La Jennetoie, était séparée de celle de la ville par une pierre placée au milieu du pont d'Arroux. Les magistrats étaient autrefois dans l'usage d'y tenir des jours de justice et d'y exercer leur juridiction. En 1619, assises à Manlay, Chissey et aux Planches. On planta dans ces villages deux poteaux aux armes de la ville, comme symbole de sa justice. En 1731, plusieurs tenues de jours à Chissey et à La Mazerolle. En 1771, la ville, à l'exception d'une rente de dix sols et d'un denier de cens, n'avait plus qu'une justice très restreinte sur une partie du bourg de Manlay, et elle n'en retirait presque aucun avantage. Enfin, en 1789, la ville payait chaque année les impositions des magistrats montant à une somme approximative de 59 liv., en compensation des revenus des quatre châtellenies qui se trouvaient presque réduits à néant.

[3] Ce droit résulte d'un arrêt obtenu, le 24 janvier 1549, par le syndic de la ville contre Odot Desmolins, procureur du roi au bailliage, au sujet de la mort d'un Guillaume Pupelin, enquêteur à la chancellerie. — Voyez *Livre noir*, fol. 131.

INTRODUCTION. 99

juger, dans la même étendue, des tutelles et curatelles, et en première instance, des matières réelles à raison d'héritages roturiers et non nobles. Ses sentences exécutoires au-dessous de 25 livres étaient portées, en cas d'appel, devant le bailliage. Au criminel, la connaissance du prévôt se bornait, en première instance, aux crimes et délits qui n'étaient pas attribués au bailli. Il en était de même des contraventions de police; mais il jugeait en dernier ressort du refus d'acquitter les rentes et cens du patrimoine. [1]

Cette dépendance des tribunaux supérieurs, la jalousie que ceux-ci portaient aux prévôts, les appels nombreux interjetés sur les sentences criminelles rendues par ces derniers, ont fait dire à Chasseneuz que le vierg d'Autun ne pouvait rendre des arrêts au criminel, et qu'il lui appartenait seulement de faire exécuter ceux émanés des juges royaux. Nous possédons cependant plusieurs exemples du contraire, dans des condamnations à mort prononcées par le vierg et exécutées sur son arrêt. [2]

---

[1] Il existe aux archives de la ville vingt-sept registres des affaires de la viérie, qui offrent de nombreuses lacunes. Le plus ancien est de 1580, le suivant de 1631, et depuis cette époque la série est à peu près complète. Le dernier est du 27 août 1765. On ne compte pas moins de 8,000 pièces détachées concernant des causes suivies en viérie pendant ces deux derniers siècles; les plus anciennes sont de 1611, les dernières de 1766. [Inventaire manuscrit des titres de l'hôtel-de-ville.]

[2] « Vigerius non habet merum et mixtum imperium ; non enim cognoscit » nec sententiat de causis criminalibus, sed exequitur. » *Commentaires sur la Coutume de Bourgogne,* édit. de 1573, nombre 86, page 75. — « Les viergs et » maires d'aujourd'hui, — ajoute Saint-Julien de Balleure, page 202, — ne sont » plus que simples juges, ombres de magistrats, et chefs d'échevinage pour tout » potage. Aussi combien, que pour marque de leur ancienne dignité, ils aient » encore des sergents embastonnés qui les précèdent..... sont ces bâtons et » hallebardes du tout inutiles, d'autant que les maires n'ont plus de justice » et qu'on leur a fait comme aux enfants, auxquels on bride les épées et » dagues, de peur qu'ils ne dégaînent. » — Ces réflexions peuvent être conformes à l'exactitude des faits, attendu que dans l'usage les justices prévôtales avaient perdu la majeure partie de leur importance; mais en droit l'édit de Crémieux de 1536, confirmé par les déclarations explicatives de 1548 et de 1559, avait maintenu aux prévôts certaines attributions criminelles en première instance, entraînant les peines d'amende honorable, de bannissement, torture et dernier supplice.

Les viergs d'Autun n'exercèrent pas toujours par eux-mêmes la prévôté. Ils l'amodièrent quelquefois à des particuliers, la vendirent, puis la rachetèrent. En 1560, elle était rentrée définitivement en leur possession [1]. Quand le vierg ne siégeait pas en personne, il se faisait substituer par l'un de ses échevins qui prenait le titre de *lieutenant* du vierg ou de la prévôté [2]. Les procureurs-syndics assistaient à toutes les causes et donnaient leurs conclusions. Un greffier [3] et des sergents servant d'huissiers audienciers complétaient l'organisation de cette justice secondaire.

L'*auditoire* de la viérie resta établi à Marchaux jusque vers le milieu du XVIIe siècle. Il était situé à l'extrémité de la halle dite *des Colonnes* où se tenaient les marchés de la ville basse, dans une maison déjà fort ancienne à cette époque et connue sous le nom de *Loige*. « Cette maison, — dit l'auteur du *Croquis d'Autun*, — était autrefois de la dépendance du duc de Bourgogne et le vigerius en avait la clef. C'était là le siège de sa juridiction, celui du vierg qui y jugeait et du bailli qui y ouvrait ses assises; et lorsque la justice de toute la ville appartenait aux chanoines, le terrier et les officiers du chapitre venaient y tenir séance. »

---

[1] Anciennement le fermier de la viérie était tenu d'offrir aux magistrats une *torche de cire* du poids de deux livres, le jour de la Fête-Dieu, et une *oie grasse* avec un *teston*, le jour de Noël. [Le teston valait alors 14 sols 6 deniers.]

[2] Nous verrons Barthélemy de Montrambault, premier échevin pendant la viérie de Bretagne, prendre ce titre dans l'arrêt rendu par lui contre la *reine de Hongrie*. Sous la magistrature de Venot, qui fut à la fois vierg et bailli du chapitre, ces dernières fonctions étant incompatibles avec celles de prévôt, l'échevin Barthélemy d'Arlay eut la charge de lieutenant de la viérie.

[3] On voit, en 1543, un greffier de la viérie qu'il ne faut pas confondre avec le *secrétaire-greffier* de l'hôtel-de-ville, dont les fonctions furent érigées plus tard en titre d'office. En 1563, un Rabiot occupe cette place près du vierg Venot; 1566, Etienne Lefort; 1570, Jean Rolet; 1574, Jean Lefort; 1588, Jean Baudot. En 1594, un Devoyo est nommé greffier, pour trois ans, à 240 liv. par an. Le 24 novembre 1601, vente du greffe à Robert Mussard, moyennant 2,000 liv., avec faculté de réméré perpétuel. En 1789, cet office rapportait 600 liv. à la ville. Guillaume de Launay en fut le dernier titulaire.

INTRODUCTION. 101

Comme, en 1659, cet auditoire tombait en ruines, on tint les audiences sur le Champ-de-Mars, dans celui des consuls [1]. La tour de la *Bondclue*, sise à l'extrémité de l'ancien passage de ce nom et qui faisait pendant à la tour *du Sang* démolie vers la fin du XVIIe siècle, servit longtemps de prison aux justiciables du vierg. Plus tard, on en fit un dépôt d'aliénés et elle reçut la désignation deux fois méritée de tour du *Malheur* ou de *Bicêtre*. Depuis 1839, elle est devenue propriété particulière.

Après avoir parlé de l'auditoire où les magistrats exerçaient leurs droits de viérie, il nous reste à dire ce qu'était, au XVIe siècle, l'hôtel-de-ville où ils s'assemblaient pour délibérer sur les affaires publiques.

L'hôtel-de-ville occupait l'étage supérieur de la porte du Château dite des *Bancs* et l'une des quatre tours qui flanquaient de chaque côté cette entrée. Pendant les guerres de religion, on y adjoignit une partie des bâtiments de la maison Beauchamp et on en fit une *place d'armes*. La tour de la *chambre* du conseil et ses dépendances appartenaient par moitié aux chanoines et aux habitants, suivant les lettres confirmatives de la magistrature autunoise, octroyées par Louis XI, en 1476. Placée sur la limite de la justice de la viérie et de celle de l'église, elle marquait les bornes des

---

[1] Dans une requête de 1665, les habitants de Marchaux représentèrent que de tout temps la justice de la viérie s'était exercée dans la ville de Marchaux, à l'exception des six dernières années, c'est-à-dire depuis que l'auditoire était ruiné. Ils demandèrent sa reconstruction, par le motif, disaient-ils, que les justices de la ville seraient ainsi uniformément distribuées sur tous les points de la cité : l'auditoire du bailliage sur le terreau Saint-Ladre ; le tribunal des consuls sur le Champ-de-Mars, et celui de la viérie à Marchaux. La ville s'étant refusée à cette demande, les audiences de la viérie furent tenues dans l'auditoire des consuls pendant quelques années, moyennant 160 liv. une fois données, puis dans une des salles de l'ancien hôtel-de-ville. — Les arrêts de viérie intéressant l'ordre public étaient quelquefois publiés au dehors. Ainsi, on voit, en 1597, un arrêt du 16 avril, proclamé « au-devant du boulevard de » la Jambe-de-Bois, sur le grand chemin qui conduit de la porte des Marbres » au moulin Chambert » (moulin *Chenevet*), près du cimetière actuel.

deux pouvoirs juridiques. Le chapitre et le vierg en avaient chacun la clef. Cet état d'indivision fut pendant longtemps un sujet de difficultés. Une transaction du 13 juillet 1537 les termina en mettant l'hôtel-de-ville à la disposition commune du clergé et des habitants. Ces derniers abandonnèrent aux chanoines la jouissance de la tour des Bancs, avec faculté d'y tenir bureau, d'y resserrer leur artillerie et d'apposer leurs armoiries à côté de celles de la ville. Il fut convenu que les *ouvroirs* ou boutiques, « placés sous le premier plancher de cette tour jusqu'au pavé de la rue Chauchien, » appartiendraient au clergé, et que ceux situés à gauche, en montant, resteraient à la cité [1]. Les frais de réparation et de défense se partageaient par moitié. Cet édifice fut en partie ruiné pendant les troubles. En 1640, il ne consistait plus, selon un procès-verbal du temps, qu'en une tour à demi démantelée, une chambre et un grenier. On le détruisit quelques années après, malgré les réclamations du chapitre et du comte de Choiseul, possesseur de l'hôtel Beauchamp, qui tous deux revendiquaient certains droits de co-propriété et de servitude. Les magistrats se réunirent provisoirement dans leur auditoire de Marchaux, puis dans celui des consuls. Ce ne fut qu'en 1717 qu'ils résolurent d'avoir un monument affecté aux intérêts de la communauté. Le 28 septembre de cette année, on acquit pour la somme de 6,000 livres la maison du chanoine Emiland Taupenot, sise au coin de la rue Saint-Saulge et du Champ-de-Mars, et sur son emplacement on construisit l'hôtel-de-ville tel qu'il a existé jusqu'en 1830.

Ce tableau des juridictions serait incomplet, si nous n'énumérions d'une manière succincte les justices secondaires

---

[1] Inventaire des archives, fol. 869. — « Acte de 1540, concernant la recon-
» naissance d'une rente capitulaire sur un ouvroir ou bonnerie assis sous le
» portail de la porte des Bancs, à main gauche en descendant de l'église
» Saint-Ladre, tenant de haut au logis de Philippe Champeaux, de dessous
» à la dite porte sous la chambre de ville, par-derrière à la maison de Pierre
» de la Genestoye (Jennetoie), et affrontant à la rue des Bancs. »

qui existaient encore dans Autun. Chaque administration avait son tribunal particulier ou d'exception.

La justice *consulaire*, créée sous Charles IX, en 1566, durant la viérie de Jacques Bretagne, se composait des juges élus par les marchands, pour décider sur leurs contestations en matière commerciale.

La justice de la *gruerie* ou *maîtrise des eaux et forêts* était composée d'un lieutenant, d'un procureur royal, d'un greffier, de forestiers ou gardes : les uns chargés de l'administration, les autres de la répression des délits.

La justice de la *maréchaussée*, placée sous l'autorité d'un prévôt qui avait sous ses ordres un lieutenant, un brigadier et cinq archers, se composait du prévôt ou juge, d'un procureur du roi et d'un greffier. Elle châtiait les tapageurs et les vagabonds qui étaient saisis hors des limites de la juridiction du vierg, du chapitre et autres justices, et dont les méfaits n'étaient pas assez graves pour être traduits devant le bailliage.

La justice du *grenier à sel* réprimait les contraventions sur le fait des gabelles ; elle avait pour chef le receveur royal ou grenetier du grenier à sel.

Aux portes d'Autun, on comptait encore trois justices seigneuriales, peu étendues à la vérité, mais qui possédaient cependant leurs officiers et leurs justiciables : c'étaient celles des abbayes de *Saint-Martin* et de *Saint-Jean-le-Grand*, et celle de l'abbaye de *Saint-Andoche* qui s'exerçait sur un terrain situé tant dans l'intérieur de la ville qu'au dehors, connu sous le nom de *Châtelet* et sur lequel l'abbesse jouissait de toutes immunités et franchises.

Telle était l'organisation de la magistrature royale et municipale d'Autun au XVIe siècle. Quel rôle jouèrent à cette époque les représentants de l'une et l'autre? on le verra dans le récit que nous allons entreprendre. Au sein des dissensions civiles, lorsque les liens hiérarchiques sont brisés ou distendus, l'importance d'une magistrature locale s'en accroît d'autant. Il faut qu'elle trouve presque uniquement en elle-même la force de se protéger et de résister au besoin.

Ce rôle, nous le verrons courageusement rempli par les magistrats d'Autun. Ils imposeront le respect et assureront leur influence tant qu'ils s'appuieront sur l'élection populaire et qu'ils seront pressés par des dangers extérieurs; mais quand la face des évènements aura changé, lorsque, dans le royaume pacifié, le vierg devra sa nomination à l'autorité royale, il pourra bien être encore l'homme de la cité, mais il ne la personnifiera plus comme autrefois; il sera avant tout un des mille rouages de l'administration générale, le représentant d'une même pensée dans le règne uniforme de la centralisation.

La monarchie absolue se chargera désormais et jusqu'à nouvel ordre de pourvoir au salut de la commune comme à celui de la France.

ARMOIRIES DE LA VILLE D'AUTUN.

om
LIVRE PREMIER

LA RÉFORME

« Habitués que nous sommes à des maximes de tolérance religieuse, nous qui les avons lues dans un si grand nombre d'ouvrages éloquents, profonds ou ingénieux, nous qui avons vu ces maximes devenir la loi de l'Europe presque toute entière, nous concevons mal combien, au seizième siècle, il y avait de difficulté à tracer ces principes et à les concilier, soit avec l'autorité du gouvernement, soit avec l'autorité de la foi. »

Histoire de France pendant les guerres de Religion,
par Charles de Lacretelle, t. 1, p. 373.

LA RÉFORME

[1558—1567.]

CHAPITRE I

LES DÉPUTÉS D'AUTUN AUX ÉTATS GÉNÉRAUX D'ORLÉANS, DE PONTOISE ET AU COLLOQUE DE POISSY.

SOMMAIRE.

Situation des partis au moment de la convocation des Etats généraux d'Orléans. — Jacques Charvot, Charles de Beauvoir-La-Nocle, Jacques Bretagne et Jean Lalemant, députés du bailliage. — Causes de leur élection. — L'autunois Jean Quintin et sa harangue. — Jacques Bretagne aux Etats de Pontoise. — Portrait du lieutenant de la chancellerie. — Il porte la parole devant la cour au nom du tiers. — Tendances et portée de son discours. — Le colloque de Poissy et le théologien Lazare Brochot.

Il exista, dès le principe, une étroite solidarité entre les protestants de France. Obligés de se cacher, pendant plusieurs années, afin d'éviter les supplices, ils ne se montrèrent au grand jour que lorsqu'ils se sentirent assez puissants pour commander des ménagements et obtenir des concessions. Les poursuites dirigées par François Ier contre la propagande religieuse, les recherches des magistrats, la sévérité des parlements, le châtiment terrible infligé aux Vaudois, l'établissement, sous Henri II, de l'Inquisition et des Chambres ardentes qui laissèrent de côté presque toute légalité, avaient obligé pendant près de vingt-cinq ans la religion nouvelle à dissimuler sa marche, mais n'avaient pu l'arrêter. Rien, on le sait, ne se glisse avec une rapidité plus active et plus secrète à la fois que les idées qui font appel à l'indépendance de l'esprit et qui le dégagent de ces liens d'autorité qui lui pèsent comme des entraves, dès qu'il ne les accepte plus comme des règles. En 1535, Genève étant devenu le foyer du calvinisme, ils commencèrent à se déclarer hautement; en 1550, ils essayaient de fonder partout des prêches. Mais ce ne fut qu'en 1559, qu'ils s'élevèrent à l'importance d'un parti politique et religieux des plus redoutables. Dans cet espace de quinze années, la Réforme s'était propagée de tous côtés. La persécution, en faisant des martyrs, avait fait aussi des prosélytes, et la nécessité d'épargner certains coupables en augmentait le nombre. Tout en livrant aux bûchers de simples particuliers, des ministres et même des magistrats huguenots, Henri II et François II n'osaient frapper les têtes du parti. Ces têtes, c'étaient des membres mêmes de leur famille, Marguerite de Navarre, la duchesse de Ferrare, Renée de France, le roi de Navarre, Antoine de Bourbon; ou bien de puissants seigneurs, le prince de Condé, le cardinal de Châtillon et l'amiral de Coligny.

La politique de Catherine de Médicis, sous Henri II et François II, consista tantôt à réprimer, tantôt à ménager les réformés, suivant qu'elle avait besoin, pour le maintien du pouvoir royal, de s'appuyer sur eux ou sur leurs adversaires. Ces alternatives de rigueurs et de pardons irritèrent les huguenots qui grandissaient chaque jour et les catholiques qui réclamaient l'extirpation de l'hérésie par des mesures décisives. Cette position ambiguë faite aux uns et aux autres par une reine habile, mais sans dignité politique et sans convictions religieuses, amena, en mars 1560, la conjuration d'Amboise où Catherine, François II son fils et les princes de Guise faillirent tomber entre les mains d'une faction composée de *malcontents* et de huguenots. A la suite de cette échauffourée, Coligny crut le moment arrivé d'arrêter les persécutions, d'obtenir la liberté du culte et peut-être de faire parvenir son parti au pouvoir. Il obtint la convocation des Etats généraux à Orléans, pour la fin de l'année, se flattant d'obtenir des représentants du pays une tolérance que la cour avait jusque-là refusée.

En effet, il était difficile à cette dernière de résister aux pressantes sollicitations du parti réformé, et plus dangereux encore de le combattre. Le calvinisme couvrait d'un vaste réseau la France entière; il y comptait deux mille églises. Ses adhérents se recrutaient principalement dans la petite noblesse et dans la bourgeoisie, deux classes que l'on trouve toujours à la tête des révolutions, de celles, du moins, qui reposent sur des idées. Les uns voyaient dans les nouvelles doctrines un symbole plus accommodant que celui de l'Eglise, un moyen de lutter contre la puissance temporelle du clergé dont ils étaient les adversaires jaloux ou les serviteurs mécontents. Les autres y trouvaient une occasion de guerroyer et de vivre des désastres de la guerre. L'amour de la nouveauté, le mécontentement, l'ambition gagnaient les esprits aventureux et inquiets qui croient avoir tout à gagner au changement. Mais le peuple attaché à la vieille foi, peu porté d'affection pour une noblesse assez tyrannique, n'inclinait à la Réforme que lorsqu'on l'agitait au nom de ses intérêts et que l'on faisait appel à ses passions.

Catherine de Médicis, placée entre les Guise d'un côté, le

roi de Navarre, le prince de Condé, Coligny de l'autre, était disposée à user d'un moyen terme. D'accord avec la haute bourgeoisie qui redoutait le triomphe de l'une ou de l'autre opinion, d'accord avec le chancelier Michel de L'Hôpital qui flottait entre les deux symboles, elle rêvait la pacification des esprits par le rapprochement des hommes et des doctrines. Ce fut dans la vague espérance de les concilier et d'enrayer le double mouvement catholique et calviniste, qu'elle consentit à la convocation des Etats généraux.

Les élections s'opérèrent généralement sous l'influence de ce tiers-parti qui était animé d'intentions conciliantes et disposé d'avance à confier la régence à Catherine. Malgré les efforts des Guise pour écarter les huguenots, les bourgeois et gens de loi sortis de l'élection formèrent une majorité tolérante, réformatrice, portée à faire place aux idées nouvelles.

Nous n'avons pas de données précises sur l'état des esprits à Autun, au moment de la convocation des trois ordres du bailliage ; mais il est présumable qu'ils ne furent pas exempts d'agitation [1]. La division religieuse existait déjà

---

[1] L'historien de Chalon rapporte que quatre échevins, en compagnie de huit bourgeois, dont quatre *hommes de lettres* et quatre du corps des marchands, dressèrent les *cahiers* ou résumé des vœux et opinions des électeurs pour les Etats d'Orléans. [*Histoire de la ville et cité de Chalon-sur-Saône*, par le P. Perry, p. 323.] — A Autun, il n'existe aucun document relatif aux cahiers et à la manière dont ils furent rédigés. Les députés de la province, réunis en assemblée générale à Dijon, fondirent les remontrances de la noblesse, du clergé et du tiers de chaque bailliage en un cahier de chaque ordre, pour toute la province. Cette fusion explique jusqu'à un certain point pourquoi il n'est pas resté trace des cahiers particuliers de l'Autunois. — Quant aux opérations préliminaires, nous savons que la convocation des trois états eut lieu, le 23 novembre 1560, dans le couvent des Cordeliers, au Champ-de-Mars, et que les membres de l'Eglise chargés par le chapitre de prendre part aux élections furent : le prévôt de Sussey, Gabriel de Grigny, les archidiacres de Beaune et d'Avallon, Hurault et Dublé, les chanoines Landreul, Bouton, Ailleboust et Humbelot.

dans la ville, quoique moins profonde cependant qu'elle le devint plus tard; d'ailleurs, les difficultés du moment ne pouvaient échapper aux hommes éclairés. On avait à craindre qu'en se montrant pour la première fois dans une assemblée publique, la faction protestante n'y apportât une vive énergie et une supériorité marquée d'éloquence et de lumières. Aux yeux du clergé et des catholiques intelligents d'Autun, cette élection pouvait avoir les plus graves résultats; et elle les eut en effet, car elle fit surgir, du pays même, un homme dont nous avons à peine prononcé le nom, mais qui devait être le porte-étendard du calvinisme aux Etats et pendant plusieurs années l'âme du calvinisme autunois. C'était le lieutenant-général de la chancellerie, Jacques Bretagne.

Issu d'une famille ancienne qui avait occupé des charges publiques dans différentes villes de la province, allié par sa femme à la maison de Montholon, une des plus illustres de Bourgogne et des mieux accréditées à la cour [1], Bretagne

---

[1] Courtépée, t. II, p. 557, cite, parmi les familles originaires d'Autun, la famille Bretagne; c'est une erreur. Elle était de Saulieu, où son nom est resté longtemps attaché à plusieurs héritages, le *moulin Bretaigne*, la *côme Bretaigne*, et où une branche vécut jusqu'au XVIIIe siècle. Jacques Bretagne, bailli de Saulieu en 1530, se fixa à Autun par suite de son mariage avec la fille de Nicolas de Montholon, lieutenant de la chancellerie, mort en 1555, époque à laquelle son gendre hérita de sa charge. La tombe de Montholon se voit encore dans la chapelle de l'église cathédrale, dite *Chapet* ou de *Saint-Jean-Baptiste*. On y lit cette épitaphe :

« *Cy gît noble et sage maistre Nicolas de Montholon, lieutenant-général*
» *des bailliage et chancellerie d'Ostun; desmoiselles Guillemette Chapet, sa*
» *mère, Françoise Ladone, sa femme. Lequel trépassa l'an 1555, le 13e jour*
» *d'octobre, et la dite Françoise, le 5e de febvrier 1550.* »

Nicolas de Montholon, fils de Nicolas Ier de Montholon (aussi lieutenant du bailliage) et de Guillemette Chapet, était frère de François de Montholon, président au parlement de Paris, garde-des-sceaux sous François Ier, en 1542, et oncle de François II de Montholon qui fut élevé à la même charge sous Henri III, en 1588. Cette famille, d'où sortirent, suivant l'expression d'un contemporain, « comme d'un cheval de Troie, infinis nobles esprits connus par

devait à sa parenté, à ses fonctions, à son mérite personnel, une influence respectée même de ses adversaires [1]. Jusqu'à ce jour, ses opinions religieuses ne s'étaient manifestées que par des taquineries envers l'Eglise, et quoiqu'il penchât vers les nouveautés, le temps n'était pas venu pour lui de se poser comme chef de parti et de déployer ouvertement le drapeau de la Réforme. Il pouvait passer pour un représentant de cette bourgeoisie lettrée et parlementaire qui désirait la réforme dans l'Eglise, et dans l'Etat la tolérance religieuse seule capable d'assurer la paix. Il dut son élection à ces intentions modérées, ou plutôt à l'adresse avec laquelle il dissimula le fond de sa pensée. En effet, candidat du tiers-parti, il pouvait compter sur les sympathies des catholiques et des dissidents ; calviniste pur, il courait risque d'échouer devant l'opposition des premiers.

On lui donna pour collègue Jean Lalemant, né à Autun, gendre de Pierre Ailleboust, médecin de François Ier. Il était lui-même médecin, célèbre par son érudition dans les sciences naturelles et les lettres anciennes, traducteur laborieux d'Hippocrate et de Galien, de Démosthènes et de Sophocle. Il embrassa plus tard le calvinisme.

La noblesse députa Charles de La Fin, seigneur de Beauvoir et de La Nocle, gentilhomme des environs de Bourbon-Lancy, calviniste avoué.. Il joua avec son beau-frère, Jean

» tant de bons offices, » qui a donné un cardinal, deux chanceliers de France et, de nos jours, un général célèbre par sa fidélité au malheur ; cette famille était sincèrement attachée à l'Eglise et y compta plusieurs membres. Ce ne fut donc pas dans ses traditions de famille, mais dans ses propres passions, que Bretagne puisa sa haine contre le clergé.

[1] Les registres capitulaires, lorsqu'ils font mention de lui pour d'autres motifs que ceux de religion, le désignent habituellement sous le nom de *noble et sage maître*. Villefrancon dans sa correspondance l'appelle *monsieur de Bretaigne,* et au plus fort de ses menées, on n'osa jamais se saisir de lui, malgré le désir qu'on en avait.

de Ferrière-Maligny, plus connu sous le nom de vidame de Chartres, huguenot comme lui, un certain rôle pendant les guerres religieuses, et fut, durant plusieurs années, gouverneur du Hâvre pour l'amiral de Coligny.[1]

L'élu du clergé fut Jacques Charvot, docteur en droit, vicaire-général de l'évêque, grand-chantre de l'église cathédrale. Il était d'une famille notable du pays, frère d'Antoine Charvot, receveur du bailliage, capitaine du Château, et fils de Jean Charvot qui, vierg en 1523, avait, à la tête de la jeunesse de la ville, forcé dans leurs cantonnements et dispersé, près de Lucenay, une troupe d'aventuriers qui menaçait de piller Autun. Jacques Charvot possédait un caractère digne, des mœurs irréprochables, une foi éprouvée. Il aimait à se prévaloir de sa dignité pour adresser souvent dans le chapitre des remontrances aux clercs, avec une parole sévère et écoutée, mais qui n'était pas exempte d'une certaine emphase. Il avait été, à plusieurs reprises, député aux Etats de la province. Sa nomination à ceux d'Orléans

---

[1] Charles de La Fin (Lafin ou Laffin), de la maison de Beauvoir, famille importante du Bourbonnais, possédait en partie la terre de La Nocle, par son mariage avec Magdeleine de Salins, héritière de Guy de Salins, fondateur du chapitre de Bourbon-Lancy. Grâce à sa protection, un prêche exista jusqu'à sa mort, en 1574, dans le château de La Nocle. On trouve dans Bèze [t. II, p. 726 et suiv.], des détails sur ce seigneur qui, en 1562, de concert avec le vidame de Chartres, s'empara du Hâvre et donna cette ville à la Réforme, en même temps qu'il la livrait à l'Angleterre. En 1576, dans son édit de pacification du mois de mai, Henri III octroya à Maligny et à Beauvoir pleine et entière amnistie de cette trahison, « Sa Majesté tenant et réputant n'avoir, en » cet endroit, rien été fait par eux que pour son service. » — Un Beauvoir-La-Nocle (ou Beauvais-La-Nocle, comme disent quelques historiens et notamment Guillaume de Tavannes, p. 485) figura dans le parti royaliste, pendant la Ligue, et fut chargé de négociations diplomatiques auprès d'Elisabeth, reine d'Angleterre. Il conclut [1591 et 1592], avec les envoyés de Henri IV, Sancy et des Réaux, les traités d'Hampton-Court et de Greenwich qui accordaient aux protestants de France des secours d'argent et de troupes. Un autre membre de cette famille fut impliqué, en 1602, dans la conjuration du maréchal de Biron.

fut déterminée en partie par le désir du chapitre de soutenir le droit du grand-chantre au choix du principal des écoles publiques, question qui devait se présenter et qui fut résolue, comme nous le verrons, au profit des évêques et des magistrats des villes. [1]

Le 13 décembre 1560, les Etats s'assemblèrent à Orléans. Le chancelier L'Hôpital, homme doux et tolérant qui avait pour maxime « que les opinions se muent, non par vio- » lence, mais par prière et raison, » insista, dans sa harangue d'ouverture, sur la nécessité d'un rapprochement entre les deux communions : « Otons, — dit-il, — ôtons ces mots » funestes et diaboliques, noms de partis, factions et sé- » ditions, luthériens, huguenots, papistes; ne changeons » pas ce beau titre de chrétiens. » Les discours prononcés au nom de la noblesse par le baron de Rochefort, Jacques de Silly, et au nom du tiers par Jean Lange, avocat de Bordeaux, exprimèrent les mêmes sentiments et furent écoutés avec calme par les calvinistes. Mais il n'en fut pas de même de l'orateur du clergé, Jean Quintin, doyen de la faculté de droit de Paris et enfant de l'Eglise d'Autun.

Quintin était né dans cette ville [20 janvier 1500], d'un greffier de l'officialité. Il avait employé une partie de sa jeunesse à voyager en Grèce, en Syrie, en Palestine, à Rhodes.

---

[1] Jacques Charvot avait été promoteur du chapitre et abbé de Saint-Pierre-L'Etrier, avant d'être élevé, le 27 juillet 1558, comme successeur de Pierre de Marcilly nommé évêque, à la dignité cantorale qu'il conserva pendant près de quinze années. Charvot, au témoignage des contemporains, François Perrin et Saint-Julien de Balleure, avait composé des *Mémoires* sur Autun antique. Il refusa d'en donner connaissance à Balleure qui s'en est plaint : « Si j'eusse » pu, — dit-il, dans son *Livre des Antiquités d'Autun*, p. 226, — être aidé » des *Mémoires* du chantre Charvot, personnage docte et diligent rechercheur » de l'antiquité, j'en eusse faict part à ung chacung, sans céler de qui j'eusse » appris; mais tant de faveur m'a esté épargnée. » Ces *Mémoires* ne sont pas parvenus jusqu'à nous.

Il était demeuré quelque temps dans l'île de Malte, attaché à l'ordre en qualité de *chevalier servant* [1]. La guerre qui éclata entre le grand-maître et les Turcs l'avait ramené en France où, après de longues études, il fut pourvu d'une chaire de droit canonique. Député aux Etats par l'université de Paris, il dut son élection, comme orateur du clergé, malgré de nombreux concurrents, à l'opinion que l'on s'était faite de son érudition dans le droit et la discipline ecclésiastique, et qui devait le rendre plus capable que tout autre de défendre la suprématie de l'Eglise qui allait être mise en question. Mais on avait oublié que la science ne donne pas la connaissance des hommes; et que ce vieillard, retiré à l'ombre de l'école, était resté en dehors des idées et du langage de son temps. Ce *bon homme* prononça avec une parfaite bonne foi un discours célèbre par sa violence et par les inimitiés qu'il lui attira. [2]

---

[1] Il prend, dans ses ouvrages, le titre de « Quintinus Eduus, *hospitalis militiæ frater et sodalis.* » Ce fut pendant son séjour à Malte, en 1526, qu'il composa son livre intitulé : *Insulæ Melitæ descriptio*, qu'il dédia à Philibert Quintin, son père, et à sa mère, Philiberte Laborault.

[2] Jean Quintin, — rapporte de Thou, — était cependant un bon homme qui avait autrefois songé tout de bon à la réformation de l'Eglise. « Aussi, — » dit l'historien La Place, p. 151, — plusieurs ayant entendu sa harangue » furent bien ébahis ne s'attendant pas qu'il dût la faire telle, pour ce qu'il » avoit été autrefois soupçonné et même poursuivi pour le fait de la religion » et contraint de s'absenter hors la ville de Poitiers, y ayant fait une haran- » gue en public, bien d'autre sorte que celle-là. » Selon Mézeray [t. IX, p. 517], lorsque Quintin prononça son discours, les principaux du clergé avaient les yeux sur ce qu'il lisait, tant ils se défiaient de lui. Ces accusations peu fondées sur la participation du professeur de l'Université aux idées nouvelles ont été reproduites par Th. de Bèze, t. 1, p. 456 : « Un escholier natif d'Autun, » nommé Quintin, fit aussi une levée de boucliers ; mais ayant été contraint » de se retirer, tant s'en faut qu'il persévérât, qu'au contraire il s'en détournât » du tout et finalement devenu célèbre docteur en droit canon en l'université » de Paris et ayant attrapé un gras bénéfice de l'ordre des chevaliers de » Rhodes, se rendit persécuteur en ce qu'il put. » Bayle donne, comme à regret, à Quintin l'éloge de ne manquer ni de *savoir*, ni de *génie*, et Jean Guijon le qualifie par ces mots : *Exquisitæ vir doctrinæ*. — Quintin a laissé

Après une prolixe invocation au roi, à la reine-mère, au prince de Navarre, aux cardinaux, aux évêques, à tous les assistants..., il commença par demander la réforme du clergé, proposant, comme moyen principal, de pourvoir aux dignités ecclésiastiques par élection. Tout était bien jusque-là : les esprits sages sentaient le besoin d'une pareille réforme, et les orateurs précédents l'avaient également demandée. Mais quand il vint à l'article du calvinisme, il parla avec mépris de ses partisans, les traita d'*ariens*, de *rebelles*, de *machinateurs d'insolites et exécrables sacrements*, demanda contre eux le renouvellement des persécutions, et réclama le retour libre ou forcé à la religion catholique de tous les habitants du royaume. Il chercha surtout à dissuader le roi de toutes concessions vis-à-vis de ces *porteurs de requêtes* qui, ne demandant d'abord qu'une simple tolérance et la permission de bâtir quelques temples, ne tarderaient pas d'élever bientôt d'autres prétentions.

« Premièrement, Sire, nous vous supplions que si quelque fossoyeur de vieille hérésie par impiété s'ingéroit à vouloir introduire et renouveler aucune secte jà condamnée, comme sont toutes celles de ce temps calamiteux et séditieux, et à cette fin, vous présentât requête et demandât temple et permission d'habiter en ce royaume, comme se sont impudemment et par outre-cuidance ingérés naguères aucuns aux Etats particuliers de nos provinces ; que tels porteurs de requêtes, comme fauteurs d'hérésie, soient eux-mêmes tenus pour hérétiques, et que contre eux il soit procédé selon la rigueur des constitutions canoniques et civiles.

» Sire, ce sont des raisons par lesquelles nous supplions très

---

quinze ouvrages sur le droit, la philosophie, les prébendes ecclésiastiques, les matières bénéficiales, l'histoire de l'Eglise et la controverse religieuse [entre autres *Christianæ civitatis Aristocratia*], des commentaires sur Tertullien, des traités de mathématiques, des relations de voyages, etc... — On peut voir, pour cet auteur, Papillon dans sa *Bibliothèque des auteurs de Bourgogne*, et l'édition récente d'Edme Thomas, p. 341.

humblement Votre Majesté de ne vouloir recevoir les mauvais propos de ces licencieux et préfuges libertins, ne pensant, quoiqu'ils dissimulent, qu'à une anarchie, ce qui veut dire, être sans prince et sans roi, ne cherchant que de vivre acéphales, c'est-à-dire sans chefs. Il ne les faut endurer dire que leur religion est bonne, ni souffrir qu'ils la comparent à la nôtre. C'est à nous qu'ils doivent croire, sans attendre concile. »

En même temps, Quintin conjura le jeune monarque d'interdire aux nouveaux sectaires toute profession publique et tout commerce, afin d'arrêter leur propagande; ces excommuniés, — disait-il, — étant moins curieux de vendre leurs marchandises et leurs denrées que de répandre partout leurs damnables hérésies.

« Nous demandons, Sire, nous supplions, nous requérons instamment, comme chose plus que nécessaire à l'intégrité, à la pure et sincère fidélité de votre royaume, que, désormais, tout commerce de marchandises, livres ou autres, soit interdit et défendu à tous hérétiques, sectateurs, rénovateurs et défendeurs de doctrines jà condamnées. Car certainement, tels trafics ne sont que vrais monopoles d'hérésie, et sont les marchands vrais monopoleurs, vendant en gros et publiquement leurs denrées, et débitant latilement leur hérésie damnée. Qui ne nous croit, peut facilement le voir, tant est la chose découverte.

» A cette cause, Sire, les très humbles et dévôts orateurs du clergé de votre royaume vous supplient universellement de ne plus admettre ni recevoir tels marchands à quelque commerce que ce soit; et de ce, vous requièrent particulièrement ceux de votre duché de Bourgogne et clergé de votre ville et diocèse d'Autun [1], comme les plus pernicieusement endommagés, de telles fréquentations leur étant particulièrement dommageables, et en même temps en cela vous suivrez la requête que l'église métropolitaine

---

[1] Autun est la seule ville dont il soit fait mention dans ce long discours qui n'occupe pas moins de 48 pages du *Recueil des Etats généraux*. Ne peut-on inférer de là que Quintin avait reçu de sa ville natale ou de ses députés un mandat spécial?

de votre ville de Lyon vous fait aussi bien humblement et spécialement en cette cause.

» Donc est notre requête juste, raisonnable, sainte et catholique, accompagnée de l'exprès commandement du Seigneur qui vous enjoint, Sire, de nous l'accorder. »

Invoquant l'autorité de Dieu même et mettant sous les yeux de Charles IX les textes des Livres saints par lesquels il est ordonné à Moïse d'exterminer les idolâtres de la Terre promise, l'orateur exhorta le roi à sévir sans pitié contre les religionnaires, et termina en s'écriant :

« Les mots de la loi de Dieu s'en suivent : « Garde-toi bien de
» jamais faire amitié, d'être confédéré, de contracter mariage avec
» eux. Garde-toi qu'ils n'habitent en ta terre. N'aie aucune com-
» passion d'eux : bats-les, frappe-les jusques à internécion, qui
» est la mort. » Sa Majesté forte et armée de fer doit donc résister aux hérétiques. A cette fin et non autre, Dieu lui a mis le glaive en main pour défendre les bons et punir les mauvais, et nul ne pouvant nier que l'hérétique ne soit mauvais capitalement, *ergò* punissable capitalement et sujet au glaive du magistrat. » [1]

Ce discours, empreint d'une véhémence extraordinaire, *tocsin de meurtre et de carnage,* suivant l'expression d'un historien [2], inaugurait sous de malheureux auspices la discussion avec les réformés. Il était peu propre à éteindre les haines religieuses, à répondre au but de la convocation des Etats, aux intentions conciliantes de la reine et de

---

[1] Extrait de la « harangue de Jean Quintin prononcée au nom du clergé
» de France, partie de vive voix et par cœur, partie lue et récitée par écrit,
» devant Charles IX, en ses Etats d'Orléans, le 1er janvier 1561, environ une
» heure après midi. » — Voy. *Recueil des Etats généraux et Assemblées nationales,* Paris, 1789, in-8º, t. x, p. 348 à 396, et le *Recueil des Etats de France,* par Quinet, 1651, p. 177 et suiv.

[2] Anquetil, *Esprit de la Ligue,* 1770, t. I, p. 88, et la grande *Histoire de France,* par Garnier, t. xv, p. 61 et suivantes.

L'Hôpital. Il ne servit qu'à attirer des rancunes et des railleries à son auteur. Les seigneurs qui avaient présenté une requête pour demander la permission d'ériger des temples dans leurs fiefs, le tiers-état qui en préparait une semblable, l'amiral de Coligny qui, le premier, en avait présenté à Fontainebleau, et que Quintin avait presque désigné personnellement à la vindicte publique, indignés de s'entendre traiter d'ariens, d'hérétiques, de demandeurs d'églises, exigèrent du malencontreux orateur une réparation solennelle.

Il fut convenu que, dans la harangue de clôture des Etats, Quintin déclarerait qu'il n'avait entendu faire aucune allusion directe ou indirecte. En conséquence, il remercia le roi, la reine et l'assistance de la faveur avec laquelle ils avaient écouté son premier discours, dont il les priait d'excuser toutefois la prolixité; puis, il désavoua l'application que des esprits malicieux avaient fait de quelques exemples tirés de l'antiquité à des personnes vivantes, et déclara explicitement que ce n'avait été son intention, ni celle de son ordre, d'inculper aucun membre de l'assemblée.

Cette amende honorable et le ton menaçant avec lequel on l'exigea auraient dû suffire, ce semble, vis-à-vis d'un vieillard paisible qui s'était laissé entraîner plutôt par excès de logique que par fanatisme aveugle. Mais les protestants irrités, croyant trouver dans ce discours la pensée même des catholiques, lancèrent contre Quintin des épigrammes, des chansons, des satires, des affiches où ses écrits, ses mœurs, sa vie privée étaient impitoyablement déchirés. Ils publièrent, entre autres, — dit Varillas, — un libelle sanglant, divisé en trois parties, dont la première contenait les *ignorances grossières*, la seconde les *calomnies manifestes*, et la troisième les *omissions malicieuses* de sa harangue. Le fiel de cette satire, les insultes renouvelées sous

toutes formes, frappèrent Quintin au cœur, et « le poussè-
» rent, en quelque sorte, à coups de sifflets vers la tombe. »[1]
Il ne put se consoler de cette persécution imprévue qu'il
devait en partie à son inexpérience des hommes, et mourut
de chagrin quelques mois après. Ses amis lui élevèrent un
tombeau dans l'église de Saint-Jean-de-Latran, à Paris, avec
une épitaphe qui faisait allusion aux causes de sa mort. En
voici la traduction :

> Le docteur Quintin, grand consommateur de livres,
> N'eut d'appétit pour aucun autre aliment.
> Affligé des attaques de plus en plus vives
> Portées à la foi qu'il défendit par sa plume et par ses discours,
> Il quitta la terre sans regret, mais regretté de ses amis.
> Il mourut le 9 avril 1561.

Peu de temps auparavant, le chapitre d'Autun, en reconnaissance de nombreux services, l'avait, pour la seconde
fois, nommé chanoine de Saint-Lazare.[2]

Avant la séparation de l'assemblée, les ministres réformés décidèrent les députés de la noblesse et du tiers à pré-

---

[1] Expression de Shakspeare dans *Hamlet*.
« Voici donc un homme, — dit Bayle, — à qui il en coûta la vie pour
» avoir voulu déclamer à tort et à travers contre les religionnaires. Quintin
» n'avoit pas prévu la vigueur des chefs protestants, ni la sensibilité qu'il
» devoit avoir pour la critique de sa harangue. S'il avoit prévu ces choses, il
» se fût sans doute tenu à Paris et eût mieux aimé expliquer quelques décré-
» tales à ses écoliers qu'aller faire des leçons de cruauté au souverain, son
» maître, en présence des trois Etats du royaume. » — Voyez *Dictionnaire*,
au mot Quintin, et *Remarques sur le Dictionnaire de Bayle,* par l'abbé Joly,
Dijon, un vol. in-folio.

[2] D'après un ancien registre de l'évêché, intitulé : *Acta et statuta in concilio
domini episcopi Eduensis,* on voit Quintin faire partie du chapitre en 1543.
« Die lunæ, 4 junii, receptus fuit Johannes Quintinus ad canonicatum et præ-
» bendam, per resignationem Petri Parpas. » Il résigna sans doute ce canonicat à l'époque de ses voyages ou de sa résidence définitive à Paris, puisqu'un acte capitulaire du 27 septembre 1560 lui confère de nouveau cette
dignité (alors vacante par le décès de Guillaume Sarrazin), avec privilège de
ne point résider. Il prit possession le 19 octobre par l'intermédiaire d'un de
ses collègues, Nicolas Humbelot. [Registre Ant. Bullier, fol. 252.]

senter au roi une requête en faveur de la liberté religieuse. Parmi les députés qui y adhérèrent, figurent ceux d'Autun, Jacques Bretagne et Jean Lalemant.[1]

Cette requête contenait de vives représentations. Les protestants se plaignaient que, malgré que les Etats eussent été convoqués pour remédier aux troubles et leur donner le moyen de faire valoir leurs justes doléances, cependant les intrigues et les méchancetés de quelques hommes puissants les empêchaient, chaque jour, de le faire ; que partout on avait pris des mesures pour les exclure des Etats provinciaux ; que partout on avait imposé un silence absolu sur les questions religieuses ; que ceux, en petit nombre, qui ne s'étaient point laissé intimider par ces défenses, avaient été traînés en prison ou obligés de se cacher pour sauver leur vie ; que récemment, *ce beau latiniseur du clergé* (en parlant de Quintin) avait eu l'impudence de faire défense au roi de recevoir et aux seigneurs de présenter aucune requête, triste et misérable ressource sans doute, mais la seule qui restât à leurs persécuteurs pour empêcher que leurs propres manèges, leurs calomnies et leurs turpitudes fussent exposés au grand jour. Cette doléance se terminait par trois demandes qui étaient les trois points fondamentaux du programme calviniste : l'assemblée d'un concile libre dans lequel tous différends seraient décidés par la parole de Dieu ; la mise en liberté des prisonniers

---

[1] Nous voyons encore Bretagne et Lalemant présenter, de concert avec les députés du tiers, le *cahier des remontrances* de leur ordre en 354 articles. Il avait pour titre : *Plaintes, doléances et supplications très humbles que les gens du tiers-état présentent au roi leur souverain seigneur, pour y être pourvu selon son bon plaisir.* — On trouve dans le *Recueil des Etats généraux*, déjà cité, la teneur de ces articles et les annotations qui y furent faites par ordre de Charles IX. — Voir aussi l'appréciation de M. Aug. Thierry dans son *Essai sur l'histoire du Tiers-Etat*, t. I, p. 133.

pour cause de religion; la tolérance des assemblées et des prêches, sous la surveillance des magistrats. Mais prétextant qu'il était nécessaire de faire délibérer sur ces divers points le conseil du roi, la reine-mère en renvoya l'examen à un temps plus opportun. C'était un moyen de gagner du temps et d'aviser à de nouvelles ressources.[1]

En effet, Catherine de Médicis, trompée dans ses espérances, convaincue qu'elle n'avait rien à attendre de députés si nombreux et divisés sur toutes les questions, prit le parti de clore subitement l'assemblée vers la fin de janvier, et de l'ajourner au mois d'août suivant. « Le temps » des Etats s'étoit passé en harangues et menées, dit Ta- » vannes, et la conclusion en fut artificiellement renvoyée à » Pontoise : c'étoit la volonté de tous les partis, pour co- » gnoistre le cours du marché. »[2]

Quoique cette assemblée, convoquée pour chercher un remède aux maux du pays, n'eût servi qu'à en dévoiler la profondeur, elle ne demeura pas cependant stérile. Ce fut d'après les remontrances des trois ordres que le chancelier L'Hôpital publia la célèbre ordonnance d'Orléans[3]. Elle établissait avec une ligne profonde de démarcation les limites entre la robe et l'épée, en privant les seigneurs du droit oppressif de rendre la justice eux-mêmes, et en décidant que

---

[1] V. aux *Pièces justif.*, n° 13, la *Requête des Eglises réformées présentée, le 27 janvier 1561, au roi tenant ses Etats en la ville d'Orléans, pour la réformation de la religion, tant en la doctrine qu'ès mœurs.*

[2] *Mémoires de Gaspard de Tavannes*, p. 246.

[3] Ordonnance générale rendue sur les plaintes, doléances et remontrances des Etats assemblés à Orléans, janvier 1560 (1561). — Voir *Recueil général des anciennes lois françaises,* par Isambert, t. XIV, p. 63 et suiv. Cette ordonnance en 150 articles se divise ainsi : *Du clergé* (art. 1 à 29); *De la justice et de la police* (art. 30 à 104); *Des universités et de leurs privilèges* (art. 105); *De la noblesse, tailles et dispositions diverses* (art. 106 à 150).

les juges seraient exclusivement des gens de robe courte, « sage institution, dit le président Hénault, pour que la force soit balancée par la loi. » Elle sanctionnait une partie des réformes réclamées par les Etats, telles que la suppression de certains offices, la réduction des frais de justice, la punition des vexations de la noblesse dont le tiers s'était plaint, la modération dans l'assiette arbitraire de la taille, et la suppression de quelques abus signalés dans le commerce.

D'importantes innovations se référaient au clergé et touchaient à plusieurs points délicats de son organisation. Le parlement de Paris présenta des observations pour modifier ce que quelques-uns de ces articles avaient de trop hardi, tout en inclinant cependant vers ce qui pouvait accroître l'autorité du pouvoir royal en pareille matière. Une des dispositions les plus avancées avait pour but de donner au clergé inférieur et aux laïques une part dans l'élection aux dignités ecclésiastiques; elle attribuait la désignation des évêques à un certain nombre de députés des trois ordres qui présentaient trois candidats parmi lesquels le roi devait choisir. Censuré par le parlement, cet article, qui portait une atteinte trop profonde à l'indépendance de l'Eglise, demeura sans exécution. L'article v concernant la résidence obligatoire des curés et bénéficiers; les articles VIII et IX relatifs à l'établissement d'une prébende préceptoriale appliquée à un recteur des écoles choisi par l'évêque, le chapitre et le corps de ville; l'article x touchant l'aliénation des biens des confréries; l'article XI qui, nonobstant les privilèges d'exemption, soumettait les chapitres et abbayes à la juridiction de l'évêque, et par là modifiait les bases du droit canonique, émurent vivement le clergé, excitèrent de sa part d'énergiques réclamations et se lient de près à l'histoire du chapitre d'Autun à cette époque.

La clôture prématurée des Etats d'Orléans ne fit pas perdre au tiers-parti sa grande pensée de conciliation en dehors des opinions extrêmes. Il espéra qu'en continuant de faire appel à la partie la plus éclairée du pays, il serait possible d'arriver à une transaction et d'obtenir de la majorité de la noblesse et du tiers des mesures de tolérance et l'admission mitigée de la Réforme. « Personne ne songeait alors, — dit
» un historien, — à cette classe si nombreuse du peuple vi-
» vant dans une profonde ignorance, ne paraissant prendre
» pendant longtemps aucun intérêt aux affaires publiques,
» mais qui, lorsque tout-à-coup elle se livre à ses passions,
» fait taire toute autre voix que la sienne. » [1]

Les Etats avaient été remis à Pontoise, au mois d'août. Mais, cette fois, les représentants de la nation devaient être moins nombreux. Sous prétexte *d'éviter la confusion*, mais au fond dans le dessein d'avoir meilleur marché des députés, Catherine avait obtenu qu'il en fût envoyé *un seul* par province, pour chaque état, noblesse, clergé et tiers. Cette minorité, ou plutôt cette commission d'Etats généraux de laquelle on espérait un facile accommodement, ne fit qu'aggraver les difficultés de la situation. [2]

Ce nouveau mode d'élection facilita singulièrement l'influence du gouvernement dans la nomination des députés.

---

[1] *Histoire des Français,* par Sismondi, t. XVIII, p. 207.

[2] On sait que la France se partageait en treize gouvernements. Or, les électeurs s'étant assemblés par *province* et non par *bailliage,* et chacune d'elles n'envoyant que trois députés, un de chaque ordre, les Etats de Pontoise se composèrent seulement de trente-neuf membres. Encore le chancelier, averti de l'animosité du tiers et de la noblesse contre le clergé, évita de les mettre en présence; il ordonna que les mandataires du clergé siègeraient à Poissy, où se tenait un colloque ecclésiastique. Les vingt-six députés des deux ordres séculiers ne s'en regardèrent pas moins comme dépositaires des droits de la nation; et l'absence du clergé explique, jusqu'à un certain point, les mesures sévères proposées à son égard.

Ceux de la Bourgogne furent choisis par les trois élus de chaque ordre à qui les Etats particuliers confiaient leurs pouvoirs dans l'intervalle des sessions. Ces élus réunis en assemblée extraordinaire, le 20 mars 1561, dans l'abbaye Saint-Etienne de Dijon, émirent leurs suffrages en faveur de leurs collègues [1]. Georges de La Guiche, seigneur de Chevigny, bailli de Chalon, fut désigné par Nicolas de Beaufremont, baron de Sennecey, et Claude de Saulx-Ventoux, pour l'ordre de la noblesse; Claude Loisel, doyen et official de Beaune, par Gaspard Darin, vicaire, official de l'évêque d'Auxerre, et par Odinet Godrand, chanoine de la Sainte-Chapelle, pour le clergé; Jacques Bretagne, vierg d'Autun, fut délégué par ses deux collègues, Jacques Massol, lieutenant de la chancellerie de Beaune, et Gilbert Renault de Mâcon, pour le tiers-état. [2]

Cette dernière nomination, dans des circonstances aussi importantes, était plus significative qu'elle ne le paraissait peut-être aux yeux de bien des gens. L'indépendance ouverte du lieutenant de la chancellerie, son attitude à la fois ferme et prudente aux Etats d'Orléans, son adhésion aux

---

[1] Ces détails sont extraits du *Registre des délibérations de la Chambre des Elus de Bourgogne,* de 1560 à 1566. Ce registre, coté A ³, fait partie d'une collection déposée aux Archives départementales de la Côte-d'Or, trop peu consultée jusqu'ici.

[2] L'élection du 20 mars fut confirmée par une nouvelle assemblée du 10 juin, à Dijon, à laquelle assistèrent comme représentants de l'Eglise d'Autun les chanoines Pierre Saive et Michel Gautherault. (Les délégués à la première réunion des Elus avaient été Jacques Charvot et Gabriel de Grigny.) Ils étaient chargés d'offrir au député du clergé Loisel, de la part du chapitre, 25 écus soleil « afin de lui aider, — disent les actes, — à supporter les frais de son » voyage et mandat. » Cette double élection eut sa cause dans la remise successive des Etats généraux. Clos prématurément à Orléans, le 31 janvier 1561, ils avaient d'abord été indiqués à Melun pour le commencement de mai, puis ajournés au 25. Convoqués une seconde fois par lettres patentes du 25 mars, à Pontoise, pour le 10 juillet, leur ouverture ne fut fixée définitivement qu'au 1ᵉʳ août.

requêtes présentées par les réformés avaient déjà dévoilé le fond de sa pensée; elles étaient également propres à lui attirer la sympathie de ces derniers et la défiance des catholiques. Toutefois, son opinion devait grandir encore avec les évènements, et le moment n'était pas loin où elle allait éclater.

Quelques jours avant son départ, il eut soin de laisser au chapitre un gage de sa rancune de magistrat et de religionnaire, en adressant une insulte, dans le Château, à un cordelier du couvent de St-François d'Autun.

« Le 27 juillet, M. le vierg étant en une boutique, sur le quarré de la maison Beauchamp, où est le greffe de la viérie, a devêti et dépouillé judiciellement, au vu et sçu d'un chacun, un religieux de l'ordre de Saint-François du couvent d'Autun, fils de Guillaume Raffin, marchand de la dite ville, de l'ordre et habit de cordelier qu'il avoit pris et choisi, depuis quatre ou cinq ans passés, lui ôtant publiquement son habit et lui faisant tondre et abattre par un barbier sa couronne, au grand mécontentement et scandale de l'ordre, nonobstant les défenses et remontrances des supérieurs et du gardien du couvent. — Mémoires seront rédigés sur cette affaire le plus diligemment possible, par les plus expérimentés et savants avocats de Dijon. » [1]

Dès l'ouverture des Etats, qui eut lieu le 1er août, Bretagne s'annonça comme le champion de la cause protestante. Il déposa les remontrances du tiers de Bourgogne et concourut activement à la rédaction des cahiers généraux qui devaient être présentés au roi. Ils roulaient sur trois objets principaux : la formation du conseil de régence, la pacification des troubles religieux et la liquidation des dettes.

---

[1] *Registres Capitulaires,* 28 juillet 1561. — Parmi les échevins élus avec Bretagne, figure un nommé Jean Laurent que nous verrons aussi plus tard insulter le chapitre, à propos d'une sentence rendue par son bailli.

Sur le premier point, le titre de régente était refusé à Catherine de Médicis, pendant la minorité de Charles IX, mais on lui en laissait tous les pouvoirs.

Sur le second, les deux ordres laïques s'accordaient à représenter que le bannissement, la prison, le gibet, le bûcher étaient plus propres à affermir le calvinisme qu'à le détruire. Ils proclamaient hautement le principe de tolérance et demandaient l'annulation des édits contraires à la liberté de conscience. Ils engageaient le roi à céder aux réformés, dans chaque ville, une église vacante ou un lieu propre à bâtir un temple, et à convoquer un concile national pour tenter un rapprochement entre les croyances opposées. Ils s'élevèrent avec force contre les désordres du clergé, et, proposant sa spoliation à peu près complète, ils demandèrent que ses biens, que les vases sacrés et les ornements précieux des églises fussent vendus et qu'on laissât seulement une pension aux clercs pour subsister. Ils attaquaient hautement la possession par les ecclésiastiques de fiefs ayant droit de justice, sous prétexte que l'exercice de cette dernière était incompatible avec leurs devoirs. Un seul bénéfice devait leur suffire, à condition qu'ils en emploieraient les revenus à des œuvres de piété. L'ordre judiciaire n'était guère plus ménagé que le clergé. Les Etats proposaient de supprimer les offices de judicature, de police, de finance, sans remboursement aux titulaires, et de faire remplir ces emplois par des hommes amovibles et réélus tous les trois ans.

Quant à la liquidation des dettes de l'Etat, qui était le troisième objet des cahiers, la vente des biens du clergé devait y faire face, servir à exonérer les impôts assis sur le tiers et à combler le vide causé par les malversations des finances sur lesquelles on se livrait à de curieuses recherches.

Jacques Bretagne obtint l'honneur de soutenir ces propositions au nom du tiers. La tendance semi-calviniste de l'assemblée qui se trouvait privée des membres du clergé réunis en colloque à Poissy, la confiance que le zèle et les talents du député d'Autun surent inspirer, sa position de lieutenant-général du second bailliage et de maire de la seconde ville d'une province où le calvinisme était étouffé, l'avaient recommandé au choix de ses collègues ou moins éclairés ou moins courageux. Il justifia ce choix en se faisant l'écho des reproches passionnés adressés aux mœurs relâchées et aux richesses de l'Eglise.[1]

Dès que les députés de la noblesse et du tiers eurent donné avis à la cour de la rédaction de leurs cahiers, Charles IX indiqua la réunion générale à Saint-Germain-en-Laye. Il invita les prélats du colloque à s'y rendre, afin de représenter le clergé qui n'avait eu jusqu'alors aucune communication avec les membres des deux autres ordres.

La séance solennelle eut lieu, le 27 août, dans la grande salle du château de Saint-Germain, en présence du roi, de la reine-mère, des princes du sang et d'une nombreuse assistance. Le chancelier L'Hôpital rappela aux Etats qu'ils étaient la continuation de ceux d'Orléans. Il récapitula briè-

---

[1] Garnier, *Hist. de France*, t. xv, p. 160-170. — On lit dans l'*Histoire des Français,* de Sismondi, t. xviii, p. 224 : « Les cahiers des Etats de
» Pontoise (sur lesquels les écrivains contemporains gardent presque tous
» le plus étrange silence) ne se trouvent point dans la collection des Etats
» généraux. Ils ne sont donnés que d'une manière fort abrégée par La Place.
» [Liv. vi, pag. 210 et suiv.] Mais le discours de l'orateur du tiers-état,
» Jacques Bretagne, qui se faisait nommer vierg d'Autun, parce que, du
» temps de César, le premier magistrat de cette ville se nommait vergobret,
» discours qui en contenait le résumé, suffit pour répandre l'alarme parmi
» les prêtres, comme parmi les juges. » Ce silence des historiens de France
sur les Etats de Pontoise a été imité par l'auteur de l'*Histoire de Bourgogne.*
« A ces Etats, un lieutenant-général d'Autun, *Jean* de Bretagne, parla de
» manière à se rendre suspect. » Telle est l'unique mention de dom Plancher (pag. 552), qui paraît avoir ignoré le vrai nom de l'orateur dont les faits et gestes occupent cependant tant de place dans les Etats de 1561.

vement les questions qui leur étaient soumises et invita les orateurs à parler avec liberté. Le député de la noblesse, qui n'est pas nommé par les historiens contemporains, se contenta de présenter modestement les cahiers de son ordre et de supplier le roi d'y répondre avec faveur. Bretagne prit ensuite la parole. Sa harangue, qui dura près de deux heures, renfermait l'exposition complète de l'opinion calviniste.[1]

Après une dévote invocation à l'Esprit saint, semblable à celle dont se servaient les ministres au commencement de leur prêche, l'orateur du tiers appela sur le roi les bénédictions divines. Il adressa des félicitations aux princes, invoqua la liberté de langage qui devait régner dans l'assemblée, la sûreté de chacun de ses membres, et se glissa, à travers ces longues précautions oratoires, jusqu'au cœur de son sujet. Il passa successivement en revue les attributions des trois états dont l'union était, selon lui, plus que jamais nécessaire à la prospérité du pays, traça de chacun d'eux un modèle idéal et opposa à ce modèle le tableau des abus qu'il était à propos de supprimer.

« Les états qui représentent votre peuple, Sire, consistent en trois membres : les uns compris sous le nom de *clergé;* les autres sous celui de *noblesse;* et le peuple, pour ce qu'il est composé de sujets de diverses fonctions et charges, n'a aucune dénomination propre, mais est entendu et signifié par le nom numéraire de *tiers-état.*

» Ces trois membres ont leurs offices divisés les uns des autres, de telle sorte que le sujet du clergé est d'être adonné au service

---

[1] Le discours de Bretagne dut passer, à juste titre, dans l'esprit du temps et surtout dans celui de ses compatriotes, pour la contre-partie de la harangue ultra-catholique de Jean Quintin. Il semble que l'ardeur réciproque des deux adversaires autunois, si divisés sur le fait de la religion, se soit accrue en raison de leurs liens de commune patrie.

divin, aux prières de Dieu, à la prédication de sa sainte parole et administration de ses saints sacrements. Le sujet noble doit avoir ses armes et sa personne disposées pour en user à votre service contre les ennemis et perturbateurs du royaume, toutes et quantes fois que Votre Majesté le veut et ordonne, et non autrement. Quant au membre du tiers, il est considéré comme très nécessaire pour le démené de la vie, d'un labeur perpétuel tant d'esprit que de corps dans les diverses fonctions et offices qui accompagnent son existence.

» Ces trois états toutefois sont si nécessaires l'un à l'autre, que divisés et séparés, se trouvent grandement affoiblis : de laquelle division, Votre Majesté n'en peut remporter que dommage et intérêt, vu que la concorde du peuple accroît à la grandeur et richesse de son roi. Or, l'union sera perpétuelle, quand chaque membre fera l'office et devoir auquel il est appelé.

» En effet, toutes républiques, monarchies et royaumes, dès leur naissance, ont eu des lois et coutumes, par la force et vertu desquelles, comme une règle donnée aux hommes, ils ont été maintenus et conservés. Au contraire, où le mépris et le contemnement sont advenus, la ruine a été prochaine, les uns détruits par une trop grande licence aux vices, les autres par affection particulière d'aucun potentat postposant toutes lois et sanctions à leurs appétits immodérés. Ce mal n'entrera en votre royaume, Sire, quand les lois saintes seront toujours devant vos yeux et quand vous ferez nourrir et instruire votre peuple en la crainte et amour du Dieu tout-puissant. »

Dans sa revue des différents ordres, en parlant du clergé, Bretagne s'éleva avec force contre son ignorance et ses désordres. Il accusa la dépravation de la cour romaine et les abus qu'elle avait introduits d'être la cause des dissensions qui troublaient l'Eglise.

« Celui qui s'attribue le nom d'ecclésiastique doit être de bonne vie et mœurs, bien versé aux saintes lettres, entendu, érudit et non affectionné aux biens et possessions..... Est admonesté le prêtre de fuir et d'éviter, comme peste, le vice d'ignorance, mère-nourrice d'erreurs. Saint Jérôme déclare que les devoirs du prêtre consistent non-seulement à enseigner la parole de Dieu, mais aussi à réfuter et à contredire les errants et ceux qui maintiennent le contraire : ce qui ne peut être accompli sans grande érudition et doctrine. Voilà les lois, Sire, qui font luire en toute splendeur l'état ecclésiastique, lesquelles étant méprisées, il n'est aucun doute que sa décadence n'advienne, et il faut, par nécessité, quand l'ordre est inverti, la forme changée, et l'observance des lois négligée, que conclusion suive de la transgression et mépris de sa sainte ordonnance. Les exemples sont fréquents et manifestes à mon grand regret et au dommage inestimable de vos sujets.

» Quant à la doctrine, je crois que la plupart confessera ingénuement qu'elle est désirée en eux et qu'ils traitent partie de leurs charges plus par mercenaires que non pas en personne. Des bonne vie et mœurs, on voit quels monuments et témoignages nous en demeurent. Plus de superfluités et de dissolutions en aucuns que de sainteté et de modestie! En cela donc, qui ne voit que la loi du Seigneur est polluée et contemnée et que le nom ecclésiastique n'est propre ni ne convient aux ignorans. »

Après cette sortie contre l'état moral du clergé, l'orateur déclama contre l'usage scandaleux que ses membres faisaient des immenses revenus dont l'administration leur avait été confiée, — disait-il, — pour le soulagement des pauvres et pour l'entretien du culte. Il montra la nécessité *de retrancher aux clercs ce dangereux poison*, si on voulait les ramener à l'esprit de l'Evangile, et demanda la suppression de toutes les juridictions seigneuriales possédées par eux et l'abolition du cumul des bénéfices. Il émit même l'avis que le clergé ne devait posséder aucun bien-fonds, en appuyant son opinion de ce texte du Deutéronome : « Les » sacrificateurs et lévites n'auront point d'héritages avec les » autres enfants d'Israël, mais vivront des sacrifices. Ils ne » partageront point avec leurs frères, le Seigneur est leur » seul héritage. » Il conclut en invitant le roi à s'emparer de ces biens pour subvenir aux besoins de l'Etat.

« Il vous est facile, Sire, de connoître les grands biens et seigneuries que le clergé tient et possède de la libéralité de vos prédécesseurs et de plusieurs de vos sujets..... Il est certain que les deux tiers de ces biens doivent être convertis et employés à œuvres pitoyables et bonnes, l'un à la nourriture et aliment des pauvres, l'autre à la réparation des édifices et à la célébration du culte; car à telle destination, ces biens leur ont été donnés et départis. Les fondateurs se confians en la prud'hommie et conscience des ecclésiastiques, comme vrais et premiers dispensateurs, les auroient laissés en leurs mains, cuidans (croyans) élire personnes les plus idoines et capables pour faire cette dispensation. Mais le temps ayant apporté la corruption des mœurs et une vie autre que celle des prédécesseurs (comme est la condition de toutes choses humaines ne demeurer à perpétuité, en même état), cette distribution de biens communs est maintenant hors d'usage et abolie, et des revenus des bénéfices jouissent les ministres de l'Eglise, comme de leurs propres biens..... En cela, ils sont du tout répressibles, et il est à craindre grandement que l'ire de Dieu ne tombe sur eux.... Ce qui nous donne argument, Sire, et nous induit à supplier Votre Majesté d'y pourvoir et décider que, si les ecclésiastiques veulent et peuvent maintenir que licitement il leur est permis, par dispositions canoniques et civiles, avoir en leurs mains certains biens, il leur convienne toutefois se contenter d'un seul bénéfice ou dignité. »

Quand il en vint aux finances et aux impôts, il exposa que les guerres continuelles, les tailles, les subsides, les aides, les gabelles, les charges de toute nature qui frappaient le peuple depuis trente ans l'avaient réduit à la misère, et rendu *si languide, exténué et affoibli*, qu'il ne lui restait plus à offrir qu'*une bonne et loyale volonté*. Il réclama que toute nouvelle demande de subsides fût ajournée et que, pour se procurer de l'argent, on fît rendre compte aux trésoriers et surintendants des finances qui s'étaient enrichis du détournement des deniers publics, « divertis par de faux canaux » dans les bourses, et de ceux qui les avoient maniés, et de » ceux qui avoient gouverné », tous gens dont on voyait *les maisons reluire au détriment du pauvre peuple*. Enumérant les charges dont ce dernier était accablé :

« Ce sont, — dit-il, — d'infinis subsides tant ordinaires qu'extraordinaires, à savoir : augmentation de gabelles, solde de cinquante mille hommes de pied, le taillon, les vingt livres sur chaque clocher du royaume, huit écus levés sur les officiers royaux, six sur les avocats du parlement, quatre sur les bourgeois, veuves et artisans, deux écus sur les autres, avocats, praticiens, notaires et sergents, emprunts, non emprunts, francs-fiefs, nouveaux acquêts, deniers levés après la journée Saint-Laurent, aliénations du domaine, aides, gabelles, tailles, création des bureaux de la foraine, finances reçues d'offices tant anciennement que nouvellement érigés comme aussi supprimés, deniers de confirmation, autres deniers pris et levés sur les communautés des villes, deniers de consignations, vaisselle d'or et d'argent billonnée, munitions de guerre, vivres pour les camps et armées mises sus depuis trente ans, chevaux et harnais d'artillerie, assiette d'étape, fourniture, vesture et nourriture de soldats, solde et paiement de compagnies en plusieurs villes, salpêtre, poudre fournie par le peuple, gages d'officiers de gendarmerie, gens de pied non payés, suppression de la traite foraine, corvées de convois, et plusieurs autres sommes infinies sous divers noms et titres, tendans tous à même fin, d'avoir deniers de vos sujets. »

Touchant le paiement des dettes et la libération de l'Etat, Bretagne garda le silence et s'abstint d'indiquer des voies pratiques. Mais ce silence n'avait rien d'obscur après l'opinion émise au commencement de sa harangue, sur la nécessité de confisquer les biens du clergé, afin de le ramener à son institution primitive. [1]

Passant aux moyens d'apaiser les troubles religieux et d'éclaircir les dogmes controversés, le député d'Autun demanda la convocation d'un concile *libre* et *national* présidé par le roi et par son conseil, où tout se déciderait par la pure parole de Dieu, « cette vraie nourriture de l'âme », et

---

[1] Voyez dans le cahier du tiers aux Etats de Pontoise le chapitre intitulé : *Moyen de subvention pour l'acquit des debtes,* Manuscrit de la Bibliothèque nationale, n° 8,927, fol. 33.

dans lequel les évêques n'auraient pas voix délibérative, de peur d'être juges dans leur propre cause [1]. En attendant, la tolérance du culte devant être garantie, il pria le roi d'assigner à ceux de ses sujets à qui leur foi ne permettait pas de prendre part aux cérémonies de l'Eglise romaine des temples où ils pussent s'assembler, en toute liberté, sous l'inspection des magistrats. Il fonda la justice de cette demande sur plusieurs passages de l'Ecriture qui défendent de violenter les consciences, sur le droit naturel auquel les institutions civiles doivent se conformer, enfin, sur l'exemple des Trajan, des Adrien, des Antonin, des Marc-Aurèle qui, zélés pour le culte des faux dieux établi dans l'empire, n'avaient pas refusé cependant une semblable tolérance aux premiers chrétiens.

« Vous voyez, Sire, les divisions et désordres qui pullulent en votre royaume, pour le fait de la Religion. Oncques, roi ni monarque ne fut mieux occasionné de regarder au livre de vie, pour connoître la loi et la faire observer. Cela dépend de votre autorité. Il est écrit au Deutéronome que le roi doit lire la loi et ordonnance de Dieu, afin de la craindre et de la révérer. En effet, la religion et l'amour de Dieu apporte avec soi toute union et concorde, con-

---

[1] Remarquons que la requête présentée par Théodore de Bèze, au colloque de Poissy, demandait également :
Article Iᵉʳ, que dans les conférences qui allaient s'ouvrir, les évêques et les ecclésiastiques n'eussent aucune voix délibérative, qu'ils ne fussent en même temps juges et parties ;
Art. II, que le roi présidât l'assemblée ;
Art. III, que toutes les questions fussent décidées par le texte de la Bible.
Art. IV, qu'on désignât des secrétaires et des greffiers pour la rédaction de procès-verbaux authentiques ;
Il semble, d'après ce rapprochement, que Bretagne et le ministre calviniste se fussent entendus. Cependant, un écrivain protestant contemporain, le président La Place, rapporte que pendant les séances préliminaires du colloque et la tenue des Etats, Bèze était gardé à Saint-Germain par des archers, de peur d'insultes de la part des catholiques. — Mézeray affirme d'autre part, t. X, p. 26, que c'est d'après les instructions de l'amiral de Coligny et du chancelier L'Hôpital que l'orateur autunois prononça son célèbre discours.

serve en intégrité les royaumes et monarchies, est mère-nourrice de paix et d'amitié entre les hommes, et est de telle force et vigueur, que semée et imprimée au cœur des hommes en toute fermeté et constance, elle les rend propres à exposer leurs biens, vies et personnes, pour la maintenir.

» Or, les opinions diverses que tiennent vos sujets ne proviennent que du grand zèle qu'ils ont au salut de leurs âmes, divisées en deux parts, dont l'une suit l'Eglise romaine, et l'autre se dit suivre l'Evangile en sa pureté, confessant un seul Dieu et celui qu'il a envoyé, Jésus-Christ, son fils, mais le reconnoissant par moyens fort divers et différents, d'autant que ceux qui se disent tenir le parti de l'Evangile croient ne pouvoir communiquer aux cérémonies de l'Eglise romaine, sans jacture de leur salut ; l'autre partie se promettant, de son côté, même condamnation, si elle contrevient aux cérémonies introduites en l'Eglise catholique romaine.

» A cela, Sire, vous donnerez ordre facilement, s'il plaît à Votre Majesté faire cesser toutes persécutions contre les prévenus et accusés pour le fait de la Religion, ne permettant qu'ils soient travaillés et molestés en leurs biens, offices ou personnes. Aussi, afin d'éteindre cette diversité d'opinions, restituer et remettre la religion en la première splendeur et pureté de la primitive Eglise, il vous plaira assigner un concile national, libre et légitime, de sûr accès et retour, en octroyant à cette fin des sauf-conduits à toutes personnes qui y voudront assister : auquel concile, comme le précellent et oint de Dieu, vous présiderez avec nos seigneurs les princes du sang, vos vrais, légitimes et naturels conseillers, gens doctes, de bonne vie et mœurs à ce convoqués, et non autres y ayant intérêts particuliers, pour y donner voix délibérative.

» Mais pourtant, Sire, il ne suffit donner ordre pour l'avenir, s'il n'est pourvu au mal présent. Vos très humbles sujets sont d'avis de permettre à ceux de votre peuple qui croient ne pouvoir communiquer en saine conscience aux cérémonies de l'Eglise romaine, qu'ils se puissent assembler publiquement, en toute modestie, en un temple ou autre lieu à part, soit privé ou public, en plein jour ou lumière, pour là être instruits et enseignés en la parole de Dieu, faire prières et oraisons en langue vulgaire et intelligible, pour la rémission des péchés de l'Eglise, la prospérité et manutention de votre Etat, pour la reine votre mère, le roi de Navarre votre oncle, nos seigneurs les princes du sang et pour la nécessité de vos sujets. Par ce moyen, chacun sera conduit à bonne fin, formera ses vie et mœurs, selon l'Evangile, et aura repos et tranquillité. A faute de quoi, et si par vous, Sire, est différé d'y pourvoir, il est à craindre grandement que partie de vos sujets ne tombent en nonchalance et méconnoissance de l'honneur et gloire de Dieu.

» Nous n'ignorons, très débonnaire Prince, que de telles assemblées sont blâmées par aucuns qui supposent plusieurs méfaits y être perpétrés. Pour à quoi obvier, fermez la bouche aux médisans et faites punir aigrement tous délinquans. En même temps, vous commanderez à vos officiers et magistrats d'assister et d'avoir l'œil aux dites assemblées, pour vous informer de ce qui aura été fait, savoir et connoître si l'honneur de Dieu y est blessé, et votre autorité royale offensée.

» Une autre raison vous peut mouvoir, Sire, pour ne permettre les consciences de vos sujets être contraintes ; à savoir que de toutes ses créatures raisonnables l'Eternel demande le cœur et l'affection intérieure, lequel ne peut présentement intervenir ni être offert et présenté, quand il est contraint. Si donc, ceux de vos sujets qui ne veulent communiquer aux cérémonies de l'Eglise romaine vont, très à leur regret et contre leur conscience, aux dites cérémonies, on peut en inférer par conséquence nécessaire que l'œuvre (encore que d'elle-même fût bonne, ce qu'ils nient) ne peut plaire, ni agréer à Dieu.

» Autre raison pourroit être présentée, que les condamnés pour le fait de la Religion sont déclarés hérétiques, laquelle cause, si elle étoit vraie, perdroit l'âme avec le corps; et au contraire si c'étoit la vraie loi de Dieu que l'accusé maintient et défend, l'injustice et l'iniquité accompagneroient le jugement, ce qui seroit chose par trop répréhensible.

» De quelque part donc que l'on puisse incliner, doivent les chrétiens procéder par admonition fraternelle selon Dieu ordonnée et rapportée amplement aux Evangiles.

» Or toutefois, je n'entends par ce propos ôter aux magistrats la puissance du glaive contre les hérétiques séditieux et perturbateurs de la tranquillité publique, quand ils seront atteints et convaincus par la parole de Dieu bien et sainement entendue, les dites admonitions et exhortations chrétiennes préalablement faites et accomplies.

» Quant à la permission de s'assembler ès temples, Sire, aucune division et tumulte n'en adviendra entre vos sujets, mais bien le repos public et extinction de toute sédition populaire.... Il semble à vos sujets que vous devez incliner à cette concession et accomplir cet œuvre charitable, par lequel vous retiendrez ceux qui sont vôtres, pour en tirer service fidèle et loyal. Y a-t-il personne qui sente mieux le mal que l'affligé? aux malades est le médecin nécessaire et non aux sains et bien disposés, et le Seigneur nous commande de supporter les infirmités les uns des autres. »

Il termina sa harangue en ces termes :

« Je concluerai, Prince souverain, que toute réformation sera bien et dûment faite, si les ministres de l'Eglise se contiennent en leurs offices, exécutent leurs charges et fonctions, prêchent et annoncent la parole de Dieu en sa pureté, sans y substituer des mercenaires, car la défense de Jésus-Christ est telle : « Le bon » pasteur, dit-il, donne sa vie pour ses brebis, mais le mercenaire » et celui qui n'est point pasteur, à qui n'appartiennent point les » brebis, voit venir le loup, laisse les brebis et s'enfuit ; et le loup » les ravit et les épart. »

» Pareillement, vous commanderez que tous gentilshommes se comportent en toute modestie et douceur avec vos autres sujets ; que tous magistrats et juges ne se laissent vaincre et corrompre d'ambition, vaine gloire et présents. Ferez aussi rejeter tous ceux poursuivants les états et offices par des moyens indus, ne souffrant qu'ils soient vénaux et principalement ceux de judicatures, ni qu'ils soient conférés à des ignorans de mauvais nom et conscience, et en cela confirmerez la voie d'élection déjà par vous accordée à vos derniers Etats.

» Vous, Madame, mère d'un si grand roi, vous, Roi de Navarre, et vous, nos seigneurs princes du sang, vraies colonnes et défenseurs invincibles de ce royaume, faites toute chose pour aider et secourir notre prince et monarque par vos bons avis, prudence et conseil. Serez alors assuré, Prince très vertueux, que par telle réformation, vous verrez le siècle doré renouveler, votre sceptre royal florir sur tous autres, l'amour et dilection de vos sujets grandir et l'esprit de Dieu arriver, vos hauts faits, vos entreprises augmenter de jour à autre à votre grandeur, pour laquelle prieront incessamment vos très humbles sujets, afin qu'il plaise à Dieu vous illuminer et assister toutes vos actions.

» Vous supplient donc très humblement vos sujets, Sire, leur faire cette grâce et faveur, qu'ils reportent à ceux qui les ont délégués le fruit de leur délégation. Ce qui adviendra, quand il plaira à Votre Majesté donner réponses conformes à leurs supplications et remontrances. Le roi des rois, le seigneur des seigneurs, le fils de Dieu vivant, Jésus-Christ notre rédempteur, veuille mettre en vous la clémence de Moïse, la piété de David et la sagesse de Salomon ! Ainsi soit-il !

» Louange à Dieu ! gloire à toujours à Dieu auquel est le règne et la puissance ! » [1]

Ce discours, moitié politique, moitié philosophique, parsemé d'exemples tirés de l'histoire, de citations de la Bible et des saints Pères, exprimait l'opinion la plus avancée du calvinisme. Le magistrat s'y fait sentir à côté du religionnaire, le disciple de Calvin qui interprète l'Ecriture à côté du jurisconsulte qui disserte sur les droits politiques. La proposition capitale de cette harangue, au point de vue religieux, était la convocation d'un concile libre, pour décider par la parole de Dieu les questions controversées. Dirigée contre l'autorité du concile de Trente qui, depuis vingt ans, s'efforçait de réformer l'Eglise et de définir le dogme, une pareille institution, si elle eût été acceptée, eût introduit immédiatement en France le schisme et l'hérésie. Elle eût substitué le libre examen et l'autorité règlementaire du roi à l'infaillibilité souveraine de l'Eglise. Elle eût donné naissance à une Eglise nationale que le pouvoir aurait ins-

---

[1] Le discours de Bretagne, dont nous avons reproduit les principaux passages, a été conservé en entier par les historiens du temps.—On peut consulter : *Histoire universelle* d'Agrippa d'Aubigné, édit. de 1616, t. I, p. 108.—*Commentaire de l'état de la Religion et de la République,* par le président La Place, Paris, 1565, fol. 217-230. — *Histoire des Eglises réformées,* par Th. de Bèze, t. I, p. 474-488. — *Histoire de ces derniers troubles,* par La Popelinière, p. 263. — *Mémoires de Condé,* t. II, p. 437. — De Thou, liv. XXVIII, p. 57. — L'*Histoire de France* de Velly, Villaret et Garnier, édit. in-4°, t. XV, p. 149 et suiv. — La même continuée par Fantin des Odoarts, in-12, t. VIII, p. 215 et suivantes.

pirée, façonnée, administrée à son gré. La religion catholique, désormais placée sous la direction de l'État, découronnée de son indépendance et de son universalité, eût cessé d'être l'épouse de Jésus-Christ, assistée par lui d'une manière indéfectible jusqu'à la fin des temps, pour devenir une institution soumise à toutes les vicissitudes des choses humaines.

La position du clergé, réduite à un rôle subalterne, n'était pas la pensée la moins chère aux calvinistes qui ne pouvaient assurer la réussite de leurs projets qu'en abaissant cet ennemi encore redoutable malgré ses pertes. En effet, quoique depuis plus de vingt ans, par suite de l'ordonnance de Villers-Cotterets qui avait sécularisé la justice, le clergé eût été ramené exclusivement à ses attributions spirituelles, il n'en restait pas moins indépendant dans sa doctrine, influent dans les assemblées politiques, comme corps de l'Etat, puissant dans les provinces par l'étendue de ses propriétés qui couvraient un tiers de la France, respecté à la cour par les lumières et par l'habileté des prélats de grande famille qui, mêlés au conseil du roi, aux intérêts du pays, aux intrigues secrètes, tenaient en échec les projets de leurs adversaires. Il s'agissait pour les calvinistes de le dépouiller de cette prépondérance et d'en faire un fonctionnaire salarié par le gouvernement, dépendant de lui, dans ses moyens d'existence, dans sa discipline et dans son dogme.

Premières manifestations du rationalisme philosophique dans les Etats généraux interrompus depuis 1484 et renaissant de l'oubli, ces idées hardies feront leur chemin. Proclamées pour la première fois par Bretagne dans une réunion politique, il ne sera au pouvoir de personne de les réduire au silence. Elles passeront dans les parlements et dans les assemblées constituantes ; le gallicanisme parlementaire tiendra l'Eglise en échec, la Révolution la dépouillera.

Ne semblent-elles pas les avant-coureurs de la démocratie moderne ! En les rapprochant des doctrines de 89, on est frappé de leur similitude. Ce sont les mêmes abus attaqués par les mêmes moyens, le même penchant à *décatholiciser* l'Eglise, sauf à la jeter dans l'hérésie, le même dessein de confisquer les biens du clergé, sauf à ébranler le principe de la propriété, la même tendance à établir partout, même en matière de conscience, le monopole administratif. Périlleuse entreprise, dont le succès est encore, au moins pour moitié, le secret de l'avenir ! [1]

Le discours de Bretagne renfermait donc une révolution tout entière. Il était loin de répondre aux intentions modérées de la province dont il était l'élu. Il avait ouvertement dépassé son mandat. Il lui avait été recommandé dans les cahiers du tiers de Bourgogne [2] de se borner à supplier le

---

[1] Il eût été curieux, si le cadre de notre sujet nous l'eût permis, d'analyser chaque point de ce discours et de rechercher les analogies que présentent les réformes demandées par Bretagne avec les doctrines de 1789 sur la propriété, l'assiette de l'impôt, la constitution civile du clergé, puis de tracer, d'après cela, la part des réformes réalisables proposées par le représentant du tiers d'avec celles qui ne l'étaient pas, sans bouleverser l'Eglise et l'Etat; mais un pareil rapprochement nous eût entraîné trop loin. D'ailleurs, cette analogie vient d'être signalée d'une manière générale par M. Aug. Thierry, dans son dernier ouvrage. « Aux Etats de Pontoise, — dit l'éminent historien, — il n'y eut
» aucune dissidence entre les représentants des deux ordres; nobles et bour-
» geois se montrèrent également imbus de l'esprit novateur, et d'accord pour
» tenter, non plus de simples réformes, mais un commencement de révolution.
» Leurs cahiers exprimèrent des prétentions au partage de la souveraineté,
» qui rappelaient celles des Etats généraux de 1356, et proposèrent des
» mesures dont la motion ne devait reparaître qu'au sein de l'Assemblée
» nationale de 1789. » [*Essai sur l'Histoire du Tiers-Etat*, t. I, p. 136.]

[2] « L'élu du tiers, — disait un des articles, — suppliera très humblement
» Sa Majesté faire défenses et inhibitions à toutes personnes de médire les unes
» des autres pour le fait de la religion, et commander par exprès que chacun
» s'y contienne, sans reprocher aucune chose l'un à l'autre, déclarant contre
» les premiers infracteurs les peines apposées et constituées en son édit. » — *Registre des délibérations des Elus*, fol. 91. Ce registre renferme, outre les *Remontrances et expédients* fournis par la chambre du tiers, les cahiers fort remarquables du clergé et de la noblesse, fol. 70-94.

roi de maintenir la neutralité entre les partis. Aussi, l'année suivante, éprouva-t-il quelque opposition pour obtenir des Etats provinciaux les subsides accordés en pareil cas aux députés [1]. Ce discours était un engagement solennel contracté par le lieutenant de la chancellerie vis-à-vis des réformés. Il liait désormais sa fortune à celle de la secte. Aussi, Théodore de Bèze, qui le connut aux Etats de Pontoise et au colloque de Poissy, le considérait-il avec raison comme un de ses plus fermes soutiens. [2]

[1] Délibération prise dans la *chambre* du 5 mai 1562, où se trouvaient les élus Claude Loisel, La Guiche, bailli de Chalon, le président Noblet, Legoux, de Pontoux, maîtres des comptes, et Bénigne des Barres :

« Vue par nous les Elus des Etats de Bourgogne, la requête de Jacques Bre-
» taigne, lieutenant en la chancellerie d'Autun, Jacques Massol, lieutenant-
» général de la chancellerie de Beaune, et Gilbert Renault, juge de Cluny,
» tendant avoir taxe des frais faits comme délégués du tiers aux Etats généraux
» de France tenus à Pontoise et à Saint-Germain-en-Laye, ès mois de juillet
» et août derniers, par lettres patentes à cet effet par eux obtenues le 15
» septembre et 16 janvier dernier.

» Après commission par nous donnée à Denis de Pontoux et Vincent
» Legoux, maîtres des comptes, pour vérifier les dites dépenses, et vérification
» sur ce faicte et serment prêté par le dit Bretaigne de n'avoir rien reçu sur son
» voyage, fors 129 livres du bailliage d'Auxois, et après empêchement sur
» ce proposé par Richard Arviset, procureur de la ville de Dijon, en une
» délibération faicte en la chambre d'icelle ville, le dernier jour d'avril passé,
» pour le regard de Bretaigne, parce qu'il disoit que ce dernier avoit demandé
» des temples, *sans en avoir eu charge du pays*.

» Sur le tout, ouï le rapport des dits commis, nous avons déclaré que, sans
» avoir égard au dit empêchement, il seroit procédé à la taxe, et, en ce faisant,
» avons taxé au sieur Bretagne et Massol, pour *quatre-vingt-cinq* jours par
» eux affirmés, à raison de 4 *livres* 10 *sols par jour,* tant pour salaire que pour
» dépens, ayant égard à leur qualité, la somme de 382 livres 10 sols tournois
» à chacun d'eux. » — *Registre des délibérations des Elus,* déjà cité, fol. 170.

A cette même séance, l'élu du clergé, Odinet Godrand, ayant déposé sur le bureau des lettres de privilèges accordées par le roi aux églises de la province, les élus ordonnèrent qu'une copie en serait, avant tous autres, délivrée aux chanoines de la cathédrale d'Autun, « comme étant la plus *ancienne* église
» de Bourgogne. »

[2] Demeuré à peu près inconnu des historiens, Bretagne, on peut le dire sans exagération, fut un des hommes marquants de la province. Bèze parle sans cesse de lui avec éloge, et peut-être tenait-il de lui les détails pleins d'intérêt qu'il nous a conservés sur les efforts du calvinisme pour s'établir en Bourgogne. Jacques Bretagne, cependant, n'a laissé à Dijon, à Autun, aucun

Orateur du tiers protestant et orateur éloquent, Bretagne ne crut pas s'être acquitté de tous ses devoirs envers le parti. Quelques jours avant la séparation des Etats, il obtint de la reine-mère une audience, et lui demandant de nouveau et d'une manière formelle des temples pour ses coreligionnaires, il s'exprima, cette fois, en termes plus concis et empreints d'une certaine exaltation sévère, propres au puritanisme calviniste :

« Ne soyez, Madame, retardée ou divertie, s'il vous plaît, de faire impartir et octroyer à vos fidèles sujets les temples qu'ils demandent ès villes et villages de ce royaume, aux fins de louer le Seigneur, magnifier son nom, faire profession publique des articles de leur confession, prier Dieu pour la santé et prospérité du roi, la vôtre, celle de nos seigneurs les princes du sang et pour l'état et manutention du royaume ; car jamais œuvre plus agréable au Dieu vivant ne peut être faite ou consentie.

» Considérez que le Seigneur commande la porte être ouverte à celui qui heurte, et l'aumône être donnée à celui qui demande. Ayez égard et jetez vos yeux sur les misères, les peines, les tourmens longtemps soufferts par vos très humbles serviteurs, suivant en cela la doctrine de notre Dieu rapportée par Isaïe : « Auquel re- » garderai-je, dit le Seigneur, sinon à l'affligé et contrit d'esprit, » et à celui qui tremble à mes paroles. » Ne vous arrêtez qu'à la volonté de l'Eternel, montrée et révélée par son saint Evangile, et vous verrez, Madame, de bref, les ignorans instruits, les errans réduits et ramenés à la bergerie du Seigneur, de façon que tous, unanimement, d'un cœur entier sans feinte ou simulation, lui rendront gloire et louange.

» Que pourroit-on, Madame, requérir de plus saint et religieux que temples pour y louer et chanter le nom de Dieu, lesquels destinés et faits à tel usage, il ne sera donné lieu dorénavant aux ca-

---

souvenir. Il n'a pas même été mentionné dans les différentes listes des viergs autunois publiées jusqu'ici, et les archives restent muettes sur son passage à la magistrature. Il nous a fallu chercher partout ailleurs, user des moindres rapprochements de lieux, de noms et de dates, pour reconstituer cette individualité oubliée et retrouver le rôle important qu'elle a rempli.

lomnies des médisans, et cesseront aussi les injures contre les innocens, tous tumultes et séditions.

» Le grand nombre de temples construits en ce royaume pourront être occupés, et en iceux le vrai et droit service de Dieu être célébré, desquels temples, disons-nous, une partie suffira pour l'exercice de la religion et l'autre pour ceux qui l'empêchent. La parole de Dieu et l'administration des saints sacremens seront ainsi traités en plus grand honneur et révérence. Sera close et fermée la voie à toutes sectes pernicieuses qui se pourroient introduire contre l'Eglise du Seigneur, par oisiveté, et faute d'exercice de la religion. Par suite, plusieurs mal informés de la religion des supplians et qui en ont conçu sinistre opinion, par imposture et faux rapports, et beaucoup d'autres retenus en leurs maisons par la crainte du péril auquel sont exposés ceux qui assistent aux assemblées, viendront tous ouïr la parole de notre Dieu.

» Assurez-vous donc que toutes choses iront de mieux en mieux, tant pour ce que la pétition est juste et selon Dieu, que l'autorité de notre prince qui commande au peuple le plus obéissant qui soit en ce monde, y intervenant, appaisera les troubles et fera tous ses sujets vivre en aussi grande félicité qui fut jamais. »

Ce discours achevé, Bretagne déposa entre les mains de Catherine de Médicis une requête qui, sous une forme abrégée, résumait les prétentions de ses coreligionnaires.[1]

Quelques jours après, à la fin de septembre 1561, l'assemblée se sépara. « Il n'en fut recueilli d'autres fruits, — » dit Mézeray, — sinon une levée de deniers, pour laquelle le » clergé connoissant bien que les grands aboyoient à ses » richesses, que les peuples lui en portoient envie, et que » L'Hôpital lui-même, pour tout de bon ou pour l'intimider, » sembloit le vouloir abandonner au pillage, s'imposa volon- » tairement la plus grande part. »

En même temps que les Etats de Pontoise, se tenait, nous

---

[1] V. *Pièces justif.*, n° 15. — Ces deux documents inédits sont extraits de la Biblioth. nationale, fonds Fontette, porte-feuille XXI, n° 157.

l'avons dit, le colloque de Poissy. C'était une sorte de conférence religieuse par laquelle Catherine de Médicis avait cherché à satisfaire les protestants qui réclamaient un concile national, sans blesser le pape qui s'y opposait. Le chancelier L'Hôpital avait écrit, au nom de la reine-mère, par l'entremise de Coligny, à Calvin et à Théodore de Bèze, de venir exposer sur un pied de parfaite égalité leur dogme en face du dogme orthodoxe. On espérait mettre en contradiction les catholiques, les calvinistes de France, les protestants d'Allemagne, et se prévaloir de leurs dissidences pour leur prouver la nécessité de se conformer à un même symbole.

Le colloque s'ouvrit dans l'abbaye des religieuses de Poissy, devant Catherine, Charles IX et les princes du sang. Cinq cardinaux, quarante-trois évêques, douze ministres et vingt-deux députés des églises protestantes y assistèrent. Au nombre des prélats était l'évêque d'Autun, Pierre de Marcilly. Parmi les canonistes figurait Lazare Brochot.

Brochot, né à Autun, était professeur au Collège de France et un des docteurs en théologie les plus célèbres de son temps [1]. Il avait été confesseur de François II et de Marie Stuart. Il fit partie des douze théologiens appelés par les évêques pour soutenir, devant l'assemblée, la discussion sur la foi catholique. Dans la séance du 7 août 1561, répondant à des réformes proposées par le cardinal de Lorraine, il prononça une allocution dans laquelle il rapportait les devoirs

---

[1] Les historiens d'Autun se taisent presque tous sur Lazare Brochot. — Voyez Munier, *Eloge des hommes illustres*, p. 65. — Courtépée, t. II, p. 511, l'appelle par erreur *Jean* Brochot. Ce Jean était le frère du théologien, ainsi que Pierre, grenetier du magasin à sel et mari de Guillemette de Ganay. Nous savons par les registres capitulaires que Lazare Brochot était au nombre des gradués inscrits au rôle de l'église, en 1558, 1561 et 1564. En 1565, il ne paraît plus sur la liste, d'où l'on peut supposer que cette année fut celle de sa mort.

des évêques à ces trois chefs : *prêcher la parole divine, fréquenter les églises, étudier les saintes Ecritures*. Il observa qu'on devait éviter de mépriser les hommes voués à la science, et que pour avoir donné les bénéfices de l'Eglise à des ignorants, au temps de Jean Hus, on avait poussé plusieurs savants dans le parti de cet hérésiarque. Brochot prit part à la profession de foi que les évêques rédigèrent avant de se séparer, pour l'opposer à celle de Th. de Bèze. Il fut envoyé par l'université de Paris au concile de Trente auquel les prélats déférèrent les questions soulevées et non résolues dans l'assemblée. [1]

Nous ne rappellerons pas les discours prononcés au colloque de Poissy [2]. L'éloquence de Théodore de Bèze et de son premier disciple, Pierre Martyr, la science du cardinal de Lorraine, l'érudition du théologien Claude Despences y jetèrent un vif éclat. Mais, dès la séance d'ouverture, on manifesta des deux côtés des dispositions peu conciliantes. Le cardinal de Tournon protesta le premier contre les

---

[1] Ces paroles rappellent les réflexions du docteur Delaunoy, dans son *Histoire du Collège de Navarre* : « Ce ne fut pas, — dit-il, en parlant de Bro- » chot, — l'éclat de sa naissance, mais sa vertu et sa science connues de tout » le monde qui déterminèrent son envoi au colloque de Poissy et au concile » de Trente. » — Un contemporain s'exprime sur lui en ces termes : « Magnâ » nominis laude propter summam sacræ paginæ cognitionem, cum pari vir- » tute et probitate morum conjunctam. »

[2] A ce colloque fut conclu, entre le roi et les évêques, le contrat qui donna lieu au renouvellement de l'impôt connu sous le nom de *décime,* et de ce moment date la création des assemblées du clergé de France nécessaires pour régler sa répartition. Charles Aillebousl, chanoine de Saint-Lazare, depuis évêque, fut l'un des trois syndics généraux désignés pour la poursuite en cour des affaires ecclésiastiques. Malgré ses réclamations et celles de Pierre de Marcilly, au sujet de la taxe excessive imposée par François Ier sur le diocèse d'Autun (après la disgrâce de l'évêque Jacques Hurault convaincu d'avoir, en 1523, trempé dans la défection du connétable Charles de Bourbon), la nouvelle répartition des décimes ne pesa guère moins lourdement sur le diocèse. Il continua d'être surchargé, et, en 1789, — dit un historien, — *la plaie saignait encore.*

vœux d'union exprimés par le chancelier L'Hôpital. Catherine de Médicis lui enlevant la parole, l'accorda à Théodore de Bèze. Le ministre se précipita à genoux avec son collègue, adressa au Père céleste une invocation que les calvinistes récitent encore avant le chant des psaumes, puis développa sa profession de foi, en employant sur la présence réelle des expressions qui soulevèrent l'indignation des catholiques, envenimèrent la controverse et rendirent inutiles toutes pensées de paix.

Les évêques, témoins de l'irritation des esprits, représentèrent à la reine qu'elle compromettait la foi de son fils, qu'elle n'avait pas caractère pour résoudre les questions religieuses, et qu'au lieu d'amener un accommodement même momentané, le colloque n'aurait d'autre résultat que de reconnaître au calvinisme un droit d'existence légale. L'assemblée devenue désormais impossible se sépara donc sans rien conclure, laissant, comme il arrive à la suite de toutes les discussions théologiques, chacun plus opiniâtre dans ses convictions que jamais.

CHAPITRE II

LE CALVINISME DANS LE CHAPITRE CATHÉDRAL.[1]

SOMMAIRE.

Etat moral du clergé d'Autun au moment de la Réforme. — Dissidences religieuses dans le chapitre. — Robert Hurault, abbé de Saint-Martin, et son portrait par Théodore de Bèze. — Le théologal Louis Féaul et ses prédications. — Jean Vériet et Jean de La Coudrée, chanoines hérétiques. — L'évêque Pierre de Marcilly informe contre eux. — Phases diverses de ce procès. — Mouvements calvinistes et désordres dans la ville. — Arrêt du parlement de Dijon contre les protestants. — Condamnation de Vériet et de La Coudrée. — Leur expulsion du chapitre. — Conséquences et réflexions.

Le chapitre de l'église cathédrale, constitué comme nous l'avons dit précédemment, était, à cette époque, exclusivement occupé de son administration intérieure. On le voit veiller avec exactitude à la pureté de la vie cléricale entachée de plusieurs irrégularités. C'était le meilleur moyen d'écarter de l'Eglise les nouvelles doctrines qui proclamaient, en dernière analyse, la liberté de la foi et des mœurs et qui devaient à cette cause leur séduction sur les esprits.

---

[1] Les registres des délibérations du chapitre, principaux documents de l'histoire de la Réforme à Autun, comprennent les années 1558, 1559, 1560 et 1561, présentent une lacune pour 1562 et 1563, et reprennent en 1564 jusqu'en 1567 inclusivement.

Les assemblées capitulaires, où se débattaient les points relatifs à la discipline, se tenaient deux fois par semaine et plus souvent en cas d'urgence. Elles étaient présidées par le doyen, et les chanoines résidants étaient tenus d'y assister. Indépendamment de ces réunions hebdomadaires, des sessions générales avaient lieu trois fois l'an, à la Saint-Hilaire, à la Chaire-de-Saint-Pierre, à la Saint-Jean-Baptiste [1]. Il fallait, pour se dispenser d'y paraître, de graves excuses. C'était dans ces chapitres solennels, « institués, — disent » les procès-verbaux, — pour la réformation des mœurs et » coutumes, la disposition de l'économie, l'institution des » offices et états ecclésiastiques », que l'on révisait les statuts et que l'on sanctionnait les prescriptions ayant force de règlement général. On en faisait jurer l'observation fidèle à tous les membres de l'Eglise. [2]

---

[1] 14 janvier, 22 février, 24 juin. — On voyait, il y a quelques années, une ancienne salle gothique dépendant des bâtiments claustraux élevés derrière Saint-Nazaire et que l'on croit avoir été la salle capitulaire. Elle était ornée de trois fenêtres ogivales, de chapiteaux à têtes supportant les retombées des arcs et de plusieurs sujets religieux. Dans cette salle existait un tableau assez estimé du *Jugement de Salomon*.

[2] Nous croyons devoir, au moment où s'ouvre ce récit, donner la composition du chapitre de Saint-Lazare. Voici la liste des chanoines dressée, le 14 janvier 1560, au chapitre général de Saint-Hilaire, où se trouvèrent assemblés, « au son de la cloche, à la manière accoutumée et d'après l'ordre de la table, » pour traiter des affaires et négoces de leur église, nobles, vénérables et » scientifiques personnes dont les noms suivent : »

CHANOINES RÉSIDANTS :

1. — Mgr Pierre de Marcilly, évêque d'Autun.
2. — Philippe de Marcilly, abbé de Saint-Etienne-L'Etrier, doyen et président du chapitre.
3. — Jacques Charvot, grand-chantre, vicaire-général.
4. — Gabriel de Grigny, prévôt de Sussey.
5. — Robert Hurault, abbé de Saint-Martin, grand-archidiacre d'Autun.
6. — Raoul Hurault, archidiacre de Beaune.
7. — Philibert Dublé, archidiacre d'Avallon.
8. — Jean Bouton de Chamilly, baron de Saint-Beury, seigneur de Corberon, Marigny et Villy-le-Brûlé, abbé de Saint-Pierre-L'Etrier.
9. — Louis Féaul, théologal.

Les décisions prises dans les chapitres ordinaires, où chaque chose était traitée avec une minutieuse prudence,

10. — Jean Landroul, procureur-syndic du chapitre.
11. — Claude Lombard, official de l'évêché [plus tard archidiacre d'Avallon].
12. — Georges Gay, chanoine dès 1527.
13. — Jean Dechevannes.
14. — Etienne Cortelot, curé de Laizy.
15. — Claude Florant.
16. — Nicolas Joannis.
17. — Charles Ailleboust [depuis évêque d'Autun].
18. — Nicolas Humbelot.
19. — Barthélemy Desplaces.
20. — Guy Languet [depuis grand-archidiacre].
21. — Antoine Piéder.
22. — Jean Delafosse [depuis doyen].
23. — Jean de La Coudrée, curé de Saint-Jean-l'Evangéliste.
24. — Antoine Simonnin.
25. — Pierre Tixier.
26. — Anatole Ailleboust [depuis grand-chantre].
27. — André Ferrand [depuis syndic].
28. — Jean Desmolins.
29. — Barthélemy d'Arlay.
30. — Jean Vériet, prieur du Feste, curé de Saint-André.
31. — Pierre Saive.
32. — Jacques Voillot, curé de Genay.
33. — François Bégat.
34. — Jacques de Genay.
35. — Adam Chiquet, curé de Saint-Quentin.
36. — Ambroise Gilet.

CHANOINES TENUS POUR PRÉSENTS QUOIQUE ABSENTS :

37. — Jacques Berthault, prévôt de Bligny-sur-Ouche.
38. — Michel Gautherault. — Tous deux malades en leurs maisons.
39. — Jean Hurault, ex-doyen du chapitre, abbé résignataire de Saint-Martin dès 1529, en faveur de missives présentées le 1er janvier.
40. — Jean de La Vesvre, principal du collège des Trois-Evêques ou de Cambrai, à Paris.
41. — André d'Andozille, clerc, maître-ès-arts, excusé comme étudiant à Paris, en la faculté de médecine, et comme non promu aux ordres.
42. — Jean Quintin excusé sur requête.
43. — Adrien de Gausse dit de Rouvray, en vue de l'attulation de sa maladie signée de deux médecins.
44. — Celse Morin, en faveur de sa requête et comme conseiller du roi au parlement de Chambéry.
45. — Antoine Borenet, étudiant ès-lois à Poitiers; on lui donne deux mois pour envoyer sa testimoniale.

présentent un tableau fidèle de la situation morale du clergé. Elles nous montrent par quelle pente insensible il se laissait glisser vers l'oubli de ses devoirs, et quelles causes facilitaient dans son sein l'introduction des idées nouvelles. Citons-en quelques exemples.

Les statuts synodaux prescrivaient aux clercs de ne jamais se présenter dans les assemblées et au chœur de la cathédrale sans avoir la barbe entièrement rasée. Le chapitre, attaché aux anciens usages, refusa longtemps toutes concessions sur ce point. Cependant, la nécessité de ne pas exposer les gens de l'Eglise à être reconnus des hérétiques dans leurs relations extérieures le décida à permettre de laisser croître la barbe et de porter des cheveux plus longs qu'à l'ordinaire. [1]

Il porta en revanche les interdictions suivantes :

« On ne doit se vêtir de pourpoints de blanche couleur, avec robes longues et manches coupées, de chaussures vertes ou rouges, non plus de chaperons au lieu de bonnets ou toques.

» Défense d'avoir robes à longues manches pendantes, sans d'icelles recouvrir les bras, ni autres à collets quarrés, ains (mais) telles qui soient modestes et convenables à l'ordre et vocation ecclésiastique, sans bordures de velours ou autre enrichissement qui notamment puisse offenser personne.

» Défense aussi de posséder sayes, chausses, pourpoints découpés, bandés et déchiquetés, à manches chamarrées ou picquetées, de variété de couleurs, si ce n'est de noir, ni collets de chemises à

---

[1] Cette défense spéciale aux prêtres de la cathédrale ne s'appliquait pas à ceux du diocèse, ni même à ceux de l'église que le soin de leurs bénéfices retenait loin d'elle. Seulement, lorsqu'ils séjournaient à Autun, ils ne pouvaient être admis au chœur sans se soumettre à la rasure, à moins que, sur demande expresse, le chapitre ne les en dispensât. L'évêque lui-même était soumis à cette règle. Pierre de Marcilly s'en affranchit le premier, en déclarant, par son official, son intention formelle de porter la barbe longue. — Voy. *Registres Capitulaires*, passim, et l'*Histoire de l'Eglise d'Autun*, par Gagnare, p. 214 et 359.

fronçure aucune et mêmement qui pendent jusques à l'estomac comme bavières d'enfants, ni autres à rabats qui couvrent les épaules, vêtements merveilleusement absurdes et odieux. Enfin, on ne pourra porter chapeaux par la ville, sinon qu'au temps où la nécessité le requerera. » [1]

On prend des mesures sévères contre les habitués de l'église qui n'assistaient pas régulièrement aux offices.

« Après avoir entendu les remontrances faites par Etienne Cortelot, chanoine-distributeur, de ce que la plupart des habitués de l'église ne font aucune résidence au divin service, même aux heures principales, on prie Louis Féaul, grand-chantre, ayant la superintendance des offices, à cause de sa dignité cantorale, de vouloir admonester en particulier les défaillants de faire leur devoir, assister aux offices, sur peine de privation de pain et de vin, du jour où l'un d'eux aura défailli ; avec ce, prohiber à leur boulanger ne désormais bailler, en sa maison, aux habitués, aucun pain, à peine de le perdre, au cas que celui ou ceux à qui il auroit baillé le dit pain méritent d'en être privé. »

Par une autre délibération, le chapitre met ordre à quelques scandales donnés par les clercs dans les faubourgs de la ville et ailleurs.

« On fait prohibition à tous, tant chanoines que chapelains, habitués et hebdomadiers, d'aller jouer, avec gens laïques, en certains jardins de cette ville, esquels se tiennent *harlots* ordinaires,

---

[1] Cette prohibition de vêtements somptuaires n'était pas particulière à l'Eglise. Les magistrats portaient aussi des règlements à ce sujet. Un registre des délibérations de l'hôtel-de-ville, de 1543, nous apprend que le vierg fit vendre cette année, au profit des pauvres, les vêtements de plusieurs jeunes gens donnant dans le luxe, et certaines étoffes et parures de filles *menant une vie lubrique et libertine*. Il ne faisait en cela qu'exécuter plusieurs ordonnances royales prohibant les *habits avec broderies ou taillures d'or et d'argent, les vertugales, grosses chausses, torsades et boutons riches*, ordonnances qui furent renouvelées dans les édits du 12 juillet 1549 et du 17 janvier 1563, sur la réforme du costume.

jeux de quilles, cartes, dés et autres défendus, en commettant plusieurs énormes et exécrables blasphèmes. » [1]

Il punit exemplairement ceux qui contrevenaient à ces dispositions.

« Jean Bouheret, prêtre habitué, cité en assemblée capitulaire, pour rendre compte de méfaits à lui reprochés, sur son aveu d'avoir joué avec un jeune compagnon, serviteur d'Emiland Naudot, avocat, et de lui avoir gagné grande somme de deniers, en pipant et trompant, est condamné à tenir prison pendant cinq jours. »

Parfois le châtiment allait jusqu'à frapper les membres même du chapitre. Un chanoine appartenant à une famille notable du pays, Celse Morin, frère de Lazare Morin qui fut un des boute-feux de la Ligue, fut frappé d'interdit pour une faute grave qui n'est pas énoncée et dont il refusa de répondre devant l'officialité; il resta longtemps sous le coup de cette censure. [2]

---

[1] *Reg. Capit.*, 1 octobre 1558.
Harlot, terme qui a existé dans les langues française, anglaise, espagnole, et qui signifie ribaude, prostituée.
L'évêque d'Autun, — remarquons-le en passant, — joignait ses efforts à ceux du chapitre pour ramener les clercs au devoir. On lit dans les Assises générales du temporel de l'évêché [Registre n° 102], à la date du 18 décembre 1560 : « Etans M⁰ Philibert Deschasaulx, bailli de l'évêque ; Jean Gautheron, » juge et châtelain du temporel ; Jean de Sully, procureur; Simon Barbotte, » greffier,... sur la requête de ce dernier, les édits de blasphèmes, fréquenta- » tions de tavernes et ports d'armes ont été rafraîchis. »

[2] *Reg. Capit.*, 10 octobre 1561. — La nature de cette faute n'est pas indiquée, parce que sans doute elle était scandaleuse. Secrète, il n'était pas besoin de la divulguer ; publique, il était inutile de la rappeler. Le plus probable est que Morin avait été surpris en flagrant délit avec quelque femme.
Celse Morin, prieur commendataire du Val-Saint-Benoît et de Saint-Georges de Couches, était conseiller du duc de Savoie à Chambéry et comme tel dispensé de la résidence. Il mourut en octobre 1564, dans son prieuré du Val. C'est un de ses parents, portant aussi le nom de Celse, qui fit construire dans la cathédrale la chapelle dite, de nos jours, *des Evêques*, avec une verrière peinte, œuvre assez remarquable, selon M. Mérimée, et représentant la généalogie de la Vierge aux pieds de laquelle le fondateur est représenté, à genoux, avec sa devise et ses armes, revêtu de la soutane écarlate, du surplis et de

Le chapitre avait peine à maintenir entre confrères la paix et la bonne intelligence. Les divisions religieuses qui commençaient à se dessiner aigrissaient les haines personnelles. Quelques propos suspects de la part d'un chanoine libre penseur lui attiraient l'inimitié d'un confrère orthodoxe qui possédait souvent contre lui d'autres griefs. C'est ainsi que nous voyons deux membres qui figurent, quelques mois plus tard, dans la minorité protestante du chapitre, Gabriel de Grigny et Antoine Piéder, en butte aux attaques de deux de leurs collègues.

« Gabriel de Grigny, prévôt de Sussey, se plaint de certaines atroces injures et discours diffamatoires à lui de jour à autre et d'heure en heure, sans nulle occasion, ni moyen, impropérés, tant en sa présence qu'absence, et en compagnie de gens de bien et notables, par Radulphe Hurault, archidiacre de Beaune, lequel présent au chapitre, répondant à tout ce que dessus, a dit que le sieur de Grigny aussi souventes fois l'injurioit et lui tenoit propos fâcheux, touchant son état et son honneur. Les capitulans défen-

---

l'aumusse, costume des chanoines du temps. La noblesse de Morin était de celle qu'on appelait *noblesse de fenêtres,* « parce que, dit M. Michelet, pour
» constater son blason récent, elle le mettait dans les vitraux qu'elle donnait
» aux églises et aux monastères. » [*Hist. de France,* t. VI, p. 380.] Cette chapellenie fut consacrée par Jacques Hurault, le 2 juin 1515, et son fondateur y fut inhumé, en 1518. On voit encore son *pourtraict* sur une tombe placée à l'entrée avec cette épitaphe :
« *Hic jacet Celsus Morinus, olim præcentor Carpentoracensis et canonicus*
» *Eduensis, hujus capellæ fundator, qui obiit vigesimo die julii anno do-*
» *mini millesimo quingentesimo decimo octavo, cujus anima quiescat in pace.*
» *Amen.* »
En 1532, Jeanne Poillot, femme de Ferry Morin, seigneur de Cromey, mère de Celse Morin le jeune, de Frédéric, successeur de son frère aux prieurés du Val et de Couches, et de Lazare le ligueur, fut ensevelie dans cette chapelle, d'après le vœu manifesté dans son testament en date du 30 septembre de la même année : « Item, j'ordonne le psaultier estre dict par treize pres-
» tres, en la chapelle de Celse Morin, mon fils, en l'église Saint-Ladre d'Ostun,
» en laquelle veulx mes os estre pourtés et en icelle estre inhumés. .. » —
Voir dans les *Mémoires de la Société Éduenne,* 1854, une série de documents sur la famille Morin de Cromey.

dent aux deux champions de se quereller, ni agresser l'un l'autre, par paroles ni par effet, dorénavant, à peine d'être privés de leurs fruits pendant trois mois. » [1]

« Sur les réquisitions des chanoines Etienne Cortelot et Antoine Piéder, requérant le chapitre leur donner un juge et official, pour par devant icelui faire poursuite de certaines injures prétendues avoir été proférées l'un à l'encontre de l'autre, attendu que Raoul Hurault, official de l'église, s'est déporté de connoître les dites injures pour certaines causes, a été ordonné que les sieurs Cortelot et Piéder donneront, par écrit, les noms et surnoms de ceux qu'ils ont déclarés tenir pour suspects, afin de les pourvoir d'un juge au premier chapitre. » [2]

Ce fut au sein de cet état de choses, vers le commencement de l'année 1561, au moment même où l'assemblée d'Orléans communiquait l'ébranlement aux esprits, que les dissidences religieuses se manifestèrent dans le chapitre. Deux partis s'y trouvaient nettement dessinés : celui de l'or-

---

[1] *Reg. Capit.*, 4 octobre 1560.
Ce Radulphe ou Raoul Hurault, archidiacre de Beaune et official du chapitre, était frère du doyen Jean Hurault, son prédécesseur à l'archidiaconé, et de Robert, abbé de Saint-Martin. Quel grief avait-il contre Grigny? Vraisemblablement, les opinions suspectes de ce dernier, ou quelque animosité privée. Grigny jeta plus tard le froc, et nous ne voyons pas que Hurault ait cessé d'être orthodoxe, sinon exemplaire. Au reste, s'il faut s'en tenir à la lettre des délibérations, Grigny n'était pas le seul dont l'humeur peut-être un peu susceptible de l'archidiacre eût à souffrir. Citons quelques extraits entre plusieurs :
« Raoul Hurault se plaint des réponses et insultes à lui adressées par An-
» toine Buet, bénéficier, du mépris, contemnement et aussi de plusieurs mou-
» vements insolents à lui faits par Philibert Madot et Guillaume de La Cou-
» drée, chanoines. » [23 juin 1564.]
« Sur les remontrances faites par noble personne Raoul Hurault, à l'encon-
» tre d'Antoine Borenet, prévôt de Sussey, on ordonne que ce dernier, dans
» huit jours, répondra au billet relatif à certains griefs, baillé par écrit par le
» sieur archidiacre, et y fera droit. » [Août 1564.]
« Sur les nouvelles doléances faites par le dit archidiacre des contumélies
» et vexations par lui reçues de la part de Jacques Devoyo, chanoine, on dé-
» cide que le syndic Ferrand sur ce informera à charge et à décharge, pour
» le rapport ouï, ordonner ce que besoin sera. » [22 janvier 1565.]

[2] *Reg. Capit.*, 14 octobre 1560.

thodoxie composé des deux tiers de ses membres; celui des idées nouvelles représenté principalement par quatre d'entre eux, Robert Hurault, Jean Vériet, Jean de La Coudrée et Gabriel de Grigny. [1]

Robert Hurault, abbé de Saint-Martin, apparaît de bonne heure comme le doyen de cette minorité dissidente. Il était d'une famille de courtisans dont Louis XII avait élevé un membre sur le siège épiscopal d'Autun, en 1505. Sous le patronage de son parent, Robert avait prospéré dans les bénéfices de l'Eglise. Dès 1514, il était élevé à la dignité de grand-chantre. En 1529, il était pourvu du prieuré de Bar-le-Régulier, puis de l'abbaye de Saint-Martin. En 1533, l'évêque Jacques Hurault l'avait nommé grand-archidiacre d'Autun, et en 1550, Philibert d'Ugny l'avait fait son vicaire-général. Mais, comblé d'honneurs et vieilli dans le caractère sacré, il était resté plus fidèle aux souvenirs de sa jeunesse qu'aux sages méditations de l'âge mûr. Chancelier au parlement de Paris, ancien précepteur et conseiller de la reine Marguerite de Navarre, il avait passé une partie de sa vie à la cour de François Ier, dans les salons de cette princesse, rendez-vous habituel de femmes galantes, de poètes licencieux et sceptiques, de gens d'église qui se moquaient de la Vierge et des saints, entretenaient des courtisanes et des meutes de chasse [2], chantaient, en dansant des sarabandes,

---

[1] Remarquons que le calvinisme fut introduit dans le chapitre par des chanoines étrangers; ce sont eux qui épousent, les premiers, les doctrines protestantes. C'est Hurault de Chiverny (de l'ancienne maison de Chiverny qui a donné plusieurs chanceliers de France), venu de la cour de François Ier; c'est Vériet, sa créature, originaire du Poitou; ce sont La Coudrée et Grigny dont les noms n'appartiennent pas au pays.

[2] Audin, *Histoire de Calvin*, t. 1, p. 59; et *Histoire de l'abbaye de Saint-Martin*, p. 335. — En 1534, Marguerite de Valois et son mari Henri d'Albret, roi de Navarre, vinrent à Autun où ils furent reçus, disent les chroniques, avec magnificence par l'évêque Hurault et par son neveu, l'abbé de Saint-Martin.

les psaumes de Marot et donnaient asile à Calvin. Contemporain et ami de Bonaventure Despériers, disciple de Rabelais, Robert Hurault a mérité de la main de Théodore de Bèze un piquant portrait :

« En ce temps-là, étoit demi-résidant à Autun, ville épiscopale et des plus anciennes des Gaules, l'abbé de Saint-Martin, homme de lettres, instruit en la religion et prenant plaisir à faire bonne chère à ceux qui le venoient visiter, auxquels il parloit assez ouvertement de la vérité, sans se mettre en danger pour cela, pour être non-seulement supporté, mais aussi chéri et recherché par les plus gros de l'Eglise romaine, à cause de sa bonne et friande table. Joint que hormis quelques propos qu'il tenoit parfois, et qu'il avoit une bibliothèque pleine de bons livres, il ne se formalisoit point pour aucun exercice de la Religion. Plusieurs de ceux-là même qu'il avoit instruits, le reprenant de cela et nommément de ce qu'il ne faisoit conscience de s'accommoder à ce que lui-même condamnoit, taschèrent de l'encourager à faire mieux. Mais lui, au contraire, se faschant d'être repris et flattant sa conscience, s'égara jusques là, que de faire une théologie toute nouvelle, mettant beaucoup de choses des rêveries des libertins (libres penseurs), et finalement est mort, n'étant, comme l'on dit en commun langage, ni chair ni poisson ; mais s'il ne servit pour soi, si fut-il instrument pour en réveiller plusieurs. »[1]

Robert Hurault fut un des premiers à appuyer les nouveautés, et un des derniers à les soutenir, ainsi que nous le verrons par son testament dicté au profit de la propagande calviniste. Mais, accablé de vieillesse et d'infirmités, incapable d'agir par lui-même, il se contentait de pousser en avant deux hommes qui se chargèrent de proclamer, dans Autun, la pure doctrine de Calvin.

L'un était Jean Vériet et l'autre Jean de La Coudrée.

Attaché à la fortune des Hurault, venu peut-être à Autun

---

[1] *Histoire des Eglises réformées.* t. 1, p. 64.

avec cette famille, Vériet, originaire des environs de Poitiers, avait été longtemps vicaire-général de l'abbé de Saint-Martin qui lui avait donné le prieuré du Feste [1]. Il avait touché de près à l'administration diocésaine sous Philibert d'Ugny, lorsque Hurault étant vicaire épiscopal, Vériet était lui-même vicaire de ce dernier. Il était pourvu de la cure de Saint-André, petite paroisse située dans un des quartiers populeux de la ville basse. Il joignait au crédit qui accompagnait une pareille position un esprit d'intrigues très subtil et très tenace dans ses moyens d'opposition.

Intime ami de Vériet et chanoine dès 1550, Jean de La Coudrée, curé de Saint-Jean-l'Evangéliste, semble avoir été d'un esprit moins remuant, quoiqu'il partageât en tout les opinions de son collègue. Il était de mœurs sévères, attaché aux convenances de son état [2], instruit en théologie, plus

---

[1] Jean Vériet était né dans la ville de Charroux, diocèse de Poitiers. Un acte du notaire Desplaces nous fait connaître qu'il avait un frère, Antoine Vériet, et qu'il recueillit auprès de lui une de ses nièces, nommée Magdeleine. Vériet était prieur du Feste et du monastère d'Avenay qui en dépendait. Ce prieuré, situé au village de ce nom, près d'Arnay-le-Duc, et dédié à Notre-Dame, relevait de Saint-Martin d'Autun. En signe de foi et hommage, chaque nouveau prieur était redevable à cette abbaye, l'année de son institution, *d'une chape bonne et suffisante*. L'un d'eux ayant refusé d'acquitter cette redevance, fut condamné, en 1689, par sentence du bailliage d'Arnay, à la continuer.

[2] Dans une lettre du 20 juillet 1563, adressée à Tavannes par les calvinistes autunois, on lit : « M. de La Coudrée, ministre de la parole de Dieu, homme » non moins docte que de bonne vie et mœurs... » — De 1550 à 1560, les dignités et la confiance de ses confrères ne lui manquent. On le voit successivement remplir les fonctions de cellerier, de chef-distributeur des aumônes, de libraire ou bibliothécaire du chapitre... Partisan déclaré de l'innovation dans les idées, La Coudrée paraît l'avoir été moins en ce qui concernait les anciens usages de l'Eglise. Un fait de peu d'importance nous servira d'exemple. En 1558, après une procession du mois d'août, le diacre qui avait porté l'image de Notre-Dame, le sous-diacre chargé des reliques, et quelques chanoines demandèrent, « vu la grande chaleur, » la distribution d'une pinte de vin avant l'office. La Coudrée, alors auditeur des comptes du chapitre, s'y refusa formellement, disant que telle chose ne s'était jamais faite, et que quand à lui il y mettait opposition. Il fallut se rendre à son avis.

porté vers l'étude que vers les soins de l'administration temporelle. Nous ne pouvons guère douter qu'il ait été amené par l'examen raisonné des questions religieuses à préférer le symbole de Calvin à celui de l'Eglise. Ses prédications dans lesquelles il montrait de l'éloquence et de l'habileté eurent, dès le principe, un assez grand retentissement.

Ces deux hommes n'attendaient que le moment favorable pour porter dans la chaire chrétienne les doctrines qui remuaient les âmes et gagnaient chaque jour de nouveaux prosélytes.

L'ordonnance d'Orléans, rendue en janvier 1561, à la suite des Etats généraux, leur en fournit l'occasion. Cette ordonnance, qui augmentait l'autorité du gouvernement sur le clergé et cherchait à mettre ce dernier dans sa dépendance, obligeait les curés à résider, sous peine de la saisie temporelle de leurs bénéfices [1]. Vériet et La Coudrée profitèrent de cette disposition pour se confiner dans leurs cures et se livrer à leurs prédications hétérodoxes.

---

[1] L'article V de l'ordonnance, au sujet de la résidence, était ainsi conçu : « Résideront tous archevêques, évêques, abbés et curés, et fera chacun d'eux, » en personne, son devoir et charge, à peine de saisie du temporel de leurs » bénéfices... »
Art. XIV : « Sera enjoint à tous prêtres se retirer en leurs bénéfices ou biens » suffisants, pour les entretenir selon leur état, ou qui sont habitués et ser- » vants ordinairement aux églises cathédrales, collégiales et parochiales. »
Cette ordonnance atteignait un des plus anciens privilèges de l'Eglise d'Autun. De tout temps les chanoines et chapelains avaient joui de la faculté de posséder des cures sans résider, et les papes, loin de faire cesser cet abus opposé à la discipline canonique, l'avaient toujours maintenu. Ainsi, en 1431, les chanoines-curés ayant appelé d'un interdit lancé sur eux par Ferry de Grancey, au sujet de la non-résidence, le pape leva ces censures, rejeta les prétentions de l'évêque et le condamna aux dépens. Après la publication de l'édit d'Orléans, le chapitre ne cessa de réclamer, jusqu'à ce qu'il eût obtenu gain de cause. Enfin, en 1562, sur attestation authentique « des privilèges » pontificaux et royaux dont avoient toujours joui ses membres », Charles IX accorda des lettres de dispense de l'édit de résidence. Ces lettres, datées du 8 avril, furent enregistrées au parlement de Dijon, non sans de nombreuses difficultés, le 13 juin suivant.

Dès le mois de février, « ils commencèrent de prêcher, » — dit Th. de Bèze, — déclarans peu-à-peu les abus, ins- » truisans le peuple en la pureté de l'Evangile, avec telle » affluence, que les temples n'étoient assez grands pour » contenir la multitude, et continuèrent nonobstant les em- » pêchemens à eux donnés. » Sans prendre à la lettre les exagérations de l'historien calviniste, il est certain que ces prédications, faites régulièrement chaque dimanche et aux fêtes solennelles, ne laissèrent pas d'augmenter l'effervescence des esprits qui devenaient de plus en plus hostiles à l'Eglise.

En effet, dans les premiers mois de 1561, le désordre se répandit dans la ville et ne craignit pas de se montrer en plein jour. Le clergé était en butte aux railleries de ses adversaires. On distribuait dans le public des libelles diffamatoires contre son honneur et contre chacun de ses membres en particulier. Ces libelles anonymes furent bientôt suivis d'insultes à l'endroit des cérémonies religieuses. [1]

Le chapitre avait l'usage de faire, chaque vendredi de Carême, une procession et d'aller célébrer la messe dans l'une des églises de la ville.

« Le 21 mars, — disent les registres capitulaires, — cette procession venant de Saint-Jean-le-Grand et étant au lieu de la Grand'Croix [2], devant la maison des héritiers de l'antique vierg

---

[1] Dès les derniers jours de février, le chapitre, voyant la ville agitée, avait chargé son syndic Landreul « de se rendre près des officiers du roi, pour les » prier de tenir la main à ce qu'il ne se fît aucune assemblée nocturne, ni » voie de fait par gens d'église ou autres. »

[2] Cette croix, qui figure dans les vieux plans et qui est désignée sous le nom de *Belle-Croix*, s'élevait au milieu de la grande rue Chauchien, à quelques pas au-dessous de la maison qui fait l'angle de la rue des Cordeliers et de celle des Pénitents (ou petite rue Chauchien). — A l'entrée de cette dernière rue, on voyait, au XVIIe siècle, la chapelle de la *Croix* desservie par les *Pénitents noirs*, confrérie ayant pour mission spéciale d'assister les criminels et qui a laissé son nom à la rue après sa suppression en 1790.

Hugues Rolet, en la rue Chaulchien, se trouvèrent certains compagnons artisans demeurans et besoignans ès boutiques d'aucuns cordonniers et gens d'autres métiers de cette ville, assemblés jusques au nombre de vingt ou trente, lesquels départis des deux côtés de la rue, comme processionnellement, passèrent avec leurs épées et dagues par le milieu de la procession, sans faire aucune révérence, se moquant et riant d'icelle procession, au grand mépris de la religion chrétienne et contemnement de l'état ecclésiastique. A aucun desquels André Ferrand, chanoine, voulut remontrer, leur disant qu'ils ne faisoient pas bien, et qu'ils n'étoient pas gens de bien d'ainsi faire ; lesquels découvrant leur mauvaise volonté lui répondirent en ces mots : « *Aussi gens de bien que toi !* » en faisant suivre ces mots de grandes menaces. Pour obvier, en conséquence, à plus grand scandale, on fera de vives plaintes et doléances aux officiers royaux, pour en faire poursuite et punition, telle que de raison. »

Ces agitations, causées par la propagande religieuse, réveillèrent le zèle du chapitre. Il comprit qu'il était urgent de recourir à l'efficacité de la parole chrétienne pour défendre le principe de soumission à l'Eglise catholique, les dogmes attaqués dans les controverses imprimées et dans les discours des réformés. En effet, chacune des vérités du symbole livrée à la discussion des laïques était l'objet de conversations passionnées de la part des uns, de railleries de la part des autres, et remuait la foule elle-même, moins par amour pour la vérité que par besoin de satisfaire cet esprit d'indépendance où l'homme se flatte de trouver sa force et sa liberté.

Les deux curés qui avaient commencé d'annoncer ouvertement les opinions nouvelles, craignant que, leurs erreurs étant mises au jour, ils ne perdissent une partie de leur auditoire et ne se trouvassent compromis dans leur caractère et leurs bénéfices, cherchèrent à paralyser les tentatives de leurs confrères. Ils essayèrent d'abord de rendre suspect un dominicain, docteur en théologie, nommé Lebesgne, qui venait de prêcher le Carême avec succès dans la ville. On sait quelle action la parole de ces religieux voués à la prédication exerçait sur les masses, combien leur langage était animé, leurs images populaires, leur controverse hardie vis-à-vis de leurs adversaires. La croisade qu'ils avaient entreprise contre l'hérésie, leur rôle de frères-prêcheurs courant de cité en cité et ne se fixant nulle part, leur interdisaient ces ménagements qu'un prédicateur sorti du chapitre aurait été tenté de garder.

Vériet attaqua donc en pleine assemblée capitulaire l'orthodoxie de Lebesgne, dont la voix justement redoutée avait couvert peut-être un instant la sienne. Il essaya, en produisant la copie d'une prétendue censure rendue contre lui, « de diminuer et énerver le bon bruit et réputation de Jean » Lebesgne, lequel n'étoit si homme de bien, — disait-il, — » qu'on l'estimoit [1]. » Mais cette accusation, dont les motifs n'étaient pas équivoques, demeura sans résultats comme sans preuves, et fit sentir plus vivement la nécessité d'organiser la prédication sur des bases régulières.

Un chanoine se présenta pour remplir ce rôle. C'était Louis Féaul, récemment nommé théologal [2]. Chargé par son titre même de faire les prédications les dimanches et grandes fêtes, et d'expliquer trois fois la semaine l'Ecriture aux clercs, Féaul offrait de prêcher chaque dimanche matin dans l'église Saint-Lazare avant la messe paroissiale, moment où avait lieu le plus grand concours de peuple.

Mais personne n'était moins doué que lui de l'esprit de décision qu'il fallait déployer. Ni la science, ni le zèle, ni la

---

[1] *Reg. Cap.*, 2 avril 1561.

[2] Louis Féaul (ou *Fidelis,* selon les registres) avait été grand-chantre avant d'être théologal. Il eut pour successeur à la chantrerie Jacques Charvot, lorsque lui-même remplaça, en 1559, Claude Guillaud dans la chaire théologale.

dignité des mœurs, ni même un attachement sincère à l'Eglise ne lui manquaient. Ses opinions indécises semblaient répondre à celles de ce tiers-parti qui désirait voir vivre le catholicisme et le calvinisme dans une paix commune, et qui croyait à une conciliation des doctrines. Soit qu'il se fût fait des idées mal définies sur la possibilité d'une réforme s'étendant au dogme même, soit qu'il crût trouver, dans les ressources de la dialectique, des moyens de transaction entre les nouveautés et les points fondamentaux de la foi, il n'était pas sans donner des craintes sur son orthodoxie et surtout sur la fermeté de son caractère. Cette position douteuse, ambigüe, dans laquelle il intéressait sa tranquillité personnelle, était peu compatible avec la gravité de ses fonctions; aussi elle ne lui réussit pas. De là, une longue lutte qu'il eut à soutenir contre le chapitre.[1]

Ses collègues comprirent tout d'abord que la défense de la foi ne pouvait lui être exclusivement confiée. Ils voulurent se réserver le choix d'un prédicateur dont la doctrine, le talent, le courage pussent servir de modèle dans cette chaire de l'église cathédrale qui était la première du diocèse. Aucune prédication ne pouvant s'y faire sans qu'ils en eussent accordé la permission par une sorte d'investiture appelée *l'octroi de la cloche et de la chaire*, ils

---

[1] On sait que la charge de théologal, créée par le quatrième concile œcuménique de Latran, en 1215, et maintenue par le concile de Trente, avait été imposée aux chapitres des églises cathédrales contre leur gré. Il répugnait aux chanoines d'accorder à un nouveau dignitaire une prébende qui diminuait d'autant les leurs. Ils étaient blessés, d'ailleurs, de compter parmi leurs confrères une sorte de supérieur en science et en doctrine, chargé spécialement d'évangéliser le peuple et de rappeler aux clercs, par des leçons fréquentes sur l'Ecriture sainte, des études qu'ils étaient censés négliger, ou ne pas mettre à profit. Aussi les théologaux eurent-ils souvent à lutter avec leurs confrères, au sujet de leurs prérogatives, et furent contraints plusieurs fois d'abandonner leurs leçons auxquelles l'auditoire se refusait d'assister. Ce pouvait être là autant de motifs de vieille antipathie contre Féaul.

profitèrent de cette prérogative pour rejeter les propositions du théologal [1]. Ils l'engagèrent à se contenter des prédications qu'il avait coutume de faire, depuis dix ans, aux heures ordinaires et aux processions, le laissant libre, du reste, de prêcher, à son bon plaisir, dans les églises de Notre-Dame, Saint-Jean-de-la-Grotte, Saint-Quentin, Saint-Branchet et autres situées dans le Château et relevant de la cathédrale. Afin d'assurer, autant que possible, l'efficacité de sa parole, ils lui tracèrent une sorte de programme et l'invitèrent à interpréter au peuple « la foi et révérence due » aux sacrements et commandements de Dieu, la présence » réelle, la vénération des saints et saintes du Paradis, l'o- » béissance due à l'Eglise, la commémoration et prières » pour les trépassés. » C'étaient là autant de dogmes travestis par le calvinisme et ceux qu'il importait le plus de défendre, sans arrière-pensée de ménagement pour le parti des idées nouvelles.

Féaul, blessé de la défiance dont il était l'objet, et poussé à bout « par les suasions, pourchas, menées et inventions » de quelques-uns qui se dédient seulement à la diminution » de ses droits et fonctions de théologal », appela *comme d'abus* au parlement du refus de la cloche et de la chaire. Le chapitre lui répondit en s'occupant de lui trouver aussitôt un coadjuteur. Le 29 mars, le syndic Landreul émit la proposition suivante :

---

[1] Ce droit appartenait au chapitre de temps immémorial. La coutume était que le prédicateur demandât son agrément par un discours latin. L'évêque Philibert d'Ugny avait été longtemps en guerre avec les chanoines, au sujet des autorisations qu'il donnait de prêcher à Saint-Nazaire, ancienne *cathédrale-mère* du diocèse, alors basilique dépendante de Saint-Lazare et, comme on disait à cette époque, *incorporée au corps de cette église*. Son successeur, Pierre de Marcilly, avait reconnu les privilèges du chapitre, et les prêtres qu'il envoyait prêcher le Carême et l'Avent se présentaient devant ce dernier pour requérir *l'octroi de la cloche et de la chaire*.

« Afin d'obvier et remédier aux hérésies, tumultes, séditions, scandales qui se suscitent entre le peuple et qui pourroient, ci-après, être émus sur le fait de la religion chrétienne, contre l'honneur de Dieu, notre mère sainte Eglise et fidèles chrétiens, il seroit bien nécessaire avoir de bons prédicateurs. — En conséquence requis pour la nécessité présente et intérêts qui en pourroient advenir d'y vouloir présentement avoir égard et donner tel ordre qu'ils verront être à faire, MM. les capitulans ont conclu choisir un docteur en théologie, soit séculier ou régulier, de bonne vie et doctrine, non hérétique ni contrevenant aux commandements de Dieu et de son Eglise, pour sainement et catholiquement prêcher et annoncer au peuple la sainte parole. » [1]

Cette proposition, arrêtée d'un commun accord avec l'évêque Pierre de Marcilly, avait pour but de pourvoir plus amplement à l'instruction des fidèles *contre les hérésies pullulantes*. C'était aussi le moyen le plus direct de combattre les prédications de Vériet et La Coudrée, et même de les réduire au silence. En effet, l'un des théologaux étant chargé des sermons aux cures de Saint-Jean-l'Evangéliste et de Saint-André, les deux curés perdaient tout prétexte pour continuer les leurs. Le chapitre pouvait même les tenir presque constamment éloignés de leurs paroisses en exigeant, sous peine de perdre les fruits de leurs prébendes, qu'ils assistassent régulièrement au chœur et aux offices multipliés de l'église.

Féaul, se considérant plus que jamais attaqué dans ses prérogatives, compromis dans son caractère, soupçonné dans ses talents et dans sa foi par cette proposition insolite, interjeta un second appel *comme d'abus* devant la cour de

---

[1] *Reg. Capit.*, 13 janvier et 29 mars 1561. — Dans cette délibération, on voit Landreul répéter à plusieurs reprises que, tout en présentant sa requête, il n'avait entendu toucher à l'honneur de personne du monde et principalement de M. Féaul, lequel au surplus il déclarait *fort homme de bien*, « ainsi » que de tout temps et pour tel il a été tenu et réputé. »

Dijon. Dix chanoines se joignirent à lui et déclarèrent adhérer à cet appel. Ce fut le signal de la division qui, jusquelà comprimée, éclata ouvertement dans le chapitre entre la majorité catholique et la minorité protestante. Parmi cette dernière figuraient en première ligne La Coudrée et Vériet, Gabriel de Grigny qui plus tard abandonna son état, Barthélemy Desplaces appartenant à une famille gagnée à l'hérésie, et Robert Hurault qui, retenu par son grand âge et ses infirmités, se contentait de donner de loin son approbation et ses encouragements. [1]

Cette proposition d'un second théologal était, à tout prendre, une voie de conciliation, puisqu'elle se bornait à fermer la bouche aux novateurs et dispensait de sévir contre eux. Mais, opposée aux anciens usages de l'Eglise, elle rencontrait de la répulsion de la part des chanoines attachés aux vieilles coutumes, et de la part de ceux qui s'intéressaient aux doctrines nouvelles. Elle resta donc sans résultats, et l'évêque, chargé de l'instruction du crime d'hérésie, n'eut bientôt d'autre alternative que de laisser le calvinisme s'installer dans le sanctuaire, ou d'agir juridiquement contre ses fauteurs. Le choix ne pouvait être douteux pour un pasteur vigilant et ferme comme l'était Pierre de Marcilly.

Pierre de Marcilly, de la famille de Damas, l'une des prin-

---

[1] Dans une délibération du 21 février 1561, Robert Hurault, dit l'*Ancien*, est excusé, « à cause de son grand âge », de ne pas assister au chapitre général de la Chaire-de-Saint-Pierre. — Les cinq autres opposants étaient : Charles Ailleboust, depuis évêque d'Autun; Anatole Ailleboust, son frère; Adam Chiquet, curé de Saint-Quentin; Antoine Piéder, maître-fabricien, et Ambroise Gilet, frère de Barthélemy Gilet, ancien bailli du temporel. Mais ils semblent l'avoir été plutôt par zèle pour les usages et les prérogatives de l'Eglise que par esprit d'innovation. — L'appel de Féaul et de ses adhérents fut signifié à leurs confrères par le procureur et l'avocat du roi, Jean de Ganay et Nicolas Munier, admis à cet effet au chapitre, le vendredi après Pâques, 11 avril 1561, lesquels, séance tenante et comme officiers du bailliage, déclarèrent se joindre à l'appel et prendre fait et cause pour le théologal.

cipales de Bourgogne, abbé de Mortemart en Normandie, prieur de Saint-Symphorien, chanoine et grand-chantre de Saint-Lazare, avait été élevé sur le siège épiscopal vers la fin de 1558 [1]. Il connaissait parfaitement son diocèse qu'il n'avait presque jamais quitté, et les diverses fonctions qu'il y avait remplies l'avaient initié à tous ses besoins. La haute influence de son frère, Philibert de Marcilly de Cipierre, gouverneur de Charles IX pendant que ce prince n'était encore que duc d'Orléans, contribuait à donner plus de force aux actes de son ministère, surtout à ceux qui avaient pour but de garantir son peuple des nouvelles doctrines. Il trouvait également un appui dans son autre frère, Philippe de Marcilly, que le chapitre avait élu doyen, en 1559 [2]. Par l'un, il pouvait facilement solliciter des mesures répressives contre les novateurs; par l'autre, il veillait de plus près à la discipline de son église. Aussi, sa vie fut-elle consacrée tout entière à repousser pied-à-pied l'envahissement de la Ré-

---

[1] Voir aux *Pièces justif.*, n° 12, la prise de possession de l'évêché par Pierre de Marcilly, le 6 décembre 1558, et les délibérations du chapitre sur les prétentions du nouveau prélat de porter, à son entrée solennelle et partout ailleurs, la *barbe longue,* ainsi que le *rochet,* le *camail* et le *bonnet.*

[2] Philippe de Marcilly, abbé de Chérizy et de Saint-Étienne-l'Étrier, natif de Mâcon comme ses frères, était le troisième fils de Blaise, seigneur de Cipierre, et d'Alix de Saint-Amour. Nommé chanoine de Saint-Lazare, le 24 août 1559, il fut, la même année, élu doyen sur la résignation de Jean Hurault, et reçu le 2 septembre 1560. Quoique clerc, — dit Gagnare, p. 390, — on lui permit d'entrer au chapitre à la condition de se faire ordonner dans l'année. N'ayant point rempli cette condition, il chargea quelque temps un de ses confrères de le représenter; mais bientôt fatigué de ne pouvoir faire ses réquisitions par lui-même, il obtint une lettre de dispense qui l'autorisa à être admis aux assemblées et à les présider. Les chanoines s'opposèrent d'abord à cette nouveauté qui frondait leurs usages. Cependant, après quelque résistance, ils accordèrent au doyen voix délibérative au chapitre comme s'il eût été prêtre, « mais de grâce spéciale, à cause de ses mœurs et noblesse, majo- » rité de 35 ans et de son grade de docteur-ès-droits. » [Acte du 13 janvier 1565.] Philippe, après avoir occupé le décanat dix années environ, mourut le 22 février 1570.

forme. Son installation avait découragé les calvinistes. Au commencement de 1559, plusieurs d'entre eux, ne se croyant pas assez nombreux pour se défendre, étaient sortis de la ville, « sur l'aversion qu'on faisoit paroître pour leurs doc- » trines et le zèle des magistrats à les poursuivre [1]. » Ils se retirèrent aux environs de Lyon et dans le Dauphiné qui était leur quartier-général dans le midi de la France.

Marcilly, à la vue des dissidences qui régnaient parmi les chanoines et paralysaient les moyens d'instruction religieuse, se décida à poursuivre les deux curés qui, depuis trois mois déjà, prêchaient au grand scandale des catholiques. Il commença une information contre eux pour fait d'hérésie, et se servit, pour communiquer ses plaintes au chapitre, d'un homme tout dévoué qui avait été longtemps son secrétaire avant de devenir son vicaire-général, et qui venait d'être pourvu d'un canonicat. [2]

Le jour même de sa réception, vendredi 2 mai, Etienne Boulet demanda que Vériet et La Coudrée, suspects à bon droit de *haine* et d'*inimitié*, « *solo odio* », contre Pierre de Marcilly, s'abstinssent désormais de siéger aux séances où il serait traité de ses affaires, « *quod grave est,* — disait-il, — *coràm judice suspecto litigare* [3]. » Pour justifier ce re-

---

[1] *Annales de l'histoire d'Autun et de son Eglise,* manuscrit Duchêne, déjà cité. — Voyez aussi *Autun chrétien,* par Claude Saulnier, p. 62, *passim,* et Gagnare, p. 216.

[2] Etienne Boulet, clerc du diocèse d'Autun, docteur en droit, successeur de Jean Quintin au chapitre, le 16 avril 1561, fut successivement titulaire des cures de Saint-Gervais, en 1564, et de Semur-en-Auxois, en 1570.

[3] Pierre de Marcilly ne faisait en cela que rendre la pareille à La Coudrée et à Vériet. Quelques jours auparavant [26 avril 1561], ce dernier, en vertu de l'article LXXVI des statuts de l'Eglise ainsi conçu : « Quislibet canonicus dùm » ejus vel parentum suorum negotia tractabuntur, exeat capitulum, » avait fait sortir du chapitre les officiers et *domestiques* de l'évêque, à propos d'une délibération sur une demande du prélat. Ces officiers étaient : le vicaire-général Charvot, l'official Claude Lombard, le garde du sceau ou scelleur Guy Languet, et le conseil et secrétaire Et. Boulet.

proche et couper court à toutes dénégations et prétextes d'ignorance, le procureur de Marcilly déclara que l'évêque était contraint d'informer contre eux, « les chargeant de » commettre choses autres que le droit, contre l'observance » de l'Eglise, et les accusant de n'avoir prêché dûment et » selon qu'il est requis aux prêches qu'ils avoient faits puis » naguères, publiquement, en la ville d'Autun. »

Sur cette accusation un peu vague, mais non équivoque, les deux chanoines hérétiques cherchèrent à donner le change à leurs confrères. Ils prétendirent qu'ils n'avaient aucune connaissance des informations de l'évêque ; que ces informations, si elles existaient, ne pouvaient occasionner leur sortie du chapitre, avant qu'ils eussent été contradictoirement entendus sur les faits à eux imputés ; puis, prenant Boulet à partie, ils révoquèrent en doute sa déclaration, crièrent au scandale, taxèrent ses propos de séditieux et injurieux, surtout, ajoutaient-ils, « en si notable compagnie » que le chapitre de l'église cathédrale d'Autun », annoncèrent l'intention de le citer afin d'obtenir réparation, et le citèrent effectivement devant le bailli d'Autun, représenté par son lieutenant Lazare Ladone, auquel un édit récent déférait les contestations pour cause de religion. Quant au fond, ils protestèrent « qu'ils n'avoient respectivement prê- » ché ni enseigné, en leurs cures, que doctrine sainte et » chrétienne, faisant sermons publiquement aux prônes des » messes paroissiales, quoi faisant, ils auroient obéi et » obéissent au commandement et bon vouloir du roi [1]. » Ces réclamations bruyantes et hypocrites produisirent peu d'effet. La défection des deux chanoines était assez évidente et la majorité orthodoxe ne pouvait guère user d'indulgence sans s'exposer à la partager.

[1] *Reg. Capit.*, 2 mai 1561.

Il se trouva parmi elle un membre courageux qui prit la cause en main, au nom du chapitre. C'était le syndic Jean Landreul, vieillard d'un caractère élevé, sévère, défenseur infatigable de la discipline cléricale, de la dignité et des intérêts de l'Eglise. C'était lui qui, le premier, avait proposé de suppléer Féaul dans ses prédications. Cette fois, il déclara intervenir dans la procédure contre les deux curés, comme représentant la compagnie, et, laissant de côté la question d'hérésie dont la poursuite appartenait à l'évêque, il s'attacha à un point disciplinaire qui relevait de la compétence du chapitre, et demanda que Vériet et La Coudrée fussent sur-le-champ constitués prisonniers dans les cachots de l'église et privés de leurs distributions, pendant une année entière, « comme ayant contrevenu aux sermens par eux prêtés à » la réception de leurs prébendes, et comme ayant agi contre les statuts. » Ces statuts concernaient la résidence, le secret dû aux délibérations intérieures, la fidélité aux ordonnances et aux constitutions ecclésiastiques. Les chanoines décidèrent que la cause serait instruite devant eux et devant leur official, malgré l'opposition de la minorité protestante, et quoique le prudent Féaul remontrât « que » telles matières se doivent traiter fraternellement et non » par vindicte et rigueur de justice. » [1]

---

[1] *Reg. Capit.,* 12 mai.
Cette obligation du serment imposée à tous les bénéficiers, lors de la prise de possession de leurs prébendes, fut renouvelée expressément par le concile de Trente, et occasionna quelques années après une vive contestation dans le sein du chapitre. La session XXIV, *de Reform.*, cap. XII, accordait au prébendier un délai de deux mois après sa nomination pour faire publiquement profession de foi. Le clergé d'Autun, appelé à en délibérer, décida au contraire que tout ecclésiastique nommé à une fonction vacante ou à un bénéfice prêterait serment avant d'être institué. Ses conclusions étaient ainsi conçues : « Comme est chose très nécessaire que ceux qui ont l'administration des béné- » fices, chargés du salut des hommes, soient de bonne vie et doctrine pour » l'édification de tous, on conclut qu'à la nomination de gens d'église de » céans, chanoines et chapelains, aucuns ne seront institués aux bénéfices s'ils

Mais les évènements généraux vinrent suspendre momentanément cette instruction et marquer une première phase dans cette procédure. Le départ de l'évêque Marcilly pour les Etats de Pontoise et le colloque de Poissy, où se débattaient, comme nous l'avons vu, les grands intérêts du protestantisme, ramena quelque temps la paix dans le sein du chapitre. S'il en faut croire Théodore de Bèze, les deux curés en profitèrent et se rendirent en cour afin de solliciter de la protection royale des lettres « pour imposer silence à » tous ceux qui les voudroient empescher à leur office. » En présence des graves questions agitées aux Etats, les deux religions, à Autun comme ailleurs, restèrent dans l'attente. Mais l'esprit de désordre était déchaîné et poursuivait son œuvre.

Le parlement de Dijon, inquiet des agitations causées dans la province par la nouvelle religion, défendit, à l'exemple du parlement de Paris, de prêcher et d'administrer les sacrements autrement que selon les rites de l'Eglise romaine. Par un arrêt du 19 juin 1561, il proscrivit toutes congrégations, conventicules et assemblées, et interdit à toutes personnes, de quelque qualité qu'elles fussent, « de retirer en » leurs maisons les ministres prédicans, et de leur donner » vivres et secours. » Les citoyens informés de faits semblables devaient les dénoncer à la justice, à peine d'être

---

» ne se présentent en personne par-devant le chapitre pour connoître de leurs » mœurs, suffisance et qualité, prêter serment et faire profession de foi de la » religion catholique, selon la teneur des articles du concile de Trente dernier, » et ainsi que les capitulans ont accoutumé à la réception de leurs prébendes. » Le 13 décembre 1566, le chanoine Barthélemy Desplaces se porta opposant à cette décision, disant qu'il n'était besoin d'exiger le serment du nouvel élu que dans les délais indiqués par le concile. Le 4 mars suivant, après une longue discussion, l'opposition de Desplaces fut reconnue recevable, et l'on convint que la conclusion prise précédemment portait préjudice à chacun et attentait à la prérogative du chapitre de s'enquérir de la foi du bénéficier qui lui était présenté.

déclarés fauteurs d'hérésie et séditieux. La confiscation de corps et de biens était prononcée contre les membres de ces réunions et contre ceux qui donnaient asile aux ministres réformés [1]. Cet arrêt, rendu sous la sévère inspiration de Tavannes, était en contradiction avec la volonté de Charles IX qui, quelques jours après, écrivait à la cour de Dijon, pour l'engager à user de tolérance à l'égard des protestants [2]. Le parlement entrait ainsi contre la royauté dans cette opposition si longtemps entretenue par Tavannes, dont le caractère indépendant, résolu et peu porté aux ménagements ne pouvait se plier au système de bascule mis en œuvre par Catherine de Médicis et par son fils. L'évêque d'Autun déféra immédiatement par son procureur, Jean de Sully, cet arrêt au chapitre, afin qu'aucun de ses membres ne pût prétexter d'ignorance. Lu, transcrit sur les registres, publié, affiché aux portes de Saint-Lazare, il accrut la confiance des catholiques et l'irritation des huguenots.

Ces derniers se regardant comme persécutés s'exaspérèrent. Comptant sur l'appui ou du moins sur la tolérance de Bretagne et des magistrats, ils se portèrent, à Autun, à

---

[1] Voir aux *Pièces justif.*, n° 14, cet arrêt extrait des registres capitulaires. C'est le seul document original transcrit *in extenso* dans les deux registres Bullier et Chevalier, ce qui prouve l'importance que le chapitre y attachait. Nous le reproduisons d'autant plus volontiers qu'il nous semble avoir jusqu'ici échappé à la plupart des historiens de la Bourgogne. Toutefois, il a été récemment signalé par M. Rossignol dans son *Histoire de Beaune*, 1854, p. 377.

[2] « Nos amés et féaux, — écrivait-il le 26 juin à ses conseillers, — pour ce » que nous sommes après à adviser d'établir ordre au fait des assemblées de » ceux de la religion, et qu'il est bien raisonnable que l'on procède doucement » à l'encontre de ceux qui sont détenus prisonniers pour raison des dites as- » semblées, vous mandons qu'en attendant notre résolution, vous ayez à » supercéder l'instruction et jugement du procès des susdits prisonniers de » quelque qualité et condition qu'ils soient, leur permettant de retourner en » leurs maisons et jouir de leurs biens, sans, pour cause de s'être trouvés aux » presches, leur donner aucun trouble ni empeschement. » — *Histoire de Bourgogne*, par dom Plancher, t. IV, *Preuves*, n° 310.

des profanations qui obligèrent de suspendre les cérémonies publiques. Dans la nuit du 30 août, des ouvriers fanatisés brisèrent « les images de la glorieuse Vierge Marie, de » Jésus-Christ, de saint François et autres étant sur le por- » tail de la grande porte et entrée du couvent des frères » cordeliers d'Autun, sur le champ Saint-Ladre. [1] » Le chapitre s'émut de cette insulte que les circonstances présentes rendaient plus inquiétantes encore. Le lendemain était veille de la fête patronale de Saint-Lazare, jour où le chapitre avait coutume, de temps immémorial, d'ouvrir sa justice des seize jours. Cette ouverture se faisait en grande pompe par une cavalcade composée des chanoines, chapelains, habitués de l'église, enfants d'aube, montés sur des chevaux caparaçonnés d'étoffes de soie, accompagnés de leurs sergents en manteaux rouges ou violets, aux armes du chapitre. Le cortège, précédé de *fifriers, timballiers, tambouriniers, joueurs de violes* et autres instruments, et suivi d'une foule nombreuse [2], descendait en la ville basse,

---

[1] Un des coupables, Jean Luzy, fut condamné quelques années après, avec ses complices, pour ce *bris d'images*. [30 août 1565.] — Th. de Bèze [t. III, p. 219] a raconté ce fait avec ses ménagements habituels pour ses coreligionnaires : « Pendant la procédure contre les curés, et ceux-ci étant en cour, » certains estourdis, ou quoi qu'il en soit, menés d'un zèle indiscret et mal » réglé, commencèrent, à Autun, d'abattre la croix et images des lieux publics, » de jour et de nuit; et déjà étoient tout prêts de se saisir des temples de la » religion romaine, quand les curés étant de retour (non sans avoir échappé » aux embûches qu'on leur avoit tendues sur le chemin), remontrèrent vive- » ment au peuple que ce n'étoit à eux d'entreprendre telle chose sans l'auc- » torité des magistrats, et que quant à eux, ils leur déclarèrent qu'ils n'ap- » prouveroient jamais tels actes, ni ceux qui les commettroient. »

[2] Cet accompagnement obligé de *tambouriniers* et *fifriers* a toujours été le caractère particulier des cérémonies autunoises. Aujourd'hui cet usage existe encore. Il n'est fête à Autun où tambours ne précèdent et trompettes ne suivent, le tout à la grande satisfaction des édiles et du peuple. — Pour nous en tenir au XVIe siècle, Pierre Bernard, Antoine Rozier, Charles Frambert, Jean Gaderin et Guillaume Tâtepoire, *maîtres joueurs d'instruments*, paraissent

était salué à son passage sur le Champ-de-Mars par les magistrats municipaux, et se rendait au portique d'Arroux, sous l'image de Notre-Dame, où se tenaient les assises.

Le moment était peu favorable pour exercer solennellement cette juridiction, objet particulier de la haine des gens du roi et qui suspendait celles du vierg et du bailli. On pouvait craindre une rébellion de la part des calvinistes remués par les prédications de Vériet et de La Coudrée, irrités des rigueurs dont ils étaient l'objet, encouragés peut-être en secret par Bretagne qui, sans se déclarer ouvertement, pouvait fermer les yeux sur le désordre. Un concours considérable de gens de toutes sortes, *viateurs* et *pèlerins*, accourus à la fête, rendaient ces craintes plus plausibles. Le chapitre, « afin d'obvier aux inconvéniens » qui pouvoient advenir à cause des troubles d'entre le » peuple, pour le fait de la Religion, » décida donc, contre sa coutume, « de n'aller au guet et chevauchée avec M. le » terrier. »

A ces précautions, il en ajouta d'autres plus effectives. En temps ordinaire, le Château était gardé par un capitaine chargé avec quelques soldats de la police intérieure. Choisi d'un commun accord par les magistrats, l'évêque et les chanoines, il était principalement aux ordres et à la solde de ces derniers. Ils ordonnèrent donc au capitaine en exer-

---

avoir été fort occupés de *fournir musique* au chapitre et à la ville. La promenade du terrier était pour eux surtout une occasion de développer leurs talents en même temps qu'une source de profits fort appréciables. Outre une somme rémunératoire, il y avait d'habitude *grande potation* après la cérémonie. On distribuait à chaque exécutant, *pour ses peines*, une pinte de vin d'anniversaire, plus *deux coups de vin meilleur,* avec un *échaudé.* En 1564, « pour avoir joué et conduit le terrier en l'église Saint-Ladre, le 31 août, » et icelui ramené en son logis, l'après-soûper du dit jour, suivant la *bonne* et » *louable* coutume toujours observée pour la décoration de la montre », chaque musicien, nonobstant les avantages énumérés plus haut, reçut une somme de 100 sols, pour sa part.

cice, Antoine Charvot¹, de fermer les portes aussitôt après le couvre-feu, « à raison des émotions et séditions noc- » turnes qui se font ordinairement en la ville, comme aux » huissiers et marguilliers de coucher et pernocter à tour de » rôle dans la cathédrale, selon qu'ils en étoient tenus » par les statuts, avec recommandation expresse de ne pas » l'ouvrir avant jour. »

Ces dispositions, tout en protégeant l'église contre un coup de main, ne mettaient pas les chanoines à l'abri des insultes : « Outrage et batture,— dit une délibération du 13 octobre,— » ont été faits, le jour d'hier soir, à la personne de Claude » Florant, chanoine, Claude Chaffault, sous-chantre, et Jean » Desfroisses, maître des enfants de chœur. » L'impunité que ces attaques trouvaient dans les magistrats calvinistes, la crainte qu'une dissidence ouverte n'éclatât entre l'autorité ecclésiastique et l'autorité civile, et que les deux religions en vinssent aux mains, engagèrent le chapitre et l'évêque à

---

[1] Antoine Charvot, receveur du roi au bailliage, avait hérité de Jean Charvot de sa capitainerie et de sa recette. Noble Jean Charvot, son père, seigneur de Blanzy, avait été à trois reprises différentes, de 1512 à 1545, vierg d'Autun. Il fut anobli par François Ier, pour avoir, le 22 février 1523, sauvé Autun du pillage dont le menaçait une troupe de 800 *Robeurs,* débris des *Grandes Compagnies,* qu'il mit en fuite près du hameau de Lucenay-l'Évêque. Ce fut encore, selon Chasseneuz, en souvenir de cette action *du tout agréable à son service,* que le *roi-chevalier* accorda aux Autunois des lettres de privilèges pour la reconstruction des nouvelles fortifications et de l'enceinte moderne de la ville. Dès 1511 [26 février], Jean Charvot avait obtenu du chapitre, moyennant une rente perpétuelle au capital de 340 livres, la permission d'élever une chapelle de famille dans l'église Saint-Lazare. Il y fut inhumé, le 22 juin 1545, avec sa première femme, *multâ catervâ comitante,* selon une note du temps. Cette chapelle, qui a conservé le nom de son fondateur et que l'on voit en entrant par le grand portail, à main gauche, près de l'escalier qui conduit à l'orgue, renferme un rétable d'autel d'une assez belle composition et d'une grande perfection de détails représentant l'apparition de Jésus-Christ à Magdeleine. [Voyez *Description de l'église cathédrale d'Autun,* broch. in-8°, 1845, p. 22.] — Le vierg Charvot laissa quatre enfants de ses deux femmes, N. Arbaleste et N. de Clugny : Jacques Charvot, grand-chantre, Jacques le jeune, seigneur de Blanzy, Antoine et Aimée Charvot.

demander à Charles IX le désarmement général des habitants d'Autun.[1]

Les chanoines l'ayant obtenu se hâtèrent d'en presser l'exécution. Ils députèrent trois d'entre eux à Simon de Loges, bailli d'Autun[2], pour qu'il eût à faire publier l'édit qui prescrivait « à tous manans et habitans de porter et » rendre en un lieu de la cité les arquebuses, pistoles et » pistolets, qu'ils avoient en leur puissance, afin d'obvier » aux tumultes et inconvéniens qui pourroient advenir. » Désirant cependant ne pas laisser sortir leurs propres armes du Château, ils remontrèrent au bailli « qu'il voulût bien

---

[1] *Reg. Capit.*, 17 décembre 1561.

[2] La famille de Loges, qui atteignit sa plus grande prospérité au XVIe siècle, succéda à celle de Rolin dans la dignité de bailli d'Autun. Trois de ses membres remplirent successivement ces fonctions pendant près de soixante-quinze ans. C'est un seigneur de cette maison, Simon de Loges, chambellan de Louis XI et grand-gruyer de Bourgogne, qui fit construire, vers la fin du XVe siècle, la chapelle du Val-Saint-Benoît. Une pièce de 1503 constate que Françoise d'Amanges, veuve de Simon, en son vivant seigneur de La Boulaye, doit une redevance « pour ancienne fondation de ladite chapelle. » On voit à la voûte l'écusson *d'or au sautoir d'azur*, armes des Loges dont le nom revient souvent dans l'histoire de ce prieuré. Le château de Morelet, un des donjons les mieux conservés des environs, a longtemps appartenu aux sieurs de Loges qui le construisirent vers l'année 1584 ; il porta leur nom jusqu'au commencement du XVIIIe siècle.

Dès 1400, la terre de La Boulaye, près Toulon, avait passé dans cette famille, par le mariage d'Agnès de Bourbon avec Guillaume de Loges. Jean leur fils épousa, en 1450, Louise de Rabutin d'Epiry et en eut Simon Ier, grand-gruyer, père de Hugues.

Hugues de Loges, le premier de ce nom bailli d'Autun et de Montcenis (1528), eut de sa femme Claude de Rabutin, morte avant 1525, deux enfants : Louis, seigneur de Loges et de Charettes, qui lui succéda dans sa charge, de 1534 à 1556, et Simon II de Loges, chevalier, conseiller du roi, qui remplit les mêmes fonctions, de 1556 à 1595. Il était seigneur de La Boulaye-sur-Arroux, d'Alonne, de Chailly-en-Auxois et de La Roche-en-Brénil. Etant mort sans enfants mâles, la terre de La Boulaye passa à son gendre, Edme de Rochefort, aussi bailli de l'Autunois, qui la fit ériger en marquisat, vers 1619.

Dans l'ancien château-fort, entouré de larges fossés, avec chapelle dont on admirait les peintures, les armoiries de Loges se voyaient sur une tapisserie de 1521, avec cette devise : « *A ce coup* », ce qui a rapport, dit Courtépée, aux deux oreilles *d'âne* qui sont sur le cimier.

» leur permettre d'élire et déterminer l'une de leurs mai-
» sons sise au cloître où ils ont toute justice, pour y porter
» et garder les arquebuses, pistoles et pistolets appartenans
» à eux et à leurs justiciables. » Le bailli, afin de se conformer strictement aux ordres du roi et de maintenir la neutralité, fit déposer toutes les armes dans une maison tierce, sous sa surveillance personnelle.

Au mois de décembre, l'évêque et les députés du chapitre étant de retour des Etats de Pontoise et du colloque de Poissy, les poursuites contre Vériet et La Coudrée recommencèrent. Les deux curés furent mis en demeure de se justifier d'une manière solennelle. Il fallait effectivement savoir s'ils entendaient rester dans l'Eglise, ou en sortir. Ils se présentèrent devant la compagnie et exhibèrent certains articles sur le purgatoire contenant la doctrine qu'ils avaient prêchée et voulaient prêcher à l'avenir, se soumettant néanmoins, disaient-ils, dans des termes qui ne les engageaient que vis-à-vis d'eux-mêmes, « d'être toujours
» enseignés par la parole de Dieu et par les saintes Ecri-
» tures. » C'était énoncer le principe fondamental du protestantisme qui repose sur l'interprétation individuelle, rejette les Pères, les conciles, la tradition, l'autorité ecclésiastique. [1]

Nous ne possédons pas ces articles qui renfermaient probablement, selon la doctrine de Calvin, la négation du purgatoire. Mais dans la défense qu'ils présentèrent, nous voyons Vériet et La Coudrée soutenir qu'il n'y avait que deux sacrements d'institution divine, le *Baptême* et la *Cène*; que les autres, créés par les hommes et adoptés par l'Eglise,

---

[1] *Reg. Capit.*, 10 décembre 1561. — Le texte de ces articles, « écrits en cinq
» feuillets de papier, desquels la teneur s'en suit : *Nostre Seigneur Jésus-*
» *Christ*..... et signés : *La Coudrée et Vériet,* » n'est malheureusement pas relaté sur le registre. La cause en est facile à comprendre.

étaient toujours sujets à être examinés par les hommes et *selon la parole de Dieu*. Cette doctrine était, comme on le sait, l'opposé de celle de l'Eglise qui venait de prononcer récemment encore au concile de Trente que les sept sacrements avaient été établis par Jésus-Christ lui-même [1], et qui déclarait anathèmes ceux qui affirmaient le contraire. A cette exposition hérétique, La Coudrée et Vériet mêlèrent des récriminations et des allusions injurieuses contre leurs confrères.

« Ils prétendirent que, depuis longtemps, beaucoup de gens de bien leur reprochoient à déshonneur de ce qu'ils fréquentoient l'église et la compagnie de messieurs ; qu'ils avoient été souvent et par plusieurs sollicités de laisser et abandonner ladite église, ce qu'ils n'avoient encore voulu faire ; que du reste, en matière de dogmes, la vérité étoit maintenant plus connue que jamais elle ne l'avoit été ci-devant. » [2]

Ces déclarations étaient assez explicites et rien moins que prématurées. Elles équivalaient à un aveu d'apostasie. Les chanoines décidèrent que les novateurs seraient abandonnés à l'official de l'évêque, pour être poursuivis comme coupables d'hérésie, et que cette poursuite aurait lieu : « aux nom, frais et dépens du chapitre, contre eux et tous » autres de l'église qui se trouveroient suspects du même » crime. »

La minorité protestante se souleva contre cette décision et tenta de la rendre illusoire. Elle déclara d'abord y former

---

[1] « Si quis dixerit sacramenta novæ legis non fuisse omnia à Jesu Christo » domino nostro instituta, aut esse plura vel pauciora quàm septem, videlicet : » Baptismum, Confirmationem, Eucharistiam, Pœnitentiam, Extremam Onc- » tionem, Ordinem et Matrimonium, anathema sit. » [Concilium Tridentinum, sess. VII, can. 1.]

[2] *Reg. Capit.*, 19 décembre 1561 et 2 janvier 1562.

opposition, puis proposa, mais sans succès, d'après les conseils de Grigny, défenseur des deux accusés, un arbitrage entre eux et le chapitre devant Villefrancon, gouverneur de Chalon, frère de Gaspard de Tavannes.

De leur côté, les deux chanoines menacèrent le syndic Landreul, le grand-chantre Charvot, président du chapitre en l'absence du doyen, ainsi que les membres qui avaient pris part à la délibération, de les citer devant le conseil du roi. Ils invoquèrent un appel suspensif, comme d'abus, des procédures dirigées contre eux. Ils profitèrent des dispositions bienveillantes de la cour à l'égard des protestants, dispositions dont l'édit de *janvier* venait d'être l'expression, pour obtenir de Charles IX les lettres patentes qu'ils avaient sollicitées. Elles ordonnaient, conformément à l'édit, qu'ils ne fussent plus à l'avenir « vexés ou molestés pour le » fait de la Religion [1]. » Mais, si elles protégeaient leur liberté, elles ne pouvaient enchaîner celle du chapitre et l'obliger à conserver dans son sein deux membres dont les doctrines étaient en contradiction avec les siennes [2]. Aussi,

---

[1] Ces lettres, datées du 20 janvier 1562, furent délivrées trois jours après la promulgation de l'édit. En vertu de ses dispositions, les évêques étaient toujours chargés de poursuivre les calvinistes, mais ceux-ci n'étaient plus passibles de la peine de mort ; ils ne pouvaient être condamnés qu'au bannissement, condamnation prévue seulement pour la forme. — « Les curés, — dit Th. de » Bèze : — renvoyés devant l'official de l'évêque, en appelèrent au roi, sui- » vant l'ordonnance duquel ils disoient avoir prêché en leurs paroisses. » Adjournés sur cela au conseil privé, lorsque l'édit de janvier se dressoit, » sur la fin de MDLXI, l'issue en fut telle que les curés furent absous à pur et » à plein et renvoyés avec lettres, tant du cachet que du grand sceau, pour im- » poser silence à tous ceux qui les voudroient empescher à leur office... Par » ainsi, le tout étant appaisé, les lettres du roi furent entérinées en plein » bailliage. » [T. 1, p. 219.]

[2] En effet, cette tentative de substituer l'autorité royale à celle du chapitre et de l'évêque, en matière disciplinaire, n'était rien moins que rationnelle ; car s'il appartient à l'Etat de proclamer la tolérance religieuse entre les différentes communions, lui appartient-il de maintenir en l'une d'elles un membre pratiquant un symbole contraire?

elles ne firent que hâter leur condamnation. L'official de l'évêque, sans tenir compte de ces lettres et d'une nouvelle protestation signifiée par Geoffroy de Charancy, leur procureur [1], les frappa d'abord de censure; et le 25 février 1562, le chapitre, croyant plus que jamais de son devoir de faire un exemple, les expulsa de son sein, les déclarant par sentence solennelle « excommuniés, aggravés et comme tels » publiés et dénommés au chanton de l'église. »

La poursuite commencée devant l'official diocésain fut ensuite déférée, comme cas royal, au parlement de Dijon; mais l'édit de janvier protégeant la liberté de conscience et les hérétiques n'étant point punis depuis longtemps, Vériet et La Coudrée obtinrent un arrêt d'absolution [2]. Du jour de leur expulsion du chapitre, ils furent publiquement acquis à la Réforme. Leurs temporisations avaient porté leurs fruits; la liberté de penser et l'exercice de la religion étaient désormais pour eux sans danger.

Ces procédures embarrassées de dits, contredits, répliques, dupliques et suppliques, requêtes, incidents, récusa-

[1] Voyez ce document du 22 février 1562 aux *Pièces justif.*, n° 17.

[2] Quelles phases suivit ce procès devant le nouveau tribunal? Nos recherches pour retrouver à Dijon les papiers relatifs à cette affaire sont restées infructueuses. Les huit registres qui contenaient la suite des arrêts rendus par le parlement de Bourgogne, au XVIe siècle, de 1556 à 1595, ont depuis longtemps disparu.

En l'absence des registres capitulaires interrompus d'avril 1562 à janvier 1564, le seul document que nous ayons trouvé sur La Coudrée et Vériet est une note de Bonaventure Goujon dans son *Histoire manuscrite de l'Eglise d'Autun*, p. 158, qui mentionne le renvoi de la procédure à la cour de Dijon : « Par l'autorité du révérend évêque Pierre de Marcilly, procédures crimi- » nelles ont été faites à la requête du promoteur du siège épiscopal par maître » Claude Lombard, official, à l'encontre de MM. Jean de La Coudrée et Jean » Vériet, chanoines de l'église cathédrale d'Autun et curés des églises paro- » chiales de Saint-Jean-l'Evangéliste et de Saint-André, défendeurs et accusés » de crimes d'hérésie et lèse-majesté divines, — lesquelles pièces du procès » ont été portées à Dijon, le 22 septembre 1562, par ordre des président et » conseillers tenans la chambre, pour le temps des vacations. »

tions, appels et délais, avaient duré plus d'un an. Elles avaient produit une vive irritation dans le chapitre et la discussion dut être rappelée plusieurs fois aux convenances dont elle s'écartait. « Les matières et affaires que l'on vou-
» dra traiter, — dit une délibération du 10 octobre 1561, —
» seront à l'avenir clairement, intelligiblement, sans aucun
» bruit ou tumulte proposées; comme aussi chacun en son
» rang et lieu devra discuter et donner sa voix, sans qu'il
» soit licite à personne d'interrompre l'ordre fixé ou le
» propos de celui qui aura commencé d'opiner. »

———

La longue procédure dirigée par le chapitre contre Vériet et La Coudrée, l'excommunication qui en résulta, ont été travesties par Th. de Bèze, avec un mélange de vérité et d'erreur dont il est facile de faire le départ :

« Au parlement de Dijon, ceux d'Autun, après avoir longuement
» temporisé, s'avancèrent fort par le moyen de deux chanoines,
» hommes de bonnes lettres et de réputation beaucoup meilleure
» que la plupart de leurs compagnons, l'un nommé Jean Vériet et
» l'autre Jean de La Coudrée, tous deux curés, l'un de Saint-André
» et l'autre de Saint-Jean, au-dedans de la ville, lesquels se servans
» de l'édit du roi par lequel il étoit enjoint aux curés de résider sur
» leurs bénéfices et d'y exercer leur état, commencèrent de prê-
» cher le quinze de novembre MDLIX, déclarans peu à peu les abus
» et instruisans le peuple en la pureté de l'Evangile, avec telle
» affluence que les temples n'étoient assez grands pour contenir
» la multitude, et continuèrent, nonobstant les empêchemens à
» eux donnés, jusques à l'édit de janvier.

» Les deux curés faisans de plus en plus leur devoir, l'évêque,
» frère du sieur de Cipierre, et les chanoines ayans attiré certains
» espions et recueilli quelques articles de leurs sermons, résolurent
» finalement de les surprendre par leur propre bouche. Etans
» donc appelés pour cet effect par l'évêque, en son logis épisco-
» pal, non point par forme judiciale, mais comme pour conférer

» avec eux amiablement, ils y vinrent volontairement, combien
» qu'ils y eussent trouvé l'évêque accompagné d'une grande partie
» de son clergé et notamment de deux théologiens, l'un nommé
» Brochet, l'autre Fidelis, avec le gardien des cordeliers [1], et
» deux notaires fournis de papier et d'encre (ce qui monstroit
» assez à quelle fin on les y avoit appelés). Ce néanmoins, ils
» advouèrent les propositions qui leur furent mises en avant et les
» confirmèrent par tesmoignage de l'Ecriture, sans aucune crainte,
» et d'une telle façon que l'évêque déclara depuis qu'il se repen-
» toit de les avoir fait parler devant une si grande compagnie. Il y
» avoit aussi une grande multitude de peuple devant l'évêché, crai-
» gnant qu'on ne fît mal à ces deux personnages et s'esmouvant
» peu à peu avec terribles menaces ; et n'eût été que les deux
» curés reprirent le peuple bien aigrement par la parole de Dieu,
» il y a apparence qu'il fût advenu quelque tumulte dangereux.

» Les articles ainsi advoués furent incontinent après envoyés à
» la Sorbonne, condamnés comme hérétiques et envoyés à l'évêque
» d'Autun qui fit adjourner les curés devant son official. » [T. I, p. 219
et 783.]

Cette scène qui, selon Bèze, se passa à l'évêché, paraît improbable et presque puérile. Les intimidations de ce genre n'avaient aucun but, à côté de l'instruction sérieuse dirigée contre les curés, devant le chapitre et devant l'official de l'évêque. Le récit que nous avons extrait des registres capitulaires est seul conforme aux règles usitées dans la poursuite des prêtres hérétiques. Nulle part, il n'est fait mention d'une discussion personnelle entre Pierre de Marcilly et les deux chanoines. Ceux-ci, au contraire, se tiennent à l'écart et se renferment dans le silence. Ils s'abritent derrière l'autorité du roi, afin d'éviter la discussion avec leurs confrères et se mettre à l'abri de leurs censures.

Th. de Bèze ajoute encore : « Voyans cela (l'obtention par
» Vériet et La Coudrée de lettres patentes d'absolution), les cha-
» noines taschèrent de gagner les curés par un autre moyen, les

---

[1] Bèze a mis en scène, à tout hasard et uniquement dans le but de rehausser le rôle des deux curés, deux théologiens de l'Eglise d'Autun qu'il connaissait au moins de réputation, Lazare Brochot, le théologien du colloque de Poissy, et Louis Féaul, théologal, député au concile de Trente. Quant au gardien des cordeliers, qui était-il ? Peut-être François Marcoux, ardent catholique, dont nous aurons à signaler les prédications anti-calvinistes.

» sollicitant par missives du sieur de Villefrancon, beau-père de
» Tavannes, et de bouche, à retourner à leurs prébendes qu'ils
» leur offroient de leur restituer, d'autant qu'on les avoit déclarées
» vacantes et déjà conférées à d'autres ; mais leurs allèchements y
» firent aussi peu que leurs menaces. »

» Une tentative d'arbitrage fut effectivement proposée devant Villefrancon, lors de son passage à Autun, au commencement de janvier 1562 ; mais elle le fut par la minorité protestante du chapitre dont faisaient partie Gabriel de Grigny et Barthélemy Desplaces, deux chanoines influents et portés vers les idées nouvelles. Toutefois, cet arbitrage, auquel le reste de la compagnie consentit par esprit de conciliation, n'eut pas lieu. C'était évidemment une tentative pour soustraire les deux chanoines à leurs juges naturels et pour substituer, selon les tendances des religionnaires, une décision privée au droit de censure exercé par l'Eglise sur ses membres. Quant à leurs prébendes, Vériet et La Coudrée ne les abandonnèrent qu'après leur expulsion du chapitre, dans un moment où il n'y avait plus pour eux de retour possible ; et chose remarquable ! elles furent dévolues à deux de leurs parents, cousins ou neveux, Guillaume de La Coudrée et Mathias Vériet [1], soit que le chapitre leur ait permis de les céder eux-mêmes, soit que, pour adoucir une rupture devenue nécessaire, il en ait disposé au profit de leurs familles. Ajoutons que Th. de Bèze, en appelant Villefrancon *beau-père* de Tavannes, se trompe gravement, puisqu'il était son propre frère.

---

[1] Mathias Vériet, prieur du Feste comme son oncle auquel il succéda le 27 juillet 1564, était encore fort jeune, puisqu'il fréquentait les écoles. Mauvais écolier, il s'accordait mal avec le chapitre au sujet de sa pension et des conditions d'études à lui imposées. Il fallut à plusieurs reprises le menacer de privation de ses distributions pour le contraindre à suivre les cours de l'université de Paris. — Quant à Guillaume de La Coudrée, après avoir obtenu un délai pour recevoir les ordres de prêtrise, il abandonna l'état ecclésiastique et résigna son canonicat, le 12 août 1565, en faveur de Jacques Berthault.

CHAPITRE III

ÉTABLISSEMENT D'UN PRÊCHE A AUTUN.

SOMMAIRE.

Les protestants de Bourgogne après les édits de juillet et de janvier. — Vériet et La Coudrée sont institués ministres. — Les réformés autunois s'emparent de la grange de Saint-Jean-Baptiste. — Réclamations de l'évêque et du chapitre. — Montbrun et Gaspard de Tavannes. — Célébration de la Cène à Autun. — Expédition de Guillaume de Villefrancon contre les religionnaires. — Georges Venot supplante Bretagne à la viérie. — Menées calvinistes du lieutenant de la chancellerie et du médecin Lalemant. — Installation du prêche à La Barre. — Le pays à la suite des guerres civiles.

Ainsi, le schisme avait éclaté dans le clergé d'Autun et le calvinisme pénétré dans le sanctuaire. Les discussions religieuses avaient trouvé dans les députés de la cité aux Etats généraux d'éloquents organes, et, à leur suite, le prosélytisme s'était répandu dans la ville comme dans le reste de la France.

Les assemblées d'Orléans, de Pontoise et de Poissy, où pour la première fois les réformés avaient été admis à exposer leurs prétentions et leur symbole, où leurs chefs politiques et leurs ministres s'étaient entendus et avaient, de concert, engagé la lutte, augmentèrent partout leur confiance. Ils se persuadèrent qu'ils avaient le droit d'ouvrir des temples et d'exercer publiquement leur culte. Forts de leur nombre et de la haute position du prince de Condé, de l'amiral de Coligny, du cardinal de Châtillon son frère, ils tinrent des conciliabules, instituèrent des ministres, établirent des prêches et comptèrent bientôt deux mille cinq cents églises dans le royaume.

L'édit de *juillet*, rédigé entre les Etats d'Orléans et ceux de Pontoise, par le chancelier L'Hôpital, pour tolérer l'exercice à huis clos de la religion réformée, sorte de moyen terme entre une permission et une défense, n'avait satisfait personne et était resté sans exécution. Ce que les protestants demandaient désormais au roi, « c'était l'autorisation » de s'assembler en quelque coin de ses villes, » et, en attendant, ils se réunissaient en tous lieux. Il fallut bien accorder ce qu'il était dangereux de refuser. Tel fut le but de l'édit de *janvier* [1] qui, le premier, proclama le principe de la tolérance religieuse et octroya aux réformés un culte public, avec cette seule restriction que ce culte s'exercerait, sans armes, dans les faubourgs et les campagnes, hors de

---

[1] *Edit sur la répression des troubles nés à l'occasion de la religion prétendue réformée*, signé à Saint-Germain-en-Laye, le 17 janvier 1561, ou 1562, selon le nouveau style. — L'année commençait alors le jour de Pâques et se trouvait fort variable, puisque cette fête mobile peut avancer ou retarder de trente-cinq jours. De là, pour les historiens, une cause fréquente d'erreurs et de diversité dans les dates. Ce fut en 1563 que Charles IX fixa, par l'ordonnance de Paris, le commencement de l'année au 1er janvier. L'article XXXIX était ainsi conçu : « Voulons et ordonnons qu'en tous actes, regis-
» tres, instrumens, contrats, ordonnances, édits, lettres tant patentes que
» missives et toute écriture privée, l'année commence dorénavant et soit
» comptée du premier jour du mois de janvier. » [*Recueil des lois,* par Isambert, t. XIV, p. 169.] La cour des comptes se soumit la première à cette prescription, mais le parlement n'y obtempéra qu'un an plus tard, le 19 décembre 1564, par l'enregistrement de l'édit.

l'enceinte des cités. On crut prudent de ne pas le permettre dans l'intérieur des villes murées, afin d'éviter les émeutes et les collisions.

Plusieurs parlements reçurent cet édit avec répugnance et tardèrent de l'enregistrer. Celui de Dijon s'y refusa obstinément, et Gaspard de Tavannes, le considérant « comme » la porte par où les huguenots entroient en France, » se dispensa de le faire exécuter.[1]

Ce refus exaspéra les réformés. Se prévalant de la volonté royale, ils se décidèrent à recourir, s'il en était besoin, à la force. Ils s'assemblèrent dans toute la province, ouvrirent des prêches et célébrèrent dans des granges la Cène *à la huguenote*. Leurs ministres portaient les enfants au baptême, enterraient les morts sans cloches et sans croix, chantaient les psaumes en langue vulgaire et se répandaient dans le peuple, cherchant à l'attirer à leurs instructions. Les plus hardis sortaient de jour et de nuit avec des armes, malgré les défenses de l'édit, et montraient une attitude menaçante. Dans quelques villes, ils redoublèrent de fureur contre les églises, insultèrent les prêtres et les religieux, abattirent les croix et les images, renversèrent les autels, profanèrent les reliques et les vases sacrés. « En plusieurs » lieux, — dit un historien, — la coupe du Dieu vivant,

---

[1] *Mémoires de Gaspard de Tavannes*, p. 247. — Cette phrase rappelle la réponse du chartreux de Dijon à François Ier visitant, en 1521, les tombeaux des ducs de Bourgogne, et s'étonnant à la vue du crâne à moitié brisé de Jean-sans-Peur : « Sire, dit le chartreux, voilà la plaie par où les Anglais sont en- » trés en France. » A propos du refus de la cour de Dijon d'enregistrer l'édit de janvier, faisons l'observation suivante. Les lois promulguées par le roi sous le nom d'ordonnances, d'édits, de lettres patentes, étaient bien obligatoires pour tout le royaume, mais leur exécution dans le ressort de chaque parlement se trouvant subordonnée à leur enregistrement, il en résultait que plusieurs lois royales appliquées dans certaines provinces ne l'étaient pas dans certaines autres. C'est ce qui arriva souvent en Bourgogne pour les édits de tolérance.

» teinte du sang de ses vrais adorateurs, devint la proie du
» chrétien sacrilège. »[1]

C'était le moment où Vériet et La Coudrée venaient d'être expulsés du chapitre. Ce coup, frappé sur deux hommes que les protestants d'Autun regardaient comme leurs docteurs, ne fut pas sans influence sur l'esprit de la population. Le clergé, redoutant des troubles sérieux, se pourvut contre des dispositions à l'émeute. Dans la séance capitulaire du 24 janvier 1562, le syndic Laudreul exposa : « qu'il étoit bien néces-
» saire de promptement pourvoir aux grands inconvénients
» et périls qui pourroient advenir à l'Eglise et aux personnes,
» pour les tumultes et émotions populaires que l'on pouvoit
» voir prochains et à l'œil, à cause de la Religion. » On se hâta d'avertir du danger Gaspard de Tavannes, et on redoubla de vigilance pour la garde du Château.

En effet, fermement décidés à user du bénéfice de l'édit de janvier, les réformés d'Autun se mettaient en mesure d'instituer leur prêche. Afin de *dresser le ministère entre eux*, ils prièrent les deux curés Vériet et La Coudrée de se transporter à Chalon, au synode de la province, pour y recevoir l'imposition des mains. Ordonnés ministres, et après avoir prêté devant le lieutenant du bailliage, Lazare Ladone, le serment de fidélité au roi, que leur imposait l'édit, tous deux furent placés à la tête de la communauté nouvelle, et se mirent à prêcher, dogmatiser, catéchiser, administrer publiquement le baptême et interpréter l'Evangile à leur mode. Il ne s'agissait plus que de trouver un temple, pour y entendre, selon l'expression de Bretagne, *la pure parole de*

---

[1] Courtépée. — « L'édit de janvier, — écrit le P. Daniel, — causa de grands
» désordres. Une infinité de calvinistes, qui n'avoient jusqu'alors osé paroître
» ce qu'ils étoient, se déclarèrent. On alloit en foule aux temples. Des reli-
» gieux ennuyés de leur état apostasioient, prétendant, comme les autres,
» jouir du bénéfice de l'édit : beaucoup de prêtres et de clercs en faisoient
» autant et s'alloient marier au prêche. » *Hist. de France*, 1735, t. VII, p. 27.

Dieu. « Il fut donc décidé, d'un commun accord, qu'on
» ne s'assembleroit plus ès temples de l'Eglise romaine,
» pollue d'idolâtries et de superstitions, mais bien en une
» grange située au faubourg de Saint-Jean-le-Grand. » [1]

Cette *grange* appartenait à la confrérie de Saint-Jean-Baptiste, l'une des plus populaires dans l'Eglise d'Autun. Cette confrérie, approuvée par l'évêque, en 1373, l'avait anciennement bâtie. Elle s'y réunissait, entre autres fois, le jour de la Décollation de saint Jean, pour un *mangé* auquel étaient tenus d'assister tous les confrères, au nombre de trois ou quatre cents. Ceux qui s'absentaient étaient obligés d'envoyer à leur place *ung pouvre*. Seize confrères élus annuellement donnaient chacun « ung bichet de seigle pour
» faire l'aumône, et payer tous frais, coûts et missions du
» mangé, auquel, — disent les statuts, — l'on servira pour-
» rée pour potaige : mouton et porc pour le premier mex,
» avec sauce crappée de verjus et de grun [2] : du bœuf aux
» aulx, semblable verjus et du riz pour le second mex.
» Aussi sera fourni bon vin du crû du Beaulnois, et, pour
» l'issue, on donnera bonnes poires. » Il y avait une grande quantité de services religieux, et un article des statuts excluait spécialement les excommuniés de toute participation aux biens spirituels de la confrérie. [3]

---

[1] Bèze, t. I, p. 783. — « Les curés, — écrit-il, — non sans grands refus,
» s'étans soumis aux désirs des principaux de la Religion, allèrent, accompa-
» gnés de certains députés, en la ville de Châlon, où ayans été examinés s'ils
» se trouvoient capables, furent, par autorité du synode, ordonnés ministres
» et assignés à Autun, là où fut incontinent dressé le consistoire et, en général,
» fut mis en train l'exercice de la Religion, avec un merveilleux accroisse-
» ment. » — Il n'est plus fait mention de Vériet depuis son abjuration. Il est probable qu'il quitta le pays et se retira ailleurs. La Coudrée resta à Autun, où nous le voyons encore, en 1571, sans qu'il soit fait mention de son état.

[2] Sauce *crappée* ou grappée, ainsi dite du mot crappe (grappe), raisin déjà pressuré d'où l'on tire de la boisson et du verjus.

[3] Statuts manuscrits de la confrérie de Saint-Jean. [Archives de l'évêché.]

Ces pieuses confraternités n'avaient pas toujours été vues par les évêques d'un œil favorable. Les désordres qui avaient lieu à leurs repas annuels auxquels prenaient part les ecclésiastiques, l'influence qu'elles pouvaient acquérir sur les classes pauvres par leurs aumônes, le désir de mettre la main sur les fonds dont elles disposaient, formaient contre elles autant de griefs. En 1556, l'évêque Philibert d'Ugny, méconnaissant leur utilité pour l'entretien de la foi dans le peuple, et n'étant frappé que des abus, avait tenté par ses statuts de les supprimer. L'ordonnance d'Orléans, en décidant que les revenus des confréries seraient employés à l'entretien des écoles et à des œuvres de charité, venait de leur porter encore une nouvelle atteinte. [1]

Les calvinistes pensèrent trouver dans cette défaveur attachée aux confréries une occasion facile de s'emparer de la grange de Saint-Jean. Elle était tout-à-fait à leur convenance. Située loin de l'œil de l'évêque et du chapitre, dans un quartier populeux où la misère pouvait leur gagner, à prix d'argent, quelques appuis, il était facile d'y arriver la nuit par plusieurs chemins, sans être découvert. Elle était, du reste, inoccupée une partie de l'année, à peine gardée, fort spacieuse, meublée de tables et de bancs, à demi prête pour servir de prêche. [2]

---

[1] L'article x avait pour teneur : « Ordonnons que les deniers et revenus de
» toutes confréries (la charge du service divin déduite et satisfaite) soient ap-
» pliqués à l'entretènement des écoles et aumônes, ès plus prochaines villes
» et bourgades, où les dites confréries auront été instituées, sans que les dits
» deniers puissent être employés à autre usage, pour quelque cause que ce
» soit. Commandons très expressément à nos officiers et aux maires, échevins,
» capitouls et conseillers des villes et bourgades, chacun en son endroit, d'y
» avoir l'œil, à peine de s'en prendre à eux. »

[2] Les magistrats municipaux se servaient de ces granges dans certaines occasions, et quelquefois même tentèrent de s'en emparer. Au mois de février 1559, il fallut s'opposer à ce qu'ils se missent en possession de la grange de la confrérie Saint-Antoine (sise rue de ce nom, sur l'emplacement du grand

Ce dessein étant divulgué, le chapitre cathédral obtint à la hâte des ordres de Gaspard de Tavannes. Il fit faire par Guillaume de Villefrancon, lieutenant-général en l'absence de son frère [1], par le bailli Simon de Loges et par des gentilshommes du pays, des menaces contre l'entreprise projetée. Les calvinistes autunois ne se laissèrent point intimider; et au moment où on ne s'y attendait point, ils s'emparèrent de la grange de Saint-Jean.

Les confrères se hâtèrent de réclamer auprès de l'évêque contre l'envahissement de leur propriété. Pierre de Marcilly adressa aussitôt des remontrances au vierg Bretagne qui n'en tint aucun compte. L'irritation s'empara des catholiques. Cette insulte adressée à une confrérie recrutée en

---

séminaire actuel), où l'on avait coutume de passer en revue les mendiants de la ville, pour s'assurer de leurs droits à l'aumône. — Plus tard, quelques-unes de ces granges furent vendues et les fonds employés à la construction de l'ancien collège.

[1] Guillaume de Saulx, fils aîné de Jean de Saulx, seigneur d'Orain, est plus connu sous le nom de Villefrancon et de baron de Sully. Appelé par Henri II [2 février 1556] à gouverner la Bourgogne, pendant que Tavannes faisait la guerre en Italie, il déploya autant d'habileté que d'énergie. Après la malheureuse journée de Saint-Quentin [1557], il a protégé la province contre le baron de Pauleville qui était à la tête de 15,000 Espagnols, et il l'arrêta au siège de Bourg. « Assistant et obéissant à Tavannes, son frère plus jeune que » lui », il eut sans cesse l'œil ouvert sur la conduite des huguenots et se tint au courant de tous leurs projets. Doué d'un naturel doux et conciliant, adonné de bonne heure à l'étude des lettres, il était encore plus propre à l'administration qu'à la guerre. Après avoir commandé plusieurs années avec honneur, mis Dijon en état de défense, et construit la citadelle de Chalon où il résidait habituellement, il s'ensevelit dans la retraite. « Méprisant le monde, il fit » bâtir la maison de Repas, près d'Auxy, au milieu d'un désert, où il se reti- » roit pour philosopher, et mourut content, sur le commencement de l'année » 1566. » Il fut enterré au château de Sully. N'ayant point eu d'enfants de sa femme Claude de Cuzance, il laissa tous ses biens à son frère, entre autres les seigneuries de Sully, de Villefrancon, d'Orain, d'Igornay, de Pouilly, du Mont-Saint-Vincent et de Dampierre.

Il existe à la Bibliothèque nationale un recueil manuscrit des lettres du gouverneur de Chalon à Tavannes, recueil où nous avons utilement puisé. Il fait partie du fonds La Mare, n° 9484 [2].

grande partie dans les rangs populaires, l'aversion que la majorité du peuple éprouvait pour les réformés, la connivence des gens du roi et des magistrats de la ville, la menace de la célébration de la Cène aux fêtes de Pâques, l'opposition énergique de l'évêque, la résistance non moins vive des nouveaux convertis, tout faisait présager une sédition prochaine.

Marcilly chercha à calmer cette irritation en recourant aux voies de droit. Il sollicita du parlement de Dijon un arrêt pour faire restituer la grange à ses véritables propriétaires. [1]

« Messieurs, — écrit-il, le 16 mars, aux membres de la cour, — une grande partie des habitans de cette cité d'Autun, paroichiens de Saint-Jean-le-Grand, se sont aujourd'hui retirés devers moi et m'ont fait entendre que ceux de la nouvelle religion que nous appelons huguenots se sont saisis par force et violence d'une maison sise au bourg du dit Saint-Jean, communément appelée *la grange,* ou maison de la confrérie de Saint-Jean-Baptiste, anciennement construite et bâtie par les confrères d'icelle confrérie et paroichiens de Saint-Jean-le-Grand, en nombre pour ce jourd'hui de trois à quatre cents confrères : laquelle grange les huguenots commencent déjà à préparer pour dorénavant y faire leurs prières, contre la forme de notre sainte et catholique religion, selon qu'ils sont coutumiers de faire, par le moyen de la tolérance des gens du roi et des magistrats de cette ville. Du moins, j'en suis à ce croire, pour ce qu'après avoir entendu telle doléance, j'en ai adverti le lieutenant du roi en ce bailliage [2], pour penser éviter une sédition que je vois qui s'y prépare (ce dont il n'a faict grand

---

[1] Cette lettre, adressée « *à MM. de la souveraine cour contre les hérétiques,* » est extraite du fonds Fontette, porte-feuille III, n° 55. [Bibliothèque nationale.]

[2] Il est facile de voir dans ce refus de concours de Ladone une complicité plus ou moins cachée avec les calvinistes, et la conduite d'un homme qui sans avoir encore répudié l'ancienne religion servait la nouvelle et favorisait ses progrès. Le lieutenant-général se retranchait évidemment derrière l'édit de janvier qui l'autorisait à laisser établir des prêches.

compte). Je dis la plus grande sédition que peut-être ait encore été faite en ville de Bourgogne, d'aultant que comme j'entends les nouveaux catholiques se délibérer fort bien de faire leur Cène, à ces Pâques, en la dite grange, chose que les paroichiens et confrères et pareillement tous vrais catholiques ne veulent ni peuvent tolérer : toutefois qu'iceux confrères sont bien d'avis que suivant l'intention du roi, icelle grange et ce qui en dépend à cause de la confrérie soient appliqués selon l'ordonnance plutôt que pour l'exécution de si malheureuses entreprises.

» A cette occasion, les confrères m'ont requis vous en faire ce mot pour vous présenter avec une requête signée de la plus grande partie d'iceux (expositive de tout le fait), et vous supplier en leurs noms, ce que je fais aussi de ma part très instamment, les pourvoir de quelque bon remède, à ce que plus grand scandale n'en puisse advenir. Cependant, je me donnerai peine de les contenir (comme toujours j'ai fait par ci-devant, jusques ici), de telle façon que, Dieu aidant, pis n'en adviendra : ce que je crains bien fort, si bientôt par vous n'y est remédié.

» Pour cette cause, les paroichiens envoyent en diligence ce porteur devers vous, qui me fera encore vous supplier une fois pour le zèle qu'avez en notre religion et au repos public et pour nous secourir du remède de votre bonne justice.

» Messieurs, je ferai fin à ces lettres, après m'être humblement recommandé à vos bonnes grâces, priant Dieu vous donner, en très bonne santé, longue et heureuse vie.

» De notre maison d'Autun, ce 16 mars 1561 (1562), votre humble voisin et serviteur. — Pierre, évêque d'Autun. »

De son côté, afin d'appuyer ou de prévenir l'intervention du parlement, Villefrancon reçut de Tavannes l'ordre d'expulser les calvinistes de la grange et de leur en ôter les clefs. Dans les premiers jours d'avril, il envoya quelques soldats qui s'emparèrent des plus mutins et les emmenèrent prisonniers. Mais, après leur départ, leurs frères revinrent en armes, reprirent possession de la grange, y tinrent conseil, y entendirent la parole de Dieu et chantèrent les psaumes.

Ces évènements portèrent l'effervescence à un haut degré.

Le chapitre, exposé principalement aux représailles des religionnaires, écrivit, le 5 mai, à Tavannes une lettre qui peint vivement la situation : [1]

« Monseigneur,

» Pour les grands dangers que nous apercevons à cause des tumultes et émotions populaires que l'on suscite, de jour en jour, en cette ville d'Autun, pour le fait de la nouvelle religion ; considérant aussi les inconvénients qui sont advenus à ceux de notre état ecclésiastique, en aucunes villes de ce royaume, par faute d'y avoir pourvu et mis ordre de bonne heure, nous avons avisé d'envoyer par devers vous monsieur Philippe de Marcilly, notre doyen, présent porteur, pour vous faire entendre les menées, ports d'armes et entreprises malheureuses qui se font en ce lieu par ceux qui se disent et nomment de la nouvelle religion : lesquels contre le pouvoir et commandement de votre frère, M. de Villefrancon, depuis le dimanche 26 d'avril dernier, sont entrés et ont usurpé une grande grange de la confrérie de Saint-Jean-le-Grand d'Autun, située au circuit de cette ville, en laquelle au dédain des édits du roi [2], desquels ils ne veulent tenir compte, et malgré les défenses à eux faites par le sieur de Villefrancon qui leur en avoit ôté les clefs, ils s'assemblent souvent pour faire leurs prières et prêcher, allans et venans publiquement, garnis d'épées, dagues, pistoles et pistolets, au grand scandale et perturbation de tous gens de bien. Ce qui ne pourroit longtemps durer sans grands séditions et inconvénients, si Dieu, le roi et vous, Monseigneur, n'y donnez ordre en bref délai, comme le scavez très bien faire, et nous en avons notre confiance en vous.

---

[1] Cette lettre et plusieurs de celles qui suivent sont tirées de la volumineuse correspondance (douze volumes in-folio) de Gaspard de Saulx-Tavannes, déposée à la Bibliothèque nationale, fonds Philibert de La Mare, n° 9484, (sous-coté de 4 à 15). Le manuscrit 9484 [10] de cette collection, où nous avons puisé ces documents inédits, est intitulé : *Mémoires et Lettres écrites à Gaspard de Saulx, lieutenant-général en Bourgogne, depuis maréchal de France.*

[2] L'édit de janvier, comme on l'a vu plus haut, permettait aux réformés de tenir leurs assemblées et d'exercer leur culte seulement *hors des villes fermées et murées*. Autun, depuis la nouvelle enceinte de François Ier, étant dans cette dernière condition, les calvinistes ne pouvaient s'établir que dans les faubourgs.

» Monseigneur, depuis les dites assemblées, nous avons avisé de faire servir les portes de ce Château d'Autun, pour notre sûreté : ce que la malice et l'obstination de ces malins n'a pu endurer. Aussi, dès la première nuit, ils ont efforcé les portes, crocheté et rompu les serrures d'icelles et faict ce que bon leur a semblé, comme vous dira le sieur doyen et comme vous pourrez vous informer plus amplement, s'il vous plaist, ce dont nous vous requérons, car ces malins ne veulent souffrir ni permettre que donnions aucun ordre à notre sûreté et garde qui nous est cause de plus grand doute et suspicion, à l'encontre d'eux.

» Ils ont de plus semé le bruit en cette ville qu'ils feront la Cène le jour de l'Ascension de Notre Seigneur Jésus-Christ, et depuis ont dit qu'ils ont remis à faire la dite Cène à la fête de Pentecôte, pour ce que leurs besoignes ne sont encore bien apprêtées.

» Monseigneur, nous vous prions donc très humblement nous avoir pour recommandés et nous secourir, pour éviter plus grands inconvénients, implorant Dieu le créateur vous en donner la grâce avec la bonne volonté que vous en avez, ainsi que l'accomplissement de vos nobles désirs.

» D'Autun, le 5 mai 1562, vos obéissants serviteurs et orateurs perpétuels, les doyen et chanoines de l'Eglise d'Autun. »

Au moment où cette lettre était adressée à Tavannes, Villefrancon se trouvait au château de Sully, décidé à frapper un coup décisif si les calvinistes autunois s'obstinaient à poursuivre leurs projets.

« J'attends, — écrit-il à son frère, à la date du 6 mai, — ce que vous me manderez par vos lettres touchant ceux d'Autun. Je vous dirai mon avis, toutefois, avant que de l'exécuter. Il sera bon d'attendre encore un peu pour voir comment les choses iront, comme aussi d'informer : ce qui sera malaisé à entreprendre, d'autant que les officiers sont fort suspects et que le bailli ne pourra pas faire cela de lui-même. »

Il était difficile, en effet, de compter sur le bailli. On sait que depuis longtemps cette dignité était purement d'honneur et que le titulaire abandonnait l'administration à son lieutenant. Retiré dans sa terre de La Boulaye-sur-Arroux,

Simon de Loges prenait peu de part aux évènements. Il échappait par là aux difficultés de sa position et s'épargnait d'être en opposition avec Ladone dont les sympathies pour les novateurs étaient connues de tout le monde.

Le vierg Jacques Bretagne, pressé d'obtenir l'exécution de l'édit de janvier, n'osait, après l'arrêt sévère du parlement de Dijon, la solliciter ouvertement. Ayant d'ailleurs à ménager sa candidature qui dépendait d'une population presque entièrement catholique, il prit le parti de dissimuler. Il réclama de Tavannes la restitution des armes de la ville, sous prétexte de pourvoir à la tranquillité publique, mais en réalité dans le dessein d'armer son parti et dans l'espérance de se trouver en mesure pour les prochaines élections fixées au mois suivant. La requête qu'il adressa au gouverneur de la province étant conçue en des termes de paix et de bonne entente, il parvint à la faire signer par les chanoines. Ceux-ci, du reste, n'étaient pas moins jaloux que le vierg d'être mis en possession des armes du Château, signe de leur franchise et de leur indépendance. Ils ne s'attendaient pas aux projets du lieutenant calviniste et aux complots qui se tramaient contre la province.

« Monseigneur, — écrivent-ils d'un commun accord à Tavannes, le 10 mai 1562, — nous avons été assemblés à diverses fois pour communiquer des affaires communes, et avons trouvé être fort expédient de vous faire entendre que, grâces à Dieu! notre résolution a toujours été de vivre en paix, concorde et amitié conjointe, tel qu'il appartient à un corps de citoyens connoissans les grands inconvéniens qui adviennent aux personnes étant en dissension et division. Nous avons délibéré de veiller pour le profit et salut commun, vie, honneur et bien de nous tous, selon la volonté de notre roi, ses ordonnances et vos commandemens, et si Dieu plaît, nous nous rendrons tous obéissans à iceux, et obvierons aux contradictions aux dites ordonnances et commandemens.

» Toutefois, Monseigneur, pour ce que comme obéissans, nous

nous sommes dépouillés de nos armes, selon votre ordre, lesquelles sont déposées en main tierce, et ne pourrions, par défaut d'icelles, résister aux incursions que nous voudroient faire les ennemis de la tranquillité publique, il vous plaira nous en faire main-levée pour vous servir en vos commandemens et pour la tuition de nos personnes et biens, selon notre bonne intention ; sur ce, que Dieu veuille vous maintenir en sa grâce et garde, comme aussi nous en la vôtre. » [1]

Tavannes ne se laissa pas prendre à cette supplique, soit qu'il se défiât des habitants d'Autun, soit que, dans le dessein de les protéger plus sûrement, il se réservât de leur imposer en cas de péril une garnison. L'état de la province était bien propre d'ailleurs à justifier ces précautions. Partout le désordre levait la tête.

Dès le mois de mars 1562, la guerre civile avait éclaté en France ; le massacre de Vassy en avait donné le signal. Ce crime, commis par des gentilshommes et des familiers du duc de Guise sur un prêche de réformés où périrent soixante d'entre eux, avait retenti dans tout le royaume. Dans les villes et les villages, les deux partis s'armèrent et se mirent en présence. — A Auxerre, à Avallon, à Auxonne, dans quelques autres villes de Bourgogne, ils en vinrent aux mains. — A Chalon, le jour de l'Ascension, les huguenots s'étant rendus maîtres de la cité se livrèrent dans les églises et les abbayes à des scènes de violences et de profanations. « Les maux qu'ils causèrent, dit l'auteur de l'*Orbandale*, » sont écrits dans le calendrier français en caractères de » feu et de sang [2]. » — A Beaune, le même jour, dirigés par l'ancien maire, Jean Bouchin, et par le marchand Massol, ils

---

[1] Manuscrit cité, fol. 19.

[2] *L'Illustre Orbandale ou Histoire ancienne de la ville de Chalon,* par le minime Léonard Berthaut, natif d'Autun, 1662, 2 vol. in-4°.

obligèrent le gouverneur, Claude de Saulx-Ventoux, à descendre sur l'hôtel-de-ville avec huit cents hommes de troupes et quatre grosses pièces d'artillerie, les chanoines à prendre les armes et à faire le guet devant le portail de Notre-Dame, afin de sauver les catholiques du massacre et d'empêcher le pillage des églises [1]. — A Dijon, assemblés la nuit, dans la rue des Forges, au nombre de plus de six cents, ils complotèrent de se saisir du lieutenant-général et de le pendre aux fenêtres de son hôtel, comme on avait fait de La Motte-Gondrin, gouverneur de Valence. Mais Tavannes, averti, fit entrer secrètement des troupes dans la ville, passa les habitants en revue, jeta dans les prisons les principaux réformés, les menaçant en cas de bruit de s'en prendre à leurs têtes, et chassa douze à quinze cents suspects, entre autres le président François Alixant, seigneur d'Uchon, Jean Pérard, trésorier-général, et le con-

---

[1] Les registres capitulaires de Notre-Dame de Beaune racontent ainsi cette sédition, f. 285 :
« Le jour de l'Ascension de Nostre Seigneur, 7 mai 1562, heure d'environ
» dix heures du matin, ont été conduites quatre grosses pièces d'artillerie
» devant la maison de ville, par Saulx-Ventoux, capitaine de la ville et Châ-
» teau, campées en forme de bataillon, accompagnées d'environ huit à neuf
» cents hommes en bon ordre, pour obvier à la grande force et entreprise des
» huguenots de ce lieu, ayant délibéré massacrer les bons chrétiens, vrais
» fidèles qu'ils appellent *papistes,* et saccager les églises et monastères d'icelle;
» laquelle artillerie avec les souldarts l'accompagnèrent le long du dit jour,
» aussi la nuit, jusqu'au lendemain 8 mai environ les quatre heures du soir,
» que le sieur de Ventoux fit relever la dite artillerie et la troupe ; mais ce
» ne fut pas sans grande poursuite faicte par les huguenots, lesquels par plu-
» sieurs fois parlementèrent avec Ventoux, par sorte que Jean Bouchin, maïeur
» antique, et Jean Massol, marchand, donnèrent pour ôtaige chacun un de
» leurs fils, qui furent à la même heure conduits au Château, lesquels pro-
» mirent de ne poursuivre aucune sédition, ni assemblée, et ne faire aussi
» prêcher par leurs ministres. »
Jean Bouchin, maire de Beaune, de 1560 à 1561, fut emprisonné plus tard pour cause de religion, avec Etienne Bouchin, son frère, procureur du roi, et Jean Massol, frère du lieutenant Jacques Massol, collègue de Bretagne. Il paraît qu'il était fort ardent dans ses menées, car, dans les registres du chapitre de Beaune, il est surnommé plusieurs fois *l'antique diable.*

seiller Claude Bretagne, frère du lieutenant-général d'Autun [1]. Il fit publier à son de trompe ordre à tous les paysans « de prendre les armes et de courir sus aux rebelles, » ajoutant qu'on n'eût à les recevoir, loger, aider de boire » ni de manger, mais à tuer et massacrer tous ceux qui s'as- » sembleroient pour prier ailleurs qu'aux temples de l'Eglise » romaine. [2] »

Ces rigueurs décidèrent les calvinistes de Bourgogne à appeler à leur secours leurs frères du midi, dans l'espérance de se rendre maîtres, avec leur aide, des villes de la province et de se débarrasser du gouverneur. Montbrun accourut aussitôt du Dauphiné, se saisit de Lyon, Villefranche,

---

[1] Claude Bretagne, l'aîné de la famille, fournit une longue carrière parlementaire. Nommé conseiller au mois de juin 1555, l'année même où Jacques Bretagne, alors bailli de Saulieu, remplaçait Nicolas de Montholon à la chancellerie d'Autun, il devint doyen de la cour de Dijon. Né le 27 novembre 1525, il mourut le 16 août 1604, à l'âge de 81 ans, « desquels il en employa qua- » rante-sept à rendre la justice dans l'auguste sénat, avec une gloire peu » commune et des services singuliers. » De sa femme Denise Barjot, il laissa, dit son épitaphe, « une ample famille, multipliée de quatre fils et autant de » filles, se glorifians d'avoir eu un bon père. »
Quelles relations Claude Bretagne entretint-il avec son frère ? Nous l'ignorons. On trouve Claude, délégué à Chalon comme commissaire royal, le 24 juin 1565, pour l'installation de la mairie créée par Charles IX en 1562 ; on le voit venir à Autun, le 10 mars 1575, pour l'aliénation de la forêt de Rivaux cédée par Henri III à la ville. Quant aux rapports qui existèrent entre les deux frères, nos documents font défaut.
Au reste, la famille Bretagne se divisait en plusieurs branches et remplissait, au XVIᵉ siècle, de nombreux emplois dans la province. Quelques noms entre autres : en 1566, un Guy Bretagne, procureur du roi à Saint-Jean-de-Losne ; en 1573, un Philibert Bretagne, maire de Seurre ; en 1567 (4 janvier), François Bretagne accepte l'office de lieutenant-général au bailliage d'Auxois, et en 1578 (20 mars), Claude, son fils, lui succède. Ce dernier, seigneur de Nansouty (près Saulieu) et de La Borde, assista aux Etats de Blois, de 1588, et mourut en 1616.
Les armes de la famille Bretagne, selon Palliot, étaient : « *d'azur, à une* » *fasce ondée d'or* (d'hermines, d'après Perry, p. 340), *accompagnée de trois* » *grillets d'or, en chef, et d'un croissant d'argent, en pointe.* » — *Histoire du parlement de Dijon*, p. 212.

[2] Bèze, t. III, p. 391.

Belleville, remonta la Saône, s'empara de Mâcon, de Tournus, et vint avec huit cents hommes s'installer à Chalon dont les huguenots lui ouvrirent les portes, le 22 mai [1]. Il pilla les églises, le prieuré de Saint-Marcel, brisa les croix et les vases sacrés, profana les reliques et s'empara des reliquaires, pourchassa prêtres, moines, religieux, fit cesser le service divin, donna l'ordre de prêcher l'Evangile de Dieu et d'entretenir partout l'esprit de révolte.

[1] Charles Dupuy, seigneur de Montbrun, surnommé le *Brave* parmi les protestants, fut un de leurs chefs les plus farouches. Courtépée a commis à son sujet une erreur qu'il importe de relever. Il semble confondre la famille *Dupuis*-Montbrun, établie à La Nocle, en Bourbonnais, avec la famille *Dupuy*, originaire du Dauphiné, à laquelle appartenait le célèbre lieutenant calviniste. Une partie de la terre de La Nocle (l'autre moitié était, comme nous l'avons dit, un fief possédé par les Lafin de Beauvoir) arriva aux Montbrun par le mariage de l'un d'eux avec Diane de Caumont-la-Force, et resta en leur possession jusqu'en 1702. Montbrun qui envahit la Bourgogne n'a donc rien de commun avec Dupuis-Montbrun, marquis de La Nocle, huguenot comme son homonyme, qui fit déclarer, en 1588, la ville de Bourbon-Lancy pour Henri III, *sur sa semonce* (d'après Tavannes), et lui fit signer le serment de fidélité. En 1656, un seigneur du même nom était compté parmi les notabilités protestantes de la France. Une de ses descendantes vendit la terre de La Nocle au marquis de Villars, père de l'illustre maréchal. Elle passa ensuite dans la maison de Vogué, puis fut confisquée et vendue en détail pendant la Révolution.
Charles Dupuy (*de Podio,* dans les anciens titres) était fils d'Aymar Dupuy, seigneur de Montbrun (baronie située au pied du mont Ventoux, diocèse de Gap, sur les frontières du comtat Venaissin), et de Catherine Valette de Parisot. Il épousa la nièce du cardinal de Tournon, Justine Alleman, fille de François Alleman, sieur de Champs, et de Justine de Tournon. Ce capitaine, d'un caractère violent et exalté, avait d'abord été fervent catholique. Une de ses sœurs ayant suivi Th. de Bèze à Genève, il s'y rendit avec la résolution de la tuer; mais, vaincu par la parole de l'habile et insinuant docteur, il renonça non-seulement à son projet, mais il embrassa les nouveautés religieuses dont il devint le défenseur déterminé. Montbrun, rentré en France, prit les armes, battit les troupes royales, et désola le midi pendant quinze années. Sa réponse à Henri III, qui avait envoyé l'ordre au *sujet* rebelle de déposer les armes, témoigne de son fanatisme : « Le roi, — disait-il, — m'écrit comme » si je devois le reconnoître : je veux bien qu'il sache que cela seroit bon en » temps de paix; mais en temps de guerre, quand on a le bras armé et le c... » sur la selle, tout le monde est compagnon. » « Car, — ajoutait-il, — les ar-» mes et le jeu rendent les hommes égaux. » Quelque temps après, Montbrun fut pris. « Il verra maintenant si nous sommes égaux », dit Henri III en donnant ordre de lui faire son procès et de le pendre : ce qui arriva le 12 août 1575. — Sa devise était : « *Du mont bruira du Seigneur la louange.* »

Heureusement, il manquait d'hommes pour établir des garnisons dans toutes ces places. Gaspard de Tavannes sortit de Dijon à la hâte, fit appel aux gentilshommes du pays, rassembla six cents chevaux et douze cents arquebusiers, s'aida des biens des huguenots fugitifs, des trésors des églises [1], et reprit promptement Tournus et Chalon [2] que Montbrun, sur le bruit de son approche, se hâta d'abandonner,

[1] Cette contribution sur les biens du clergé, levée, prétend Tavannes, « d'après une lettre missive obtenue du pape et pour les urgentes nécessités » du royaume », fut largement mise à exécution dans le diocèse d'Autun. L'abbaye de Saint-Martin, — dit Courtépée, t. II, p. 518, — fondit plusieurs reliquaires, entre autres celui de saint Hippolyte, et en tira 35 marcs d'argent (le marc était à 15 livres 15 sols) pour les frais de cette guerre. L'abbaye de Saint-Jean livra plusieurs châsses à Tavannes qui s'empara encore, à Chalon, de 76 marcs d'argent échappés à la rapacité des calvinistes.

Le produit des saintes reliques, custodes, ciboires, croix, encensoirs, draperies d'or et d'argent et autres ornements d'église n'était pas toujours, si l'on en croit les bruits du temps, employé au service de la bonne cause et à la plus grande gloire de Dieu. Chaque capitaine avait soin de s'en arroger une part. Tavannes, tout ardent catholique qu'il était, ne resta pas étranger à ces rapines. On avait espéré que les objets précieux, les riches ornements et les vases de prix enlevés aux églises de Chalon et de Mâcon par les religionnaires, et retombés au pouvoir de Tavannes, seraient restitués ; mais le gouverneur en disposa comme de prises de guerre. Les chroniques racontent à ce sujet l'anecdote suivante : Lorsque Charles IX entra à Mâcon, le 3 juin 1564, Mme de Tavannes se présenta devant le roi, vêtue d'une vertugale ou robe traînante, à fonds d'or et d'argent, enlevée à la sacristie des cordeliers de Mâcon. Le P. Emot, gardien du couvent, la voyant s'approcher ainsi costumée, courut se jeter à genoux devant elle et se mit à prier avec tous les signes de la piété la plus fervente, disant hautement qu'on ne devait pas être surpris de l'honneur qu'il rendait à cette vertugale, puisqu'elle était faite d'une chappe qui avait longtemps servi à l'autel de Saint-François. Le gouverneur ne prit pas en bonne part cette plaisanterie. Il appliqua un soufflet au père en présence du roi qui n'y prêta pas grande attention ; mais, comme le fait naïvement observer le chroniqueur, tout cela ne fit pas restitution à l'Eglise.

[2] Ce fut le 31 mai que Montbrun quitta Chalon et s'embarqua sur la Saône. Cette retraite précipitée lui ayant été vivement reprochée plus tard, il répondit : « Je ne trouvai pas la ville de Chalon tenable de soi-même, ni munie » d'hommes, ni de courage, tel qu'il étoit requis : ce qui fut d'un dommage » irréparable dans cette guerre qui auroit sans doute pris une autre tour- » nure à Chalon et à Mâcon, si les religionnaires lyonnois eussent eu ces » deux boulevards. » *Histoire de Charles Dupuy, dit le Brave, seigneur de Montbrun,* par Martin, Paris, 1816.

après dix jours d'occupation. Mâcon, défendu par un corps de troupes, sous les ordres de Poncenac, chef des calvinistes du Bourbonnais, et du capitaine genevois César de Guillerame d'Entragues, opposa une plus longue résistance. Tavannes fut obligé d'en lever le siège le 15 juillet, et ne parvint à y rentrer que par surprise, un mois après [19 août], au moment où Poncenac et d'Entragues, après s'être emparés de Cluny et de Tournus, investissaient, avec six à sept mille hommes, la ville de Louhans. [1]

Depuis l'institution de La Coudrée comme ministre, les réformés autunois, réunis en communauté et obéissant à une direction unique, s'étaient de plus en plus affiliés à ceux du voisinage. Les rites et cérémonies importés de Genève avaient été accueillis avec faveur et suivis dans la pratique. Chaque jour avait vu de nouveaux prosélytes quitter le prône pour courir au prêche, abandonner le pasteur catholique pour suivre le ministre huguenot; les uns entraînés par esprit de changement ou leur penchant naturel, les autres par haine ou rancune contre le clergé, le plus grand nombre séduit par la liberté de penser et d'agir. Se sentant assez forts pour constituer définitivement leur église, comptant d'ailleurs sur l'appui du vierg Bretagne et sur la connivence tacite de ses collègues, ils résolurent de profiter de l'arrivée prochaine de Montbrun et de l'absence

---

[1] Il est difficile de se faire une idée des atrocités commises par Montbrun dans cette expédition, et des représailles exercées par Tavannes. A Mâcon, les protestants disaient aux catholiques en les égorgeant : « Crie, crie, ton Jésus-» Christ qu'il te conserve ! » Les catholiques, lorsqu'ils reprirent la ville, massacrèrent à leur tour les huguenots, en disant : « A tous pécheurs miséricorde ! » Le Dieu des huguenots vous conserve ! le grand diable vous bénisse ! le Sei-» gneur fasse reluire sa face sur vous qui faites le mort!! » Il n'est pas jusqu'à des femmelettes calvinistes, rapporte un historien, qui couraient comme des sarabandes dans les rues, insultant les personnes, détruisant ce qui se trouvait à leur portée, en poussant ces clameurs : « Maudite Babylone ! tu n'en » relèveras jamais ! »

momentanée de Tavannes pour célébrer la Cène, à la fête de l'Ascension. C'était le jour même où le parti avait pris le dessus à Chalon et installé le prêche dans toutes les églises [1]. Ils espéraient d'ailleurs que, ce jour-là, les catholiques étant occupés aux offices de leur religion, il leur serait plus facile à eux-mêmes d'inaugurer leur culte. Th. de Bèze, dont le témoignage souvent entaché d'inexactitude est cependant le seul que nous puissions invoquer en cette circonstance, raconte ainsi la première célébration de la Cène, à Autun, le 7 mai 1562.

« A cette époque, arrivèrent les nouvelles du massacre de Vassy, suivies de grandes menaces, tant de Tavannes, de Villefrancon que du bailli d'Autun, et de plusieurs gentilshommes du bailliage. Nonobstant tout cela, tant s'en fallut que ceux de la Religion se désistassent tant soit peu, qu'au contraire désirans de se fortifier et munir par la célébration de la sainte Cène contre les tempêtes présentes, ils résolurent de la célébrer le jour de l'Ascension, à quoi se préparèrent de s'opposer de vive force leurs adversaires.

» Cela étant rapporté à l'évêque et au clergé, ceux-ci se délibérèrent entièrement de l'empescher quoi qu'il en dût advenir, voires de ne laisser passer cette occasion, vu que la guerre étoit déjà ouverte en plusieurs lieux, d'exterminer entièrement ceux de la Religion, les trouvans ainsi tous ensemble. Suivant cette délibération, plusieurs gentilshommes, parens, alliés ou amis, furent conviés par eux de se trouver au jour assigné dans Autun, en équipage de guerre, et furent aussi levées quelques enseignes de gens de pied, composées de bouchers, serviteurs de prêtres et les

---

[1] Un mot d'ordre général avait été donné. Le dimanche avant l'Ascension, on avait arrêté à Beaune un porteur de lettres, dans lesquelles l'on recommandait aux protestants de se tenir armés pour le jour de l'Ascension, de fondre sur les catholiques, pendant la messe, de les massacrer et de se rendre maîtres de la place. [Rossignol, *Histoire de Beaune*, p. 381.] La veille de ce jour, Villefrancon avait dépêché à Tavannes un courrier, avec ces mots : « Il est venu un homme de Nevers à Autun, qui m'a assuré que ceux de la » Religion s'étoient déjà saisi de toutes les villes qui sont depuis Orléans » jusqu'à Nevers, et qu'ils étoient à quatre lieues en deçà de Nevers, se diri- » geant du côté d'Autun : ce dont je vous prie vous instruire plus au long. — Sully, 6 mai 1562. »

plus dissolus tant de la ville que d'alentour [1]; aussi, quelques fauconneaux avec arquebuses à croc, tirées de la maison de l'évêque, pour être, le matin suivant, charriées contre la grange où la Cène se devait faire.

» Ceux de la Religion, d'aultre côté, se confians en leur juste défense, si on les assailloit, attendu qu'ils étoient fondés sur un édit solennel du roi, firent aussi porter secrètement toutes sortes d'armes, tant en la grange qu'ès maisons prochaines qui étoient de la Religion, et furent, dès le matin, posés par eux bons corps de garde à toutes les advenues de la grange.

» Cela faict, et l'heure de l'assemblée s'approchant, ceux de la Religion se trouvèrent au lieu, en grand nombre et plus que de coutume; et fut toute l'action célébrée du commencement jusqu'à la fin, sans aucun trouble ni empeschement, avec une affection merveilleuse. Qui plus est, chacun s'en retourna paisiblement en sa maison, ayans été tellement épouvantés d'eux-mêmes leurs adversaires, que personne d'iceux ne bougea, et même la plus grande partie de leurs gens de cheval, dès le matin, retourna chez soi. Vray est, qu'après dîner, lorsque la grange était vide d'hommes et d'armes, quelques troupes des adversaires y allèrent et brisèrent les sièges et la chaire du ministre, en intention, comme il fut su depuis, d'y mettre le feu; mais, la proximité de quelques maisons et notamment de l'abbaye des nonains de Saint-Jean les en empescha.

» Ces choses, ainsi courageusement commencées, furent poursuivies de même tellement, qu'encore que par les tempêtes de la guerre deja bien échauffée les autres églises de Bourgogne fussent rompues, ceux d'Autun continuèrent en leur exercice, jusqu'au 24ᵉ du mois de juin 1562. »

Tavannes résolut de faire expier chèrement aux réformés l'invasion de Montbrun, résultat d'une trahison préméditée.

---

[1] Bèze n'avait garde de parler avec ménagement des catholiques, en cette circonstance. Ces bouchers, ces serviteurs de prêtres, ces *plus dissolus* de la ville n'étaient autres que ces ouvriers de tous états auxquels le calvinisme inspirait une profonde aversion. Remarquons que les catholiques se conduisirent avec modération en laissant célébrer la Cène sous leurs yeux, car étant en immense majorité, il ne tenait qu'à eux d'engager le combat avec succès.

Ceux d'Autun particulièrement avaient bravé deux fois ses ordres en s'emparant de la grange de Saint-Jean. Ils étaient parvenus, à la faveur des troubles, à célébrer la Cène dans la première ville épiscopale de la province. Leur chef Bretagne avait doublement joué Tavannes et provoqué sa colère. Le châtiment ne se fit pas attendre.

« Le 24 juin, à minuit, Villefrancon fit partir de Chalon, qui est à dix lieues d'Autun, certaines compagnies de gens d'ordonnance et autres gens de pied pour venir à Autun, avec exprès commandement de lui envoyer les ministres et le sieur de Bretagne prisonniers ou bien leurs têtes [1]. Les dessus nommés se retirèrent si à point, que ces troupes, arrivées à soleil levant, n'y trouvèrent que le nid. L'église donc fut rompue, ayans été d'advis les anciens que les ministres se retirassent en Suisse, comme ils firent.

» Alors, ceux qui étoient restés en la ville furent traités d'une étrange façon, étans injuriés, battus, traînés à la messe; les autres menés en prison, si on les oyoit seulement chanter un verset d'un psaume. Joint que plusieurs enfans étoient rebaptisés et ceux qui naissoient nouvellement arrachés aux pères et mères pour les porter aux prestres. Plusieurs aussi furent contraincts d'épouser derechef ; les malades importunés et pressés en toutes sortes par les prestres; quelques-uns déterrés et jetés à la voirie pour ne s'être voulu confesser.

» Ainsi advint-il entre autres à un honnête citoyen, nommé Nicolas L'Orfèvre, et à un artisan menuisier, nommé Philibert,

---

[1] On arrêta, vers le même temps, un de ses amis et collègues aux Etats de Pontoise, qui jouait à Beaune un rôle semblable, le lieutenant de la chancellerie, Jacques Massol, « d'une des bonnes maisons de Bourgogne, lequel » ayant pris le chemin de la cour, ainsi comme il descendoit de cheval, à » Paris, fut constitué prisonnier avec son serviteur, et mené au prévôt de » Paris, devant lequel ayant été chargé *d'avoir assisté à Jacques Bretaigne,* » *qui avoit parlé bien hautement aux Etats, pour le tiers-état,* fut conduit » en la tour carrée du palais, où il demeura longuement. » [Bèze, t. III, p. 406.] — Jacques Massol revint plus tard au catholicisme. Au mois d'octobre 1572, ayant demandé « à retourner à confession et communion, » le chapitre de Beaune en référa à l'évêque d'Autun pour qu'il fût absous d'hérésie. — Voir, sur la famille Massol, Cl. Rossignol, *Les Libertés de la Bourgogne,* page 287, et *Histoire de Beaune,* p. 380.

demeurant au faubourg Saint-Blaise, lequel étant trouvé besoignant secrètement en sa chambre, un jour de fête, pour nourrir sa famille qui étoit bien pauvre, ainsi qu'on le traînoit en prison, fut tué sur l'heure, par un sergent, d'un coup de hallebarde. Un autre nommé La Trompette, trouvé à l'écart, eut un bras coupé et fut laissé pour mort. Grand nombre d'hommes et de femmes furent aussi réduits aux prisons, qui refusoient d'aller à la messe et de signer les articles de Sorbonne, dont les uns, après longue prison, se laissèrent aller par infirmité, les autres se rachetèrent par argent, autres plus constans et nommément plusieurs femmes notables soutinrent la prison jusqu'à la fin de la guerre. Plusieurs aussi s'écartèrent, les uns se retirans hors du royaume, et les autres allans à la guerre, et ainsi furent tous dissipés jusques à l'édit. » [1]

Il est à regretter qu'aucun document ne puisse nous aider à vérifier l'exactitude de ce récit. Villefrancon se tait dans sa correspondance sur cette expédition. Nous voyons seulement, par une lettre du 14 juillet, qu'elle fut commandée par Charles de Saint-Léger, baron de Rully [2]. Il n'éprouva aucune résistance de la part des protestants. Ils n'étaient pas en force, quoique certains gentilshommes des environs protégeassent les nouvelles doctrines. Mais aucun

---

[1] *Hist. des Eglises réformées*, t. I, p. 783, et t. III, p. 399.

[2] Charles de Saint-Léger, baron de Rully, capitaine et lieutenant de Villefrancon, à Chalon, où il commandait la citadelle, était, — dit Perry, — d'une maison riche en biens et illustre en noblesse. Il fut tué, en mars 1593, d'un coup de pistolet, près de son château de Rully, par trois soldats de la compagnie du ligueur La Poterie, qui amenèrent en triomphe son cheval dans la ville. « Cette action brutale déplut extrêmement aux Chalonnois qui l'affec-
» tionnoient beaucoup, et s'il y eût eu alors de la justice, on les eût bientôt
» poursuivis et condamnés à mort. » [*Histoire*, p. 379.]

Il n'est pas sans intérêt de mettre en regard du récit de Perry une note manuscrite qui raconte les faits d'une manière différente : « 22 mars. — On
» apporte la nouvelle que M. de Rully avoit été, ces jours passés, serré très
» proche de Chagny défendu par le capitaine La Poterie. Il passa seul au
» travers de trente à quarante chevaux, et se sauva ventre à terre jusques
» dans Rully; mais près de la croix, son cheval, ayant fait faux pas, s'abattit
» et le maître fut tué roide. » — *Mémoires des choses remarquables arrivées en Bourgogne en l'an* 1593, à la Bibl. nationale, fonds La Mare, n° 10396 [6].

LA RÉFORME.   205

ne se sentait assez de puissance ou de courage pour les défendre à main armée. Un seul osa tenter des représailles. Ce fut Jacques de Traves, seigneur de Vautheau et de Saint-Léger-sous-Beuvray. Ce turbulent seigneur, que l'on voit s'agiter avec une poignée de soldats durant le cours des guerres civiles, prit sa revanche dans sa paroisse des persécutions dirigées à Autun contre ses coreligionnaires.[1]

« M. de Rully, — écrit Villefrancon, quinze jours après l'expédition de son lieutenant, — revint au soir et m'a dit que le sieur de Traves fut souper vers lui dimanche, auquel Rully fit entendre les plaintes qui se faisoient de lui, tant du presche, abattemens d'images, que aultres choses commises par lui et ses gens. Résolu, il dit qu'il continueroit son presche, et qu'il avoit bon appui, faisant cognoistre que c'estoit de monseigneur l'amiral (Coligny), et que si on lui commençoit quelque chose, il le feroit bien sentir. Il dit encore au sieur de Rully avoir eu en son presche plus de *sept cents* personnes, beaucoup de gentilshommes et demoiselles, et même que le conseiller Bataille y avoit baptisé l'un de ses enfants[2]. — Il fit la semaine passée un fort bon tour. Un gentilhomme huguenot ayant fait baptiser son enfant, au nom de saint Léger, le voulut faire enterrer en sa paroisse. Le vicaire refusa de le faire, pour ce qu'il n'avoit été ondoyé selon la façon chrétienne et qu'il en

---

[1] Jean de Traves, allié aux familles de Saint-Léger et de Choiseul, huguenot déclaré, est le même qui fit prisonnier, près de Troyes, Antoine Erlaud, évêque de Chalon et confesseur de Catherine de Médicis, au moment où ce prélat se rendait au concile de Trente. Le 12 janvier 1568, il saccagea le bourg de Cuisery où il se signala par ses cruautés. Il possédait le château de Vautheau, était seigneur de Saint-Léger-sous-Beuvray et de La Porcheresse, fief situé sur les communes d'Antully et d'Auxy. — Un de ses descendants, Pierre-Adrien de Traves-Choiseul, comte de Vautheau, fut élu de la noblesse aux Etats provinciaux de 1656, et assista, comme premier baron de l'Autunois, à l'entrée de Gabriel de Roquette, en 1653.

[2] Philippe Bataille, conseiller au bailliage de Chalon, puis au grand conseil, habitait Beaune avec une partie de sa famille, et était membre de la communauté réformée de cette ville. — Rappelons, comme simple rapprochement, qu'une sœur de Robert Hurault était mariée à un Bataille, ainsi qu'on le voit d'après le testament de l'abbé de Saint-Martin : « Je donne à Mlle Ba-
» taille, ma sœur, etc. »

seroit réprimandé par son évêque [1]. Incontinent, le sieur de Traves envoya douze soldats pour faire l'enterrement de l'enfant dans l'église, et aussitôt ils rompirent toutes les images, abattirent le grand autel et l'enterrèrent au lieu même. Si on lui souffre ses folies, il en fera bien d'autres. — Chalon, 14 juillet 1562. »

L'expédition du baron de Rully eut justement lieu, le 24 juin, jour où tombait l'élection du vierg. Bretagne n'avait rien épargné pour se faire continuer dans ses fonctions; mais Tavannes tenait essentiellement à ce que les capitaines de places et les magistrats des villes fussent catholiques, et afin d'exercer sur eux une étroite surveillance, « il avoit créé » un conseil des plus habiles hommes à lui affectionnés, » pour être adverti de tout ce qu'ils faisoient [2]. » Dans un moment où le parti calviniste tentait d'engager en Bourgogne une lutte décisive, il était plus dangereux que jamais d'avoir, à Autun, un chef unique réunissant dans ses mains les deux premières magistratures. Ce fut sans doute dans le dessein d'empêcher ses menées électorales et religieuses, que Tavannes avoit ordonné de s'emparer du lieutenant de la chancellerie. D'un autre côté, ses troupes protégeant ou même déterminant l'élection, elle eut lieu en faveur de Georges Venot [3]. Nul autre choix ne pouvait mieux répondre aux intentions du gouverneur.

Georges Venot, docteur en droit, avocat, avait été investi des fonctions de bailli du chapitre, l'année même où Bretagne avait été nommé vierg. A ce titre, il était son antagoniste naturel. Petit-fils de Chasseneuz par sa femme, il rap-

---

[1] Jean Gondeaul, ancien trésorier de l'église, curé de Saint-Léger-sous-Beuvray, avait succédé, dans cette cure, le 24 août 1559, au chanoine André Perrault, de son vivant vicaire-général de l'évêque Philibert d'Ugny, official et abbé de Saint-Etienne-l'Etrier.

[2] *Mémoires de Gasp. de Tavannes*, p. 252.

[3] Les échevins furent : Jean Laurent réélu, Antoine Rolet et Claude Lavernet; les procureurs-syndics : Bonaventure Humbelot et Jean Saulnier.

pelait comme Bretagne, allié des Montholon, un des noms les plus illustres d'Autun dans la magistrature [1]. Sa famille ne le cédait pas en ancienneté, en considération, à celle de son adversaire. Mais combien ses opinions étaient différentes! *Homme de catholique vie*, tout dévoué à l'Eglise, il personnifiait la vieille foi et les vieilles institutions. Son élection à la viérie faisait cesser toutes contestations entre la ville et le chapitre. Elle tenait en échec les officiers du bailliage et les calvinistes. Elle donnait à la justice seigneuriale de l'Eglise toute force dans son exercice et dans l'exécution de ses sentences. Plus d'empiètements possibles de la part des lieutenants, plus de contestations avec le vierg, au sujet de la police du cloître qui se partageait entre lui et les chanoines. Nul n'était donc mieux placé que Venot pour représenter la bourgeoisie catholique contre la bourgeoisie protestante. Aussi, le verrons-nous soutenir ce rôle jusqu'à la fin, combattre de ténacité avec son rival, lui disputer la viérie à chaque élection, briguer contre lui l'honneur d'être député aux Etats de la province et du royaume, continuer même, après la fuite de Bretagne, la croisade contre les huguenots et la transmettre plus tard à ses enfants. [2]

---

[1] Georges Venot, qui prit plus tard le titre de seigneur de Drousson, après avoir acheté cette terre d'Alexandre Magnien, en 1568, était fils de Huguette Devoyo et d'André Venot, originaire de Montcenis [selon Courtépée, t. III, p. 152], et lieutenant particulier au bailliage (mort avant 1556). Georges fut, à la mort de Barthélemy Gilet et par acte capitulaire du 23 juillet 1561, nommé bailli de l'église, charge qu'il occupa pendant près de vingt années. Il épousa, en 1567, Jeanne de Chasseneuz, fille d'Artus de Chasseneuz, seul descendant mâle du président. Artus fut conseiller à la cour de Dijon, et mourut fort jeune, en 1560, par suite, dit-on, du travail auquel il se livra afin de marcher sur les traces de son père. — Voir *Pièces justif.*, n° 28, le contrat de mariage de Venot du 29 mai 1567, minuté par le notaire Desplaces.

[2] Georges Venot eut quatre fils : Philibert, Jacques, André et Hugues. Nous verrons l'aîné figurer sous la Ligue comme vierg catholique pendant quatre années. Les deux derniers embrassèrent l'état ecclésiastique et furent chanoines de Saint-Lazare.

Doublement battu par la dispersion de ses coreligionnaires et par l'élection de Georges Venot, Bretagne se rejeta dans l'agitation. Il n'avait plus de ménagements à garder. Le parti catholique le chassait du pouvoir, les élus de la province avaient porté un blâme sévère contre lui, « parce » qu'il avoit demandé des temples sans en avoir eu charge » du pays. » Sa protection envers les calvinistes, qui jusque-là avait été toute d'encouragement et de concours, se changea en une direction suprême, ardente, infatigable. Dans aucune ville voisine nous ne trouvons un meneur doué d'autant d'énergie et de persévérance. Il semble qu'il ait cherché à se grandir dans cette lutte, tout en donnant satisfaction à ses convictions religieuses plus ou moins sincères et à ses rancunes contre le clergé. Sa vanité ou, si on l'aime mieux, le sentiment de sa valeur personnelle pouvait être flatté de cette guerre ouverte contre Tavannes et contre l'Eglise d'Autun. Nous le retrouverons bientôt à l'œuvre.

Cependant les troubles civils commençaient de porter des fruits amers. Ils avaient amené avec eux la violence, la misère, les déprédations. Des troupes étaient indispensables dans la plupart des villes, afin d'y maintenir la sécurité ; mais ces garnisons constituaient pour elles une charge ruineuse. Appelées à maintenir l'ordre, elles se livraient à toutes sortes d'exactions. Il fallait subvenir à leur entretien sur les revenus publics et souvent imposer les habitants à des sommes qui dépassaient leurs facultés.

« Il n'y a eu, — dit Th. de Bèze, — bailliage en Bourgogne qui n'ait été cotisé à grande quantité de blés, vins et chairs, partie desquels ont payé leurs taxes en espèces, les autres en argent. Les villages même furent taxés particulièrement à la nourriture des chevaux d'artillerie et de pionniers, la plupart desquels fournirent deniers : se plaignans toutefois plusieurs soldats de n'avoir été payés, plusieurs villages ayans été nonobstant tout cela gâtés et détruits... Il y a eu emprunts sur les plus aisés des villes, sans distinction de religion; autres sur certaines villes et non sur les aisés, le fort portant le foible... De sorte qu'en dix ans, le roi n'a levé tant de deniers sur le pays de Bourgogne qu'il en a été pris pour la guerre. » [1]

La misère était générale dans les cités obérées d'impôts, dans les campagnes dévastées où ne restaient ni bœufs pour labourer, ni grains pour ensemencer. La faim, mauvaise conseillère, augmentait la division des familles et poussait le laboureur et l'artisan à abandonner leur maison dépourvue de pain, pour se joindre aux pillards qui vivaient çà et là de rapines. Des frères et des parents appartenant à des partis opposés étaient en guerre ouverte les uns avec les autres. En 1562, un poète bourguignon anonyme adressa à Tavannes un tableau des malheurs du temps, où ne paraît pas très grande la part de l'exagération.

> La misère, en ce temps, seigneur, arme le frère
> Contre son propre frère; le fils contre le père;
> L'oncle fuit son neveu, le serviteur son maistre;
> La femme ne veut pas son mari recognoistre;
> Tout est mis au rebours et les cousins germains
> Au sang de leurs cousins veulent tremper leurs mains.
> Evêques et prélats, chacun vit à sa guise.
> Au vice déréglé la licence est permise.
> L'artisan se débauche et laisse sa boutique,
> Sa nef le marinier, l'advocat sa praticque,
> Et par mauvais conseil, le vertueux marchand
> Lui qui estoit preud'homme est devenu méchant. [2]

Les troupes, composées en grande partie de gens soudoyés, n'étant contenues par aucun esprit de religion ou de

---

[1] T. III, p. 395.

[2] Extrait du fonds Fontette, porte-feuille XXXVI, pièce 86. [Bibliothèque nationale.]

patrie, ne trouvaient dans la guerre qu'une occasion de désordres ; *tas de fainéans mal armés,* — dit Brantôme, — *pilleurs et mangeurs du peuple.*

« Les villages sont ruinés, — écrivait Villefrancon à son frère, — et depuis que nos soldats sont tous les jours aux champs, les gens vivent d'une façon misérable. Je n'ai pas ouï dire que ceux d'Autun eussent rien fait de nouveau. »

Un an plus tard, il ajoutait :

« L'autre jour, des gens d'armes sont deslogés de Toulon et sont venus à Montcenis où ils achèvent de ruiner le pays. Hier, il arriva à Autun un capitaine avec vingt soldats. Je ne sais s'ils y logeront, mais je sais qu'ils doivent aller à Couches, de façon qu'ils ne partiront point du pays qu'ils ne l'aient du tout ruiné, ne laissant rien à piller par les villages où ils passent. Tout le monde crie après vous que vous n'y remédiez point. Vous devriez envoyer à la cour pour avertir monsieur d'Aumale ou la reine, afin de les faire desloger; car les gentilshommes ne font rien pour s'y opposer, ceux qui ont déjà *mangé* le pays ne se soucians guères de le secourir. »[1]

Dans la crainte d'empirer cette situation désastreuse, les habitants d'Autun cherchèrent à se protéger eux-mêmes et à se passer du secours des gens de guerre. Il existait depuis longtemps entre la ville et le chapitre des contestations sur leur participation à la garde des forts et sur leur part respective dans les frais de garnison. De peur que Tavannes, désireux de loger ses troupes en meilleur gîte possible, ne profitât de ces divisions pour leur dépêcher un de ses lieutenants qui se fût montré peu respectueux de leur autorité et des soldats dont le séjour aurait été ruineux pour les ci-

---

[1] Lettres datées de Chalon, 6 novembre 1562, et du château de Sully, 16 octobre 1563.

toyens, les chanoines et les magistrats finirent par tomber d'accord. Mais le gouverneur ayant exigé que cet accord fût réglé en sa présence, pour prévenir de nouvelles difficultés, le chapitre envoya à Dijon l'archidiacre Philibert Dublé, le syndic Landreul, et la ville députa le vierg Venot, Antoine Rolet, échevin, et le procureur syndic Bonaventure Humbelot. Les clauses de ce traité, conclu le 13 novembre 1562, montrent avec quel soin les parties ménageaient leurs droits respectifs. [1]

« Ceux de la ville fourniront, chacun jour, à tour de rôle, cinquante hommes fidèles et catholiques tenans l'ancienne religion, pour être employés au secours et défense d'icelle, pendant les troubles, dès qu'ils cognoistront la nécessité les requérir et jusques aultrement en soit ordonné, par mon dit seigneur de Tavannes. Comme, au semblable, ceux du chapitre fourniront aultres cinquante hommes pour être employés à même défense, durant la dite nécessité.

» Pour la conduite desquels cent hommes, ont agréé, nommé et élu respectivement, sous le bon vouloir et plaisir du sieur de Tavannes, noble Antoine Charvot, habitant d'icelle ville, aux gages et frais qui lui seront accordés et payés par MM. du chapitre, sans que la ville en puisse être aulcunement chargée ni inquiétée.

» Pour la sûreté desquels cent hommes, ceux de la ville communiqueront aux sieurs du chapitre le rôle des habitans pour révoquer ceux qui pourroient être suspects de la nouvelle religion, et, au tour d'icelle, pour pourvoir d'aultres, aux frais et dépenses des dits suspects, selon qu'il sera advisé par ceux de la ville. Comme aussi, respectivement, ceux du chapitre communiqueront à ceux de la ville le rôle de leurs cinquante hommes, pour y coter et rejeter tous les suspects, si aulcuns s'en y trouvoient. Et seront responsables respectivement les uns envers les autres des cinquante hommes qui seront par un chacun d'eux choisis.

« [1] Règlement établi par Gaspard de Tavannes entre MM. de l'église Saint-Ladre et les habitants laïques d'Autun, pour la garde des forts du Château et de Marchaux, le 13 novembre 1562. » [Extrait du *Livre noir*, fol. 10.]

» Pour l'observance et accomplissement des choses susdites, les commis et députés, tant de la part du chapitre que de la ville, soubssignés, ont obligé respectivement, à savoir : les commis du chapitre, les biens temporels de leur église ; et ceux de la ville, les biens du corps de leur communauté. Sous même obligation, ont promis dans huit jours, après leur retour audit Autun, procéder à l'exécution effectuelle du présent accord et icelui faire ratifier tant par le chapitre que par la ville. Le tout sous le bon vouloir de M. de Tavannes et sans préjudice des droits et autorités prétendus par chacune des parties. »

Ce règlement fut ratifié, le lendemain même, par Gaspard de Tavannes qui en ordonna l'exécution sévère dans les huit jours, « sans tirer l'affaire en plus grande longueur, » à peine, si dans le dit temps il n'étoit entièrement satis- » fait à l'établissement des cent hommes de garnison ac- » cordés d'une part et d'autre pour la garde de la ville, » durant la nécessité, d'être pourvu par lui d'autre cent » hommes, aux frais du clergé et de la ville. »

L'édit de pacification rendu à Amboise, le 19 mars 1563,[1] vint donner raison aux prétentions des calvinistes, et terminer la guerre civile. La mort du duc de Guise, assassiné au siège d'Orléans par Poltrot de Méré, suspendait inopinément les victoires du parti catholique, en le privant d'un héros aussi heureux que populaire. Catherine de Médicis, alarmée de cette perte, profita de l'ascendant qu'elle avait sur le prince de Condé, esprit plus inquiet et ambitieux que ferme dans ses résolutions, pour le conjurer de faire cesser les maux du royaume. Condé entraîna avec lui une partie des gentilshommes qui se promettaient de cette paix un retour aux plaisirs et aux fêtes. Elle fut conclue sans la

---

[1] Voir cet édit, qui devait rétablir la paix en France pendant quatre années environ, dans l'*Histoire universelle* d'Agrippa d'Aubigné, t. I, *in fine*, où il est relaté en entier.

participation de l'amiral de Coligny et de la fraction réformée qui demandait une liberté religieuse absolue.

L'édit d'Amboise, conçu dans une politique habile, avait pour but de flatter la haute noblesse par de larges concessions, de la détacher des puritains du parti qui voulaient une complète liberté de conscience, de restreindre cette dernière pour les classes bourgeoises et populaires, et en dernier résultat de les diviser entre elles, en faisant à chacune d'inégales conditions. Il permettait aux seigneurs hauts justiciers, possédant *plein fief de haubert*, d'exercer la religion en leur maison, avec leurs sujets qui librement et sans contrainte s'y voudraient rendre. Quant aux seigneurs tenant simple fief, cette permission était restreinte à leur personne et à leur famille. On accordait aux bourgeois une ville seulement, dans chaque bailliage, pour y célébrer le culte. Cette dernière disposition mettait la plus grande partie d'entre eux dans la nécessité de faire quinze à vingt lieues pour se rendre au prêche, et on espérait que devant ces difficultés leur ferveur se ralentirait.

Tavannes opposa à l'exécution de cet édit la même résistance qu'à celui de janvier. Dans la crainte de séditions, il fit interdire par ses lieutenants et par les magistrats les conventicules des religionnaires. Ceux-ci réclamaient en vain contre cette suspension de la loi. Ils envoyèrent d'Autun un des leurs, Jacques Devoyo, avocat [1], porter à Tavannes une lettre signée au nom de toute la communauté par le médecin Lalemant, un des principaux du

---

[1] Jacques Devoyo, avocat, avait épousé Françoise Bernard, fille de Nicole Alixant et de Jacques Bernard, avocat du roi à Autun. Malgré son penchant avoué au calvinisme, il obtint, en 1572 (30 mars), l'office de premier conseiller au bailliage et le remplit jusqu'à la fin du siècle. Claude Bernard, son beau-frère et son collègue au bailliage, fut vierg d'Autun, en 1586. — Voir la liste des viergs aux *Pièces justificatives*.

parti [1]. Ils se plaignaient dans cette lettre des vexations dont ils étaient l'objet, et demandaient à jouir du bénéfice de l'édit.

« Monseigneur,

» La signification et l'advertissement qu'il vous a plu nous donner ces derniers temps pour l'assemblée des chrétiens qui tiennent la Religion, nous a donné argument, après longue attente et patience, de vous supplier par cette lettre très humblement, nous faire ce bien que nous soyons rendus jouissans du bénéfice à nous octroyé par notre souverain prince. Ce faisant, qu'il vous plaise assigner place convenable et commode, pour *la multitude* et nombre que nous sommes, aux faubourgs d'Autun, où irons en toute humilité et modestie, vous assurant que ne voulons marcher plus avant que votre commandement conforme à celui que le seigneur roi portera.

» Vous nous accorderez aussi aide et faveur, vu le long temps que nous sommes demeurés dépourvus de pasteurs et privés de la prédication de l'Evangile, afin de ne plus retarder ou différer l'exercice, sans grande offense en nos consciences. A cet effet, avons

---

[1] On comprend pourquoi il était impolitique à Bretagne, l'âme de toutes ces menées, de s'adresser à Tavannes, en son propre nom. Le médecin Lalemant moins compromis lui prêta son aide.

Lalemant, que nous avons vu représenter le bailliage d'Autun aux Etats d'Orléans, après avoir figuré dans les premières années de la Réforme, semble s'être retiré de bonne heure des agitations religieuses pour se livrer tout entier à l'étude.... D'un caractère indépendant, d'un esprit plutôt spéculatif que pratique, il se tint à l'écart des charges publiques, des fonctions municipales. On ne le retrouve plus qu'en 1581, au lit de mort, dans la maison épiscopale de son beau-frère, Charles Aillehoust, dictant au notaire Desplaces, le 24 septembre, un testament qui renferme l'aveu de ses fautes et la rétractation de ses erreurs. Par cet acte, il demande à être inhumé au cimetière, *en compagnie de chrétiens*; pour, avec eux, attendre la résurrection générale, « son corps devant y être porté par quatre *des plus pauvres*. » « Il lègue tous ses biens à sa femme Françoise Aillehoust, la priant de se com- » porter si modestement que Dieu en sa maison, et que venant à trouver un » parti, elle regarde bien d'avoir un homme paisible qui ne la tourmente » point. » — Nous reproduisons aux *Pièces justif.*, n° 48, cette pièce entremêlée de citations de la Bible et de versets de l'Evangile, une des plus curieuses touchant les calvinistes autunois.

Jean Lalemant était fils du médecin Pierre Lalemant et de Jeanne Landry,

évoqué M. de La Coudrée, ministre de la parole de Dieu, homme non moins docte que de bonne vie et mœurs, lequel toutefois, comme aussi nous avons cette volonté, ne s'ingèrera au ministère qu'il ne soit dit et commandé par vous.

» Connaissans que les adversaires de notre religion tâchent par tous moyens empescher ledit exercice; et pour exprès, Mgr l'évêque, par haine et rancune qu'il porte audit ministre La Coudrée, sans causes ni occasions, use de menaces contre lui, jusques à vouloir entreprendre de le faire saisir au corps, combien qu'il soit inhibé et défendu par l'édit de pacification, de troubler, molester aucun ni rechercher pour le fait de la Religion, vous supplions très humblement lui commander et à tous autres, qu'ils se contiennent, sans attenter à sa personne, directement ou indirectement, et qu'il soit mis en la protection et saulve-garde du roi et la vôtre, aux peines portées par ledit édit contre les infracteurs. Et, pour ce, Monseigneur, que le révérend évêque s'assure sur les forces humaines et qu'il voie ceux tenans la religion se délecter de toute douceur et tranquillité. Nous craignons grandement qu'il n'attente à sa personne ; ce qui ne peut advenir sans grand tumulte et sédition, chose toutefois contre le devoir de sa dignité qui doit être studieuse de paix et concorde, et éviter surtout les querelles et contentions.

» Pour à quoi obvier, il vous plaira, Monseigneur, mander aux

---

natif d'Autun, et l'aîné d'une famille nombreuse. [Nous voyons l'un de ses frères, nommé Hugues, greffier et secrétaire du lieutenant Bretagne.] Les biographes bourguignons s'accordent à dire qu'il était aussi versé dans les littératures grecque et latine que dans la science de la médecine dont il faisait profession. Il traduisit les tragédies de Sophocle en vers latins et les dédia, en 1565, à l'évêque Pierre de Marcilly. Il composa un grand nombre d'ouvrages sur la médecine qui supposent une vaste érudition, commenta plusieurs opuscules d'Hippocrate et de Galien, entre autres : *De hominis ætate et extremo fine, Hippocratis,* Genève, 1571; *De diebus decretoriis, Galeni,* Lyon, 1559; « livre rempli, selon Edme Thomas, d'une grande variété de doctrine, » où l'auteur rend raison des mois lunaires et solaires, des années égyptiennes, » arabes, perses, hébraïques, grecques et romaines. » Winder-Linden, dans sa bibliothèque médicale, dit que Lalemant fit imprimer à Autun même, *Æduœ,* 1578, in-8°, son livre *De Ptisana sui temporis libellus;* mais. Papillon suppose que cette édition n'est pas différente de celle qui parut à Lyon, la même année. — On peut consulter, pour la liste de ses ouvrages, la *Bibliothèque des auteurs de Bourgogne,* par Papillon, p. 367, et la nouvelle édition d'Edme Thomas, p. 338.

officiers du roi en ce lieu, qu'ils y tiennent la main et veillent pour le repos public, faisans faire les excuses à l'évêque et à tous autres défendre telles entreprises. Par le même moyen, il vous plaira que tous prisonniers pour le fait de la Religion soient mis en liberté : pourquoi, nous obligerez de plus en plus à prier Dieu pour votre grandeur et prospérité, vous promettans que nous nous règlerons selon l'édit du roi et ce qu'en ordonnerez pour le service du dit seigneur et accomplissement de sa volonté et commandement.

» Sur ce, prions le créateur vous impartir sa grâce, nous recommandans très humblement à la vôtre.

» D'Autun, le 20 juillet 1563, vos très humbles et obéissans serviteurs. Pour ceux de l'église réformée d'Autun, signé Jean Lalemant. »

Cette requête, présentée par la communauté protestante pour demander la pure exécution de la loi, donna, comme on le pense bien, l'alarme aux chanoines. Dans la crainte que Tavannes ne fût obligé d'y faire droit et que les calvinistes longtemps comprimés, une fois mis en possession de leur culte, n'exerçassent des vengeances contre l'Eglise, ils réclamèrent la restitution de leurs armes qui avaient été déposées, comme nous l'avons vu, en maison tierce, sous la surveillance des officiers du bailliage.

« Monseigneur, — écrivent les chanoines au gouverneur, onze jours après l'envoi à Dijon de la lettre collective des calvinistes autunois, — pour ce qu'il vous a plu mander à M. le bailli de Loges, faire commandement à tous les habitans de cette ville de retirer leurs armes aux maisons qui seront pour ce faire, par le bailli, destinées et déterminées : Nous, à ces causes, l'avons requis avoir égard à nos justes pétitions et remontrances, desquelles ne s'est voulu rendre juge ni supérieur.

» Pour quoi, Monseigneur, nous recourons à vous, non pour autre chose, sinon pour vous obéir entièrement ; mais il vous plaira avoir égard et considérer que peu de gens d'église en votre gouvernement ont telle auctorité et juridiction que nous avons eu en notre Cloître, sis au Châtel de cette ville d'Autun, dans lequel

Cloître nous avons toute justice; que la plus grande part des murailles du Châtel y sont assises, lesquelles sont à notre charge et garde avec toutes réparations et emparemens, et aussi, que de tout temps, nous avons toujours eu et avons présentement pour la garde d'icelui artillerie avec munitions pour notre défense, laquelle artillerie et munitions sont réduites en une maison sûre et à nous connue.

» Si, vous prions, Monseigneur, tant humblement que nous pouvons, ne nous faire autrement que vous feriez à un gentilhomme en son châtel et nous laisser réduire toutes nos armes particulières en un certain lieu à nous connu, en notre Cloître et justice. Oultre ce, vous savez mieux que personne que les ennemis de Dieu, de son Eglise et du roi notre souverain en veulent principalement à ceux de notre état et défenseurs d'icelui.

» Si donc, nous vous prions derechef, Monseigneur, avoir égard à tout ce que dessus, comme chose juste et raisonnable, et nous prions et prierons le créateur vous vouloir toujours conserver heureusement à la confusion des ennemis et conservation de son Eglise, avec la tranquillité et repos de ce royaume, nous recommandans tant et si humblement que nous pouvons et devons à votre bonne grâce.

» D'Autun, ce 31 juillet 1563, vos humbles voisins, serviteurs et orateurs, les doyen et chanoines de l'Eglise d'Autun. Par ordonnance, signé Luillier. » [1]

Mais Tavannes n'était pas en de meilleures dispositions que par le passé. De plus en plus hostile aux idées de la cour d'où il ne tirait ni secours ni conseils, maître absolu dans son gouvernement, il avait juré d'y maintenir avec ses propres ressources l'intégrité de la religion. Voici comment son frère Villefrancon, surveillant attentif des intrigues calvinistes, jugeait, dans une lettre du 26 juillet 1563, la requête des protestants d'Autun et son véritable auteur, Jacques Bretagne.

---

[1] Cette lettre et la précédente font partie de la collection La Mare, manuscrit 9484 [10], fol. 21 et 23.

« Monsieur, quant à la requête que vous ont présentée ceux d'Autun, c'est de la menée de monsieur de Bretaigne qui ne cessera jamais qu'il n'ait mis cette ville-là en ruines. Vous ne leur pouvez accorder ce qu'ils demandent, pour ce que Lyon n'est encore du tout réduit à la volonté du roi, aussi que les granges qu'ils demandent sont encloses dedans le circuit de la ville d'Autun, ce qui est défendu par l'édit de janvier, par lequel ils devoient prêcher aux faubourgs davantage que par le traité de paix dernier, où il est dit qu'ils ne prêcheront aucunement ès villes où l'exercice de la Religion n'étoit exercée auparavant le mois de mars, et qu'il sera nommé par le roi lieux certains pour faire leur prêche et exercice de religion en chacun bailliage et lieu qui leur a été désigné, et leur a esté baillé *La Tannière*. Ils ne peuvent refuser d'aultant que c'est un bon bourg où il y a foire et marché, un lieu fort accessible et propre pour eux. Joint que s'ils prêchent en des granges aux faubourgs, cela seroit sujet à une infinité de séditions où il faudroit que le gouvernement fût toujours empêché, et avoir temps pour ce faire. L'évêque eût bien agi s'il eût fait prendre cet homme et La Coudrée qui est cause de tout le mal, car il a force prises de corps contre lui. »

Ces menaces, ces poursuites projetées, ces propositions dérisoires faites aux calvinistes n'effrayaient pas Bretagne. Il en appelait de tous côtés pour obtenir l'exécution de l'édit d'Amboise; il se rendait auprès du parlement, à la cour, partout où il espérait trouver un appui.

« J'ai entendu, — écrit Villefrancon quelques jours plus tard, — que Bretagne et quelques-uns de ceux de Couches s'en vont à Dijon par devant les commissaires de Sa Majesté [1], pour avoir des *temples*. Il y faut mettre la main pour y remédier. Ils ont en outre quelques autres mémoires cachés; il faut que vous preniez peine de les découvrir. »

---

[1] Il s'agit de commissaires royaux envoyés en Bourgogne sur les plaintes des protestants, pour fléchir Tavannes qui refusait d'obtempérer à tous ordres et conseils de tolérance.

Tout en cherchant à faire rendre à ses coreligionnaires l'exercice de leur culte, Bretagne n'oubliait pas de briguer, à chaque élection, les fonctions de vierg qui venaient de lui échapper une seconde fois, et qui avaient été continuées au bailli de l'église, à l'ennemi des calvinistes, à son adversaire personnel, Georges Venot.

« M. Venot, vierg d'Autun, — dit encore Villefrancon, — m'a écrit que ceux de la nouvelle religion poursuivent pour la faire casser l'élection du vierg dernièrement faite, pour remettre Bretagne. Je lui ai mandé ce qu'il me semble qu'il faut qu'il fasse. Ils tourneront cette ville-là sens dessus dessous, et il seroit bon que vous leur en écriviez un mot, car cela est de grand prix et contre le service du roi; mais j'ai bien peur qu'ils y aient déjà touché, et s'ils font cela à Autun, ils le voudront faire par toutes les villes de Bourgogne. » [1]

Cependant, la ténacité de Bretagne finit par atteindre en partie son but. Charles IX lui octroya des lettres patentes pour sauvegarder, en vertu des édits de paix, le culte réformé à Mâcon, Chalon, Autun. L'obstiné Villefrancon se hâta de mettre empêchement à leur publication; il écrivit de Chalon, le 1er novembre 1563 :

« J'ai envoyé à Mâcon et à Autun pour empescher la publication des lettres, si jà elle n'est faite, ou si elle étoit faite, de la révoquer : ce que j'ai exécuté en cette ville (Chalon) où j'ai retiré les dites lettres. Je crois que peu de gens s'y fieront, parce qu'elles ne sont que du cachet, et quant bien ils auroient satisfait à ce qui est contenu dans les dites lettres, si est-il qu'ils ne sont pas prêts d'entrer dedans les villes. On m'a dit qu'il y a quelques-uns de ceux qui étoient allés avec Traves-Choiseul qui se sont retirés à Arnay-le-Duc. Il seroit bon de les saisir. J'ai mandé à ceux d'Autun de

---

[1] Lettres du 5 août 1563. — *Id.* du 4 septembre.

prendre ceux qui sont retournés au dit Autun : je ne sais s'ils le feront.

» *Post-Scriptum.* — Je vous envoie des missives de Mâcon par où vous verrez un beau ménage. Si vous trouvez bon d'y envoyer le prévôt des maréchaux d'Autun, Syagre de Monnetoy, il faudra le lui mander au plus tôt. »

Convaincus de l'inutilité de leurs efforts pour établir leur prêche dans Autun, les calvinistes consentirent à sacrifier une partie de leurs prétentions. Ils finirent par solliciter la simple permission de s'assembler au hameau de La Barre, situé loin des faubourgs, et d'y installer leur prêche dans un héritage appartenant au lieutenant Lazare Ladone [1]. Elle leur fut accordée par des lettres patentes du 1er décembre 1563. Tavannes, qui tenait avant tout à ne point laisser de prêches s'installer dans les villes, consentit à leur exécution.

« Gaspard de Saulx, seigneur de Tavannes, chevalier de l'ordre, capitaine de cinquante hommes d'armes des ordonnances du roi, et son lieutenant-général au gouvernement de Bourgogne, en l'absence de Mgr le duc d'Aumale.

» Sur la requête à nous présentée par ceux de la religion prétendue réformée au bailliage d'Autun, tendant à ce que suivant les lettres patentes du roi du premier jour du présent mois de décembre, à nous adressées, il leur fût permis faire l'exercice de leur religion au bourg et village de La Barre, près Autun, sans aucun contredit, trouble ou empeschement, et que publication en fût faite

---

[1] Un registre de la temporalité nous donne, au sujet d'une tenue de jours par le chapitre aux hameaux de La Barre et de Chaumont dépendants de sa justice, des détails précis sur la situation topographique du temple de La Barre. Ces assises, — dit un procès-verbal du 27 février 1582, — s'ouvrirent en la maison appelée la *Petite-Barre*, laquelle tenait : « du côté du septen-
» trion, au grand chemin tendant de Chaumont à Fleury ; devers midi, au
» grand chemin tendant de la rue des Bouchers (Talus ou Petit-Puits) à
» Montdru ; du côté du couchant, aux héritages de M. Lazare Ladone ; et du
» côté du levant, à une pièce de terre, où *jadis étoit édifié le temple de*
» *ceux de la religion réformée.* »

avec cris et selon la manière accoutumée, afin que personne n'en pût prétendre cause d'ignorance.

» Vu la dite requête et les lettres patentes du premier jour de décembre, par lesquelles Sa Majesté a establi le bourg de La Barre pour l'exercice de la religion prétendue réformée. Avons, par le commandement exprès du dit seigneur contenu en icelles lettres et autres à nous envoyées, ordonné que icelui exercice se fera au dit lieu de La Barre, au bailliage d'Autun, faisant inhibition et défense à tous sujets du roi, de quelque qualité et condition qu'ils soient, empescher les susdits de la religion faire leur exercice, et ne les offenser de faits ou de paroles, allans et venans au dit lieu, le tout suivant l'édit de pacification.

» Mandons, en conséquence, et commandons aux officiers du roi au dit bailliage, aux échevins et procureurs de la ville d'Autun et à chacun d'eux respectivement et à tous autres qu'il appartiendra, faire contenir et comporter le peuple, en cela, sans scandale, injure ni offense des uns envers les autres, de manière qu'iceux édits soient inviolablement gardés, observés et entretenus au commun bien, repos et contentement d'un chacun : comme aussi faire publier partout où il appartiendra la présente ordonnance, à ce que personne n'en puisse prétendre cause d'ignorance.

» Mandons en outre le premier huissier ou sergent royal être requis faire toutes significations pertinentes et nécessaires, en certifiant de son exploit.

» Fait le 18ᵉ jour de décembre 1563, en la ville de Dijon, signé de Saulx-Tavannes. » [1]

Cette mesure conciliait jusqu'à un certain point la liberté du protestantisme avec le respect dû à la religion de la presque unanimité des habitants d'Autun ; elle fut d'un heureux effet pour la tranquillité publique. Le prêche une fois établi à La Barre, tout prétexte était enlevé aux agitations. Les partis se calmèrent. L'année 1564, malgré sa grande stérilité et pénurie, fut paisible. Les cérémonies catholiques,

---

[1] Pièce détachée de la collection Fevret de Fontette, à la Bibliothèque nationale, porte-feuille XXXVI, n° 94.

les processions de la cathédrale et des autres paroisses, même de celles situées dans les faubourgs, reprirent leur cours, sans être en butte aux insultes. On exposa les reliquaires, joyaux et autres ornements précieux qui avaient été retirés les années précédentes « pour le danger de l'hosti- » lité et incursion des religieux hérétiques, lesquels à » plusieurs fois avoient ruiné, pillé et dégâté les églises et lieux saints. » La peste, qui ne cessa de sévir depuis le mois de juillet 1564, pendant toute une année, avec une violence extrême, contribua sans doute aussi à la paix en ramenant dans les esprits la pensée de fléchir la colère céleste, et en nécessitant des mesures de police qui firent pendant plusieurs mois de la ville une cité morne et déserte, quand elle n'était pas occupée à des processions et à des prières expiatoires. [1]

---

[1] La peste fut endémique à Autun durant presque tout le XVIe siècle et jusques vers le milieu du XVIIe. Nous n'en parlons ici qu'en passant, ayant le dessein de publier une série de documents à ce sujet.

CHAPITRE IV

PÉRIODE DÉCROISSANTE DU CALVINISME A AUTUN.

SOMMAIRE.

Voyage de Charles IX en Bourgogne. — Question de la Régale et prétentions de l'évêque d'Autun sur l'archevêché de Lyon. — Jacques Charvot et Jean Serrurier. — Pierre de Marcilly et le cardinal Hippolyte d'Est. — Philibert de Marcilly-Cipierre. — Sa mort et son inhumation dans l'église Saint-Lazare. — Edit de Roussillon et ses conséquences. — Transfert du prêche de La Barre à Bois-le-Duc. — Sa suppression. — Divergences religieuses dans les familles d'Autun.

Dans le courant de l'année 1564, Charles IX entreprit, avec sa cour, un voyage dans les provinces, sous prétexte de calmer par sa présence les troubles causés par l'hérésie ; mais, en réalité, dans la pensée de s'enquérir de l'état du pays, de s'assurer des forces des protestants et de restreindre leurs privilèges.

Après avoir visité la Champagne, le roi vint en Bourgogne et fit son entrée à Dijon, au mois de mai. Il alla en grand cortège prendre possession du duché dans l'église Saint-Bénigne, et fut reçu par Tavannes qui, pour toute harangue, mit la main sur son cœur et lui dit : « Sire, ceci est à vous », ensuite sur son épée : « et voici de quoi je vous puis servir. »

Cependant, tout en protestant de son dévouement, Tavannes ne cessait de résister au monarque. Non content d'avoir engagé les Etats et le parlement de la province à refuser l'enregistrement des édits de pacification, il fit présenter par ces deux corps des remontrances au roi contre la tolérance de deux religions dans l'Etat, avec prière de les dispenser de l'exécution des édits de janvier et d'Amboise. Le roi les paya de belles paroles, promit la conservation des privilèges de la province, accorda plusieurs dons et grâces, mais sur le dernier point se refusa à toutes concessions. [1]

Charles IX descendit ensuite à Lyon par Chalon et Mâcon [2]. Là, l'évêque d'Autun lui fit présenter, par Jean Serrurier, son confident, plusieurs demandes, entre autres l'éloignement du prêche de La Barre. Serrurier, qui résidait dans cette ville depuis 1562, soutenait alors les droits de Pierre

---

[1] Quelque temps après l'édit de janvier, le parlement avait député à Paris le conseiller Jean Bégat, avocat célèbre, pour faire au roi des remontrances. Admis au conseil privé, l'orateur parla avec tant d'éloquence contre cet édit contraire, disait-il, aux intérêts du roi, de l'Eglise, de la noblesse et du tiers; il invoqua avec tant d'à propos la devise composée par L'Hôpital pour Charles IX, PIETATE ET JUSTITIA, que ses observations furent accueillies et la conduite de sa compagnie approuvée. [V. l'analyse de ce discours dans dom Plancher.] Plusieurs seigneurs catholiques du conseil tinrent même ce propos : « que la cour de Dijon pouvoit se vanter d'avoir conservé le dernier fleuron » de la couronne. »

En 1563, après le deuxième édit de pacification, le parlement envoya de nouveau Bégat au roi pour protester. Mais, cette fois, il fut moins heureux. On loua beaucoup la piété des Bourguignons qui soutenaient l'incompatibilité des deux communions, on applaudit au zèle et au talent de leur député; mais on le congédia, en lui répondant qu'il fallait céder aux circonstances et procéder à la publication de l'édit. Ce refus de Charles IX d'accéder aux vœux de la province eut de graves conséquences que nous retrouverons plus loin : nous voulons parler de la création, en Bourgogne, des confréries du Saint-Esprit, premiers rudiments de la Ligue.

[2] Gandelot parle du passage de Charles IX à Beaune, vers la fin de mai. Cette ville étant du diocèse d'Autun et à une petite distance, il est probable que Marcilly, que les officiers du roi et les magistrats s'y rendirent. [*Histoire de Beaune*, p. 128.]

de Marcilly sur la régale de l'archevêché de Lyon, contre le cardinal de Ferrare, Hippolyte d'Est [1]. Revenons un instant sur nos pas, et jetons un coup-d'œil d'ensemble sur cette question de la régale qui se rattache intimement à l'histoire de cette époque.

Quelques mois après le colloque de Poissy, au moment où l'hérésie commençait à envahir le midi, l'un des prélats les plus éclairés de France, le cardinal de Tournon, archevêque de Lyon, vint à mourir. Ce fut un malheur pour le pays, car l'autorité dont il jouissait retenait encore les novateurs. Dès qu'ils eurent cessé de redouter son influence, ils redoublèrent d'excès. François de Tournon était mort le 22 avril 1562. Le 1er mai, Lyon tombait au pouvoir des protestants, et le comte de Saulx, qui les favorisait ouvertement, était nommé gouverneur de la ville. [2]

Dès une haute antiquité, en qualité de premier suffragant, l'évêque d'Autun avait le privilège d'administrer au spirituel et au temporel l'église métropolitaine de Lyon pendant la vacance. L'archevêque jouissait des mêmes avantages sur le diocèse d'Autun, *sede vacante*, à l'exception du temporel dont les revenus, depuis une ordonnance de Philippe-le-Long, de 1320, devaient retourner au domaine royal. Ce serait sortir de notre sujet que de chercher l'origine et de suivre les phases de ce droit analogue au droit possédé par

---

[1] Jean Serrurier, *argentier* ou trésorier de l'évêque de Marcilly, qui prit une part active à cette affaire de la régale, ne nous est connu que par sa correspondance, conservée aux archives de l'évêché; tout ce qu'on sait de lui, c'est qu'il succéda, le 13 septembre 1566, au chanoine Adam Chiquet, dans la cure de Saint-Quentin.

[2] François d'Agoult, comte de Saulx, fut gouverneur de Lyon pour les huguenots, jusqu'en 1564, époque où Charles IX le révoqua et donna son gouvernement à Jacques de Savoie, duc de Nemours, un des meilleurs capitaines du temps. Nemours épousa Anne d'Est de Ferrare, veuve de François de Lorraine, duc de Guise. Ce fut un de ses fils qui s'empara d'Autun, en 1589, et en fit un des boulevards de la Ligue, en Bourgogne.

nos souverains sous le nom de *régale*. Qu'il nous suffise de dire que ce privilège réciproque des deux Eglises était déjà établi du temps de Philippe-Auguste; qu'après mûr examen, ce monarque le confirma en 1189, et qu'il ne cessa d'être reconnu jusqu'à la fin du siècle dernier par les rois et maintenu par de nombreux arrêts.

Pierre de Marcilly se mit donc en mesure de prendre possession de l'archevêché de Lyon, et délivra au grand-chantre Charvot des lettres de vicaire-général pour l'administrer en son nom [1]. Cette mission n'était pas sans difficultés et sans périls. Les derniers évènements avaient obligé le clergé métropolitain de cesser les offices et de se cacher. Dans le même moment, le capitaine d'Entragues occupait Mâcon avec des troupes calvinistes qui s'abandonnaient aux plus grands désordres; à Chalon, les huguenots étaient maîtres de la ville; à Autun, ils se préparaient à célébrer la Cène.

Jacques Charvot partit le 5 mai, avant-veille de la célébration de la Cène, accompagné de Philibert Deschasaulx, bailli de l'évêque, de Simon Barbotte, son greffier, et de Jean Serrurier. Arrivé le lendemain à Saint-Antoine-d'Ouroux, village situé à environ douze lieues de Lyon, il fut averti, comme il le dit dans un procès-verbal, que la ville avait été surprise par les partisans de la nouvelle religion; « qu'ils » avoient ruiné les églises, chassé tous gens ecclésiastiques, » même les sieurs doyen, comtes et chanoines de la cathé-

---

[1] Afin de faire connaître le droit dont jouissaient nos évêques, nous donnons aux *Pièces justificatives,* n° 18, la lettre de commission de Charvot. L'original latin est aux archives de l'évêché, section de la *régale,* liasse troisième, n° 82; et si l'on juge de l'importance de cette affaire par le nombre des pièces qui la concernent, elle dut être grande. — C'est aux bienveillantes indications de M. l'abbé Devoucoux, que nous devons la majeure partie des détails consignés dans cet épisode. Nous avons cherché à les compléter en consultant quelques autres sources, telles que les papiers et registres de l'ancien chapitre de Saint-Jean de Lyon, et les recueils des arrêts du parlement de Paris.

» drale de Saint-Jean, lesquels s'étoient retirés en plusieurs
» pays et contrées. » Il apprit également que le sieur de
Nagu-Varennes, l'un de ces chanoines, était arrivé à Varennes près Beaujeu.

Le 7 mai, Charvot se rendit auprès de lui avec Deschasaulx et Barbotte, et lui fit part de sa mission, en le priant de lui indiquer en quel lieu il pourrait trouver ses confrères afin de leur faire semblable communication. Le chanoine répondit qu'il serait difficile d'en réunir un certain nombre à Lyon ou au dehors, « à cause des grands troubles, ruines,
» calamités et malheureux actes advenus pour le fait de la
» Religion; que les chanoines de Saint-Jean avoient été rui-
» nés, pillés, saccagés, mis en fuite et dispersés de tous
» côtés. » Il ajouta que quant à Charvot, il lui serait impossible d'entrer dans la ville, « vu sa qualité et son état, et
» qu'il ne feroit pas sagement de passer outre, pour le dan-
» ger qui lui en pouvoit advenir. » Le vicaire-général se prévalant de la nécessité d'exécuter sa commission, Nagu lui dit qu'il ne trouvait nullement cette démarche étrange;« qu'il
» étoit bien joyeux de ce qui arrivoit à l'évêque d'Autun,
» et qu'il étoit seulement marri que les choses ne lui succé-
» dassent point comme il le désiroit. »

Les députés de Marcilly se rendirent alors à Villefranche, où ils connurent avec plus de détails la situation de la ville et l'impossibilité d'en approcher. Cependant, le 8 mai, Serrurier, afin de s'assurer par lui-même de l'état des choses, trouva le moyen d'y pénétrer *habillé en soldat et feignant d'être de la religion nouvelle*. Il revint dans la soirée, affirmant qu'on n'avait rien exagéré. Charvot prit le parti de déléguer Serrurier pour poursuivre l'affaire par les moyens dont il pourrait disposer. Il institua en même temps comme vicaire de l'évêque d'Autun le chanoine Benoît Buatier, docteur en droit, camérier et official de l'église collégiale de Saint-Paul, qui avait été son collègue aux États généraux d'Orléans, comme député du clergé diocésain. Quant à lui, il reprit la route d'Autun.

Serrurier, étant retourné à Lyon, alla de suite trouver les conseillers du cardinal de Tournon et s'entretint avec eux de ce qu'il y avait à faire dans les circonstances. L'avis unanime fut que les ecclésiastiques ne pouvant revenir sans danger dans la ville et retirer les actes nécessaires à l'exercice de leurs charges, il convenait de transférer le siège métropolitain à Trévoux, capitale de la seigneurie de Dombes, qui appartenait à un prince catholique, le duc de Montpensier. L'argentier de l'évêque d'Autun se rendit alors, avec le secrétaire de l'archevêché, dans cette ville. Il déclara l'objet de son voyage aux chanoines qui lui accordèrent « territoire et tout pouvoir d'établir le siège de l'administra-
» tion, avec résidence des vicaires et autres officiers néces-
» saires pour les expéditions qui surviendroient en la spiri-
» tualité, et même de convoquer et d'assembler le synode
» tant du pays de Bresse, Savoie, Forez, Beaujolais, qu'au-
» tres dépendants du diocèse de Lyon. »

Un nouvel incident vint augmenter ces complications. Le cardinal Hippolyte d'Est, légat en France, éleva tout-à-coup des prétentions sur l'archevêché de Lyon. Fils d'Alphonse de Ferrare et de Lucrèce Borgia, et frère du duc régnant de Ferrare, il avait occupé le siège d'Autun, de 1546 à 1550 [1],

---

[1] En 1550, Hippolyte d'Est avait permuté l'évêché d'Autun avec Philibert d'Ugny contre l'abbaye de Flavigny et le prieuré de Saint-Vivant, près Nuits. Indépendamment de ce siège et de celui de Lyon qu'il avait échangé pour l'archevêché d'Auch, cet ambitieux prélat fut titulaire ou administrateur temporel des archevêchés de Narbonne, Milan, Arles, et de l'évêché de Treguier. Il était également commendataire de la riche abbaye d'Ainay qu'il posséda jusqu'à sa mort arrivée à Rome, le 2 septembre 1572. — Le sceau de ce cardinal-évêque d'Autun a été publié dans les *Mémoires de la Société Éduenne*, 1834, planche XIII.

comme premier évêque nommé en vertu des concordats, l'élection de ses prédécesseurs s'étant faite jusque-là par le chapitre. Pourvu depuis de l'archevêché de Lyon, il avait résigné cette dignité en faveur du cardinal de Tournon. Appuyé d'une maison souveraine attachée à la France, il était en outre d'une habileté consommée dans les affaires. Après la mort du cardinal, il fit valoir un droit *de retour* résultant de conventions prises avec lui, et obtint du pape une bulle qui le réinstituait archevêque, par la forme bénéficiaire de *regrès*, « *è regressu.* » [1]

Pierre de Marcilly, informé que le chanoine Buatier répondait mal à la confiance qu'on lui avait témoignée en le nommant son vicaire et qu'il se prononçait pour le cardinal de Ferrare, le remplaça par Jean de Champrenard, chanoine de Saint-Just. Ce nouveau fondé de pouvoirs notifia, le 26 février, à Buatier, la décision de l'évêque d'Autun. Le camérier de Saint-Paul était en compagnie d'Antoine Arioste, trésorier du cardinal de Ferrare, et de Michel Platon, greffier de l'archevêché. Après avoir conféré avec les assistants, il répondit au nom du cardinal :

« Je déclare n'avoir aucun intérêt à ce que l'évêque d'Autun révoque les officiers que vous prétendez avoir été institués par ses vicaires; nous ignorons même ce que peut signifier votre démarche ; car nous n'avons jamais fait aucun acte de justice soit au spirituel, soit au temporel, comme officiers établis par le dit évêque ; nous avons agi, ainsi que nous espérons et désirons le faire encore à l'avenir, sous l'autorité du cardinal de Ferrare, que nous recon-

---

[1] Cette sorte de provision, sujette à de graves abus, dit Durand de Maillane, art. *regrès,* déplaisait à la cour de France, à cause de l'influence qu'elle donnait au Saint-Siège. Elle fut réprouvée par le concile de Trente, par une constitution de Pie V et par l'ordonnance d'Orléans. Toutefois, les canonistes n'ont cessé de reconnaître la validité de certains regrès revêtus de l'autorité pontificale.

naissons pour véritable archevêque, comte de Lyon, primat de France, étant rentré en l'administration de ce diocèse en vertu de la réserve de regrès, arrêtée avec le consentement du roi, et à sa requête confirmée par le pape. La clause étant expresse, vous n'avez aucune raison d'invoquer le droit de régale réclamé par l'évêque d'Autun; nous protestons donc contre votre entreprise et nous vous rendons responsables de tous les dommages qui pourront résulter du désordre qu'amènera certainement dans le clergé du diocèse ce conflit de juridiction. »

Ce n'était pas le premier acte d'opposition de la part du légat contre Pierre de Marcilly. Dès le 9 septembre 1562, son secrétaire-trésorier, Antoine Arioste, avait déclaré à ce dernier que le droit de régale n'était pas applicable dans la circonstance. [1]

Quelque danger qu'il y eût à lutter contre un pareil adversaire représenté par le vigilant et adroit Arioste, Pierre de Marcilly ne laissa pas de poursuivre avec persévérance une affaire qui intéressait un des plus importants privilèges de son évêché. Indépendamment de la répugnance manifestée par l'Eglise, dans plusieurs canons, contre les permutations sous condition de regrès, il s'agissait de savoir si un archevêque de Lyon pourrait anéantir un droit acquis de toute ancienneté à l'évêque d'Autun, et qui s'était exercé sans interruption jusqu'à ce jour. Marcilly se trouva dans la nécessité de le faire appuyer par des jurisconsultes.

---

[1] Le nom du trésorier du cardinal rappelle le célèbre poète italien dont il était parent. Cette famille était très nombreuse et attachée aux ducs de Ferrare. On sait que le cardinal fut le premier Mécène de l'auteur de l'*Orlando furioso*, qu'il aimait à s'entourer d'hommes graves et sérieux dont la doctrine et l'habileté l'aidaient à remplir ses fonctions. Il protégea l'érudit Marc-Antoine Muret, et l'italien Paul Manuce nommé, par Pie IV, conservateur de la Bibliothèque Vaticane. Le cardinal de Ferrare possédait sur le mont Quirinal et à Tibur des jardins et des palais dans lesquels il avait recueilli des statues antiques et des peintures d'un grand prix. On le comptait parmi les protecteurs les plus éclairés des arts.

Le barreau de Paris comptait parmi ses membres François de Montholon, fils de François, seigneur du Vivier, garde-des-sceaux sous François Ier, et neveu de Nicolas, ancien lieutenant de la chancellerie d'Autun [1]. Depuis plusieurs années, Montholon était avocat du chapitre et de l'évêque dans les causes évoquées par ces derniers au parlement de Paris, et ils avaient eu souvent occasion d'apprécier ses lumières et son talent. Consulté sur la question de la régale, et sur la prétention du cardinal de rentrer dans son siège et d'en saisir les revenus, il fut d'avis que l'évêque d'Autun devait appeler comme d'abus. L'instance fut ouverte, et les plaidoieries commencèrent le 18 mars 1563.

L'avocat de Marcilly se livra à de hautes considérations sur l'intérêt de l'Eglise et de l'Etat. Il fit observer que plus la dignité de son adversaire était élevée dans l'ordre ecclésiastique, plus il importait de mesurer les conséquences d'un acte abusif. Il s'appuya sur de nombreuses citations des historiens, des canonistes et des juristes, déployant tout à la fois son érudition et son éloquence. Prenant à son tour la parole, l'avocat du cardinal, nommé Laporte, s'appliqua à diminuer l'effet produit par la harangue de Montholon en affirmant que le bien de l'Eglise, invoqué avec tant de chaleur, était un simple prétexte. Mille écus donnés de bon accord à Marcilly par le légat auraient sans aucun doute

---

[1] François Ier de Montholon, nommé à cette charge, le 9 août 1542, ne la conserva que quelques mois, étant mort le 15 juin de l'année suivante. François II, savant jurisconsulte, avocat éloquent, marcha sur les traces de son père. « Après avoir passé, — dit Munier, p. 61, — par tous les degrés d'honneur, avocat très fameux, conseiller et président, il devint enfin le chef de la justice du royaume. » Ce fut en 1588, après la disgrâce du chancelier Hurault, qu'il fut élevé à la dignité de garde-des-sceaux. En 1573, il refusa une somme de 200,000 fr. à laquelle les habitants de La Rochelle avaient été condamnés pour leur rébellion, et la leur remit généreusement à condition de bâtir un hôpital. — Neveu de l'ancien lieutenant de la chancellerie, François Montholon était cousin par alliance de Jacques Bretagne.

prévenu toute procédure. Il se jeta dans des interprétations subtiles, dans des difficultés de forme, à l'aide desquelles il chercha à rendre moins évident un droit réellement acquis.

L'ancien privilège de l'Eglise d'Autun l'emporta, dans l'esprit de la cour, sur les nouveautés défendues par son adversaire. Comme ce dernier contestait l'existence du droit de régale, même dans les cas ordinaires, le procureur-général, résumant la discussion, dit qu'il y avait dans l'affaire deux questions subordonnées l'une à l'autre : — 1° L'évêque d'Autun doit-il jouir des fruits de l'archevêché pendant la vacance, jusqu'à la prise de possession d'un légitime successeur? — 2° La position du cardinal de Ferrare est-elle celle d'un légitime successeur? Des preuves nombreuses fondées sur des actes authentiques furent apportées par l'orateur en faveur du premier point; quant au second, l'intérêt de l'Eglise oblige, dit-il, à distinguer entre les concessions faites pour des bénéfices de peu d'importance, et celles qui ont pour objet les plus hautes dignités d'où dépend le gouvernement de tout un diocèse. Il conclut en faveur de l'appel comme d'abus; et la cour, se prononçant immédiatement, déclara abusives les bulles du cardinal de Ferrare et permit à l'évêque d'Autun de faire appeler son compétiteur devant le sénéchal de Lyon pour le contraindre à lui rendre les frais du procès et les revenus dont il s'était emparé depuis le décès de François de Tournon.

Pierre de Marcilly fit signifier cet arrêt aux officiers du bailliage. Il adressa sommation à l'official Benoît Buatier de n'avoir à troubler en rien l'exercice de son administration. Il fit en même temps présenter l'arrêt au clergé métropolitain, dont l'avis ne lui fut pas favorable, et son délégué dut se retirer en rédigeant une protestation. Ses instances auprès du chapitre eurent plus de succès. Les chanoines, assemblés sous la présidence de Théodore de Vichy, leur doyen, firent la réponse suivante :

« Nous avons fait les fruits nôtres jusques à présent, s'il y a régale, et nous protestons contre toute tentative contraire. Du reste, nous donnons, autant qu'il est en nous, l'administration de l'archevêché tant au temporel qu'au spirituel à l'évêque d'Autun, jusqu'à ce que le dit archevêché soit rempli, si déjà il ne l'est, afin que le dit évêque en jouisse comme ses prédécesseurs l'ont fait et sans préjudice des droits du doyen et chanoines de notre église et sans préjudice pareillement du différend élevé entre le cardinal de Ferrare et l'évêque d'Autun. »

Antoine Arioste, auquel cette délibération fut communiquée, somma le chapitre de reconnaître les droits du cardinal; mais on lui répondit que si l'on ne voulait rien faire qui pût nuire à sa cause, on ne voulait pas non plus « se » méprendre au regard de l'appel comme d'abus. » Ceci se passait le 21 avril 1564; le 15 du mois suivant, Pie IV accorda une nouvelle bulle au légat et ranima la discussion. La cour de Rome et le parlement de Paris avaient prononcé contrairement : deux juridictions étaient aux prises; il fallut s'adresser au roi.[1]

C'était le moment où Charles IX venait d'arriver à Lyon, après avoir traversé la Bourgogne. Sa présence sur les lieux lui rendait plus facile une décision conforme à la prudence et aux règles de la discipline. Pierre de Marcilly chargea Serrurier de suivre la cour jusqu'à ce qu'une solution fût obtenue. Celui-ci poursuivit ses négociations à Lyon, à Crémieux, à Roussillon, à Valence.[2]

---

[1] Archives de l'évêché, Régale de Lyon, liasse troisième, nos 89 à 99.

[2] Voir aux *Pièces justificatives,* n° 19, des fragments de la correspondance de Serrurier [lettres des 16 juillet, 5 et 21 août 1564], où se trouvent d'intéressants détails sur le voyage de Charles IX et sur les affaires du jour.

Il était porteur de lettres de recommandation de l'évêque d'Autun pour son frère Philibert de Marcilly, seigneur de Cipierre, qui accompagnait le jeune roi en qualité de gouverneur [1]. « Cipierre, — écrit Brantôme, — avoit donné au » prince une excellente nourriture, mais elle fut gâtée par » le maréchal de Retz, italien, qui le pervertit. » En effet, sa vigilance et son austérité déplurent dans une cour livrée aux intrigues et à la corruption. Les calvinistes, le voyant avec dépit élever le monarque dans le respect de la religion catholique, cherchèrent à le supplanter et à discréditer ses enseignements dans l'esprit de son élève. Il fit partie du conseil de la reine avec le chancelier L'Hôpital, et tous deux, membres de ce tiers-parti qui tendait à la conciliation, se détachent, par leur haute probité, du tableau misérable que présentent les hommes et les choses de ce temps. Il était plein de fermeté et de franchise vis-à-vis des factions. Persuadé qu'elles étaient entretenues par la rivalité des Guise et des Montmorency, représentants du parti catholique, et les Châtillon et les princes du sang, représentants du protestantisme, Cipierre conseillait à Catherine de Médicis de les affaiblir les uns et les autres, disant « que les vagues » s'abaisseroient quand les vents ne souffleroient plus. » A son lit de mort, il répéta les mêmes paroles et chargea un témoin de dire de sa part à la reine que c'était le meilleur conseil qu'elle pût recevoir. Mais Catherine préféra se perdre dans des négociations ténébreuses, des intrigues tor-

---

[1] Pendant le voyage de Charles IX en Bourgogne, Cipierre vint rendre visite à son frère.
« 12 avril. — M. de Cipierre est à Lucenay où une députation du chapitre » est envoyée. »
« 2 juin. — M. le doyen Lombard, Charles Ailleboust, Ferrand et Dela-» fosse iront aujourd'hui saluer et rendre aussi grand honneur que faire se » pourra à M. de Cipierre qui est avec son frère, évêque et prieur de Saint-» Symphorien, au dit couvent. »

tueuses et des jeux de bascule sans résultats, « jetant parfois
» de l'huile sur tel feu, — dit d'Aubigné, — parfois de l'eau,
» selon que l'élévation de l'un des partis menaçoit la mai-
» son de France, et, en cette maison, son autorité. » Cipierre
mourut au mois d'avril 1566, aux eaux de Spa. « En cela, le
» royaume, — écrit Saint-Julien de Balleure (p. 356), — reçut
» grand dommage et le roi perdit un serviteur très néces-
» saire. » « C'était, — ajoute l'historien de Thou, — un
» homme de bien et un grand capitaine qui n'avait rien de
» plus à cœur que la gloire du souverain et la tranquillité
» de l'Etat. »

Pour honorer la mémoire de son frère, l'évêque d'Autun
voulut que son corps fût inhumé dans sa cathédrale. Bonaventure Goujon a raconté dans son style naïf tous les détails
de cette cérémonie funèbre. Ce récit étant trop long pour
être inséré dans le nôtre, nous nous contenterons de signaler les principales circonstances.

Le corps de Philibert de Cipierre, déposé au monastère
de Saint-Symphorien, fut reçu, le 14 mai 1566, au palais de
l'évêché. Le lendemain, dans l'après-midi, le chapitre, ayant
célébré les vigiles des morts, se rendit, avec le clergé de la
collégiale et les cordeliers, à l'évêché où le deuil l'attendait.
Ce deuil était conduit par un gentilhomme faisant fonctions
de maître des cérémonies et tenant à la main un bâton
blanc. Des torches étaient portées par les six sergents de la
ville, par douze hommes du château de Montjeu et douze
autres de l'abbé de Flavigny. Soixante-douze pauvres vêtus
aux frais des héritiers du défunt et de ses deux frères portaient également des torches. Les différentes parties de l'armure et des insignes militaires de Cipierre avaient été confiées à douze gentilshommes marchant à la suite du maître
des cérémonies. L'évêque d'Autun et l'abbé de Cherizy, son
frère, doyen de la cathédrale, étaient accompagnés par les

seigneurs de La Rochefoucault [1] et de Digoyne. René de Birague, qui fut plus tard abbé de Flavigny, garde-des-sceaux et cardinal, venait à la suite avec les officiers du roi, les magistrats de la ville et la foule pressée sur leurs pas. Le cortège étant arrivé à Saint-Lazare, Cipierre fut exposé au chœur, dans une chapelle ardente, près de la tombe d'airain qui devait le recouvrir, et l'office du soir chanté avec pompe. Le lendemain, une messe du Saint-Esprit fut dite à l'autel du Petit-Crucifix, près de la tombe du cardinal Rolin ; une oraison funèbre fut prononcée, un *Requiem* exécuté en musique ; puis on déposa le corps dans un caveau au-dessous des grands degrés de la nef, près du pilier où commence la chapelle de la Vierge. [2]

De leur côté, les officiers d'Hippolyte d'Est ne restaient pas inactifs. Le 21 juin, Charles IX, étant à Lyon, déclara « que voulant favorablement traiter son cousin, le cardinal » de Ferrare, pour les agréables services qu'il lui fait jour- » nellement, et qu'il espère recevoir à l'avenir », il entendait que les bulles du pape Pie IV fussent mises à exécution, commettant pour y pourvoir Saint-Martin, son conseiller. Le duc de Montpensier, souverain de Dombes, présent à la cour, reconnaissait le lendemain même les droits de l'évêque d'Autun. Par un acte signé de sa main et scellé de son sceau, il permettait à ce prélat d'exercer dans la principauté de Dombes tous les actes, et de percevoir tous les revenus attachés à l'administration de l'archevêché. Le 1er juillet suivant, M. de Saint-Martin procéda à l'exécution de la com-

---

[1] Claude de La Rochefoucault-Barbézieux était fils d'Antoine de La Rochefoucault et d'Antoinette d'Amboise. Benoîte, une de ses sœurs, était, en 1566-1572, abbesse de Saint-Jean-le-Grand d'Autun.

[2] Voir une notice sur Philibert de Cipierre dans la *Biographie universelle*, et aux *Pièces justif.*, n° 23, le procès-verbal de son enterrement.

mission qu'il avait reçue de Charles IX. La prise de possession de l'archevêché, par procureur, au nom du cardinal de Ferrare, avait eu lieu le 26 du mois précédent dans l'église de Saint-Jean. Le lieutenant de la sénéchaussée de Lyon s'étant permis de soutenir la légalité de l'arrêt du parlement de Paris, le roi prononça l'incompétence de ce lieutenant, à raison des nouvelles bulles. Un appel comme d'abus de ces bulles et des actes du commissaire Saint-Martin fut interjeté, le 13 juillet, par l'évêque d'Autun. Le 20 du même mois, le prince, étant à Roussillon, donna à son *féal conseiller*, Pierre de Marcilly, des lettres pour ajourner le cardinal. Enfin des lettres patentes furent expédiées deux jours après pour ordonner la révision des arrêts du parlement du 18 mars 1563 et du 27 avril 1564.

On aurait lieu de s'étonner de la facilité avec laquelle la cour semblait tout-à-coup favoriser l'évêque d'Autun, si l'on oubliait que sa politique l'obligeait à ménager tous les intérêts. Un nouvel accommodement venait du reste permettre de ménager les prétentions de l'évêque d'Autun sans blesser celles du cardinal de Ferrare.

L'archevêque d'Arles, Antoine d'Albon, d'une des plus nobles familles du Dauphiné, après avoir possédé les abbayes de Savigny et de l'Ile-Barbe, avait été chargé du gouvernement civil du Lyonnais. Les craintes inspirées à Catherine de Médicis par le triumvirat dont le maréchal de Saint-André, de la famille d'Albon, faisait partie, avaient engagé cette reine à enlever à Antoine son gouvernement et à lui donner l'archevêché d'Arles pour colorer sa disgrâce. Le triumvirat ayant cessé de causer des inquiétudes, d'Albon s'était présenté à Lyon pour recevoir le roi et l'accompagner dans le Dauphiné. Du commencement de juin à la fin de juillet, on ménagea une permutation entre Hippolyte d'Est et l'archevêque d'Arles, et l'on tenta d'obtenir la ratification de la cour de Rome. Enfin le pape considérant, disent les bulles, « le long veuvage de l'Eglise de Lyon, » nomma Antoine d'Albon au siège vacant. Le nouvel élu prêta serment entre les mains du roi, le 27 août, et prit possession, le 11 septembre, à Saint-Symphorien-le-Châtel, où les chanoines de Saint-Jean étaient assemblés, à cause de la peste qui régnait dans la ville. Cette décision ayant été notifiée aux officiers de l'évêque d'Autun, ceux-ci l'acceptèrent sans opposition et demandèrent seulement une copie des actes, déclarant que, dans toute cette affaire, ils n'avaient eu d'autre but que de maintenir les droits antiques et réciproques des deux Eglises. [1]

Pendant la conduite de la régale, Bretagne s'était rendu à Lyon accompagné d'un ministre nommé Descrots et avait fait *grandes poursuites* pour s'opposer à la translation du prêche. Il sollicitait en même temps, en faveur d'un professeur calviniste nommé Destample, des lettres patentes de recteur des écoles de la ville. [2]

Mais les instances pressantes adressées par les catholi-

---

[1] La vacance du siège de Lyon et les incidents qui en furent la suite contredisent le récit des savants rédacteurs du *Gallia Christiana*. Leur silence à peu près complet ne saurait s'expliquer sans penser que les pièces relatives à la régale avaient disparu des archives de Lyon, ou que ces auteurs, bien que les connaissant, n'ont voulu en dire mot. Cependant les discussions relatives à l'administration de l'évêque d'Autun ont été signalées dans Chopin, *De Domanis*, livre II, p. 211.

[2] Le 5 août 1564, Serrurier écrit de Lyon à Etienne Boulet : « MM. Breta- » gne, Destample et le ministre Descrots ont fait ici grandes poursuites, mais » je n'ai pu savoir le résultat. J'en fais advertissement à M. de Cipierre qui » m'a promis en parler au chancelier. » Ce ministre Descrots, dont il est rarement fait mention dans nos documents, devait appartenir à une famille de ce nom qui résidait dans l'Autunois, et donna au XVIIe siècle un lieutenant-général du bailliage, Philibert Descrots, seigneur de Bussière et de Chevigny, vierg d'Autun en 1626, 1627, et élu du tiers-état de la province. La terre d'Escrots ou Écrots dépendait de la baronie d'Uchon. En 1599, on voit un François Descrots, seigneur d'Uchon. Quant à Destample, nous y reviendrons.

ques à Charles IX, les troubles qui continuaient sous prétexte de religion, le spectacle des croix abattues, des saints mutilés, des cimetières profanés s'offrant partout à sa vue, avaient mal disposé ce prince à l'égard des huguenots. En attendant l'exécution du projet convenu avec l'Espagne de se délivrer d'eux entièrement, il chercha à leur enlever peu à peu leurs garanties. Ce fut l'objet de deux déclarations interprétatives ou plutôt restrictives de l'édit d'Amboise, données à Lyon le 24 juin, et au château de Roussillon, près Valence, le 4 août suivant. Elles consistaient en deux points principaux. Par le premier, il était interdit aux ministres de prêcher sur les terres dépendant de l'Eglise, et de résider ailleurs que dans le lieu où ils exerçaient leur culte. On les isolait par-là du reste du bailliage et de leurs coreligionnaires des autres villes. Tout synode, toute assemblée, toute collecte destinée à former une bourse commune étaient défendus. Le second point était relatif à l'obligation imposée aux prêtres apostats de reprendre leur ancienne profession, aux religieux et religieuses de rentrer dans leurs couvents et de rompre leurs mariages illicites.

Le chapitre fit-il quelques tentatives pour l'exécution de ces derniers ordres? nous l'ignorons. Les prêtres et religieux qui avaient abjuré étaient peu nombreux dans le diocèse, encore moins ceux qui s'étaient mariés. Cependant dans les prisons de Rivaux était détenu, vers ce temps, un André Pillot, prêtre, « lequel, pendant l'exercice de la religion nou-
» velle, s'étoit marié au grand scandale de l'état ecclésias-
» tique. » Il présenta requête aux magistrats de la ville pour être élargi. Ceux-ci, n'y mettant obstacle, lui commandèrent de vider la banlieue et de n'en approcher, à peine de punition exemplaire.

Les chanoines mirent à profit l'édit de Roussillon pour surveiller le prêche de La Barre, restreindre autant que possible l'exercice du calvinisme et marcher peu à peu à sa suppression. Ils s'opposèrent à ce qu'on vînt des villes voisines célébrer les mariages et les baptêmes [1]; puis, avec le concours de l'évêque, ils obtinrent, le 12 août 1564, des lettres patentes du roi qui transféraient le prêche de La Barre à Bois-le-Duc, à une lieue de la ville, dans un endroit isolé, d'un accès difficile et couvert de bois. [2]

« Charles, par la grâce de Dieu, roi de France, à notre très cher et aimé cousin le duc d'Aumale, gouverneur de Bourgogne, ou en son absence au sieur de Tavannes, notre lieutenant-général, salut.

» Sur la requête à nous présentée en notre conseil, de la part des évêques, doyen, chapitre et clergé d'Autun, afin, pour les causes y contenues, qu'il nous plût transférer en tel lieu qu'adviserions autre que le lieu appelé La Barre, l'exercice que font à présent ceux de la religion prétendue réformée. Aussi de l'advis de notre conseil et après avoir ouï le député du clergé du diocèse (Jean Serru-

---

[1] Un protestant de Saulieu étant venu à La Barre contracter mariage, le chapitre, après en avoir communiqué inutilement avec les officiers du bailliage, ordonna des informations pour obtenir réparation de ce fait : « Attendu, — » est-il dit dans l'acte capitulaire du 9 septembre 1564, — que nonobstant toutes » interpellations dûment faites aux gens du roi de cette ville, tant de la part » des vénérables, que de Jean de Sully, au nom de l'évêque, pour empêcher » certain mariage par eux permis être consommé au lieu de La Barre, en la » forme de ceux de l'opinion nouvelle. Considéré au surplus que ceux venus » en ce lieu, pour contracter le dit mariage, n'étoient du ressort du bailliage, » mais résidoient à Saulieu, de celui d'Auxois, auxquels leur étoit accordée, » pour l'exercice de la religion, la ville d'Avallon où ils pouvoient se retirer » sans causer troubles ni séditions, toutes choses néanmoins que les magis- » trats auroient dédaigné empêcher, le chapitre a décidé d'informer et de » poursuivre. »

[2] Dans un compte des revenus de l'église cathédrale, de 1579, M. Lavirotte a relevé la mention suivante : « Doivent redevance au chapitre les héritiers » Lazare Ladone, au lieu et place de feu Nicolas de Montholon, tenancier du » meix Girard de Bois-le-Duc, près La Barre. » Il en résulte que le lieutenant huguenot était possesseur de terrains à Bois-le-Duc, ce qui explique le choix de ce lieu pour le transfert du prêche. On se rappelle que c'était déjà sur un héritage de Ladone, à La Barre, qu'avait eu lieu son premier établissement.

rier) qui a affirmé Bois-le-Duc n'être distant du châtel d'Autun que d'une demi-lieue, avons ordonné et ordonnons que le lieu de l'exercice de la dite religion, qui se fait à présent à La Barre près Autun, sera par vous translaté et établi à Bois-le-Duc, en remboursant préalablement par le clergé du diocèse le prix et somme que ceux de la Religion feront promptement apparoir de l'acquisition de la place où de présent se fait l'exercice du culte, auquel endroit le remboursement effectué, leur défendons continuer le dit exercice, mais bien à Bois-le-Duc que leur avons donné pour le bailliage. Néanmoins, ils ne seront empêchés à La Barre, jusqu'à ce qu'ils soient établis au lieu désigné, sinon que de leur part ils soient mis en demeure, après remboursement et sommation à eux faicte, de s'accommoder d'une place au dit Bois-le-Duc. Car tel est notre plaisir.

» Donné à Roussillon, le 12 août 1564, de notre règne l'an quatrième. Signé par le roi en son conseil, ROBERTET. »

L'exécution de ces lettres, opérée, selon les ordres de Tavannes, « le plus doucement et au contentement des parties » autant que faire se pourra [1] », ne troubla pas le calme qui commençait à s'établir. Il ne paraît pas que les huguenots aient réclamé ; leur ardeur tant de fois abattue était en partie éteinte ou assoupie. Mais ce lieu de La Barre, où, pour la première fois, ils avaient célébré leur culte en liberté, demeura pendant quelque temps sacré à leurs yeux ; ils ne s'en détachèrent qu'avec peine. Dans l'espérance d'y rentrer ou dans la crainte que leurs traces n'y fussent trop promptement effacées, ils voulurent, faute de pouvoir s'y réunir en prières, y conserver au moins leur sépulture. En 1565, Bonaventure Devoyo, citoyen et marchand d'Autun, appartenant à une famille dont plusieurs membres embrassèrent la Réforme, demanda à être inhumé à la manière calviniste,

---

[1] Voir les lettres de Charles IX pour le transfert du prêche d'Autun, et la commission de Gaspard de Tavannes du 22 septembre 1564 [fonds Fontette, porte-feuille XXXVI, n°ˢ 96 et 97], aux *Pièces justificatives*, n° 20.

c'est-à-dire sans cloche, sans croix, sans eau bénite et sans prêtre, dans le cimetière de La Barre, « près le temple de » l'église réformée, pour illec attendre la résurrection de la » chair et la vie éternelle. » Il laissait par son testament une somme de trois francs à distribuer aux plus nécessiteux d'entre les réformés, dix écus pour l'érection du temple, et il recommandait instamment à sa femme, Anne Baraud, de persévérer dans la religion chrétienne et d'y élever leurs quatre enfants. [1]

Cette translation du temple de La Barre à Bois-le-Duc n'était qu'un premier pas vers l'abaissement du calvinisme. Huit mois après, l'évêque et le chapitre, obstinés à faire disparaître ses derniers vestiges, obtinrent, de concert avec les quatre églises, un arrêt du conseil privé qui abolissait le prêche dans Autun et dans ses environs. [2]

---

[1] Le testament de B. Devoyo, consulté par Courtépée, t. II, p. 514, se trouve dans les protocoles de Louis Desplaces, année 1565 (19 octobre). Voir *Pièces justif.,* n° 21.
La famille Devoyo, aujourd'hui éteinte, mais alors fort nombreuse, a occupé à Autun, pendant plus de deux siècles, les premiers emplois d'administration, de justice et de finance. Le fief de Rigny, près Saint-Léger-du-Bois, resté longtemps dans cette famille, appartenait au père de Bonaventure et de Louis Devoyo, qui avait épousé Huguette Lalemant, sœur du médecin calviniste. C'est d'une Jeanne Devoyo, mariée à un capitaine du château de Vitteaux, que naquit, au milieu du XVIe siècle, le luthérien Hubert Languet, ministre d'Etat, ambassadeur de plusieurs princes protestants d'Allemagne, célèbre par de nombreux ouvrages politiques et religieux et par les principes hardis qu'il émit dans son livre, *Vindiciæ contrà tyrannos* [1579], sur la liberté et la souveraineté du peuple. — Une étude sur sa vie et ses œuvres a été publiée récemment par M. Henri Chevreul, Paris, Potier, 1852.

[2] On désignait sous le nom des quatre églises, celles de Saint-Lazare ou de la cathédrale, de la collégiale de Notre-Dame-du-Châtel, de l'abbaye de Saint-Martin et du prieuré de Saint-Symphorien. Elles formaient par leur réunion comme le corps moral de l'Eglise d'Autun. — Le 14 avril 1565, le chapitre alloue 25 livres au syndic André Ferrand pour payer les frais d'exécution de cet arrêt. A cette vague indication se borne ce que nous avons pu découvrir touchant la suppression du culte protestant près d'Autun. Nous voyons seulement, dans un registre de la temporalité, qu'en 1582, le temple de La Barre était démoli.

De ce jour, le protestantisme accomplit à Autun sa phase purement religieuse. La facilité avec laquelle le prêche fut transféré, puis supprimé, indique dans sa courte durée une période décroissante. L'éloignement du hameau de Bois-le-Duc rendait difficile, pour la plupart des religionnaires, pour ceux surtout qui appartenaient aux classes ouvrières, l'exercice régulier du culte. La suppression du temple prouve assez que les adeptes diminuaient chaque jour, ou du moins se montraient indifférents à ces mesures de rigueur. Les efforts des Bretagne, des Lalemant, des Devoyo, des La Coudrée, avaient échoué contre la persistance de l'évêque, du chapitre et de Tavannes. Leurs promesses, qui avaient pu d'abord séduire quelques esprits turbulents, s'étaient évanouies. Le nouveau culte n'avait pas tenté les masses; il n'avait trouvé ni apôtres, ni martyrs. A quel chiffre minime ne devait pas se réduire un parti qui, malgré les efforts d'un chef aussi ardent que Bretagne, n'avait pu parvenir à se constituer! Plus tard, il est vrai, il reparaîtra avec une agitation nouvelle; mais ce sera moins comme parti religieux que comme parti politique. Nous retrouverons plutôt en lui des adversaires des catholiques que des disciples convaincus de Calvin : la foi religieuse semblera hors de cause dans leurs pensées et dans leurs actions.

Mais, en attendant, les familles étaient divisées par des dissentiments religieux. Dans une partie de celles qui étaient attachées à des fonctions publiques et à des professions libérales, le calvinisme était pratiqué ou hautement avoué.

Les employés du bailliage Denis Devoyo, greffier en chef, Geoffroy de Charency, greffier en second, Hugues Lalemant, greffier de la chancellerie, avaient suivi leurs patrons Ladone et Bretagne. Les notaires Louis Desplaces, Claude Labarge; les médecins Jean Lalemant, André d'Andozille et Jean Baraud [1]; le maître de pension Antoine Destample; le fermier-général des greniers à sel de Bourgogne Philibert Tixier, partageaient les doctrines nouvelles.

Plusieurs de leurs parents étaient, au contraire, demeurés fidèles à la vieille foi. A côté de Lazare Ladone, nous voyons le marchand Philippe, son frère, resté catholique. Ladone lui-même avait épousé Claude Guyotat, appartenant à une famille dont l'orthodoxie n'était point douteuse. La femme de Jacques Bretagne, fille de Nicolas de Montholon et de Françoise Ladone, sœur du lieutenant du bailliage, se recommandait, comme ses ancêtres, par sa piété. Le père de Louis Desplaces était, au témoignage du chapitre, un homme de bonne vie et mœurs; il comptait des parents dans l'Eglise. La famille Devoyo n'avait laissé gagner par l'hérésie que quatre de ses membres, Louis le praticien, Denis le greffier, Bonaventure le marchand, tous trois frères, et Jacques, premier conseiller au bailliage, leur cousin. Jean Devoyo, avocat, leur parent, était catholique, quoiqu'il eût épousé Françoise Ladone, une des filles du lieutenant calviniste [2]. Le notaire Claude Labarge et Guillaume, son frère, riche marchand, étaient alliés au vierg catholique par excellence, Georges Venot, qui lui-même tenait par sa mère aux Devoyo. Le médecin Lalemant était beau-frère du chanoine Charles Ailleboust, depuis évêque d'Autun. Son collègue André d'Andozille avait épousé une fille de Jean de Ganay, procureur du roi au bailliage d'Autun, bon catholique ainsi que son fils Antoine de Ganay qui lui succéda dans sa

---

[1] Pierre Desbois, chirurgien, et Philibert de Goubault, praticien, témoins au codicille testamentaire de Robert Hurault, nous paraissent aussi avoir été, selon une expression de l'époque, *mal sentans de la foi*.

[2] V. le contrat de mariage de ce Devoyo [15 avril 1566], aux *Pièces justif.*, n° 22.

charge [1]. Philibert Tixier avait pour femme Jeanne Dardault dont le frère était chanoine. Le professeur Destample était marié à Françoise Dechevannes, d'une famille nombreuse qui donna, comme nous le verrons sous les guerres civiles, un ferme champion à la cause de l'orthodoxie dans l'avocat Etienne Dechevannes.

Cependant plusieurs familles avaient su se préserver presque entièrement, notamment celles des Venot, des Dechevannes, des Rolet [2], des Barbotte [3], toutes quatre considérables, influentes et aisées.

[1] Jean de Ganay, seigneur de Velée, de Lépanneaux et d'Echamps [d'une famille qui a donné plusieurs conseillers aux parlements de Bourgogne et de Paris, et un chancelier à la France, sous Louis XII, Jean de Ganay nommé le 31 janvier 1507], fut d'abord greffier de la chancellerie sous Bretagne, en 1555, puis procureur du roi, de 1558 à 1568. Son testament, daté du 9 août de cette année [Protocole quatrième de L. Desplaces, f. 48], auquel Bretagne assista comme témoin et principal exécuteur, est une preuve des liens d'amitié qui les unissaient, malgré la différence de leurs convictions religieuses. Ganay fut inhumé dans la chapelle Sainte-Marguerite de l'église Saint-André, près de la tour romaine adossée au portail antique. Il eut de ses deux femmes Louise de Bussière et Anne Saumaise plusieurs enfants : Antoine, qui hérita de son office ; Jean, docteur en droit, conseiller au bailliage, vierg d'Autun en 1579 et 1580 ; Jeanne de Ganay, femme d'André d'Andozille ; Nicolas, François, et Baptiste qui épousa d'abord Jean Deschasaulx, avocat, seigneur de Saulx, près Lucenay, fils du vierg Jean Deschasaulx [1542], et en secondes noces Nicolas Dagobert, receveur des décimes du diocèse d'Autun.

[2] La famille Rolet, déjà ancienne au XVIe siècle, nombreuse, bien apparentée, blasonnée « d'azur, à la bande d'or, accompagnée de deux étoiles de » même », ne joue qu'un rôle secondaire. Les six enfants de l'ancien vierg Hugues Rolet : Antoine, Nicolas, Jean, Denis, Cécile (mère des Guijon, nouvelle *Cornélie* disent les contemporains), et Odette, femme du seigneur de Collonges André Ailleboust, Nicolas Rolet fut conseil de la ville de 1560 à 1595; Antoine l'aîné, plusieurs fois élu à l'échevinage, fut vierg d'Autun en 1581, 1582, et mourut vers 1598. Il laissa de Bernarde Desbarres, Philibert, adjoint aux enquêtes, marié en 1596 à Marie Pillot, fille du grenetier royal Gabriel Pillot, et Jean Rolet, l'annotateur du manuscrit conservé sous son nom à la Bibliothèque de l'évêché.

[3] Un Edme Barbotte, marchand et amodiateur des deniers de la ville, échevin en 1575 et de 1580 à 1582, paraît toutefois devoir être noté d'hérésie, ou de tiédeur à l'endroit du catholicisme. Son mariage avec Jacqueline Desplaces, sœur du notaire calviniste, mariage dont nous parlerons plus loin, autorise suffisamment cette assertion.

Catholiques et huguenots étaient donc, comme on le voit, unis par une étroite parenté. Si l'on réfléchit que ces derniers avaient des oncles, des frères, des neveux engagés dans l'Eglise, et que les femmes qui n'avaient point voulu s'en détacher transmettaient pieusement à leurs enfants la religion et la foi de leurs aïeux, on comprendra pourquoi le calvinisme dut bientôt devenir pour la majorité de ses adeptes plutôt spéculatif que pratique, et comment une foule de liens empêchait la plupart d'entre eux de persister dans une guerre ouverte contre leurs concitoyens et contre leurs proches.

SCEAU DE PIERRE DE MARCILLY, ÉVÊQUE D'AUTUN.

CHAPITRE V.

ÉTAT MORAL DU CHAPITRE A LA SUITE DES TROUBLES RELIGIEUX.

SOMMAIRE.

Causes des mœurs dissolues du clergé. — **Efforts du chapitre pour y remédier**. — Contestations sur des points de dogme. — **Le théologal Louis Féaul**. — Apostasie du chanoine Gabriel de Grigny. — **Le prévôt de Sussey, Antoine Borenet**. — Clercs libres penseurs et débauchés. — **Mesures contre les femmes de mauvaise vie**. — Aumônes. — **Prédications.**

Les années 1565, 1566 et 1567 présentent une foule de détails curieux sur la vie intime du clergé. Elle n'était rien moins qu'exemplaire. Les désordres étaient fréquents et de toutes sortes, et il semble, en les passant en revue, voir défiler la longue procession des péchés capitaux. La plupart de ceux que l'on s'était efforcé d'extirper durant le cours du moyen-âge repoussent avec une sève nouvelle. Combien n'a-t-il pas fallu de luttes et de répressions pour arriver à épurer les mœurs du clergé et pour les amener au point où nous les voyons aujourd'hui!

Les guerres civiles, en faisant du prêtre un soldat, de

l'homme de la charité un homme de parti, dénaturaient entièrement son caractère. Elles paralysaient l'action de la discipline; elles le jetaient dans une vie d'anarchie où le désordre était un moyen de défense. Ne nous étonnons pas qu'au moment où la notion du droit allait s'affaiblissant, où la loi était impuissante, où les offenses étaient vengées par des offenses, l'injustice par l'injustice, où le respect des biens et des personnes avait disparu, ne nous étonnons pas que l'idée de la sainteté et de la perfection chrétienne se soit de plus en plus effacée. Si l'on réfléchit d'ailleurs à l'indépendance du chapitre de toute autorité extérieure, à son contact journalier avec une soldatesque pour qui la guerre constituait le droit de tout faire, on ne peut se dissimuler que les causes de corruption fussent presque irrésistibles.

Les moyens par lesquels on cherche à l'arrêter l'attestent avec évidence. Ce ne sont pas les conseils et les exhortations religieuses qui agissent avec efficacité, mais les peines disciplinaires. L'esprit de l'Evangile a moins d'empire sur les âmes que la lettre des statuts. Gardiens fidèles de ces règlements renouvelés de siècle en siècle, les dignitaires du chapitre, il faut le dire, ne furent pas infidèles à leur mission. Presque tous éminents par la régularité, la science, la fermeté, ce n'était pas sans avoir fait leurs preuves qu'ils arrivaient à la direction de l'Eglise. A eux de prendre l'initiative des grandes mesures, de défendre activement les intérêts du clergé et la pureté des mœurs. Ils poursuivent avec une persévérance qui ne se lasse pas cette guerre sans fin contre un mal qui renaît toujours.

La tranquillité et la sécurité une fois rétablies, les chanoines n'étant plus obligés de porter le casque et l'épée, de délaisser les exercices du culte pour ceux de la milice, il fallait rendre aux sentiments religieux leur place dans les âmes.

« Chacun, — s'écria le chantre Charvot, en se félicitant du retour de la paix, — doit louanges et actions de grâces au créateur, des grands biens qu'il ressent d'avoir été délivré des assauts et séditions des hérétiques du temps présent beaucoup plus pervers que du temps des ariens, comme il est du devoir de chacun, par continence, chasteté, humilité, et en réprimant tout ferment de vice, d'impétrer la conversion des malins et l'extirpation de leurs erreurs, à la plus grande gloire et exaltation du saint nom de Dieu. » [1]

Le premier soin du chapitre fut de panser ses propres plaies et de pourvoir plus amplement aux nécessités spirituelles d'une population travaillée par le levain de l'hérésie. Afin de remettre en honneur la prière, ce soutien puissant de la discipline, et de rétablir la célébration du service divin dans sa régularité première, le syndic André Ferrand fit au chapitre général de la Saint-Jean la proposition suivante :

« On prendra des mesures tant du service ordinaire de l'église, concernant l'honneur de Dieu et son exaltation, que des mœurs et abus de plusieurs appelés au ministère d'icelui, principalement pour les observances et cérémonies requises à la célébration de la sainte messe, le plus excellent des sacrements et singulier sacrifice pour l'expiation des péchés des fidèles réservés en l'aire de Dieu, et séparés de la convention des malins par le vent d'hérésie, d'avec nous dispersés. »

« Les capitulans, afin d'enflammer et émouvoir le cœur des bons catholiques, enfans de Dieu et de son Eglise, ont ordonné que ci-après, entièrement et inviolablement soit gardé et maintenu ce qui est conforme aux statuts anciens de la dite église ; que le chanoine *septmainier* au grand autel, ou autre à ce commis par lui, sans discontinuation de jour, accomplisse la semaine par lui commencée au grand autel, et pour l'intelligence que les assistants y pourront percevoir à la lecture du saint Evangile devant être faite à voix solide et intelligible, le septmainier gardera et observera

---

[1] *Reg. Capit.*, 22 février 1565.

toutes cérémonies pour ce dues et requises, *avec gestes et maintien tellement agréables*, qui puissent émouvoir le peuple à toute piété et dévotion. » [1]

Les prédicateurs dont la voix avait été souvent interrompue par les troubles furent invités à redoubler de zèle.

« Considéré combien cette nourriture spirituelle de la parole de Dieu est nécessaire au salut des hommes en ces temps si pervers et si turbulens où l'iniquité du peuple abonde, la compagnie ordonne que, nonobstant les dangers lesquels, moyennant la grâce, ci-après se pourront assoupir, les prédications seront reprises en l'église Saint-Nazaire, chaque jour de dimanche, par le chanoine Delafosse, pour de plus en plus retenir le peuple en la crainte de Dieu et obéissance de son Eglise. »

« Sur requête écrite présentée au chapitre, le théologal Louis Féaul fera leçons à tel jour et heure de l'après-midi que bon lui semblera et que les saints concordats lui accordent. Il choisira à cette intention tels livres du vieil et nouveau Testament qui soient à l'édification des auditeurs et à leur confirmation en la religion catholique. On ordonne à tous chapelains d'y assister, toutes excuses légitimes cessantes. »

Le costume, cet insigne de la décence qui doit présider à la vie ecclésiastique, pesait à des hommes qui se jetaient dans une vie mondaine et turbulente. Ils se sentaient peu à l'aise sous un vêtement mal adapté au sans-gêne du plaisir. Il leur semblait, en le quittant, se débarrasser d'un austère moniteur sans cesse en guerre avec leur conscience. Le chapitre, rappelant les anciennes ordonnances, le ramena aux usages dont on s'était écarté.

« On enjoint pour la grande dissolution, lasciveté et superfluité d'habits, à tous chapelains et habitués, de garder et observer la

---

[1] *Reg. Capit.*, 29 juin 1565. — On appelait chanoine *septmainier* ou *semainier* celui qui célébrait l'office au grand autel durant la semaine. Chaque chanoine faisait ce service à tour de rôle.

forme ancienne des vêtements prescrits par les statuts de l'Eglise et principalement de n'user de chemises à fronçures pendantes jusques à l'estomac, fort indécentes et inconvenantes à l'état et profession ecclésiastique. »

« Nonobstant plusieurs ordonnances ci-devant faites et publiées au chanton de l'église, beaucoup y contreviennent impudemment et manifestement usent d'habits mondains et dissolus; encore, pour cette fois, on fait défense à tous de porter manteaux et chapeaux en aucune manière, sinon à cause de pluie ou pour occasion licite et raisonnable, ni pourpoints de couleur, picquetés ou passementés, mêmement chemises froncées ou d'autre ouvrage qui peut notablement offenser, ni aussi habillement encore plus absurde et digne de répréhension, grosses chausses à marines rondes, ni enfin toute autre forme de vêtemens par itératives fois défendus, sur peine de la privation de distributions de pain et de vin, et puis après, sous autres plus grandes et graves peines. » [1]

De pareilles exhortations étaient souvent tout aussi utiles aux pasteurs qu'aux ouailles. Un ébranlement avait été donné aux esprits dont les traces ne pouvaient s'effacer en un jour. La guerre des partis avait cessé; mais celle des idées continuait. Il existait surtout dans le chapitre plus d'un souvenir de désordre, plus d'un germe de division, plus d'une tendance à mettre en oubli le dogme, la morale, l'orthodoxie de la foi. Si les vérités chrétiennes exerçaient quelque empire, c'était moins par conviction que par habitude. L'atteinte portée aux âmes était profonde. Ceux-mêmes qui demeuraient fidèles à la dignité de leur caractère n'étaient pas, à raison de certaines paroles et de certains actes douteux, à l'abri du soupçon.

Le théologal Féaul, qui remplissait sa charge avec une timide circonspection, ainsi que nous l'avons vu dans l'instruction dirigée contre Vériet et La Coudrée, fut inquiété

---

[1] *Reg. Capit.*, 27 avril 1565 et 15 février 1566.

au sujet d'une proposition touchant le baptême sous condition donné aux hérétiques[1]. Voici quels faits y donnèrent lieu.

Georges Gay, chanoine, avait réconcilié à la sainte Eglise chrétienne et catholique un petit enfant « baptisé en la » forme de ceux de la nouvelle religion. » Féaul blâma dans un de ses sermons la conduite de son confrère qu'il insimula d'*anabaptême*. C'était une grave accusation à cause de l'horreur inspirée par la secte des anabaptistes dont l'une des pratiques était de rebaptiser les chrétiens qui venaient à eux, sous prétexte que le baptême ne saurait être valide en ceux qui n'ayant pas l'âge de raison ne peuvent prononcer l'acte de foi. Les calvinistes répétaient avec malice cette accusation contre les catholiques rebaptisants, afin de déverser sur eux les souvenirs odieux qui s'attachaient aux excès sanguinaires et immoraux de cette secte impie. Quant à la question en elle-même, c'est-à-dire à la nécessité de suppléer le baptême chez les enfants irrégulièrement ondoyés par les hérétiques, après de longues controverses, elle est restée indécise entre les théologiens.[2]

---

[1] Louis Féaul avait été député au concile de Trente, quelque temps avant sa clôture (décembre 1563), dans les circonstances suivantes. Au mois de novembre 1561, un chanoine attaché au cardinal de Lorraine informa ses confrères d'Autun des propositions faites au concile pour supprimer les privilèges des églises cathédrales et pour les réduire au droit commun. Le chapitre de Saint-Lazare, considérant que les chanoines de Lyon étant dispersés ne pouvaient s'occuper de cette affaire, convoquèrent à Autun une assemblée des églises de la province. Les députés des cathédrales de Langres, Chalon, Mâcon s'y trouvèrent et chargèrent Féaul de se rendre au concile pour présenter leurs justes réclamations. Ces questions de corps n'étaient pas le seul motif de cette délégation. Les chapitres de la province voulaient offrir un témoignage public de leur dévouement à la foi de l'Eglise universelle. — V. *Autun chrétien* par Cl. Saulnier, p. 62; l'*Histoire* de Gagnare, p. 216; Courtépée, t. II, p. 511, qui donne à Louis Féaul le nom de *Pierre Fau*, et aux *Pièces justif.*, n° 16, la commission de la collégiale de Notre-Dame d'Autun, du 9 novembre 1561, pour la députation de Féaul au concile.

[2] Aujourd'hui, la pratique, généralement reçue par les curés dans les pa-

Féaul fut appelé à expliquer devant le chapitre « la fin et
» intention de ses propos, tendant à porter les esprits des
» hommes à troubles et erreurs, pour sa réponse ouïe, y
» délibérer comme de raison. » Dans la séance du 27 juillet
1564, le grand-chantre Charvot, prenant la parole, commença par s'apitoyer sur les maux de l'Eglise.

« Il montra l'état ecclésiastique réduit en condition lamentable,
soit au temporel comme au spirituel, par les grands assauts et invasions qu'il avoit soufferts et soutenus depuis longtemps, et encore
aujourd'hui à cause de la diversité des opinions des hérétiques,
contre lesquels on devoit s'opposer et résister par doctrine, prédications et réfutations de leurs erreurs. Ce néanmoins, on avoit
entendu en une prédication publique par Féaul avoir été dit que
c'étoit *anabaptême* d'avoir, selon une condition toujours observée
en l'Eglise catholique, réconcilié sur les saints fonds de baptême
un petit enfant premièrement ablu par le ministre de ceux de l'o-
pinion nouvelle, duquel cas il étoit incertain, si l'intention et l'action étoient conformes à celles de l'Eglise chrétienne : lesquels
propos ainsi avancés sembloient rejeter tous les conciles et les
constitutions canoniques; le théologal Féaul à cet effet par devant
ses confrères a été appelé, pour déclarer si telle forme condition-
nelle faite et observée au baptême lui paroissoit anabaptême, qui
est une hérésie maudite et réprouvée ; à quoi nullement MM. ne
voudroient consentir ni adhérer, mais bien au contraire cherche-
roient à punir les partisans de si damnables opinions. »

Féaul, avec sa prudence habituelle, répondit :

« Jamais en rien son intention n'a été de rejeter les conciles et
les saints canons, mais beaucoup plutôt de les confirmer. Quant au
fait en question, il est prêt à donner sa réponse par écrit, quand
il plairoit à la compagnie. Qu'au surplus, il se conduira ci-après

---

roisses où les protestants sont nombreux, est de baptiser *sous condition* les
enfants et les adultes qui ont reçu le baptême, selon le rit protestant, parce
que les ministres n'attachent aucune importance à des cérémonies ou à des
paroles que l'Eglise catholique regarde comme essentielles à la validité du
sacrement.

envers ses confrères avec meilleure modération que se pourra, de manière à les tenir contens de lui, et fera beaucoup mieux que jamais. »

On ne pouvait s'attendre à moins du caractère accommodant du théologal. Sur ses protestations de ne vouloir blesser ni les principes, ni les personnes, cet incident n'eut pas de suite. Mais le chapitre, inquiet d'un pareil exemple, jugea à propos de pourvoir à l'avenir. Afin de s'assurer de la fidélité des membres du clergé et d'opposer une digue aux erreurs qui avaient déchiré son sein, il exigea d'eux une solennelle prestation de serment.

« Attendu le désir naturel d'obvier aux erreurs qui pourroient survenir, comme naguères est advenu, au très grand regret et déplaisir des gens de l'Eglise, et au scandale de tous les bons fidèles catholiques ; afin que la compagnie ne soit troublée par le moyen de quelques personnages schismatiques et hérétiques qui pourroient être admis en icelle.

» Considéré nonobstant que la foi, qui est le fondement nécessaire de toutes œuvres et actions méritoires à Dieu, n'est prise de la qualité des personnes, mais bien les personnes, de la persévérance qu'elles ont en sa fermeté et sa sincérité. Ce néanmoins, on voit plusieurs infirmes vaciller grandement à cause de l'incertitude et variété des opinions qui, en ce temps si misérable, causent et ont causé les différentes contentions des points concernant la substance de la foi nécessaire au salut des hommes (chose grandement à déplorer), lesquelles divisions proviennent des ecclésiastiques en partie, voire même de ceux qui en tous temps, lieux et âge, ont vécu des biens donnés au service et à la louange de Dieu et de son Eglise, de laquelle toutefois par téméraires avis et opinions avec blasphèmes contre son intégrité et sa sainteté, se sont apostasiés et retirés en une satanique congrégation, au péril et à la damnation de leurs âmes.

» Pour prévenir et empêcher toutes divisions, et faire prospérer la compagnie par l'union de la même foi, en la grâce de Dieu, en lui rendant gloire et louange, — après une longue et sincère délibération, — vus les articles de profession de foi faite et jurée sous serment par la faculté de théologie de Paris, à cet effet assemblée par ordonnance du feu roi François Ier, pour la composition des contrariétés de doctrine intervenues dans le royaume ; vu aussi l'arrêt donné par le parlement de Paris, le 29 juin 1562, aussi la profession de foi des articles souscrite et signée par les membres de la cour, puis en même forme observée par les conseillers du parlement de Dijon et autres villes de France.

» Sur la réquisition du syndic de l'Eglise, afin que la lumière de la foi, par liberté mauvaise, faute de charité et d'amour, vienne à s'éteindre et à s'obscurcir, laquelle doit surtout reluire chez les ecclésiastiques qui, par l'exemple des bonnes mœurs et de la saine doctrine, doivent éclairer les ignorans pour les ramener à la voie et au port du salut ; — MM. ont statué que tous chanoines, dignitaires, chapelains, habitués et bâtonniers, inscrits au rôle de l'Eglise, semblablement tous baillis, châtelains, procureurs, greffiers et officiers de leurs terres et seigneuries qui par eux seront institués, et généralement tous ceux ayant charge et administration de leurs affaires, — conformément et suivant les articles susdits, — feront profession de foi, laquelle ils souscriront de leur propre main et jureront de la pleinement observer et entretenir autant que faire se pourra. » [1]

Malgré le relâchement général, un seul membre du chapitre était allé dans son éloignement de la foi jusqu'à l'apostasie. C'était Gabriel de Grigny.

Grigny avait été l'un des membres les plus considérables de l'Eglise. On le voit figurer toutes les fois qu'il s'agit de défendre ses intérêts matériels. On l'envoie à Lyon, à Cîteaux, à Dijon, aux Etats de Bourgogne, près de Tavannes ou de Villefrancon, parlementer sur les dettes, les emprunts, les impôts du clergé. Il défend vivement contre la ville la cession de la prébende préceptoriale exigée par l'ordonnance d'Orléans. Du spirituel, il paraît s'en être peu occupé. D'où venait-il ? nous l'ignorons. Sa famille, sa fortune peut-être, à coup sûr, sa personne et son caractère comman-

---

[1] *Reg. Capit.*, de Mammès Chevalier, fol. 31.

daient la considération. Même, son abandon de l'état ecclésiastique ne lui attira pas de sévères réprimandes, quoique le chapitre fût armé contre lui de l'édit de Roussillon de 1564, pour faire rentrer dans le devoir les prêtres réfractaires. S'il craignit de s'attirer des contrariétés et des embarras en poursuivant Grigny, on peut assurer que celui-ci ne demanda pas mieux que de les lui épargner. Sa conduite fut circonspecte; il agit pour son compte personnel et non pour un parti. Il avait défendu, il est vrai, jusqu'à la fin, Vériet et La Coudrée, mais par des moyens d'arbitrage, de conciliation, d'opposition régulière qu'il pouvait avouer publiquement et qui étaient en usage dans les procédures du chapitre. Quant au fond, il évita avec soin toute exposition de doctrines, toute contestation dogmatique. Il n'estimait pas qu'il valût quitter l'Église pour entrer dans le prêche; mais détachant successivement tous ses liens, il renonça à sa dignité de prévôt de Sussey [1], résigna ses bénéfices, céda son canonicat, puis ne se réservant que la maison canoniale qui lui avait été louée à vie, il répudia l'habit de chanoine et se mit à vivre à sa guise, sans scandale, mais avec indépendance, indifférent, mais non hostile au chapitre. Du moins, ce dernier n'enregistre aucun blâme contre lui. « Il a fait actes notoirement contraires à son pre- » mier état et profession de foi, il a quitté la compagnie de » messieurs, » voilà le seul grief qu'on lui reproche. Seulement, quand on lui réclama sa maison canoniale qui ne pouvait rester plus longtemps entre ses mains, Grigny, troublé sans doute dans ses habitudes et dans ses aises, contesta, se fit maintenir en possession par un arrêt de la

---

[1] Il avait succédé à Claude Guillaud dans cette dignité, la troisième du chapitre en importance, le prévôt venant immédiatement après le doyen et le grand-chantre.

Tournelle, puis bientôt transigea à prix d'argent ou se laissa condamner [1]. Parmi les réformés d'Autun, si on peut lui donner ce nom, il représente l'indifférence religieuse, comme La Coudrée et Vériet représentent l'opposition doctrinale, Hurault le scepticisme, Bretagne le prosélytisme politique, Desplaces et Gautherault la turbulence grossière et brutale. [2]

Grigny ne trouva pas d'imitateurs. Il y avait trop d'avantages temporels attachés aux dignités ecclésiastiques, pour que les titulaires les abandonnassent facilement. On com-

---

[1] Gabriel de Grigny résigne sa prévôté de Sussey à Antoine Borenet, le 10 juin 1564. Il renonce à la seigneurie de Savigny-le-Vieux qui y était attachée, le 31 janvier 1565. Le 2 mars, il donne son canonicat à Barthélemy Desplaces, parent d'un chanoine du même nom, ami de Grigny. Dès le 7 octobre suivant, il n'est plus qualifié chanoine, « ayant à tout jamais abandonné » la compagnie; » mais « citoyen et habitant d'Autun. » Le 13 mars 1566, le chapitre décide de le poursuivre pour lui faire restituer sa maison canoniale, « une des principales demeurances de l'église, » attendu qu'il a laissé l'habit. Le 7 décembre de la même année, il offre de transiger au sujet de cette maison qui lui avait été délivrée par bail, *ad vitam*. Enfin, après plusieurs incidents, il cède ou est condamné, car le 14 juin 1567, cette maison est adjugée, sur une enchère de 312 livres, au chanoine Etienne Poillot. Elle était située à main droite, dans la rue dite de *Rivaux* ou du *Marquisat,* sur le rempart extérieur, du côté de la campagne. — Gabriel de Grigny vivait encore en 1581 ; nous n'avons vu nulle part qu'il fût rentré dans le sein de l'Eglise.

[2] Il serait curieux, si le cadre de notre sujet le comportait, de comparer l'esprit du chapitre au moment de la Réforme et au moment de la Révolution. On trouverait à près de deux siècles et demi de distance, entre les membres qui se séparèrent de leurs collègues, des analogies frappantes. 1791 fut pour l'Eglise d'Autun la grande année des apostasies. Sans parler de l'évêque Talleyrand, ce Tartuffe révolutionnaire, on voit figurer en première ligne, parmi les prêtres renégats, Victor de Lanneau, grand-vicaire de l'évêque, le chanoine L... et l'abbé M... — Lanneau, homme d'intelligence et d'élocution, voué aux idées nouvelles, mais non aux excès, cherchant, dans ses catéchismes constitutionnels, à concilier les doctrines révolutionnaires avec la religion naturelle, offre assez de ressemblance avec le ministre Jean de La Coudrée. — L'abbé M... appelant dans la *Sentinelle* d'Autun, par de virulentes dénonciations, la proscription sur la tête des citoyens et des citoyennes *aristocrates,* n'est pas sans rapport avec les Barthélemy Desplaces, les Seguenot et les Gautherault de la Réforme. — Enfin, le chanoine L..., se tenant autant que possible à l'écart des clubs et des partis pour jouir, dans une complète indépendance, des biens de la fortune et les accroître sans cesse, en vivant à sa mode, est le type de ce matérialisme indifférent que nous trouvons dans Gabriel de Grigny.

prend que, dans les premières années de la Réforme, l'effervescence des idées religieuses, le désir de se poser comme représentant d'un parti persécuté et qui se flattait de posséder l'avenir, aient conduit Vériet et La Coudrée à renoncer à leurs bénéfices et à abjurer. Mais, depuis ce moment, la lutte s'était engagée, le danger s'était accru, le succès était devenu incertain. A quoi bon, d'ailleurs, courir le risque de les imiter! N'était-il pas plus facile de rester dans l'Eglise, d'y être choyé et nourri, sauf à répudier dans sa conscience les doctrines gênantes et les prescriptions sévères? L'anarchie des opinions, les troubles intérieurs de la ville, les menaces de guerre ne favorisaient-ils pas une complète liberté de pensée et d'action? N'y pouvait-on trouver facilement une excuse à des actes de licence que rien n'eût tolérés en temps de paix? Qu'eût servi de faire profession ouverte de calvinisme? On avait imposé silence aux ministres : ils avaient quitté le pays; le prêche était fermé; la communauté protestante se bornait à quelques bourgeois avides d'influence et d'agitations intéressées. Combien était préférable l'indifférence des *libres penseurs!* S'abstenir du tribunal de la pénitence et de la table de communion, assister rarement aux offices divins, se parer d'habits moitié ecclésiastiques, moitié mondains, courir jour et nuit les tripots et lieux de débauche, donner refuge aux femmes *folles de leur corps*, dont le Château était plein, se pourvoir d'une domesticité complaisante, tel était le calcul avisé de plusieurs clercs. Ce n'était la peine, pour chose si facile, de renoncer aux prébendes et distributions, au respect qui s'attachait encore à l'habit; de s'exposer, en devenant huguenot, à être expulsé du cloître, consigné dans sa maison en temps de troubles et surveillé comme un coupable.

Le vice qui s'était le plus rapidement répandu, à la faveur de l'anarchie qui régnait dans les esprits comme dans les choses, on le devine aisément, c'était la débauche. Ceux que l'affaiblissement de la foi, le mépris des institutions religieuses n'avaient pas poussés au scepticisme ou à l'hérésie, étaient tombés dans la dissolution. Le scandale donné par des membres du chapitre n'était guère pris au sérieux que par les dignitaires chargés de sa répression. Sujet de plaisanteries banales, objet d'une punition passagère, il n'avait pas même pour se dissimuler cette considération tirée du respect humain, si forte dans les temps modernes.

Durant le cours de ces années, nous voyons, de mois en mois, le chapitre prendre des règlements pour purger le cloître des femmes de mauvaise vie, c'est-à-dire cette partie du Château habitée par les gens d'église [1]. Mais le mal enraciné se cachait un instant pour reparaître plus hardi. Dans ces rues tortueuses, étroites, dans ces maisons sombres, basses, éclairées d'un jour douteux par leurs petites fenêtres à forme bizarre, dans les recoins obscurs des arrière-cours, entre des murs vétustes, humides, élevés comme ceux d'une prison, le péché trouvait un repaire digne de lui. Une population besogneuse, misérable, vivant, dans ces ruelles et ces bouges, des aumônes du clergé, son seigneur et maître, lui offrait en échange ses tentations. Elle se sentait mieux protégée que dans les autres parties de la ville, plus assurée de l'impunité et de l'absolution, car le juge lui-même était souvent criminel et l'impunité lui profitait comme à son complice. Mais le juge n'était pas toujours le coupable, et dans ce cas il sévissait avec autorité.

Une délibération, prise au sujet d'un des dignitaires du chapitre, présente en raccourci un tableau de ce relâchement des mœurs. Ce dignitaire était Antoine Borenet, prévôt de Sussey. Elevé dans sa jeunesse, par les soins de l'église,

---

[1] *Reg. Capit.*, juin 1565, 5 juillet et 25 octobre 1566.

à l'université de Poitiers, l'une des plus célèbres de France, admis de bonne heure aux dignités, official à plusieurs reprises, et, en cette qualité, organe de l'évêque dans ses sévérités contre les prêtres calvinistes Vériet et La Coudrée, il était un des hommes les plus influents du chapitre, par sa position, son intelligence, son aptitude à la prédication, et par les gages qu'il avait donnés à l'orthodoxie [1]. Il en devint un des plus scandaleux.

« Pour le regard du scandale advenu par la trop grande insolence d'Antoine Borenet, prévôt de Sussey et chanoine, pour avoir passé, lundi dernier, par rues publiques ayant à cheval derrière lui une g.... et paillarde, couverte d'une grande cape et d'un chapeau, et icelle a plusieurs fois avoir mené au village de Couhard, la faisant descendre de sa maison avec cordage par un pertuis exprès par lui fait ès murailles publiques du Châtel. — On ordonne à l'official et au syndic promptement avec leurs officiers temporels, aller faire recherche en la maison du dit Borenet d'icelle g...., et en poursuivre la punition telle qu'il appartiendra, comme aussi de telles offenses et scandales publics du dit Borenet en informer diligemment et en faire procès ; qu'au surplus le pertuis sera remuré de l'épaisseur des vieilles murailles, à ses propres frais.

» Ayant en outre reçu les justes plaintes d'André Ferrand, leur syndic, de l'impudeur et vicieux gouvernement d'aucuns concubinaires publics, qui rejettent toute crainte et révérence de leur

---

[1] Antoine Borenet, docteur en droit canonique et civil (*in utroque,* comme on disait alors), reçu chanoine le 28 août 1559, fut nommé prévôt de Sussey le 10 juin 1564, sur la démission de Gabriel de Grigny, et resta titulaire jusqu'en 1597. Il cumula cette dignité avec celles de curé de Reclesne, de chanoine de Notre-Dame de Beaune, de prieur commendataire de Glanos, de terrier et d'official. On le voit pendant près de quarante ans employé à la gestion des intérêts de l'Eglise et dans les missions qui exigeaient de l'habileté. Il représenta le clergé du bailliage d'Auxois aux premiers et aux seconds Etats généraux de Blois [1576 et 1588]. Il fut député par son diocèse aux assemblées du clergé de France, de 1585, 1595 et 1598, ainsi qu'à celles du clergé de la province, à Dijon, et à celles de son diocèse, qui se tenaient dans la ville épiscopale. — Borenet mourut vers 1600, et laissa pour héritières ses deux sœurs Barbe et Henriette, mariées, la première, à Emiland Naudot, lieutenant particulier ; la seconde, à Arthus Berthier, enquêteur au bailliage.

état, nonobstant toutes inhibitions et défenses à ce contraires, n'ont désisté publiquement au vu et su d'un chacun, tenir avec eux femmes impudiques et paillardes, les souffrant et faisant négocier en leurs affaires domestiques et temporelles, au grand scandale du peuple et mépris des bons et vertueux ecclésiastiques, dont plus grands inconvénients encore pourroient s'en suivre, si tels vices n'étoient aigrement réprimés et punis; on enjoint expressément à tous de leur église, incontinent et sans délai, faire vider et sortir de leurs maisons telles concubines et paillardes avec défense de désormais les y recevoir, sur peine de privation de toutes leurs distributions, de censure, d'excommuniement, et autres de droit. De plus, on ordonne aux bailli et officiers du temporel de saisir au corps les dites femmes, et les faire vider de leur cloître et juridiction, à peine de fustigations et punitions corporelles pour celles après appréhendées. » [1]

Borenet ne manquait pas d'imitateurs à l'égard desquels le chapitre, gardien vigilant de la dignité canoniale, n'épargnait ni avertissements ni réprimandes :

« Sur la remontrance de Guy Languet [2], on ordonne au bailli du temporel de chasser du cloître, sur peine du fouet, certaine femme suspecte résidant en la maison canoniale de Claude de Salins, abbé séculier de Saint-Etienne. — Comme aussi on enjoint à tous de profession ecclésiastique, de quelque qualité qu'ils soient, tenant notoirement femmes malvivantes en leurs maisons, de les exclure de leur compagnie, vingt-quatre heures après cette nouvelle ordonnance qui sera lue et publiée par les vicaires aux chantons des deux églises Saint-Ladre et Notre-Dame. »

« Sur observation du syndic que Jean Petit, bénéficier, effronté-

---

[1] Registre Chevalier, fol. 588.

[2] Guy Languet, gardien du scel de l'évêque, grand-archidiacre d'Autun à la mort de l'abbé de Saint-Martin, Robert Hurault [le 11 mars 1567], était parent éloigné du célèbre Hubert Languet, dont il fut loin de partager les opinions luthériennes. Son testament, daté du 20 juin 1582, mentionne parmi ses héritiers sa sœur Françoise Languet, veuve de Robert de Pontoux, fondatrice des Minimes et bienfaitrice des Carmélites de Chalon, et ses frères Jean et Adrien Languet, tous deux avocats de la même ville.

ment et impudemment auroit puis naguères reçu et logé en sa maison adossée à la chapelle Saint-Michel, certaine femme malhonnête, on ordonne à l'official de la chasser incontinent, et en même temps d'enjoindre à Vivant Simonnin, sur peine de privation de l'habit, d'écarter de son logis telle manière de femme recevant et retirant à heure indue et nocturnement un tas de robeurs et gens vagabonds. »

Cependant il n'eût servi de rien de réprimer ces excès, si l'on n'eût tenu les clercs en garde contre leurs causes. C'était principalement dans la fréquentation des hérétiques qu'ils puisaient l'esprit d'indiscipline et de dissipation. Un grand nombre de ces libres-penseurs habitaient le Château et répandaient leur propagande à la porte même de l'église. A défaut de convictions sérieuses à faire partager, ils poussaient les jeunes clercs à l'insubordination, au mépris de certains dogmes inaccessibles à la raison, de certains rites qu'ils tournaient en ridicule, à l'irrévérence envers leurs supérieurs dont le caractère, les mœurs, la personne étaient pris en parodie.

L'habitude contractée par les ecclésiastiques, durant les guerres, de fréquenter les cabarets et les tavernes, rendait ces entretiens pernicieux; car dans ces lieux suspects, l'exemple venait à l'appui du conseil, et les têtes échauffées par le vin, le jeu, la dispute, ne tardaient pas de trouver, à deux pas de là, l'occasion de se livrer à des insultes, à des rixes, au libertinage. Aussi, rien n'est plus fréquent, vers cette époque, que les défenses portées par les conciles provinciaux et les statuts diocésains[1], pour interdire aux

---

[1] Voir ces conciles et ces statuts énumérés dans la *Théologie morale* de M. Gousset, archevêque de Reims, t. II, p. 482. — L'Etat porta souvent des interdictions de même genre. L'ordonnance de Moulins, de 1566, décide : « que les confréries, fêtes à bâtons, et autres assemblées qui nourrissent les » débauches, la superstition et les querelles, seront abolies, c'est-à-dire, les » danses, banquets, courses et autres folies qui s'y commettent. »

clercs les jeux de hasard, la fréquentation des cabarets, les mascarades, la chasse avec meutes, les représentations théâtrales, les bouffonneries de baladins et d'histrions. Nous les retrouvons dans l'Eglise d'Autun.

« Le chapitre enjoint à tous les ecclésiastiques attachés à la cathédrale, de demeurer et pernocter ès maisons à eux propres et affectées et en icelles ne recevoir aucunes personnes étrangères, principalement chargées et suspectes de la Religion, sous peine de privation de toutes distributions. »

« Pour le trouble, scandale et murmures nouvellement advenus à l'occasion des fréquentations et conversations indues de quelques-uns de l'église, on défend à tous, sur peine de cent sols tournois d'amende applicables à la Fabrique, de ne boire ni manger ès tavernes et cabarets de la ville, sinon pour cause légitime et raisonnable, ni fréquenter jeux de paume ou autres lieux suspects et illicites, de quelque manière que ce soit et par cette raison que la communication et conversation des personnes amène même similitude, conformité de mœurs et affection qu'en ceux avec lesquels ils conversent. De plus, on prohibe à tous, pendant l'heure du service divin, de parlementer ou se promener devant l'église avec aucunes personnes, surtout avec les suspects de la nouvelle prétendue Religion, et ce, sur peine de retenue de tous les fruits et profits du jour. »

« Enfin, considéré que plusieurs gens d'église, sous le regard d'un gain sordide et vilain plutôt que par ardeur et zèle de dévotion, assistent à quelques parties de l'office, mêmement aux anniversaires, seulement pour percevoir les plus apparens et meilleurs fruits et profits, on ne délivrera le pain et le vin qu'à ceux qui auront rempli leur devoir. »

Les prêtres irréguliers, tombés dans une faute, un scandale ou une négligence, sont censurés et rappelés à leurs devoirs. Quelques exemples entre plusieurs.

« Sur les plaintes du chantre Charvot contre Antoine Laurent, bénéficier, pour l'inobédience et réponse irrévérencieuse à lui faite au sujet d'une remontrance : l'official ordonne au dit Laurent capitulairement appelé de recevoir en toute obéissance les commandemens du grand-chantre et autres établis en dignité, en tant qu'ils seront de sa charge, avec défense d'user dorénavant de telles réponses orgueilleuses et superbes. »

« On informera pourquoi Georges Ballard, chanoine, n'a pas communié le jour d'hier, fête du précieux Corps de Jésus-Christ, avec les autres chanoines; pourquoi il n'assiste aux processions accoutumées; pourquoi enfin il abuse et excède en superfluité d'habits et vêtements prohibés. »

« Pour les scandales advenus et les dangers qui pourroient s'en suivre, on défend à Lombard, archidiacre d'Avallon, de ci-après souffrir ni endurer aucunes danses être faites en sa maison. » [1]

« Jean Seguenot et Michel Vincent, bénéficiers, pour n'avoir, au grand mépris de leur cléricature, adoré la croix, nonobstant l'avertissement à eux fait, comme à tous du chœur de Saint-Nazaire, le jour de la dernière fête Sainte-Croix, sont admonestés. »

« Jean Poirier, habitué, qui avoit proféré propos diffamatoires, tiendra prison fermée depuis l'issue du présent chapitre jusqu'à demain, heure d'entrée de la grand'messe, sans néanmoins retenue de distributions, et cela pour réformation de son audace et outrecuidance, et afin que ci-après le fait soit exemplaire à d'autres. »

« Inhibitions ont été faites à Hugues Polly, aussi habitué, de ne fréquenter, converser, ni retirer avec lui en sa chambre aucuns jeunes gens et femmes nuitamment, pour justes causes et raisons dont s'en puisse suivre scandale, à peine de privation arbitraire. »

« Georges Julier, pour l'audace et outrecuidance de certains propos suspects et mal sonnans qu'il a tenus contre Jean Cho-

---

[1] Le chanoine Claude Lombard, archidiacre d'Avallon, official diocésain sous Pierre de Marcilly, était fils de Georges Lombard, seigneur de Millery. Il possédait de moitié cette terre (située dans la paroisse de Saint-Forgeot) avec Jean, son frère, époux d'Adrienne de Franay. Il fit construire, vers 1552, le château aujourd'hui en partie détruit. Cette terre resta dans la famille Lombard pendant environ deux siècles, de 1453 à 1682.

medey, chanoine, est condamné assister à l'office le jour de Saint-Nazaire, et se tenir debout devant l'*aigle* [1], au milieu du chœur, la tête nue et découverte, durant la grand'messe et les vêpres du dit jour. — Il est également réprimandé pour port d'armes, efforts, violences et scandales à heure extraordinaire, et condamné à huit jours de prison. » [2]

De sévères punitions sont infligées à des choriaux et enfants d'aube insubordonnés. Quelques-unes étaient de nature à leur laisser des souvenirs.

« Georges Virot, chorial, à cause d'une désobéissance scandaleuse, le jour de la fête de saint Pierre, au départ de la procession, ira en prison trois jours entiers et sera admonesté devant le chapitre et les autres jeunes choriaux. »

« Barthélemy Saulnier, naguères issu d'enfant d'aube, sera appelé pour ouïr de la part des capitulans telle remontrance que de raison, sur certains propos vicieux par lui tenus en présence des enfans de chœur, aussi pour avoir mangé chair ès jours prohibés. Après examen et perquisition sur ce faicte et sa réponse ouïe, selon que la qualité de l'offense le désirera, afin d'extirper la source et racine de telle perverse inclination, on le fera battre et fustiger en la maison du maître des enfans de chœur. »

---

[1] Il s'agit du lutrin donné par le cardinal Rolin et qui était surmonté d'un aigle en airain.
Ce mode de châtiment infligé aux clercs prenait son origine d'une coutume de la primitive Église. Autrefois, l'office se chantait debout et sans appui, et les fidèles eux-mêmes étaient astreints à cette règle. On permettait seulement aux vieillards et aux infirmes, afin de ne pas violer ouvertement les règles canoniques, d'avoir un bâton pour se soutenir. Plus tard, les cérémonies étant devenues longues, on accorda aux officiants un siège de bois à deux bords ou *accotoirs,* appelé *indulgence* [ce que nous nommons stalle], et on le plaça dans le chœur qui jusqu'alors avait été ouvert et vide. Au XIIIe siècle, les tribunes ou ambons, les jubés, les stalles avec leurs dossiers, leurs *miséricordes* ou *patiences,* adoptées par les chanoines à cause de leur commodité, devinrent d'un usage général et envahirent le haut de la nef. On surchargea d'ornements d'un goût plus ou moins douteux cette partie de l'église qui fut ainsi mise à l'étroit. Ce défaut se fait principalement remarquer dans le chœur de la cathédrale d'Autun.

[2] *Reg. Capit., passim.*

« Vu les nouveaux blasphèmes et grandes insolences commis hier sur le soir, devant la porte de sa maison, par Barthélemy Saulnier, chorial, lequel ne vouloit cesser ni désister d'icelles insolences ; aussi pour le mauvais gouvernement d'icelui réfractaire au service divin, et pour avoir par grande dérision, dimanche passé, au chœur de l'église, conculqué aux pieds certain livre d'heures : Raoul Hurault, official, et Anatole Ailleboust, substitut du syndic, feront justice de sa conduite et de ses malversations. Il sera révoqué de la desserte et du service de la chapelle Saint-Etienne, fondée en l'église Saint-Nazaire ; il sera privé de toutes distributions de pain et de vin d'anniversaire pendant un mois entier, et il tiendra prison fermée, *in carcere duro,* au pain et à l'eau, pendant huit jours entiers. »

Saulnier, comme on le voit, ne cessait de se livrer à des actes d'indiscipline et de turbulence, et le chapitre ne se fatiguait pas de sévir contre lui. En 1569, nous le trouvons encore en faute.

« Sur la requête de noble et religieuse dame Antoinette de Tournon, abbesse de Saint-Andoche, on ordonne que les cierges par elle prétendus avoir été pris et enlevés par Barthélemy Saulnier, en l'église de son abbaye, à la dernière procession, seront rendus et restitués, en satisfaisant néanmoins par la dite dame le droit de cierges ancien et accoutumé des enfans de chœur et porte-croix à la dite procession. Défenses sont faites à Saulnier et à tous autres, sur grièves peines, d'user dorénavant de la sorte, et charge est donnée à Antoine Borenet d'aller vers la dite abbesse pour déclarer sur ce les intentions de la compagnie. »[1]

---

[1] *Reg. Capit.*, 1ᵉʳ mars 1569. — D'après un ancien usage, les chanoines se rendaient chaque année, le jour des Rameaux, en procession à Saint-Andoche, et chaque membre recevait de l'abbesse, pour ses honoraires, une *écuelle de pois.* Depuis, cette redevance fut modifiée quant à son objet ; il ne resta plus au chapitre que le *droit de cierge.*

Trois ans auparavant, ce même Saulnier, étudiant au collège, avait présenté requête aux chanoines, afin d'obtenir la permission « de jouer en cer- » taine tragédie que le principal Madier veut exhiber et représenter au peu- » ple. » Cette permission lui est accordée, pourvu qu'au préalable le grand-chantre, « auquel la superintendance appartient en ce fait, ait pris connais- » sance du sujet de la tragédie, et si au personnage que représentera Saulnier » aulcune chose indécente ne se trouve. » [25 sept. 1566.]

Le chapitre s'élève contre les mascarades par lesquelles quelques prêtres cherchaient, dans les premiers jours de l'année, à remplacer la fête des *Fous,* supprimée depuis un demi-siècle.[1]

« A l'occasion de plusieurs insolences et scandales notoires naguères survenus au moyen de quelques membres de l'église, à la

---

[1] Quoique cette fête, ainsi que celles de la *Circoncision,* des *Innocents* et de l'*Ane,* ne fussent plus célébrées dans l'église d'Autun, on avait conservé des divertissements qui les rappelaient. On représentait, le jour de la Pentecôte, une sorte de mystère ou moralité, qui semble avoir eu pour sujet la conversion des Gentils par les apôtres. Une délibération du 24 mai 1560 donne les détails suivants sur ce drame de l'*Homme sauvage :*

« Sur le mis en avant par André Ferrand, chanoine, que depuis six ou
» sept ans en ça, pour raison des guerres et cher temps, on avoit délaissé de
» faire, en l'église d'Autun, le jour de la fête de Pentecôte, certaine peincture
» ornée et environnée de fleurettes, et icelles figures servant d'instruction au
» peuple, selon le temps que l'on apelle vulgairement l'*Homme sauvage,*
» avec certains devis et sentences déclaratives d'icelle figure. — On requiert
» MM. sur ce délibérer et ordonner que le dit homme sauvage soit faict cette
» prochaine fête de Pentecôte, à la manière accoustumée. — En conséquence,
» Pierre Colin, maître des enfants d'aube, sera adverti les mener aux champs
» ces mardi, mercredi, jeudi et vendredi, pour cueillir et amasser les dites fleurs
» et herbes, et pourvoir que le dit homme sauvage soit représenté le jour de
» Pentecôte, selon que de toute ancienne et louable coustume en leur église
» a été faict le temps passé. Il est ordonné à chacun des enfans et aultres qui
» voudroient aller aux champs avec eux, de ne jouer à jeux de cartes, dés ni
» aultres défendus et de ne se trouver ni assister au service divin, auquel,
» pour raison des dites herbes, nul ne sera tenu pour présent. »

[Pierre Colin, grand-marguillier et directeur de la maîtrise, chargé de la nourriture, de l'entretien et de l'instruction des enfants de chœur, avait coutume de les tenir chez lui l'espace de six mois pour éprouver leur voix dans le plain-chant. Colin fut plus tard organiste de la cathédrale. — Son frère, Jean Colin, était recteur de l'hôpital du Saint-Esprit ou de Notre-Dame du Châtel.]

Le jour même où les chanoines de Saint-Lazare faisaient la *peincture* de l'*Homme sauvage,* ceux de Notre-Dame représentaient une allégorie profane, le *Triomphe de la musique.* Le *Journal* manuscrit d'un chanoine d'Autun, de 1539 à 1545, renferme, à la date du 13 avril 1543, « die Pentecostis », la mention suivante : « In ecclesiâ Sancti Lazari, *Historia hominis silvestris :*
» Erat Pater, Filius, et Spiritus Sanctus, quatuor Evangelistæ, et via cœli in
» formâ scalæ. — In nostrâ Dominâ (la collégiale de Notre-Dame), *Trium-*
» *phus musices* vectæ tribus equis, scilicet : diapason (l'octave), diapanthe
» (la quinte), diathessaron (la quarte), quorum primus ductus est mensurâ,
» secundus thonis, tertius harmoniâ. »

grande offense et clameur de plusieurs, on fait inhibition à tous chanoines et chapelains de ne discourir et ribler la nuit, faire masques, sonner tambourins par la ville et en leurs maisons, à heures indues, ni mêmement aux jours de carnaval, le syndic et l'official étant chargés d'informer à diligence sur tels faits et en faire sévère punition. » [3 janvier 1566.]

Quand ces défenses étaient transgressées et que les coupables venaient à être découverts, la justice correctionnelle des *seigneurs* de la cathédrale, — ainsi se qualifiaient-ils dans leurs sentences, — s'exerçait sur eux par des châtiments ou de préférence par des peines appartenant au domaine purement spirituel. L'acte capitulaire suivant, prononçant pénitence et interdiction contre un prêtre qui avait couru par la ville, en masque, le jour des Cendres, nous en offre un exemple.

« Sur les réquisitions du syndic, on fait comparoître Pierre Terrasson, habitué de l'église, lequel, après avoir prêté serment *in verbo et fide sacerdotis,* a été interrogé si mercredi dernier, jour des Cendres, commencement du temps de la sainte pénitence, il n'avoit pas discouru en masque par la ville, à la connoissance et scandale de chacun. Terrasson a répondu que telles paroles avoient été mises en avant contre lui par quelqu'un de la compagnie qui lui est ennemi. Sur la remontrance que son dire n'étoit pas à propos et après exhortation d'avouer la vérité, il a confessé ingénuement qu'il avoit commis telle offense, suppliant MM. de lui pardonner. Sur quoi, après lui avoir remontré le péril auquel il s'étoit constitué, d'avoir encouru par telle insolence d'irrégularité les peines de la censure ecclésiastique, l'official lui inflige pénitence de dire, chaque jour de la présente semaine, les sept psaumes pénitentiaux, et pendant ce temps on lui fait interdiction de célébrer la messe jusques à dimanche, jour où il se présentera à la confession sacramentelle pour obtenir de Dieu rémission et pardon de ses péchés. »

Ces prêtres, amis d'une joie tumultueuse, ces chanoines, familiarisés avec les dissipations, vivaient à grand'peine en bonne confraternité. Ils s'insultaient sur la place publique, à la porte de l'église, jusques dans le sanctuaire.

« Hugues Ailleboust, chanoine, se plaint que, dernièrement, faisant ses fonctions de quêteur pour l'aumône ordinaire des pauvres, Guy Delacroix, sous-chantre, l'a appelé *Huguet*. On a vu Delacroix au-devant du portail de l'église s'adresser par forme de courroux à Ailleboust, en lui disant tels propos : « Tiens, *Huguet,* » voilà ce qu'il te faut? » et alors, il lui mit deux *petits-blancs* sur le bras. Le sous-chantre, dénoncé au chapitre, répondit que le chanoine étoit en tort de lui demander son aumône, puisqu'il l'avoit déjà acquittée; que ce faisant, il l'avoit inturbé dans le devoir de sa charge, alors qu'il commençoit l'heure de primes au chœur et que telle avoit été l'occasion de la querelle. — Nonobstant cette justification, Guy Delacroix est condamné à la retention du pain et vin ordinaires, pendant deux jours entiers. » [1]

« On s'occupera de l'affaire de Claude Gautherault, bénéficier, sur les injures par lui adressées à André Ferrand, syndic, et sur le scandale publiquement commis au chœur de Saint-Nazaire et la batture de Michel Vincent, prêtre. »

« Philibert Madot, chanoine, prisonnier pour certains blasphèmes et excès contre un habitué, sera ce jourd'hui relâché par l'official

---

[1] *Reg. Capit.*, 15 janvier 1566. — Hugues Ailleboust, frère d'Anatole et de Charles (élu évêque d'Autun en 1572), nommé chanoine le 9 novembre 1565, succéda au premier dans la dignité de grand-chantre, avant 1585. Il l'était encore en 1598.

Le titre injurieux de *Huguet,* donné par Delacroix à Hugues Ailleboust, n'était pas seulement un jeu de mots sur le prénom du chanoine. Ce mot avait une plus grande portée dans l'esprit du sous-chantre et demande quelques explications. En plusieurs villes, le peuple, imbu d'idées superstitieuses, croyait à certaines apparitions d'esprits mystérieux et redoutables. A Paris, d'après le témoignage de Bèze [t. I, p. 269], l'un de ces lutins ou revenants était connu sous le nom de *moine bourré* ou *bourru;* à Orléans, il s'appelait le mulet *Odet;* à Blois, *loup-garou;* à Tours, c'était le roi *Huguet* qui, disait-on, rôdait toutes les nuits dans la ville. Les réformés ayant souvent des assemblées nocturnes, et ces assemblées s'étant tenues pour la première fois en Touraine, les catholiques donnèrent à ceux-ci le sobriquet de *Huguenots,* comme compagnons ou suivants du roi Huguet.

Le *petit-blanc,* dont il est parlé dans cette délibération, monnaie créée par Philippe de Valois, en 1354, valait 5 deniers environ.

de la spiritualité, jusqu'au lendemain des Rois, que Madot se représentera pour répondre aux charges dont il est prévenu. »

Enfin, ces déportements sont couronnés, vers 1566, par un homicide commis par un chanoine sur la personne d'un ecclésiastique. Il est à regretter que nous n'en ayons pas les détails.

« Le chanoine Barthélemy d'Arlay est délégué à Chalon, par devers Claude Agron, juge nommé en la cause, pour lui porter les pièces de la procédure criminelle faite contre Jean Desmolins, jadis chanoine, touchant l'homicide par lui commis sur Pierre Gautherault, prêtre. »[1]

De pareils écarts montrent assez à quel point s'affichait le scandale. Le Château offrait le spectacle d'un lieu mal hanté, livré aux insultes des tapageurs qui s'y rendaient de la ville basse. Plusieurs étaient d'anciens soldats laissés par la cessation de la guerre sans autres ressources que leur audace. Ils se portaient de préférence au Château dont les ruelles écartées leur offraient un abri plus assuré. Là, ne manquaient ni filles de joie pour s'ébaudir, ni gouvernantes de chanoines à lutiner, ni gens d'église à voler. La justice patiente et débonnaire du chapitre leur inspirait d'ailleurs moins de crainte que celle des magistrats. La plupart du temps, elle se contentait d'informer, composait, se laissait fléchir, ou même oubliait.

---

[1] *Reg. Capit.*, 5 septembre 1566. — Ce Jean Desmolins avait obtenu, en avril 1561, des lettres de sous-diacre afin d'entrer au chapitre et d'y avoir voix délibérative. Son frère, Odot Desmolins ou Dumoulin, encore fort jeune [puisqu'en 1565 il était aux écoles], lui succéda dans son canonicat. Comme son aîné, il paraît avoir été fort indiscipliné et plusieurs fois il mérita les punitions de ses confrères. Un jour de fête de l'Assomption, il affirma avoir communié, ce qui se trouva faux. On le condamna à être châtié *du fouet,* et signification fut faite à Gabriel Madier, principal du collège, d'exécuter lui-même la fustigation. — Tous deux étaient fils d'Odot, seigneur de Visigneux, procureur du roi au bailliage vers 1540, et neveux de François Dumoulin, archidiacre d'Avallon et doyen du chapitre.

LA RÉFORME.

« On ordonne aux officiers du temporel d'informer sur les excès, battures, ports d'armes, voies de fait commis par certains coureurs de nuit contre les gens de l'église et autres retirés au cloître, pour après en communiquer avec les gens du roi et exiger réparation. Aussi, afin d'éviter le péril qui en pourroit sourdre par les excursions de telle façon de *ribleurs*, on avertit le capitaine du Château de faire fermer les portes à six heures et demie précises du soir, et les ouvrir à cinq heures et demie du matin et non plus tôt. » [1]

« Sur les nouvelles remontrances du syndic Ferrand, au sujet des excès, insultes et agressions d'aucuns vagabonds, mutins et *ribleurs* de cette ville faits dernièrement à la personne d'Antoine Borenet, lesquels recherchent ceux de l'église jusques en leurs maisons, avec ports d'armes illicites et défendus, tant de nuit que de jour, les molestant et inquiétant par menaces, comme gens mal mus et affectés ; on fera poursuivre contre tel tas d'individus iniques et pervers, par prise de corps, incarcération ou autre châtiment. »

« Pour empêcher les troubles qui se commettent par gens dissolus au Château et au cloître, on commet à la garde des clefs de la porte de Breuil le prévôt Borenet, lequel prendra soin de la faire fermer de bonne heure, afin de boucher le passage à tel tas de *ribleurs* qui ont coutume par cet endroit de faire leurs insolences et ribleries. »

L'irrévérence à l'égard de l'église s'affichant en plein jour, au moment du service divin, semblait parfois une provocation adressée par quelque entrepreneur de divertissements populaires, quelque femme huguenote, quelque lavandière incommode et tapageuse.

---

[1] *Reg. Capit.*, 7 décembre 1565. *Ribleurs*, coureurs, tapageurs de nuit

> A fillettes monstrans tetins
> Pour avoir plus largement hostes,
> A ribleurs, meneurs de hutins,
> A basteleurs traînans marmotes,
> . . . .
> Je crie à toutes gens merci.

[Villon, ballade xv, édition Prompsault, p. 246.]

« On fera plainte sur ce que patemment, en cimetière et lieu saint au devant de l'église [1], se fait jeu d'escrime et prix public, contre les ordonnances et intentions des édits du roi. » [2]

« Le bailli du temporel informera diligemment sur ce que, samedi dernier, fête de la Purification, jour férié et ordonné par les commandemens de l'Eglise, lors du service divin, au murmure et scandale des fidèles catholiques assistans à l'office, on faisoit laver linge en la fontaine Saint-Ladre, sise rière et au détroit du cloître, sur le parvis des deux églises paroissiales Notre-Dame et Saint-Jean-de-la-Grotte, à grands coups de battoirs avec bruits et autres insolences. » [3]

Aux fêtes de Noël [1566], un encensoir d'argent fut volé à la cathédrale. Les coupables étaient Pierre Maret, François Poiblanc, orfèvre, et Lazare Vérizet, marchand, receleur du vol. Ils furent traduits devant la justice criminelle du vierg

---

[1] Le cimetière Saint-Nazaire était situé derrière la ligne de maisons qui séparait l'église Saint-Lazare de celle de Saint-Nazaire, sur la terrasse actuelle de la Maîtrise, vis-à-vis de la collégiale de Notre-Dame, à droite de la rue qui descend de la cathédrale à l'évêché. Il était le seul qui existât dans le Château. Les ecclésiastiques étaient enterrés dans la cathédrale. Il y avait un caveau pour les chanoines, un pour les sous-chantres, un pour les chapelains et habitués, un autre pour les enfants d'aube. Cet usage cessa en 1787, époque où les inhumations dans les monuments dédiés au culte ayant été interdites, celles de la cathédrale se firent pendant quelques années dans la terrasse du Réfectoire ou *Refitou*.

[2] 23 juillet 1566. — L'ordonnance invoquée était celle d'Orléans, dont l'article XXIV était ainsi conçu : « Défendons à tous joueurs de farces, bateleurs
» et autres, jouer ès jours de dimanches et fêtes, aux heures du service divin,
» se vêtir d'habits ecclésiastiques, jouer choses dissolues et de mauvais exem-
» ple, à peine de prison et de punition corporelle, et à tous juges leur bailler
» permission de jouer durant les dites heures. »

[3] 5 février 1566. — Des cinq fontaines publiques existant à Autun, au XVIe siècle, quatre avaient été établies par le chapitre dans l'enceinte du Château, savoir : la fontaine de *Saint-Ladre* ou du *Pélican*, élégant édifice de la Renaissance élevé, vers 1540, sur les dessins d'un habile artiste inconnu, peut-être sur ceux de Jean Goujon, de Pierre Lescot ou de Philibert Delorme ; les fontaines *Chaffault*, de l'*Evêché* ou de l'*Officialité*, à l'angle de la rue Blanche, et celle du *Petit-Marché*, place d'Hallencourt ; une cinquième était placée dans la ville basse, sur le Champ-de-Mars.

qui rendit une sentence de non-lieu. Les chanoines en appelèrent au parlement. Un des accusés, Vérizet, leur adressa une requête qui montre combien le cours de la justice était irrégulier, et avec quelle facilité on pouvait l'arrêter. Il offrit de composer à prix d'argent pour terminer le procès, « en intéressant, — disent les actes capitulaires, — leur » accoutumée clémence et bonté, et préférant *miséricorde* » à rigueur. » Le syndic Ferrand s'étant opposé à l'acceptation de ces offres avec appel comme d'abus, si l'on faisait droit à la demande de l'inculpé, « la compagnie veut bien » témoigner respect pour ladite opposition, mais est d'a- » vis que si le syndic veut retirer son appel, elle est prête » à traiter volontiers avec Vérizet. » Le chapitre et les parties n'ayant pu s'entendre sur le prix de cette composition, le procès fut poursuivi à toute rigueur. Maret, convaincu d'être l'auteur du vol, resta cinq mois et demi dans les prisons de Rivaux [1], puis fut transféré à Dijon pour être

---

[1] *Reg. Capit.*, 3 janvier, 4 mars, 12 et 24 avril, 27 juin, 5 et 30 septembre 1567. — La délibération du 5 septembre est ainsi conçue : « On paiera à » dame Pierrette Cambray, garde des prisons de Rivaux, la somme de 15 livres » 15 sols, tant pour la nourriture que surveillance de Pierre Maret, prison- » nier au fait du vol de l'encensoir de Saint-Ladre, savoir : — pour la *garde* » d'icelui pendant cinq mois et demi, depuis la veille de la Circoncision jus- » ques au 15 juin dernier, au prix d'un sol par jour, en tout la somme de » 8 livres 5 sols ; — et pour sa *nourriture et subsistance* pendant seulement » six semaines, à raison de 2 sols par chaque jour, à savoir la somme de » 7 livres 10 sols. »

Les prisons du bailliage étaient, au XVIe siècle, comme au temps des ducs, situées dans l'enceinte de la citadelle de Rivaux. — La prison du chapitre occupait, entre l'évêché et la cathédrale, une partie des bâtiments de Saint-Nazaire. Le geôlier de l'église était, à notre époque, Sébastien Grymon, frère de Claude Grymon, sergent de la temporalité, concierge du palais épiscopal et bedeau de l'officialité. Une délibération du 31 août 1565 délivre à Sébastien, sur sa requête, la somme de 13 livres « pour lui aider à avoir un man- » teau ou robe, afin de plus honorablement assister, avec les officiers du tem- » porel, à la cérémonie du terrier de la Saint-Ladre, aussi en faveur et con- » templation des peines qu'il a prises et prend à la garde des prisonniers » justiciables de l'église. »

jugé comme coupable de sacrilège, cas royal dont la connaissance était réservée au parlement.

Nous nous sommes peut-être trop complaisamment étendu sur la décadence morale du clergé, et il semblerait, d'après ce tableau, qu'elle eût éteint entièrement la vie chrétienne. Mais si profonde que fût cette décadence, elle n'en avait cependant pas tari les sources, et parmi celles qui ne cessaient de couler pour rendre la fertilité à ce sol frappé d'une sécheresse momentanée, restaient la charité et la prédication, l'aumône et la parole de Dieu.

On a souvent remarqué, et c'est une justice à rendre à l'Eglise, que même au sein de la dissolution morale et dans les temps d'extrême pénurie, elle n'a jamais mis en oubli le précepte de la charité. Pratiquer l'aumône a toujours été une de ses premières obligations, et elle n'a cessé de la remplir quand les autres devoirs étaient méconnus. En effet, renier les pauvres, ces membres de Jésus-Christ, c'eût été à ses yeux renier Jésus-Christ lui-même et abjurer la foi de l'Evangile.

Dès une haute antiquité, un tiers des revenus de l'Eglise d'Autun était affecté au soulagement des pauvres, ainsi que cela avait lieu, comme on sait, au temps de la primitive Eglise. Dans les années de disette, le chapitre envoyait chercher des blés jusqu'en Champagne et en Lorraine. Lorsque les revenus affectés à cette dépense étaient insuffisants, le chapitre préférait aliéner une partie de son argenterie, les chanoines se cotiser entre eux, au moyen d'une quête qui formait comme une taxe ou budget des pauvres [1], ou sup-

---

[1] Un chanoine, prenant le titre de *collecteur des aumônes*, était chargé de faire, plusieurs fois l'année, une quête auprès de tous les gens de l'église, « pour le produit servir à la nourriture et entretènement des pauvres en leur » domicile, afin qu'ils n'aillent discourir par la ville, de porte en porte. » La

porter une diminution dans le pain et le vin de leurs distributions, plutôt que de laisser souffrir les indigents [1]. Cet usage, continué sans interruption pendant des siècles, passait dans l'esprit de ces derniers pour un droit acquis. Les villes voyant, par suite des guerres, leur nombre augmenter dans une proportion effrayante, redoutèrent d'être obligées de concourir à leur entretien et demandèrent que la quotité des aumônes du clergé, libre jusques-là, fût déterminée par une loi. François Ier la fixa aux trois quarts de la somme arbitrée chaque année par les magistrats, d'après le recensement général des indigents [2]. C'était pour l'Eglise, dans les moments de gêne, une charge pesante.

---

taxe d'un chanoine ne pouvait être moindre de *trois sols,* et celle des chapelains résidants et habitant le cloître au-dessous de *dix deniers* par semaine. Il était ordonné à tous ceux attachés de près ou de loin au service du culte de satisfaire « libéralement et volontairement » à leurs cotisations, sous les peines portées par les statuts.

[1] En 1565, on décida « qu'à raison de l'indigence, déffectuosité et stérilité
» générale de l'année, chaque chanoine ne prendroit qu'un des deux pains à
» lui attribués quotidiennement, de même mesure que le grain se donne au
» boulanger de l'église pour la cuite, savoir pour soixante pains un setier de
» blé, pour trente le demi-setier, jusqu'à ce qu'il en fût autrement ordonné,
» quand Dieu par son infinie bonté voudroit manifester sa largesse. » Depuis quelque temps, ce pain ordinaire était de plus grosse pâte, *de façon de pain bourgeois.* On supprima aussi le *gâteau des rois* auquel avait droit chaque chanoine et on le remplaça par un pain de *bon, pur et loyal blé.* Au mois de décembre, le vin étant devenu très cher (il se vendait de 25 à 30 fr. la queue, c'est-à-dire les deux poinçons), la pinte de vin fut réduite à la pinte de la ville, moins grande que celle de l'église. [On distinguait deux sortes de vin dans les celliers : le vin de *prébende* et le vin d'*anniversaire.* Ce dernier, de meilleur crû, était destiné aux distributions générales et aux fêtes solennelles.] — Ces réductions eurent également lieu l'année suivante, et le chapitre imposa silence aux chapelains et même aux chanoines qui en murmuraient.

[2] « Que chaque cité, — dit le deuxième concile de Tours, — nourrisse d'ali-
» mens convenables les pauvres qui y sont domiciliés, suivant l'étendue de
» ses ressources ; que les prêtres y contribuent pour la plus grande part..... »
Cette disposition, confirmée par un Capitulaire de Charlemagne de 806, reproduite par l'article LXXIII de l'ordonnance de Moulins, devint l'un des fondements de l'administration charitable en France. — Voir *Dictionnaire de droit ecclésiastique,* aux mots *pauvre, charité, aumône.* [Bibl. d'Autun.]

La plus considérable de ces aumônes était celle du Carême qui se distribuait aux portes du réfectoire, par les soins du *réfecteur*, les lundi, mardi et vendredi de chaque semaine, à partir du premier lundi après les *brandons* jusqu'au mardi de la *grande semaine* ou semaine sainte. Elle portait le nom d'*aumône de saint Léger*, parce qu'on en attribuait la fondation à cet évêque.

En l'année de disette 1566, « encore que la misère du
» temps pressoit chacun d'extrêmes nécessités, néanmoins
» mus de zèle et de pitié envers les pauvres, les vénérables
» décidèrent de continuer leur *donne* ou distribution géné-
» rale du Carême, sans la vouloir délaisser, ni transférer à
» d'autres momens. » Une grande multitude de mendiants affluait à cette aumône qui ne pouvait suffire à leurs besoins. Le chapitre fit constater leur nombre par les officiers du roi, afin de s'en prévaloir contre la surintendance des pauvres de Dijon qui prétendait saisir, chaque mois, une somme de soixante livres sur les revenus des moulins d'Ouche appartenant à l'église d'Autun, et en disposer à sa volonté. Il invita les abbé et prieur de Saint-Martin et de Saint-Symphorien [Robert Hurault et Pierre de Marcilly], les abbesses de Saint-Andoche et de Saint-Jean-le-Grand [Antoinette de Tournon et Benoîte de La Rochefoucault], à coopérer à cette aumône. [1]

Sa distribution avait souvent causé des scènes de désordre et de grands excès parmi la foule besogneuse qui assiégeait les portes.

---

[1] La contribution du clergé et de la ville à l'aumône générale amena de nombreuses difficultés sur lesquelles trois arrêts intervinrent, au XVIe siècle : 1° l'arrêt de François Ier, du 22 février 1529 ; 2° celui du 13 mars 1572 ; 3° un autre du 8 janvier 1597. [Consulter ces documents aux *Pièces justificatives*, n° 6.] Tous condamnaient le clergé d'Autun à contribuer pour les *trois quarts*, et la ville pour l'autre *quart*. — La quote-part de l'église était réglée

« En 1563, les vitres de la maison du réfecteur, où se fait la cuite du pain de l'aumône, furent brisées par la foule. Il s'en suivit la perte, — dit l'acte capitulaire du 23 mai, — d'environ dix setiers de seigle, mis et réduits en pâte, laquelle fut gâtée et corrompue, à cause des verres à vitres mêlés en iceux. On ordonne d'en informer ; et quant aux pains faits avec la dite pâte, ils ne seront donnés aux pauvres, les commissaires agissant en bons économes et à leur volonté, comme aussi des blés resserrés en leurs greniers. » [1]

Dans les temps malheureux, cette ressource était précieuse pour les populations affamées ; elle était augmentée autant que le permettaient les revenus de l'église.

« En cas de stérilité, — dit la requête capitulaire que nous avons déjà citée, — on distribue bien souvent à quinze ou seize mille personnes et à autant de petits enfans que l'on apporte dans des hottes ou des besaces. Chacun reçoit son quartier de pain de seigle, de la valeur d'*un sol* ou *trois blancs*. Il en est qui apportent jusqu'à trois ou quatre enfans, recevant ainsi ensemble cinq portions et plus.

dans la proportion suivante, entre l'évêché, les deux chapitres, les trois abbayes et le prieuré de Saint-Symphorien :
   I. — L'évêque pour un *tiers* dans les trois quarts à payer par le clergé.
   II. — Le chapitre cathédral pour un autre *tiers*.
   III. — Le dernier *tiers* ainsi divisé :
     1° Le chapitre de la collégiale, ... *deux dixièmes* de ce tiers.
     2° L'abbé de Saint-Martin, ... *quatre*   id.
     3° Le prieur de Saint-Symphorien,. *deux*   id.
     4° L'abbesse de Saint-Andoche, ... *un*   id.
     5° L'abbesse de Saint-Jean-le-Grand, *un*   id.

[1] Les *greniers* du chapitre étaient situés près de la place Sainte-Barbe, dans cette ligne de maisons qui fait face au portail supérieur de l'église Saint-Lazare ; — les *fours,* au fond de l'ancienne impasse Notre-Dame, sur l'emplacement où fut construit, en 1706, le pavillon-nord du présidial, maintenant le tribunal civil et la nouvelle prison cellulaire. — Le *réfectoire* avec son jardin s'élevait sur la terrasse, au midi de la cathédrale. Cette terrasse a été appelée par corruption terrasse du *Refitou,* de l'*Orfitou,* nom qu'elle porte encore aujourd'hui. Ce réfectoire était un reste de l'ancien cloître construit sous l'évêque Jonas.

» Toutes personnes indifféremment sont admises à prendre part, d'où s'ensuit un grand abus, parce que les enfans de bonne maison, serviteurs, chambrières et valets de boutique contraignent aussi à se faire donner l'aumône qu'ils vendent tout aussitôt, sans en manger.

» De là vient qu'un grand nombre de pauvres, tant de la ville que de la campagne, discourans au lieu d'être tenus resserrés aux hôpitaux et ailleurs, se ramassent aux faubourgs d'Autun et apportent tant d'incommodité à la ville, qu'outre le péril des menaces qu'ils adressent chaque jour aux habitans, les larcins qu'ils commettent à la faveur de leur mendicité et les grands dégâts qu'ils font dans les maisons, ils communiquent les diverses maladies et pestilences qui pullulent ordinairement dans les faubourgs et aux environs. » [1]

En 1571, nous voyons les habitants *aisés* et *riches* aller prendre part à l'aumône du Carême. Il s'ensuivit même contre eux, de la part des chapelains distributeurs et des sergents, de *nombreux outrages* et *grandes battures*. Une délibération prise par les magistrats en assemblée générale donna droit au chapitre de chasser et *divertir* ces voleurs du bien des pauvres, sans toutefois les « affecter en leurs » personnes par violences ou voies de fait. » [2]

---

[1] Requête présentée au parlement de Dijon par les chanoines pour obtenir règlement de l'aumône générale, 29 mars 1596. — V. *Pièces justif.*, n° 6.

Dans la seconde moitié du XVIe siècle, les années 1565 et 1566, 1573 et 1574, surtout 1591 et les suivantes, furent des années d'extrême disette. Nous n'avons pas à rechercher ici les causes de cette pénurie et de la cherté excessive des denrées. Inclémence des saisons, dévastations de la guerre, manque de bras pour la culture, rareté du numéraire... Ces causes et d'autres y contribuèrent. Nous rapporterons seulement, d'après le *Dictionnaire d'Economie politique* (t. 1, p. 559), la valeur moyenne du blé durant les années qui intéressent notre sujet. En 1562, le prix du setier de blé (125 kil. ou 8 doubles décalitres environ), qui n'avait pas dépassé 9 francs au commencement du siècle, s'éleva à 32 fr.; en 1566, à 33 fr.; en 1573, à 31 fr. 08. Sous Henri III, en 1574, à 43 fr.; à 58 fr., en 1586 et 87. Sous Henri IV, les prix les plus élevés du blé furent : 1591, 53 fr. 26 ; 1592, 30 fr. 60 ; 1595, 42 fr. 14 ; 1596, 31 fr.; 1597, 28 fr. et 1598, 24 fr. 27.

[2] *Registres de l'Hôtel-de-Ville,* 18 mars 1571.

Ne pouvant suffire aux nécessités des mendiants dont le nombre allait toujours croissant, et pliant sous le faix d'une obligation dépourvue d'un contrôle exact, le chapitre chercha à s'en dégager. En 1596, épuisé par les guerres de la Ligue, il présenta requête au parlement pour être déchargé de la *donne* du Carême ; mais un arrêt le condamna « à » fournir la somme de quatre cents écus pour être employé » comme de coutume aux malades et impuissans, selon qu'il » devoit être avisé par deux chanoines au nom du clergé et » par le vierg au nom de la ville [1]. » De plus, injonction lui fut faite de distribuer cette aumône, chaque année, aux jours accoutumés et d'après le mode en usage. Mécontent de cette décision, le clergé ne cessa de continuer ses instances pendant près d'un siècle. Elles prirent fin en 1669, par une transaction d'après laquelle le chapitre voulant contribuer à l'établissement de l'hôpital Saint-Gabriel, où vinrent se fondre les anciennes *maison-Dieu* de Saint-Nicolas, du Saint-Esprit et de Fleury, s'engagea à donner annuellement cinq cents boisseaux de seigle, en remplacement de l'aumône générale.

Indépendamment de cette aumône, le chapitre était dans l'usage d'en faire une chaque année aux religieux cordeliers d'Autun et à ceux du Beuvray, « eu égard, — disent les re- » gistres, — au temps grandement contraire à leur état et » profession du vrai christianisme, aussi à la pauvreté du » peuple et à la charité refroidie, afin par les dits religieux » de Saint-François de fructueusement évangéliser les âmes, » et de plus commodément verser au service divin et à » la lecture des lettres saintes. »

---

[1] V. aux *Pièces justif.*, n° 6, l'arrêt du 8 mars 1596 et son exécution du 6 juillet suivant.

Enfin, les infortunes particulières avaient grande part aux libéralités de l'église et recevaient assistance et soulagement. Quiconque s'adressait à elle trouvait toujours une âme compâtissante pour le plaindre et une main ouverte pour le secourir. Jamais ses droits à la *part-à-Dieu*, c'est-à-dire à la bienfaisance et à l'hospitalité, ne furent méconnus, malgré la dureté des temps et les désastres de la guerre. Les registres sont pleins de ces actes de charité, et nous n'avons qu'à citer au hasard. [1]

C'est un pauvre orphelin nommé Chappe auquel on délivre une somme de trente-cinq sols, « pour le faire guérir de la » râche et nettoyer la tête, afin que plus honnêtement il » puisse fréquenter la compagnie, pour gagner sa vie, la » dite somme étant allouée à celui ou celle qui entreprendra » la guérison du suppliant. » — C'est une victime de la cruauté des huguenots, François Chaluppe, moine du couvent des Carmes de Saillon, en Gascogne, « mutilé de sa langue » et parties honteuses, et outragé en tout son corps par les » hérétiques d'innombrables coups d'arquebuse, » qui reçoit une somme de cinquante sols. — C'est un prêtre banni des environs de Paris, nommé Michel Prudhomme, que l'on admet au service du chœur, moyennant cent sols de gages mensuels, « par pure charité et pour la difficulté du temps » régnant auquel par plusieurs gens mal sentans de la foi » et vrais chrétiens les ecclésiastiques sont vexés et miséra- » blement agités. »

A côté de ces faits, en faut-il rappeler d'autres tout aussi méritoires ? Qu'il nous suffise de copier textuellement les actes capitulaires.

---

[1] Voir aux registres Bullier et Chevalier, *passim*. [Archives de la ville d'Autun.]

On aumône à Vivant Simonnin, prêtre, vingt trois livres, pour le soulas des misères à lui advenues; — à Catherine Ducrot, pauvre demoiselle passant, vingt sols pour lui aider à retourner à Paris, lieu de sa nativité; — même somme à Pierrette la couturière, fille de Nicolas de Champmartin, impotente et attaquée de maladie; — à Marguerite Joly, veuve chargée de nombreux enfans, cinquante sols; — à Pierre Clémendot, maçon, sous considération de sa grande infirmité et diuturnité de maladie, cent sols pour une fois; — à François Rabuste, coutelier de la ville, pour sa maison dépérie par le feu et pour la charge de quatre petits enfants qu'il soutient de présent, dix livres pour vivre; — à Lazare Mazoncle, dit du Carrouge, eu égard à sa pauvreté et mal caduque, cinquante sols à deux fois; — même somme à Jean Godefroy et Thomas Duval, marchands du pays de Hollande, vue l'attestation du dévalisement et perte de leurs biens; — à deux pauvres habitants des faubourgs de la ville de Sens, desquels pour les hostilités régnantes les maisons ont été brûlées, vingt sols; — autant à Claude Isambert, tisserand de toile, se disant avoir été blessé en ses membres par les voleurs et huguenots; — dix sols à Jean Viennet et Guillemin Tarterin, mendiants, revenant du voyage Saint-Hubert, pour les faire retourner dans leur pays; — pareille somme à certains compagnons-chantres [1], Antoine Mauclerc et François Gosset, allant au service du cardinal de Lorraine, pour leur aider à passer chemin; — à Jean du Pillet, pauvre musicien, par occasion de voleurs, destitué de tous habits et vêtements, pour subvenir à

---

[1] Consulter, sur l'institution des compagnons-chantres et l'exercice du chant grégorien ou plain-chant au XVIe siècle, plusieurs articles des *Annales archéologiques* de M. Didron. — Voir aussi une étude sur le chant et la liturgie canonique dans le compte-rendu des congrès archéologiques de France, t. XX, p. 341.

ses plus urgentes nécessités; — on accorde cent sols à Etienne Proteau et Jacques Delacampagne, chantres *haute-contre*, et dix livres tournois à Robert Delatour et Antoine Bochard, *chantres de taille*, pour leur permettre de continuer leur voyage; — ou bien, l'on retient un autre compagnon passant, Pierre Coustain, jeune *basse-contre*, naguère pourvu de l'habit de l'église, expérimenté en l'art du chant pour l'attacher à l'une des chapelles de la cathédrale et fournir à la musique du chœur sa partie de taille; — ou, enfin, sur la requête écrite des habitants de Toulon, on leur octroie vingt-cinq livres pour une fois, et le produit de la cueillette faite à leur intention par le chanoine Jacques Voillot, afin de contribuer aux frais de la réédification de l'église de Toulon détruite par incendie. [1]

Les débiteurs du chapitre étaient traités aussi doucement que possible. Ainsi, on octroie à Jeanne Bonnemère, veuve de Nicolas Pelletier, libraire à Autun, la somme de quarante sols sur l'amodiation de sa boutique sise au-dessous des degrés de la porte des Marbres, et on lui continue gratuitement ledit loyer pour un an, afin d'y débiter ses livres et faire exercice de *relieure* et *libraire*. Jean Hamelin, libraire de l'église, dont la conduite n'avait pas été autrefois exempte de reproches, ayant présenté, en 1566, requête au chapitre pour en recevoir du secours, ce dernier prit la délibération suivante :

« Sur la réquisition verbale de Jean Hamelin, libraire, afin de survenir aux persécutions à lui faites à cause de la religion et le

---

[1] Il s'agit de l'ancienne église de Saint-Martin, première paroisse de Toulon, notée dans les pouillés du XIVe et du XVe siècle, mais qui n'apparaît plus dans ceux du XVIIe. L'église actuelle, qui l'a remplacée (dédiée à saint Jean), appartenait à un prieuré de l'ordre de Cluny.

retirer des dettes dont il est poursuivi par ses créanciers, on ordonne lui être élargi en aumône la somme de cent sols tournois, et en même temps de retenir en sa librairie des évangéliaires et missels pour le service de l'église, jusques à concurrence de vingt à trente livres tournois." » [1]

La prédication reprise avec une exactitude nouvelle fut dirigée contre les doctrines hérétiques et contre les abus introduits dans l'église. Le chapitre se mit à la recherche des jeunes prêtres qui montraient du talent pour la chaire; mais ils n'étaient pas assez nombreux pour qu'on pût se passer de missionnaires étrangers [2]. Des religieux francis-

---

[1] Il paraît, par un acte capitulaire du 13 janvier 1562, que Hamelin méritait peu la bienveillance du chapitre, et qu'il se fit chasser, pour un fort vilain commerce, de la boutique qu'on lui avait permis d'établir dans la maison de la trésorerie de l'église cathédrale. Comme cette boutique était fréquentée « par jeunes garçons mal instruits, débauchés et mal renommés », le chapitre ordonna à son trésorier, Jean Gondeaul, de *vider* et *mettre hors* ledit Hamelin, avec défense de louer désormais les maisons à *gens laïques*. Le 21 février suivant, malgré le refus d'Hamelin d'obéir à cette sommation, on s'occupait de louer cette boutique à Georges Flaichot, barbier, et à Françoise, veuve de Laurent Bourraffin. — En 1569, Hamelin fut emprisonné par les magistrats pour avoir favorisé l'évasion d'un capitaine huguenot, nommé Lazare Sarrazin, détenu au château de Rivaux. En 1572, les protocoles de Louis Desplaces nous apprennent que l'ancien libraire de l'église était passé de vie à trépas, laissant de Françoise Balaget deux enfants, Jean et Guillemette. — V. aux *Pièces justif.*, n° 34, un arrêt du parlement de Dijon au sujet de ce procès criminel.

[2] Citons quelques exemples entre plusieurs : « On octroie à Jean Gilleton, » de l'ordre de Saint-François, licencié en théologie, vingt-cinq livres pour ses » peines et salaires des prédications du Carême, aussi en faveur du progrès et » continuation de ses études, afin que Dieu le veuille faire prospérer heureu-» sement en la connaissance de sa sainte parole. »
Nous avons vu, en l'année 1561, le dominicain Jean Lebesgne combattre les nouveautés de Vériet et de La Coudrée. — Deux ans auparavant, Jean Ambert, prieur des Jacobins de Beaune, était venu prêcher à Autun. — En 1562 et 1565 [nous apprennent les textes capitulaires], le franciscain Jean Sonnet, docteur en théologie, gardien des Cordeliers d'Autun, fait entendre « la voix de vérité. » — En 1564, frère Pierre Doré, dominicain et prieur du Val-des-Choux, obtient de l'évêque l'*octroi de la cloche et de la chaire* pour la station de l'Avent. — En 1567, Barthélemy Espeu, frère carme, s'acquitte de la prédication du

cains, des dominicains, des frères prêcheurs évangélisèrent pendant l'Avent et le Carême, tandis que le théologal Féaul était envoyé dans les cures rurales appartenant au chapitre, dans celles surtout où existaient des germes de protestantisme, à Vandenesse, à Châteauneuf, à Bligny, à Saint-Jean-de-Trézy, à Couches... Il était ordonné aux membres de l'église d'assister à ces sermons avec exactitude, sous peine de privations et d'amendes, de les écouter avec le respect dû à la parole de Dieu, et de s'abstenir de toutes conversations et occupations étrangères.

Ces prédications n'étaient pas toujours sans danger pour leurs auteurs, quand ils y déployaient une certaine vigueur. Pierre Divolet, de l'ordre des frères-prêcheurs, homme de bonne doctrine et saint enseignement, ayant interprété dans ses sermons de l'Avent les psaumes pénitentiaux, et, à cette occasion, s'étant élevé avec force contre les erreurs du temps, s'attira la haine des huguenots. « A son départ, afin de le » garantir des outrages et mauvaises conspirations des hé- » rétiques machinés contre lui, on fut contraint, pour ob- » vier à ce qui pourroit advenir, de choisir six personnages » chapelains ou autres pour sûrement et sans péril l'ac-

---

Carême, « suivant la forme et tradition de l'Eglise. » — En 1569, Jean Sèche-Epée, frère-prêcheur, enseigne le peuple « à l'intelligence de la doctrine » reçue en la chaire évangélique. » — Enfin, vers la même époque, un vicaire du chœur de la cathédrale, Pierre Manès, « ayant grand talent pour la » prédication, et pour s'être tiré avec honneur de l'oraison *latine* accoutumée » être prononcée chaque jeudi-saint », est envoyé dans les cures, en attendant qu'on le mette à la tête des écoles de la ville.

Les prédications de l'Avent et du Carême se faisaient d'ordinaire dans l'église Saint-Jean-de-la-Grotte. Cette église, bâtie en forme de crypte sous l'ancienne basilique de Saint-Nazaire, était moins accessible aux rigueurs de l'hiver. On y célébrait, pour ce motif, l'office paroissial depuis la Toussaint jusqu'à Pâques. — Quelques années avant la Révolution, en 1783, cet édifice, par la nature même de sa construction, étant tombé dans un état ruineux et menaçant d'endommager le palais épiscopal voisin, la ville, d'accord avec le chapitre, fit procéder à sa démolition.

» compagner jusqu'à Saulieu, et illec par deux d'entre eux
» le conduire jusqu'à Auxerre, lieu de sa demeurance. » [1]

Ces religieux étaient remplacés à certains moments de l'année par le chanoine Jean Delafosse, docteur en théologie, que nous verrons figurer dans les guerres civiles et qui fut plus tard archidiacre d'Avallon et doyen du chapitre [2]. La fermeté de son caractère le recommandait de préférence à Féaul pour la chaire de la cathédrale. Afin de continuer le labeur difficile de l'instruction des habitués et des choriaux, ce dernier reprit ses commentaires de l'ancien et du nouveau Testament. On obligea les chapelains d'assister à ces leçons, toute excuse légitime d'absence cessant désormais.

Dans le chapitre général où cette injonction fut portée, cette tourbe indisciplinée des chapelains, habitués, bénéficiers, assignés à la requête du syndic, reçut du chantre Charvot, le 24 juillet 1567, une solennelle et dernière admonition.

« Il remontra combien les bonnes mœurs et la sainteté de vie des ecclésiastiques tournoient à l'honneur de Dieu et à l'édification du

---

[1] *Reg. Capit.*, 3 janvier 1567. — Pierre Divolet, célèbre dominicain, le *Jérémie* de son temps, selon Courtépée, était natif du bourg de Chevannes, près d'Auxerre. Dès sa jeunesse, il donna de telles espérances que le clergé et les habitants d'Auxerre contribuèrent à ses études et plus tard à sa rançon des mains des calvinistes. Il mourut à Paris, en 1568.

[2] Le *Gallia Christiana* le met au nombre des doyens de l'église d'Autun sous le prénom inexact de *Philippe*. Jean Delafosse fut élu à cette dignité le 18 novembre 1580, après la démission de Philibert Dyo de Montperroux, par la voie du Saint-Esprit, c'est-à-dire par acclamation générale des chanoines électeurs et à l'unanimité des suffrages. Il mourut le 13 septembre de l'année suivante. Une disposition de son testament fait allusion à la prédication que le théologien Delafosse exerça presque toute sa vie : « Je veux — écrit-il, — » mon corps estre inhumé en l'église Saint-Lazare, au lieu le plus proche » de la chaire du prédicateur, pour y avoir rempli longtemps la dite fonc- » tion. »

peuple; combien, contraires, elles apportoient de mépris et de scandale, pour laquelle cause étoit advenue la rébellion contre les saints ministères de Dieu et de son Eglise. Il pria le Seigneur qu'il lui plût les remettre tous en son premier honneur et justice. Il exhorta chacun de retourner à Dieu par prières et invocations, en se conduisant en toute continence et pureté, espérant que par ce moyen la grâce de Dieu leur seroit rendue et que leur vie lui deviendroit agréable. »

On fit suivre, selon l'usage, cette exhortation de la lecture des statuts de l'Eglise, puis chacun vint prêter serment, entre les mains du grand-chantre, de les observer fidèlement.

CHAPITRE VI

LUTTE ENTRE LA JURIDICTION SEIGNEURIALE DU CHAPITRE ET LA MAGISTRATURE DU BAILLIAGE ET DE LA VILLE.

SOMMAIRE.

Conflits de juridiction entre les chanoines, les baillis et les viergs. — Le lieutenant Ladone réclame la suppression de la justice temporelle de l'Eglise. — Longs débats à ce sujet. — **Bretagne**, réélu vierg, conserve à la ville la viérie réclamée par le domaine royal. — Arrêt de la reine de Hongrie et ses conséquences. — Accroissement des attributions de police des magistrats dans le **Château**. — Création de la justice consulaire et de la maréchaussée.

Les calvinistes autunois, trompés dans leurs espérances de rétablissement du prêche, ne se tinrent pas pour battus. Ils ravivèrent avec une nouvelle ardeur la guerre contre le clergé, sur un terrain où elle était engagée depuis plus de trois siècles. Nous voulons parler de la lutte qui existait entre la juridiction du bailliage et de la viérie et la juridiction seigneuriale de l'Eglise. Cette dernière, partout attaquée avec vigueur par les légistes, successivement amoindrie et privée d'une partie de ses attributions par les ordonnances des rois de France, touchait à son déclin. Les Etats généraux, nous l'avons vu, retentissaient de demandes tendant à obtenir sa suppression, et les parlements, dans leurs arrêts, traitaient ces privilèges comme s'ils n'avaient jamais existé.

Les réformés et surtout les politiques du parti s'étaient emparés avec ardeur de ces griefs. Ils se rencontraient, sur ce point, avec un grand nombre de catholiques, avec les magistrats des parlements et des bailliages. L'homme de la loi était l'ennemi né du prêtre. Les officiers du roi voyant avec mépris ceux de l'Eglise, reconnaissaient à peine en eux des confrères. Leurs déclamations intéressées étaient accompagnées d'insultes à l'égard des clercs et de leurs justiciables qui, de leur côté, ne demeuraient pas en reste. Des insultes on en venait aux voies de fait et des voies de fait à se jeter en prison, dès que les circonstances l'autorisaient avec une apparence de légalité. [1]

La juridiction *ordinaire* du chapitre dans le cloître, sa juridiction *extraordinaire* sur toute la ville, pendant les seize jours, avaient été de tout temps un sujet de vives contrariétés. Cette dernière surtout, qui constituait un privilège exceptionnel et devant lequel s'effaçaient momentanément les prérogatives de l'autorité laïque, blessait profondément les magistrats royaux, jaloux de voir ainsi leur échapper une partie si importante de leur autorité. Même du temps des ducs qui l'avaient accordée comme un dé-

---

[1] Cet antagonisme de deux pouvoirs placés en face l'un de l'autre avait occasionné de tout temps des querelles violentes. Bien avant le XVIe siècle, les officiers de justice n'avaient pas borné leur résistance à de légitimes réclamations, mais chaque juge séculier, prenant en main sa propre cause dans la sphère de sa juridiction, cherchait par tous moyens à refouler les empiètements de ses adversaires. « Les laïques, irrités de plus en plus, en venaient » aux voies de fait et aux violences ouvertes. Ils arrêtaient les porteurs des » lettres des évêques et des juges ecclésiastiques qu'ils leur arrachaient et » déchiraient. Ils prenaient les clercs, les chargeaient de coups, les empri- » sonnaient, les rançonnaient et quelquefois les mettaient à mort... » [*Discours sur l'histoire ecclésiastique*, par l'abbé Fleury, disc. septième.]

membrement de leur domaine féodal, on la vit fréquemment niée, méconnue, attaquée par leurs officiers. Nous en trouvons des preuves aux xive et xve siècles. [1]

En 1327, un procès surgit entre le procureur du duc et le chapitre à propos de la restitution d'une aubaine advenue à ce dernier pendant les seize jours, et dont les officiers du prince s'étaient emparés.

En 1338, le procureur d'Eudes IV fit arrêter un criminel en un jardin appelé Jouault, près l'abbaye de Saint-Jean, pendant la fête de la Révélace de Saint-Lazare, sous prétexte que son maître possédait la justice dans toute l'étendue de la ville. Le chapitre, se prévalant de son droit exclusif pendant ces trois jours, demanda que le prisonnier lui fût rendu, et le bailli ordonna cette restitution « par fait ou » par figure. » L'abbesse de Saint-Jean prétendait de son côté que le coupable devait lui être remis, comme ayant été arrêté sur sa justice. Un procès s'ensuivit qui donna définitivement gain de cause aux chanoines.

En 1366, le bailli ducal Robert de Martimpuys, que la violence de son caractère fit surnommer *Robert-le-Diable*, défiait la juridiction épiscopale, pillait les biens de l'évêché, dévastait ses châteaux, violait la franchise du cloître, pénétrait de vive force dans les couvents, emprisonnait les clercs, les maltraitait sans pitié, ou les rançonnait, et leur interdi-

---

[1] Il y avait d'autres causes de jalousie de la part des magistrats contre le clergé. Les officiers du bailliage ne venaient comme dignitaires qu'après l'évêque et étaient obligés de faire cortège à son entrée. Lorsqu'à propos d'un heureux évènement, traité de paix, naissance ou mariage, le prince donnait ordre de chanter un *Te Deum,* les chanoines voulaient recevoir directement cet ordre du monarque et non de ses officiers, ainsi qu'on le voit dans un acte du 21 avril 1559, après la conclusion de la paix de Cateau-Cambrésis. De leur côté, dans les moments de troubles, les gens du roi ne manquaient pas d'occasions de faire sentir leur autorité au chapitre. Ainsi, en 1560 et 1561, ce dernier ne pouvant payer ses impositions, les officiers firent vendre les joyaux de l'église et exigèrent une déclaration exacte de ses revenus.

sait, sous peine de mort, tout recours aux tribunaux et autre exercice de juridiction. Sa vie ne fut qu'une longue suite de démêlés avec les chanoines et l'évêque, touchant les limites et l'étendue de leur justice respective. De tout temps, le chapitre, ayant justice sur le faubourg de Breuil, avait été dépositaire des clefs de la porte; il la faisait ouvrir ou fermer à sa volonté. En 1368, Martimpuys s'empara de ces clefs sous prétexte que cette porte, d'ailleurs assez mal gardée, n'était pas comprise dans la juridiction ecclésiastique. Une déclaration intervenue le 23 décembre le contraignit de les restituer. Cette conduite audacieuse fit ajourner ce bailli, par le roi lui-même, devant le parlement de Paris, pour y rendre compte des nombreux griefs qui lui étaient reprochés. [1]

En 1420, pendant que Philippe-le-Bon était sous le *bail* et gouvernement de sa mère, Marguerite de Bavière, le vierg et le bailli fermèrent l'auditoire des chanoines et empêchèrent la tenue de leurs audiences. Le chapitre en fit ses plaintes à la duchesse Marguerite qui y mit ordre.

En 1423, le procureur de Philippe-le-Bon s'empara d'un coupable nommé Girard Broille, pendant les seize jours. L'année suivante, son bailli et son cellérier s'en allèrent dans le même temps au château de Rivaux tenir leurs assises et juger plusieurs causes introduites devant leur tribunal. Appel fut aussitôt interjeté de ces entreprises. Le 31 janvier 1438, un arrêt du parlement, séant à Beaune, reconnut au chapitre le droit de rendre justice dans son auditoire clos

---

[1] La *Notice* de M. Lavirotte sur Robert de Martimpuys, dit *le Diable,* bailli d'Autun et de Montcenis, au XIVe siècle [brochure in-8°, 1838], jette une vive lumière sur cette période de nos annales, sur cette guerre de la force matérielle et de l'autorité royale contre l'influence morale et le pouvoir spirituel du clergé, guerre incessante qui constitue en grande partie, à Autun comme ailleurs, l'histoire du moyen-âge.

et fermé; mais en même temps qu'il reconnaissait la franchise du cloître, déclarant le duc haut-justicier de la cité d'Autun, il le maintenait dans son ancienne possession de punir les délinquants, lorsque ces derniers étaient saisis dans leur personne ou dans leurs biens, hors de l'enceinte réservée. Enfin, le 15 avril 1446, le même duc Philippe, par sentence du bailliage, était confirmé au droit de faire dresser tous exploits et procès-verbaux dans le cloître de l'église.

Les attributions du vierg dans la police du Château étaient une occasion de querelles semblables, dès le temps de la féodalité. Mais elles étaient moins fréquentes et présentaient moins de gravité, parce que, d'un côté, les fonctions du maire, comme magistrat de justice, étaient moins importantes, et que de l'autre, relevant de l'élection de ses concitoyens, il était de son intérêt de ménager le clergé. Quelques faits serviront à préciser les positions respectives de la justice du chapitre et de la justice du vierg, sa rivale.

En 1357, un vierg d'Autun, Guillaume de Maizière, ayant fait emprisonner, sans en avoir le droit, un *chorial* et le *forestier* ou garde des bois de l'église, subit une punition humiliante. Il fut condamné à faire, un jour de dimanche, toutes cloches sonnantes, amende honorable, à genoux et en criant *merci* au chapitre assemblé. Il dut en outre payer quatre marcs d'argent destinés à être convertis en quatre vases sacrés. Cette réparation solennelle fut la suite d'un jugement rendu par le bailli.

En 1365, deux sergents du vierg furent condamnés par le terrier à une amende qu'ils acquittèrent en donnant, comme caution, l'un son *feutre*, l'autre une *baguette blanche*, pour avoir opéré une saisie au cloître, dans le but de poursuivre l'acquittement de certains droits de franchise.

En 1554, pendant l'octave Saint-Nazaire, un sergent de la viérie ayant procédé à une publication dans le Château, de la part des magistrats, sans la permission des chanoines, ceux-ci demandèrent réparation, en invoquant l'accord fait avec Hugues IV, en 1253 [1]. Le 4 septembre suivant, information fut faite par-devant Lazare Ladone, lieutenant du bailliage, contre les officiers de la viérie qui furent condamnés comme perturbateurs.

Ces conflits se reproduisaient accidentellement, même sous les maires catholiques. Mais c'était moins de leur part haine de l'Eglise qu'ambition de maintenir ce qu'ils croyaient leur droit. D'autres fois, un malentendu, l'animosité d'un de leurs officiers ou de leurs sergents contre quelque membre de l'église y donnaient lieu. Le chapitre, sans jamais se lasser, persistait à maintenir envers et contre tous ses franchises et ses privilèges.

En 1559, sous la viérie d'Etienne Dechevannes, dont les opinions catholiques étaient bien connues, les actes capitulaires nous en offrent un exemple.

« Jean Dardault, châtelain de la terrerie du chapitre, vient avertir que ce jourd'hui, un verrier étranger a amené un char chargé de verres, aiguières et bouteilles, qu'il a mis en vente devant Saint-Lazare. Après avoir commencé à vendre ses marchandises, il s'est trouvé un homme demeurant en Breuil qui a acheté tous les verreries en bloc, pour les survendre et enchérir, au grand dommage du public, après les avoir fait conduire en sa maison située au dit Breuil, justice de messieurs. Ce voyant, le sieur Dardault auroit suivi les verres et ramené iceux devant l'église, pour y être vendus et débités au premier taux et prix commencé. Sur quoi, seroit survenu le vierg Etienne Dechevannes et Vivant Baudot, se disant procureur des manans et habitans de la ville, qui auroient

---

[1] Le duc disait dans cette transaction : « Præconem nostrum Eduensem » nec posse nec debere aliquid præconisare, præter vinum in plateâ sitâ inter » dictas ecclesias superiùs nominatas, nisi de mandato et voluntate capituli » suprà dicti. »

empêché le châtelain Dardault faisant alors son devoir en la châtellenie, tous deux prétextant la police de toute la ville leur appartenir. — Sur lequel conflit de juridiction, on décide qu'il y aura appel à la cour de Dijon, si les officiers de la ville persistent dans leurs prétentions. » [1]

En 1564 et 1565, pendant la viérie de Georges Venot, bailli de l'église, de nombreux conflits s'élèvent entre les magistrats municipaux et les officiers du chapitre.

« Edme Goujon, procureur au siège de la temporalité, se plaint des outrages et efforts à lui faits par Jean Laurent, soi-disant échevin d'Autun. On informera aussi des injures et autres attentats par lui commis depuis un certain temps. »

« Par requête écrite, le même Edme Goujon remontre que jeudi, veille de Saint-Ladre, pendant lequel les chanoines ont totale juridiction par toute la cité et les faubourgs, Nicolas Roux, procureur-syndic de la ville, Etienne Lefort, greffier de la viérie, et Andoche Gondier, sergent, ont, de leur autorité, constitué prisonnier Emiland Bouhéret qu'ils ont saisi en la rue de Rivaux et conduit aux prisons. La requête est renvoyée à Georges Venot, bailli et conseil, et au chanoine Barthélemy d'Arlay, auxquels on donne charge de faire toutes poursuites nécessaires à la réparation de ce trouble. »

« Antoine Borenet et Jacques Berthault, chanoines, commis à la sollicitation et négociation des procès, devront, par toutes voies de droit et de raison, poursuivre réparation du trouble fait en la juridiction de messieurs, par le syndic Nicolas Roux, lequel a informé en leur cloître, voire même en la maison de leur procureur Edme Goujon, de certaine batture fait par Jean Jolivet, clerc, sur la personne de sa sœur, duquel trouble la connoissance appartient à Venot, leur bailli. »

---

[1] *Reg. Capit.*, 18 mai 1559. — Etienne Dechevannes, que nous verrons plus tard organiser la confrérie de Sainte-Croix, avait été élu le 24 juin 1558. Il n'a pas été mentionné dans les différentes listes des viergs d'Autun publiées jusqu'à ce jour.

« Averti des propos insolens et injurieux tenus par Jean Laurent, échevin, à raison de certaine sentence rendue par Georges Venot, à l'encontre d'un *quidam,* vendeur de poupées, marionnettes et autres choses scandaleuses, de sortir hors du cloître, le chapitre ordonne information. » [1]

La voie d'opposition était donc tracée d'avance aux magistrats huguenots Ladone et Bretagne. Voyons comment ils la suivirent, l'un comme lieutenant du bailliage, représentant de la justice royale; l'autre comme maire, représentant de la justice de la viérie. Remarquons-le d'abord : ce n'est plus, comme autrefois, sur les limites des deux justices, sur la compétence des tribunaux ecclésiastiques, mais bien sur leur existence même que la guerre s'engage, opiniâtre, sans trêve ni merci. Il s'agit de savoir si les officiers de l'Eglise continueront d'exercer ou s'ils seront supprimés au profit des juges civils. Ce n'est plus une question de fait isolé qui s'agite désormais entre eux, c'est une question de réforme souveraine et universelle. — Aussi, cette lutte des juridictions est-elle un des traits les plus saillants de l'époque dont nous retraçons l'histoire.

Ladone avait fait de la suppression de la justice des seize jours l'objet des poursuites de toute sa vie. Il n'était sortes de vexations qu'il ne suscitât au chapitre, et la jurisprudence compliquée de ce temps lui en donnait souvent

---

[1] Des contestations de même sorte s'élevaient avec les officiers de la gruerie ou maîtrise des eaux-et-forêts. « Sur les remontrances faites, par l'archi- » diacre Guy Languet, — dit un texte capitulaire, — des molestes et injures » qui se commettent ordinairement par les officiers de la gruerie, au sujet » des privilèges et usages que le chapitre possède dans les bois du roi, on » commet les chanoines Voillot et Gautherault pour se présenter à la tenue » des jours du maître-gruyer et protester. » — En 1584, le maître particulier des eaux-et-forêts, Jacques Michelet, s'étant avisé de rendre justice entre les deux portes du château de Rivaux, lieu soumis à la juridiction ecclésiastique, une information eut lieu, et défense lui fut signifiée d'ouvrir dorénavant son tribunal dans le cloître.

les moyens.[1] A plusieurs reprises, des arrêts avaient décidé que pendant les jours privilégiés les tribunaux du bailli et du vierg seraient fermés. Dès 1548, Ladone et Philibert Deschasaulx, son substitut, prétendant que l'exercice de la justice royale ne devait jamais être interrompu, avaient tenu audience durant cette période et jugé des causes civiles et criminelles. Le chapitre, fatigué de la fréquence de ces empiètements, en appela au parlement de Dijon pour faire annuler ces actes.

Dans ce procès, où la question de conflit fut plaidée *in extenso*, Ladone, sans nier l'ancienneté du privilège capitulaire, prétendait que celui du juge était plus ancien, puisqu'il remontait à Jules César et qu'il avait appartenu à cette époque au vergobret, aujourd'hui vierg, lequel avait été ainsi le premier représentant de la justice royale et avait possédé en cette qualité droit de vie et de mort sur les citoyens ; que cette juridiction civile, origine de la juridiction royale, avait même été maintenue par Jésus-Christ qui avait laissé seulement à l'Eglise la justice spirituelle. A l'appui de

---

[1] Cette famille, d'où sortit le poète Etienne Ladone qui a mis en vers latins l'histoire et la description de nos antiquités, se composait à cette époque de deux frères : Philippe l'aîné, marchand, échevin en 1546 et 1550; Lazare Ladone, docteur en droit, seigneur de La Saussaie, lequel avait aussi, sous la viérie de Jean Charvot [1543], rempli les fonctions d'échevin. Quelques années après, Lazare devint lieutenant-général du bailliage et exerça jusqu'en 1574. Il demeura pendant près de trente ans à la tête de la justice avec son beau-frère, Nicolas de Montholon, et son neveu par alliance, Jacques Bretagne, tous deux lieutenants de la chancellerie. Il eut de Claudine Guyotat de Saulieu (sœur de Jacques Guyotat, conseiller au grand conseil, maître des requêtes de Henri II), plusieurs enfants, entre autres : Nicolas, avocat, bailli de Montcenis; Jacques, aussi avocat, juge du prieuré de Mesvres, bailli de Saint-Martin, sous l'abbé Nicolas Brûlart [charge qu'avait occupée Chasseneuz, en 1508]; Antoinette Ladone, mariée à Barthélemy de Montrambault qui succéda à son beau-père dans la lieutenance civile. — Armes des Ladone : « *d'azur, au griffon d'or regardant une étoile de même posée en chef, à sénestre.* »

cette thèse, il invoqua les théologiens et les jurisconsultes. Il prétendit que la charte du duc de Bourgogne, Hugues III, affranchissait simplement les chanoines de la justice bailliagère, mais qu'elle ne pouvait leur attribuer un pouvoir spécial; que d'ailleurs, s'ils possédaient une justice, ce n'était qu'une basse justice inférieure de deux degrés à celle du bailli.

L'avocat du chapitre répondit qu'on savait bien que les gens d'église étaient naturellement exempts de la justice temporelle, sans qu'on eût besoin pour cela de la charte du duc Hugues; que leur privilège des seize jours leur avait été confirmé depuis ce prince par d'autres titres; et que chaque année, après la cavalcade du terrier, le chapitre faisait constater par un acte public l'exercice de cette juridiction, afin de l'opposer à qui de droit.[1]

Le 19 juillet 1548, un arrêt du parlement de Dijon, rendu en présence de Henri II, rejeta les conclusions de Ladone et déclara, en interprétant le pouvoir juridique octroyé aux chanoines, en 1171, « qu'il demeureroit en sa force et » vertu; que le bailli d'Autun et ses lieutenans devoient, » durant ces seize jours francs, restreindre l'exercice de la » juridiction criminelle des cas advenus auparavant, aux » seules procédures dépendantes de l'instruction, sans tenir » audience publique. » Cet arrêt interdisait en outre aux officiers royaux toute connaissance des affaires civiles.

Mais dans ce litige où les deux partis étaient décidés à ne rien céder, les difficultés renaissaient sans cesse. C'est ainsi qu'en 1577, un nouvel arrêt de la cour intervint entre le bailli et le chapitre : celui-ci demandant à reprendre la poursuite des causes commencées par le juge de l'église et

---

[1] Consulter un *Plaidoyer* pour le chapitre de l'église cathédrale, faisant partie de la Bibliothèque nationale, copie en 13 pages du fonds La Marc.

non terminées pendant les seize jours; le chapitre réclamant le droit de continuer l'instruction, même après ce temps. Le parlement décida que les procès civils et criminels, entrepris et non jugés dans la période des seize jours, demeureraient, ce délai expiré, à la connaissance du bailli et du vierg, à l'exclusion des officiers du chapitre.[1]

Condamné sur la plupart de ses chefs de demande, Ladone n'en poursuivait pas moins son but. Toute occasion lui était bonne pour émouvoir des contestations et susciter des procès, moins dans l'espérance d'obtenir gain de cause que de molester l'Eglise.

En 1558, le chapitre ayant, en vertu de son droit de justice, condamné à mort un nommé Sébastien Viard, d'Autun, qui avait *occis* le procureur-syndic de la ville, Albert Devoyo, Ladone appela de cette sentence; mais la cour de Dijon, ne pouvant se refuser à l'évidence des droits du chapitre, renvoya le prisonnier à son bailli pour le faire exécuter.

En 1562, Ladone s'avisa de pourvoir, par sentence provisionnelle, d'une des marguilleries de l'église cathédrale, un certain Etienne Thomé, prêtre habitué, suspect de calvinisme. La cour de Dijon cassa cette sentence comme mal

---

[1] L'arrêt du 14 août 1577 [V. *Livre Noir*, fol. 26] fut confirmé par un autre du 12 janvier 1673 qui, après un procès de treize ans entre le clergé et la ville, régla définitivement les droits du chapitre, du bailliage et de la viérie. « Les lieutenans civils et criminels, — est-il dit dans le dispositif, — sont » maintenus au droit de faire tous actes de justice tant civile que criminelle, » à la réserve des audiences publiques, pendant les seize jours. A la fin des- » quels jours, toutes les procédures faites par le juge de la temporalité, pen- » dant son exercice, seront remises aux greffes du bailliage et de la viérie. » Cet arrêt fut suivi d'une transaction conclue, le 8 mai 1700, entre les chanoines et les officiers du présidial nouvellement institué à Autun, et d'un second et dernier arrêt du 9 novembre 1772, ayant trait à de nouvelles difficultés. La transaction maintenait, durant les seize jours privilégiés, la suspension des audiences des juges présidiaux qui se réservaient de faire tous autres actes de justice civile et criminelle. — [Serpillon, t. II, p. 1244 et suiv. — L'arrêt de 1673 est rapporté en entier dans Gagnare, *Preuves*, p. 631.]

jugée, tout en recommandant l'ecclésiastique évincé à la bienveillance des chanoines, pour les dépens du procès. Mais l'évêque Marcilly intervenant s'opposa à ce qu'on fît aucune grâce, avant d'avoir obtenu de Thomé « son opinion et foi » touchant la sainte messe et religion chrétienne, attendu » qu'il avoit proféré, concernant la messe, certains propos » qui sentoient l'hérésie. »[1]

A ces vexations répétées, le chapitre ne savait comment répondre et en était réduit à d'impuissantes doléances.

« Excédé des troubles, molestes, attentats et entreprises du lieutenant Ladone, tant contre sa justice ordinaire qu'extraordinaire des seize jours, et à raison de la mauvaise volonté dont il est mû envers la compagnie en chacune de ses affaires, on ordonne à cinq délégués de chercher moyens expédiens pour le récuser et suspecter en tous procès et matières qui se présenteront. » — [Les délégués furent le prévôt Borenet, l'archidiacre Languet, les chanoines Ferrand, Voillot et d'Arlay.][2]

La suppression du prêche à Autun et l'affaiblissement de la propagande calviniste n'avaient pas entièrement dépouillé Bretagne de l'influence qu'il avait possédée, surtout au moment de la promulgation de l'édit de janvier. Trop adroit pour ne pas se plier aux circonstances et pour se compro-

---

[1] *Reg. Capit.*, 25 février et 4 mars 1562.

[2] *Reg. Capit.*, 12 septembre 1567. — Parmi les faits qui provoquaient les réclamations du chapitre, nous en trouvons un où l'intervention des officiers du bailliage paraît, à certains égards, plus justement motivée.
« Sur la requête de Préject Vizaine, substitut du procureur du roi au bail-
» liage, qu'il plût aux capitulans de rejeter toute opinion sinistre de leur cœur
» contre lui, concernant le fait de l'emprisonnement de Jean Bouton de Cha-
» milly, chanoine, leur confrère, pour quelque émotion et scandale commis
» au devant de l'auditoire du bailliage, à l'*heure des plaids*. On commet Lom-
» bard, Gay et Humbelot pour lui faire remontrance de l'honneur et affection
» qu'il doit au soutènement des droits du chapitre. — On informera en même
» temps sur les excès, blasphèmes et insolences de Jean Bouton avec remon-
» trances sur ce qui est de son état et vocation. » [5 juillet 1566.]

mettre mal à propos, il ne tenta pas de relever ouvertement le temple ; mais son action pour être moins remuante n'en fut pas moins réelle.

Au mois de juin 1566, il parvint à se faire élire vierg, en remplacement de Georges Venot qui l'éloignait de cette charge depuis quatre années. Il se fit donner pour échevins deux hommes dévoués : Barthélemy de Montrambault, avocat, docteur en droit, maître particulier des eaux-et-forêts, partisan décidé de la suppression des justices du clergé ; et Philibert Tixier, procureur de la gruerie, dont les opinions tournèrent bientôt au calvinisme. [1]

---

[1] En revenant sur les années précédentes, nous devons rectifier la liste des viergs d'Autun publiée dans les *Mémoires de la Société Éduenne,* p. 116, et à la fin de l'histoire d'Edme Thomas, p. 407.

Voici les noms des viergs depuis 1558, époque où s'ouvre notre récit, jusqu'aux premiers Etats de Blois, en 1576. La durée des fonctions municipales étant annuelle et l'élection ayant lieu le 24 juin, deux dates sont nécessaires pour représenter chaque année de magistrature.

Du 24 juin 1558 au 24 juin 1559. — Etienne Dechevannes, avocat.
» 1559 — » 1560. — Vierg inconnu.
» 1560 — » 1561. — Id.
» 1561 — » 1562. — Jacques Bretagne, seigneur de Lally, lieutenant-général de la chancellerie.
» 1562 — » 1563. — Georges Venot, seigneur de Drousson, bailli du chapitre.
» 1563 — » 1564. — Id.
» 1564 — » 1565. — Id.
» 1565 — » 1566. — Id.
» 1566 — » 1567. — Jacques Bretagne.
» 1567 — » 1568. — Georges Venot.
» 1568 — » 1569. — Id.
» 1569 — » 1570. — Philibert Tixier, seigneur d'Ornée, procureur de la gruerie.
» 1570 — » 1571. — Id.
» 1571 — » 1572. — Claude Berthault, seigneur de La Vesvre-sous-Roussillon.
» 1572 — » 1573. — Id.
» 1573 — » 1574. — Georges Venot.
» 1574 — » 1575. — Id.
» 1575 — » 1576. — Claude Berthault.
» 1576 — » 1577. — Id.

Cette nomination nous paraîtrait assez étrange, si elle ne s'expliquait par des causes particulières sur lesquelles il est nécessaire d'entrer dans quelques détails.

Par un édit du 18 août 1559, François II avait réuni à la couronne tout ce qui en avait été aliéné ou donné par ses prédécesseurs [1]. La viérie, distraite du domaine royal par Charles VIII, fut en conséquence considérée comme sujette au retour. Le 24 octobre, Lazare de Souvert, maître des comptes, et Jean Noblet, auditeur, furent députés à Autun pour faire une enquête « au sujet de la réunion au domaine » du revenu de la viérie, justice, juridiction, droits et rentes » que tiennent les habitans laïques d'Autun. » Ces commissaires dressèrent des rapports favorables aux prétentions du roi et conclurent à ce que la viérie étant inaliénable de sa nature, elle devait retourner à la justice royale. Effectivement, on la saisit quelque temps après.

Les choses en étaient là, lorsque Bretagne fut député par l'ordre du tiers autunois aux Etats d'Orléans. Il prit en main la cause de la cité, exposa, dans une requête adressée à Charles IX, qu'autrefois les rois s'étaient servis des communes et avaient favorisé leur établissement pour réduire les seigneurs féodaux; mais qu'une fois ces derniers soumis, le pouvoir royal avait empiété chaque jour sur les anciennes

---

[1] Sous l'ancienne monarchie, le domaine de l'Etat ou de la couronne était essentiellement inaliénable. C'est par erreur qu'on croit communément que le domaine public n'a été déclaré inaliénable qu'en 1566, par l'ordonnance de Moulins. La disposition la plus remarquable est en effet celle de Charles IX ; mais plusieurs rois avaient porté des édits à ce sujet : Philippe V, en 1318; Charles IV, en 1321 ; Charles V, Charles VII, Louis XI, Charles VIII, François Ier, en 1539, et François II. — « La législation des domaines de l'Etat, » — dit M. Paillet, — est l'histoire des efforts faits par les rois pour les dissi- » per et les reprendre. Le principe de l'inaliénabilité avait pour but de résis- » ter aux dilapidations ministérielles, aux obsessions des courtisans, et d'évi- » ter l'accroissement successif des impôts. » *Droit français,* édit. de 1853, p. 1253.

libertés et repris presque tous les privilèges accordés aux villes; qu'Autun avait perdu ainsi une partie de ses anciens droits. Il prétendit que, d'ailleurs, l'édit de François II n'était pas applicable à la viérie; que cette justice et les droits utiles qui en faisaient partie avaient été cédés à la ville à titre onéreux, afin d'acquitter les fondations pieuses des ducs de Bourgogne, telles que messes de Saint-Esprit, de *Requiem* ou d'anniversaires, entretien de luminaire, etc.; qu'on avait même peine à concevoir comment ces princes avaient pu assigner tant de fondations sur la viérie, dont les ressources étaient si modiques, qu'en 1560 elle rapportait à peine 200 livres [1], plusieurs revenus en ayant été distraits ou ne se percevant plus, tels que les *avoines de sauvegarde* dues jadis par plusieurs villages, certaines redevances payées par le prieuré de Mesvres et par l'abbaye de St-Andoche, comme aussi celle des *trois paires de souliers* données tous les ans par chaque cordonnier des corporations; que les châtellenies de Manlay, du Chêne-Robin, de La Mazerolle, du

---

[1] La viérie était cependant affermée 800 livres à Philibert Thoison; mais l'amodiateur réunissait aux droits de justice d'autres revenus, tels que ceux de l'ancien patrimoine, les rentes dues pour les places vagues cédées à titre d'entrage à des particuliers, les droits de foires, les deniers de fortifications, etc... — Sous prétexte d'insuffisance, la ville, depuis dix ans, refusait de payer au chapitre la redevance de 180 livres de cire (estimée 141 fr. 17 s. 6 d.); ce dernier s'étant pourvu à Dijon, le procès était encore en instance.

Les revenus de la ville étaient de deux sortes : les *deniers patrimoniaux* ou revenus des héritages et autres biens appartenant à la cité; et les *deniers d'octroi* provenant de certaines levées annuelles *octroyées* par le roi, telles que redevances sur le blé, le vin, le sel, sur certains péages et passages, etc. Les premiers pouvaient être employés indistinctement pour les besoins de la commune, à la volonté du maire et des échevins, tandis que les deniers d'octroi avaient le plus souvent une destination spéciale, règlementée par le roi. Observons, avec Loyseau, que le contrôle de ces deniers devait être exercé à Dijon, par la chambre des comptes, et celui des deniers patrimoniaux, par le bailli, appelés les avocats et procureurs du roi, et y assistant les maire et échevins, « sans aucuns frais ni salaires », dit l'ordonnance d'Orléans, art. 95. — *Des Offices des villes,* liv. v, chap. vii, n° 33.

Cellier-Rouge et des Planches ne valaient guère les frais de l'exercice, et que les anciens devoirs s'en étaient perdus. Quant aux exploits de justice en la viérie dans lesquels consistait le reste du revenu, ils n'étaient pas de grand profit depuis le transport de certaines causes au bailliage; et sans la crainte des habitants d'être *molestés* et *travaillés* par les officiers, comme autrefois lors de la réunion, ils n'auraient pas si grand souci de la conserver. Bretagne rappela que l'édit du roi s'appliquait particulièrement aux choses aliénées à titre de libéralité; que la viérie au contraire avait été vendue moyennant 300 livres de rente, somme acceptée par Charles VIII comme égale à celle qu'il en retirait lui-même, suivant les anciens comptes; qu'enfin cette aliénation avait été volontairement confirmée par Louis XII, en 1499, par François Ier et par tous les rois leurs successeurs.

Sur ces réclamations intervinrent des lettres patentes datées d'Orléans, le 26 janvier 1560 [1561], qui tout en réservant le fond de la question en préparaient la solution. Il était mandé au procureur-général de la cour de Dijon que s'il paraissait, par l'acte de 1483, que la viérie eût été cédée à bail moyennant 300 livres de rente, la ville en ayant toujours joui paisiblement, elle fût conservée aux habitants d'Autun. La question dès-lors n'était plus douteuse, mais elle ne fut pas résolue immédiatement. Ce ne fut que sous la magistrature du successeur de Bretagne, Georges Venot, qu'un arrêt du parlement, du 30 juillet 1562, déclara la juridiction de la viérie exempte de l'application de l'édit de réunion, et leva tous troubles et empêchements. [1]

La ville jouit donc tranquillement de cette justice jusqu'au

---

[1] Lettres patentes de Charles IX, du 30 juillet 1562, insérées au *Livre noir*, folios 83-102. [Archives de l'Hôtel-de-Ville.]

mois de février 1566 que parut l'ordonnance de Moulins. Cette ordonnance célèbre, qui statua sur plusieurs points de jurisprudence non encore fixés, et qui fut comme le code judiciaire de la France jusqu'à la Révolution, conservait aux magistrats municipaux l'exercice de leur juridiction criminelle et de police, mais leur interdisait la connaissance des causes civiles. Cette disposition, formulée dans l'article LXXI de l'édit, avait pour but de simplifier l'administration de la justice et d'abréger le cours des procédures en supprimant le premier degré de juridiction attribué aux maires et aux échevins, et en le conférant aux juges ordinaires, c'est-à-dire aux officiers des bailliages [1]. La viérie d'Autun se trouvait dès-lors démembrée et déchue d'une partie importante de ses attributions. Les habitants se hâtèrent de réclamer et de faire valoir leurs droits.

Ce fut sur ces entrefaites que se présenta l'élection municipale du 24 juin 1566. On voulait avoir un vierg, d'une influence éprouvée, qui prît activement en main la cause de la viérie et fît les démarches nécessaires pour obtenir

---

[1] Cet article restrictif était ainsi conçu : « Pour donner quelque ordre à la
» police des villes de notre royaume et pourvoir aux plaintes qui, de ce, nous
» ont été faites, nous avons ordonné que les maires, échevins, consuls, capi-
» touls et administrateurs des corps des dites villes qui ont eu ci-devant et
» ont de présent l'exercice des causes *civiles, criminelles* et de la *police*, con-
» tinueront ci-après seulement l'exercice du *criminel* et de la *police*, à quoi
» leur enjoignons vaquer incessamment et diligemment, sans pouvoir doréna-
» vant s'entremettre de la connoissance des instances *civiles* entre les parties,
» laquelle leur avons interdite et défendue, et icelle renvoyons et attribuons
» à nos juges ordinaires ou hauts-justiciers des villes, où il y a corps et com-
» munauté, tels que dessus, nonobstant tous privilèges, coutumes, usances et
» prescriptions que l'on pourroit alléguer au contraire. » — *Recueil des Lois*,
par Isambert, t. XIV, p. 189 et 208.

Disons, avec M. Aug. Thierry, que l'importante réforme introduite dans la législation par cet article ne réussit point complètement. Ces vieux municipes, antérieurs à toute charte de commune, réclamèrent avec succès devant le parlement au nom d'un droit immémorial, et l'ordonnance de Moulins demeura sans force à leur égard. C'est ce qui arriva pour Autun.

qu'elle fût rétablie dans son premier état. Venot, dont les fonctions expiraient cette année même, était peu capable, en qualité de bailli de l'église, de poursuivre cette affaire ; car, d'un côté, le chapitre devant voir d'un œil favorable l'amoindrissement de la justice municipale avec laquelle il avait été souvent en conflit, ne pouvait permettre à son bailli d'en demander le maintien ; de l'autre, les habitants ne jugeaient pas Venot assez indépendant de l'Eglise pour appuyer leurs réclamations. Leur choix se porta donc naturellement sur Bretagne dont les premières démarches à ce sujet avaient été couronnées de succès.

Effectivement, aussitôt nommé, Bretagne se pourvut au roi contre l'ordonnance de Moulins. Mais ses efforts n'aboutirent qu'à une faible concession. Charles IX, au lieu de rendre la justice civile à la viérie, la conserva au bailliage, telle que l'avait décidé le dernier édit. Il consentit seulement à ce que le produit des causes fît retour à la ville. Il statua que les greffiers et sergents de la viérie continueraient de jouir, sous l'autorité du juge royal, du bénéfice de ces causes, comme précédemment sous le vierg, « aux mêmes sa-
» laires et non plus grands, à peine de suspension de leur
» état, étant aussi défendu au bailli et à son lieutenant
» de prendre épices plus considérables que les vierg
» et échevins, lorsqu'ils jugeoient autrefois les mêmes
» causes. » [1]

Les années suivantes, les Etats de Bourgogne n'ayant cessé de réclamer contre l'édit de Moulins, Charles IX, sur les

---

[1] Lettres patentes du 10 juin 1567, pour la réunion au greffe de la viérie du produit des causes civiles. Ce document extrait du *Livre noir*, fol. 125 et 126, fut entériné au parlement de Dijon le 6 juillet, et au bailliage d'Autun le 12 du même mois, par le lieutenant Ladone. — V. aux *Pièces justif.*, numéros 29 et 30.

poursuites de Philibert Tixier, élu du tiers et vierg, rendit à Autun, comme droit patrimonial, la justice civile de la viérie avec tous ses droits actifs et passifs, tels qu'ils existaient avant le décret.[1]

Bretagne, rentré dans les fonctions de vierg, ne tarda pas de les mettre à profit dans l'intérêt de ses rancunes cléricales. Sous son administration éclatent avec une nouvelle vivacité les conflits touchant la police du cloître et l'exercice de la justice.

---

[1] V. aux *Pièces justif.*, n° 38, ces lettres patentes datées du faubourg Saint-Honoré, 16 mars 1571. [*Livre noir*, fol. 127.]

Les délibérations des Etats de Bourgogne (de 1575 à 1579) nous apprennent que plusieurs villes de la province réclamèrent le rétablissement des justices prévôtales, mais furent moins heureuses. Le roi Henri III répondit à leur député, Pierre Jeannin, que ce qu'il avait fait en faveur des principales cités, Dijon et Autun, ne pouvait s'étendre aux autres petites villes du duché, « auxquelles, — ajoutait-il, — il n'avoit enlevé la justice criminelle qu'après » mûre et prudente réflexion. »

Autun conserva jusqu'à la Révolution ces attributions de justice et d'administration qui lui donnaient la seconde place parmi les villes de Bourgogne ; ce ne fut pas toutefois sans de grandes contestations. Deux siècles après l'édit de réunion de Charles IX, en 1749, Louis XV incorpora les justices royales subalternes aux bailliages. Dans les lieux où ces derniers tribunaux existaient, il supprima toutes juridictions des prévôtés, châtellenies, vicomtés, vigueries et autres. Les officiers autunois s'empressèrent de faire exécuter le décret ; mais le vierg en exercice, Toussaint Roux, soutenant que sa prévôté n'était pas royale, mais municipale, et comme telle attachée à la dignité de maire, depuis 1483, interjeta appel au parlement qui lui donna gain de cause. La viérie resta donc à la communauté et fut définitivement reconnue par lettres du 2 avril 1751.

En 1789, les Etats généraux anéantirent tout ce qui avait survécu de ces justices inférieures, pour faire place à un autre ordre de choses. Un passage de la *Sentinelle révolutionnaire d'Autun*, du 5 mai 1793, fait allusion à la suppression de la prévôté. « Il y a près de trois ans, — s'écrie le journaliste » M***, — que les scellés furent apposés sur les minutes des justices privilé- » giées ; ce qui empêche une multitude de procès existans encore d'avoir une » décision, vu que ces scellés renferment des jugemens préparatoires qui doi- » vent servir de base aux jugemens définitifs. La levée de ces scellés ne de- » vroit-elle pas être faite depuis longtemps ? Oui. — A qui appartient cette » négligence ? Est-ce au tribunal ? Non. — Est-ce à la municipalité ? Oui. On la » pardonnoit à l'ancienne qui croyoit à la résurrection (contre-révolution), » mais point à celle d'aujourd'hui qui n'a pas besoin de la résurrection et qui » ne croit à aucune. »

Il y avait en ce moment une tendance prononcée dans la législation à réduire les attributions de police des juges seigneuriaux. La multiplicité de ces derniers et leur rivalité avec les officiers des bailliages produisaient partout des divisions et laissaient en souffrance les intérêts publics. A plusieurs reprises, les parlements s'étaient prononcés avec force contre ces désordres et contre la réunion dans la même main des deux pouvoirs distincts, judiciaire et administratif. Tout récemment, la cour de Paris, appelée à statuer sur une contestation qui s'était élevée entre un bailli de l'évêque de Soissons et le bailli royal, avait rendu une décision célèbre en faveur de ce dernier. Elle portait que le seigneur haut-justicier ne pouvait revendiquer son justiciable assigné pour contravention de police devant le bailliage, et que tout fait de ce genre devait être considéré comme cas royal. En vain les juges seigneuriaux prétendaient-ils que la police était une des attributions essentielles de la pleine justice, que son exercice demandait une surveillance minutieuse et toute locale. Il était facile de leur répondre en arguant de l'abandon dans lequel ils la laissaient. C'est ce que fit l'assemblée de Moulins dans les plaintes qu'elle présenta au roi. Afin de remédier à cet état de choses, on imagina de créer, par l'article LXXII de l'ordonnance de 1566, un conseil de notables, rééligible tous les ans, qui devait être chargé, sous la direction du maire et des échevins, de la police des villes. Restée inefficace quant à ses résultats, une pareille mesure n'en montrait pas moins le désir d'en terminer avec la faiblesse et la négligence des juges inférieurs. [1]

---

[1] Consulter, au sujet de ces contestations de justice, le *Traité des Seigneuries* de Loyseau; — l'excellent *Traité de police* de Delamarre, aux mots *maire, échevin*, etc. etc... — *De la Centralisation administrative*, par Béchard; — Mlle de Lézardière, *Théorie des lois politiques de la France*.

Cette disposition adoptée sous la magistrature de Bretagne était une arme de plus entre ses mains. Du reste, en prenant possession de la viérie, il avait trouvé à la tête des offices de justice et d'administration des hommes hostiles ou tout au moins indifférents au clergé, prêts à le seconder dans ses vues ou à le laisser faire. C'était, au balliage : Lazare Ladone et son greffier, Denis Devoyo. — A la chancellerie : Hugues Lalemant, greffier et ami du vierg; Jacques Ballard, soumis, en qualité de lieutenant particulier, aux deux chefs de la juridiction bailliagère; Jean de Ganay, procureur du roi, et Préject Vizaine, son substitut. — C'était enfin à la gruerie : le lieutenant Barthélemy de Montrambault et le procureur royal Philibert Tixier, tous deux échevins du nouveau vierg.

Dix jours après son élection, Bretagne ordonna au syndic, Nicolas Roux, d'emprisonner certaines filles impudiques saisies *rière* le cloître. Le chapitre alarmé prescrivit immédiatement au procureur du temporel, Edme Goujon, d'informer sur cet empiètement. En même temps, et pour prévenir de nouvelles recherches, il recommanda l'exécution sévère des ordonnances précédemment publiées à l'endroit des femmes de mauvaise vie demeurant au Château.

« Voulant pourvoir à l'impudente et débordée paillardise de plusieurs de l'église, contre les commandemens autrefois portés, par lesquels on enjoint à tous ecclésiastiques, de quelque degré et qualité qu'ils soient, de chasser de leur maison et compagnie les servantes suspectes et concubines s'y trouvant, à peine de privation de leurs distributions pendant un an, incarcération et autres punitions extraordinaires. En conséquence, afin que chacun vive honnêtement et chastement, on enjoint aux bailli et officiers du temporel de promptement, dans les vingt-quatre heures, faire vider des détroits et limites du cloître ou enceinte réservée toutes maq...., ribaudes et filles déhontées. — En conséquence et par ordre des vénérables capitulans, la présente ordonnance a été annoncée aux chantons des deux églises Saint-Lazare et Notre-Dame, par Pierre Manès, vicaire du chœur de la cathédrale. » [1]

Dans le dessein d'humilier l'Eglise et d'insulter le chapitre par un acte placé sous la protection de la loi, Bretagne choisit le parvis de la cathédrale pour exécuter des coupables condamnés à mort. En 1567, il voulut faire pendre sur le cimetière Saint-Nazaire un Denis Bernard, frappé de la peine capitale par la cour de Dijon; mais le syndic Ferrand s'opposa à cette exécution « comme sanguinaire et ne de- » vant se faire devant l'église, en un lieu sacré dédié à l'in- » humation des corps humains. » [2]

Un arrêt du même parlement vint donner au vierg une belle occasion de combattre les répugnances du chapitre. Six mois auparavant, une contestation grosse de scandale s'était émue entre les chanoines, les gens du roi et les magistrats de la ville. Une sorte de ribaude et femme publique, Pierrette Huguenin, native d'Autun, surnommée la *reine de Hongrie*, « chargée de paillardises et autres lubri- » cités », avait été, le 8 juillet, par une sentence « rendue en » cour de viérie » de Barthélemy de Montrambault, premier échevin de Bretagne [3], « condamnée à être battue et fus-

---

[1] *Reg. Capit.*, 5 juillet 1566.
[2] *Id.*, 4 mars 1567.

[3] Barthélemy de Montrambault, docteur en droit, avocat, fils de Jean, conseil de ville en 1547, était depuis quelques années maître-particulier de la gruerie d'Autun, Montcenis, Bourbon-Lancy et dépendances. Plus tard, il quitta ces fonctions pour entrer au bailliage, par son mariage avec Antoinette Ladone, fille du lieutenant-général, auquel il succéda en 1574. Comme son beau-père, Montrambault était calviniste. Nous en avons la preuve dans une requête de 1568, par laquelle Burat, capitaine du Château, réclame du chapitre grâce et récompense, « pour s'être, dit-il, doucement comporté avec » ceux de la Religion, notamment à la personne de M. de Montrambault, » — Dans sa famille, il ne trouva pas d'imitateurs. Un de ses descendants fut bienfaiteur du collège. En 1629, Nicolas de Montrambault, avocat, s'étant fait jésuite, donna tous ses biens à sa compagnie qui, depuis son installation à Autun (1618), dirigeait les écoles de la ville.

» tigée de verges par l'exécuteur de la haute-justice, ès car-
» refours de la ville, et bannie perpétuellement de la cité
» et banlieue, avec défense d'y retourner sous peine de la
» hart. » Elle appela de cette sentence à Dijon. La cour, en la
confirmant par arrêt du 15 octobre 1566, ajouta que la fustigation, *jusqu'à effusion de sang*, aurait lieu sur la place
même de l'église cathédrale d'Autun. Il condamna en outre
la coupable à être bannie de la ville pour trois ans, et renvoya l'exécution de l'arrêt aux magistrats. [1]

La teneur de cet arrêt, le choix du lieu d'exécution furent
regardés par le chapitre comme attentatoires à ses franchises. Il se joignit à l'évêque et aux députés des quatre
églises Saint-Lazare, Notre-Dame, Saint-Martin et Saint-
Symphorien, « pour, au nom d'eux et de tout le clergé de
» la province, obtenir du roi des lettres de nullité de l'arrêt,
» comme rendu au grand mépris de l'Eglise de céans, et
» opposé aux juridictions et libertés ecclésiastiques. » En
effet, les sentences rendues en matière civile et criminelle
n'avaient pu être exécutées jusqu'alors dans le Château sans
pareatis ou permission du bailli de la justice capitulaire [2].
Ce privilège, le parlement l'avait méconnu, soit dans le des-

---

[1] *Reg. Capit.*, 23 octobre 1566. — Voir cet arrêt, *Pièces justif.*, n° 24.
Pour cette exécution, comme pour toutes celles faites par le *maître-exécu-
teur* de la haute police, on plaçait sur la tête de la condamnée, exposée au
pilori, une *mitre de papier*, avec une inscription que sa crudité ne nous permet pas de reproduire, mais qui figure dans les jugements originaux déposés
aux archives de la ville.

[2] Le pouvoir, possédé par les magistrats d'exécuter leurs sentences dans le
cloître avec l'autorisation du bailli clérical, appartenait par réciprocité à ce
dernier qui, pendant les seize jours, faisait exécuter les siennes dans les carrefours de la ville, après avoir consulté le vierg. On en trouve quelques exemples. — En 1615, Jean Bouley voulut rendre un nommé Baroin son débiteur.
Il trompa un notaire, feignit de s'appeler lui-même Baroin et fit passer à son
profit une obligation de 1,200 livres. La fausseté de l'acte fut reconnue. Le
bailli de l'église poursuivit le faussaire, pendant la fête de Saint-Lazare, et le
condamna à être fustigé dans le cloître et les carrefours. Cette sentence fut

sein d'infliger une leçon au chapitre, en châtiant le scandale dans le lieu même où il avait été donné, soit pour tenir sévèrement la main aux prescriptions de l'ordonnance de Moulins sur la police confiée aux magistrats et notables, ou bien à celles de l'ordonnance d'Orléans qui venait de renouveler avec rigueur les peines portées depuis saint Louis contre les prostituées [1]. L'arrêt du 15 octobre, sans tenir compte des droits acquis, ordonnait aux vierg et échevins de procéder contre toutes les femmes impudiques dénommées dans la procédure, de les punir exemplairement et de les chasser de la ville. Mais la disposition la plus blessante était la conclusion par laquelle la cour, rappelant les décrets des conciles, se permettait d'exhorter l'évêque et les chanoines à veiller sur les mœurs des gens d'église et à poursuivre les scandaleux. Elle se terminait par une recommandation adressée aux magistrats de visiter les maisons débauchées du cloître et de capturer les personnes ecclésiastiques « conversant avec filles et femmes lubriquement, » d'en dresser un procès-verbal et de l'envoyer à Dijon dans le délai de quinze jours.

« Vu le procès criminel extraordinairement fait à l'encontre de Pierrette Huguenin, autrement dite la *reine de Hongrie*, native d'Autun et y demeurant prisonnière, appelante de la sentence rendue par maître Barthélemy de Montrambault, l'un des échevins au dit lieu, le 8 juillet dernier.............

exécutée sans appel. — En 1619, le procureur du chapitre poursuivit des étrangers coupables de vol dans la ville, pendant la fête de septembre, et le bailli les condamna à être battus de verges jusqu'à effusion de sang, par l'exécuteur de la justice.

[1] L'article 101 de cette ordonnance rappelait, moins la peine de la confiscation, les châtiments édictés par saint Louis, en ces termes : « Expellantur pu-
» blicæ meretrices tàm de campis quàm de villis, et factis monitionibus, eo-
» rum bona per judices locorum capiuntur, vel eorum auctoritate et quolibet
» occupentur usque ad tunicam et␣pelliceum. » *Instit.*, 1245.

« La cour, ayant égard aux conclusions du procureur-général, exhorte l'évêque d'Autun et tous autres évêques, leurs vicaires, officiaux et chapitres ayans juridiction ecclésiastique sous le ressort d'icelle, de soigneusement et diligemment veiller sur les gens d'église de leurs diocèses, s'informer de leurs vie et mœurs, procéder contre les scandaleux, et en tout se conduire, pour la réformation, suivant les saints conciles et décrets. Au surplus, selon les fautes, connivences et négligences, elle enjoint aux officiers des villes de procéder à la capture des personnes ecclésiastiques conversant avec filles et femmes lubriquement, sauf à les réintégrer, à chacun d'eux dresser procès-verbaux de ce qu'ils auront fait, et en certifier la dite cour, quinze jours après. »

Cet arrêt marqua un premier changement dans les rapports des magistrats municipaux avec le chapitre. Il porta une atteinte profonde aux franchises de ce dernier, en autorisant le vierg à visiter les maisons de débauche situées dans le cloître. De ce moment, le vierg demeura investi de la haute police sur cette partie de la ville, même pendant les seize jours juridiques, et sa surveillance désormais incontestée s'étendit sur la cité entière. Ce magistrat connut dans l'enceinte capitulaire du règlement des poids et mesures, le jugement des contraventions commises en pareille matière étant réservé toutefois aux officiers de l'église. Il fut maintenu dans le privilège d'y battre le tambour d'annonces, d'y faire circuler les patrouilles, d'ordonner les publications à son de trompe et les cris nécessaires pour la police, même pendant les jours réservés, de faire porter les hallebardes hautes devant lui aux processions publiques, d'autoriser les ventes et expositions, d'expulser les filles débauchées, et il eut souvent occasion d'exercer ce dernier privilège, si nous en croyons les documents [1]. Tous ces droits furent

---

[1] Dans l'*Inventaire* des titres de l'Hôtel-de-Ville, fol. 440 et 441, on voit mentionnés, au sujet des femmes de mauvaise vie demeurant au Château, des procès-verbaux de perquisitions dressés par le vierg, les 3 juillet 1630, 12 dé-

consacrés d'une manière définitive par l'arrêt du parlement de Dijon de 1673; mais aucune des sentences du vierg, soit au civil, soit au criminel, ne devait, comme anciennement, recevoir son exécution *rière* les murs du cloître, sans *pareatis* du bailli du chapitre, tandis que ses mandements de police pouvaient, d'après le nouvel arrêt, s'exécuter sans cette formalité. Ainsi le pouvoir municipal tendait toujours à se fortifier. Le corps de ville, qui devait bientôt se trouver abandonné à lui-même pendant une longue suite de guerres et dans la nécessité de veiller activement à sa police comme à sa défense, marchait vers son plus haut degré d'influence intérieure.

Au mois de juillet 1566, sur les instances de Bretagne, Charles IX institua à Autun la justice *consulaire*. Cette nouvelle juridiction, créée par L'Hôpital « pour relever les mar- » chands des longueurs de justice [1], » jugeait souveraine-

---

cembre 1634, 28 novembre 1635, 4 janvier 1636, 17 septembre et 8 octobre 1666 et 16 octobre 1668.

Les sergents de la viérie étaient, au XVIe siècle comme aujourd'hui, chargés de la police inférieure. Bretagne leur donna une organisation plus complète et plus en rapport avec l'extension de la justice municipale. Ils étaient au nombre de neuf et devaient se trouver chaque jour, à tour de rôle, chez le vierg, à six heures du matin, afin de recevoir ses ordres, se tenir à la porte de la chambre du conseil et à celle de l'auditoire. Le 1er septembre, jour de la cavalcade des magistrats, on distribuait à chaque sergent une *jupe* ou *robe neuve* « de bon drap rouge, marquée sur la manche droite aux armes de la » ville. » En 1655, on remplaça ces robes par des manteaux. — Autrefois, ils n'avaient pas de gages fixes et n'étaient rétribués que par vacations, lorsqu'ils accompagnaient les officiers municipaux dans les cérémonies et processions ou assistaient aux audiences. Ils recevaient des gratifications aux élections annuelles de l'Hôtel-de-Ville, aux fêtes de Pâques et de Noël, aux jours de carnaval, mais chaque présent ne montait guère à plus de 30 sols pour chacun, disent les comptes de l'époque. Ce ne fut que plus tard qu'on leur donna des appointements. En 1680, il y avait sept sergents à la viérie; en 1785, on en comptait huit, aux gages de 100 livres environ.

[1] Un jurisconsulte rapporte que Charles IX établit à Paris, dès 1563, un tribunal de juges-consuls, « sur ce qu'il fut sensiblement touché, étant un jour » à la lanterne de la grand'chambre du parlement, d'entendre mettre hors de

ment des procès en matière commerciale, sans le ministère des avocats et des procureurs. Elle introduisait une grande célérité dans la procédure et une notable diminution dans les frais. « Chose très sagement avisée, — dit Mézeray, — » pour conserver le commerce, qui est comme la graisse d'un » État; d'autant que, sans ce remède, la chicane, dont les » griffes se sont effroyablement multipliées et allongées de- » puis ce temps-là, s'y fût si fort accrochée, y trouvant de » quoi ronger, qu'elle l'eût tout-à-fait gâté et, par ses forma- » lités frauduleuses, chassé d'entre les hommes. » [1]

A Autun, ce tribunal se composa d'un juge et de deux consuls élus annuellement par le corps des marchands. Un impôt de 2,000 livres, payable par toutes personnes qui viendraient commercer dans la ville, fut établi l'année suivante pour la construction d'un auditoire.

» cour et de procès deux marchands qui avaient plaidé depuis plus de douze » ans, après avoir essuyé tous les degrés de juridictions. » *Institutes des juges-consuls*, par Toubeau, 2 vol. in-4°, 1700, t. I, p. 9. — Voyez l'édit de novembre 1563, pour la création des consuls, à Paris, et la déclaration du 28 avril 1565 qui institue la juridiction consulaire dans les autres villes du royaume. [*Recueil des lois*, t. XIV.]

[1] *Histoire de France*, t. X, p. 260.

[2] Lettres patentes du 23 mars 1567. — L'édit de création de la justice consulaire, daté de juillet 1566, fut enregistré au parlement de Dijon le 9 novembre; celui des greffiers attachés à ce tribunal fut publié en mars 1576.

On voyait encore, il y a quelques années, au centre de la ville, sur le Champ-de-Mars, une petite façade bâtarde, de la dernière époque de la Renaissance, au fronton de laquelle on lisait cette inscription :

LA PLACE COMMUNE DES MARCHANDS.
1567.

C'était l'auditoire des consuls (appelé *tribunal de commerce* depuis 1790). En 1683, cet édifice ayant besoin de réparations, les magistrats consentirent à en faire la dépense, à condition qu'on leur permettrait d'y tenir provisoirement leurs audiences, la salle de la viérie, à Marchaux, tombant de vétusté. Cet auditoire a servi au commerce jusqu'à la construction du nouvel Hôtel-de-Ville, et a été démoli, vers l'année 1835, pour faire place à une maison particulière.

Ajoutons que, pendant la viérie de Bretagne, furent encore créés à Autun, ainsi que dans plusieurs villes de la province, la maréchaussée et son tribunal de police. Cette compagnie, qui eut dans son ressort le Charollais, les bailliages d'Autun, de Montcenis et de Bourbon-Lancy, se composa primitivement d'un lieutenant-prévôt aux gages annuels de 200 livres [Syagre de Monnetoy fut le premier titulaire], et de six archers ou gens d'armes à 120 livres chacun, avec mandat spécial, disent les lettres d'institution, « de protéger le » peuple, et non de vivre sur lui », comme il avait été fait jusqu'alors.

CHAPITRE VII

DERNIÈRES TENTATIVES DU CALVINISME SUR LA JEUNESSE D'AUTUN.

SOMMAIRE.

Attitude des magistrats calvinistes. — Discours contre les prédications ultrà-catholiques du cordelier François Marcoux. — Les écoles d'Autun au xvie siècle. — Le recteur Gabriel Madier et la prébende préceptoriale. — Pensionnat calviniste dans la ville. — Le professeur Destample et le ministre Descrots. — Testament et succession de Robert Hurault. — Le parti réformé et la jeunesse des écoles. — Décadence des études.

Tels sont les faits et les discussions qui remplissent les années de paix entre la suppression du prêche à Autun et la reprise des guerres religieuses. Les partis momentanément pacifiés n'en restaient pas moins divisés. Les calvinistes étaient loin d'abdiquer leurs opinions et leurs espérances. Ils vivaient entre eux, en confraternité, affectant de se confier uniquement les uns aux autres et s'entr'aidant dans leurs affaires. Ils ne se servaient que de notaires, de procureurs, d'avocats et de médecins de leur religion. Ils ménageaient leurs forces pour l'avenir, ayant peu à se louer du présent.

Bretagne, amoindri comme chef de parti par le retour de la paix, s'efforçait, depuis son élection à la viérie, de relever le courage de ses coreligionnaires, cherchait à faire de nouveaux prosélytes par la persuasion et par ses intrigues, entretenait des intelligences avec les protestants du voisinage et se ménageait les moyens de leur livrer la ville, dans le cas où la guerre viendrait à recommencer.[1]

Le chapitre, plein d'égards pour lui dans les relations ordinaires de la vie [2], ne laissait pas de le surveiller avec défiance. Le 18 mars 1567, il fit faire une visite secrète « d'un

---

[1] Bretagne venait de prendre tout récemment le titre de seigneur de Lally, Chancigny et autres lieux. Lally, qui relevait, au XVIe siècle, de la baronie d'Aubigny-le-Châtel (appartenant à la maison de Ruffey), était situé sur la paroisse de Saint-Léger-du-Bois et comprenait dans ses dépendances les fiefs de Champecullion, Chancigny, Essertennes et des deux Moloy. Cette terre fut cédée au lieutenant de la chancellerie « avec châtel et maison-
» fort, fossés, vergers, jardins, cours, estableries, grangiers, estangs, bois,
» buissons, hommes, femmes, fiefs, arrière-fiefs, rentes, censes, tailles, cour-
» vées, gélines, rivière et moulin banal, justice haute, moyenne et basse,
» main-mortes et tous droits quelconques, » moyennant la somme de 8,000 livres. Le château, fortifié et de construction ancienne, avait précédemment appartenu à plusieurs grandes familles. On voit des Bréchard à Lally dès 1487. [Courtépée, t. II, p. 588.] En 1534, l'Autunois Denis Poillot, président et ambassadeur, possédait cette seigneurie. En 1545, elle était à sa veuve, Jeanne de Musset, qui se maria avec Richard de La Palu de Bouligneux, seigneur de Meilly-en-Auxois. Ce fut Jean de La Palu, leur fils, qui la vendit à Bretagne, par acte du 4 juin 1566. — [Protocoles de Louis Desplaces, fol. 225.]

[2] Les registres capitulaires témoignent entre Bretagne et les chanoines de nombreux rapports d'intérêts et d'affaires. Bornons-nous aux extraits suivants :
« On fait cession à noble et sage maître Jacques Bretagne, docteur en droit,
» de la somme de 6 livres 13 sols 4 deniers, rente jadis constituée au chapitre,
» le 22 septembre 1552, par feue Jeanne de Musset, quand vivoit dame de
» Lally, et ce, moyennant le prix de 112 livres par lui payés, nombrés et dé-
» livrés au trésor de l'église. » [Délibér. du 20 juillet 1566.]
« Seront prévenus, le plus doucement possible, MM. Jacques de Montholon,
» grand-archidiacre de Chartres, François de Montholon, avocat à Paris, et le
» lieutenant Bretagne, pour avoir paiement des arrérages de 40 sols chacun,
» pour la fondation par eux faite ès jours de Purification et Assomption de
» l'année 1555, que le lieutenant de la chancellerie, Nicolas de Montholon,
» leur oncle et parent, est allé de vie à trépas. » Le principal de cette fondation était de 50 livres. [12 avril 1567.]

» pertuis naguères pratiqué, ainsi que le bruit en couroit,
» ès murailles du Châtel, à l'endroit de la maison de Jac-
» ques Bretagne. » Ce pertuis pouvait aider à sortir du Château et à y rentrer en secret. Rien n'était plus facile au vierg,
à Ladone, à leurs amis, de se rendre par-là maîtres de la
place [1]. Pour prévenir ce danger les chanoines ordonnèrent
une visite générale et minutieuse de tous les pertuis et fe-
nestrages des remparts du Châtel, même de ceux des maisons canoniales « ayant vue sur les jardins et les fossés,
» lesquels ne se trouvent hors d'échelles pour y descendre, »
avec prescription de faire mûrer, cramponner et treillisser
les fenêtres et autres ouvertures dangereuses, aux frais de
chaque habitant.

[1] Les officiers du roi habitaient le Château qui était le siège du bailliage. La justice avec son personnel, son auditoire, ses archives, y était plus en sûreté que dans la ville basse.

Ladone habitait la rue de Rivaux, à deux pas de son auditoire situé, nous l'avons dit, à l'angle de cette rue et de la rue Dufraigne.

L'hôtel *Bretagne*, connu sous ce nom jusques vers le milieu du XVIIIe siècle, puis sous le nom d'hôtel d'*Eguilly* et de *Mac-Mahon*, est situé sur le rempart de la ville, près de la porte Talus et domine la promenade nouvellement créée dite des *Tours*. Son entrée est à droite du grand portail de la cathédrale, à l'extrémité de l'impasse actuelle du *Jeu-de-Paume*. Le lieutenant de la chancellerie avait reçu cette maison de son beau-père, Nicolas de Montholon. — [La maison patrimoniale des Montholon était, comme on le sait, sise à l'angle du Champ-de-Mars et de la rue Mazoncle, maintenant rue *Neuve*, sur l'emplacement qu'occupe le collège.] — On voit au-dessous de cet hôtel, dans le mur d'enceinte extérieur, près d'une tour appelée encore aujourd'hui *Tour Bretagne*, l'ouverture d'une galerie souterraine connue sous le nom populaire de *Trou du Diable*. Elle aboutit aux caveaux de l'église Saint-Lazare et la tradition prétend qu'elle servit pendant les guerres de religion. C'était sans doute un souterrain semblable ou une communication avec ce *pertuis* que Bretagne était accusé d'établir. « Il résulte de nombreuses investiga-
» tions, — dit l'annotateur d'Edme Thomas, p. 122, — que la ville entière
» est minée par des souterrains se ramifiant en tous sens. Une partie de ces
» conduits voûtés ne datent que du moyen-âge. Un des mieux conservés passe
» sous la place du Terreau et la cathédrale, et aboutit derrière les Tours par
» une ouverture dite le *Trou du Diable;* il est évidemment postérieur à l'é-
» poque romaine, car il est facile de remarquer que la muraille antique a été
» percée après coup. On peut donc le considérer comme un chemin militaire
» du Château. »

La présence à la tête de la ville d'un vierg dont toutes les pensées tendaient à fomenter les espérances de la secte, excita de la part d'un cordelier, François Marcoux, qui fut plus tard gardien du couvent de Saint-François d'Autun [1], d'énergiques prédications. Il entreprit de démasquer les menées secrètes des magistrats, et de tenir en éveil les défiances des catholiques.

Un anonyme, membre de ce tiers-parti qui tenait à conserver la paix par des concessions réciproques, répondit à frère Marcoux par un curieux libelle où l'opinion religieuse de l'auteur semble garder le milieu entre les deux extrêmes. Ce discours, que nous reproduisons en entier parce qu'il peint l'époque, était au fond une défense des magistrats que Marcoux accusait de tiédeur à l'égard de la répression des hérétiques. Il eut peut-être l'un d'eux pour auteur. [2]

« Dieu nous faict cette grâce et la recognoissons de lui, qu'il n'y a peut-être ville en France et non pas en la seule Bourgogne, plus

---

[1] On lit au sujet de ce moine, dans l'*Histoire manuscrite de l'Eglise d'Autun*, par Bonaventure Goujon, p. 164 : « En l'année 1588, au mois de mai, le grand
» chapitre et assemblée des religieux de Saint-François fut tenu à Autun,
» auquel assista une grande multitude de cordeliers, lesquels faisoient tous
» les jours, pendant le dit chapitre, processions et doctes prédications. La
» dernière fut faicte en l'église Saint-Lazare. Il leur fut dressé, pour dire leur
» grand'messe, un autel richement paré, au devant du *chanceau* (c'est ce qui
» enclost le grand-autel); ils faisoient aussi chacun jour de très hautes et très
» doctes disputes, où ils se trouvoient en grand nombre. Frère François Mar-
» coux était lors gardien des cordeliers, lequel depuis fut chanoine théologal
» à Saulieu, où il est décédé. C'est lui qui a fait faire le grand tableau du
» *Saint-Esprit* qui est à présent sur le grand autel du couvent de Saint-Fran-
» çois d'Autun. »

[2] Les plus lettrés des calvinistes autunois étaient, comme on sait, Bretagne et le médecin Lalemant.
Ce document existe à la Bibliothèque nationale, fonds Fontette, porte-feuille XLV, numéro 8, sous ce titre : *Discours contre le frère François Marcoux qui disoit en chaire qu'Autun étoit rempli de huguenots, auquel discours on prouve qu'Autun est la ville de France où il y en a le moins.*

saine et plus exempte de la contagion des hérésies que ceste ville d'Autun ; ainsi nous veuille-t-il entièrement délivrer de celle qui faict aujourd'huy, entre nous, quelque peu la guerre au corps [1]. Pour les âmes, tout se porte bien de ce costé-là, grâces à Dieu !

» La maladie de l'héreticque est de telle sorte et nature qu'elle ne se peut longuement céler, et ceulx qui en sont entachés ne scauroient durer qu'on ne les cognoisse. L'erreur en est le père, l'ambition qui en est la mère les éclot, et sans ces deux points-là, jamais ne fust et ne scauroit y avoir hérésie.

» L'héreticque donc se veult montrer, se veult faire valoir, et dire qu'il en est aultrement ne seroit pas héreticque.

» Or, je demande maintenant si, en toute la ville d'Autun, l'on estime qu'il y en ait demi-douzaine si hardis ou si effrontés, et de face si effarée qui osassent dire : « Je suis huguenot ou veux l'estre. »

» Et toutefois à ouïr nostre maistre frère Marcoux en chaire, il semble que tout en est plein ; il semble que s'il ne presche, s'il ne crie, s'il ne tempeste, tout est perdu : c'est le moyen pour en faire où il n'y en a point du tout, comme à force de médecines prinses mal à propos, ceulx qui ne sont pas malades ordinairement le deviennent.

» On ne scauroit assez louer le zèle de religion, si c'est cela qui le pousse ; mais tant de choses et d'essais du temps passé nous font doubter du présent ; car si furieusement aultres fois l'avons vu s'escrimer de ce glaive à deux tranchants, que le luy voyant encore reprendre aujourd'hui, et manier ainsi d'estoc et de taille, il donne juste occasion à ceulx qui ne se sont pas bien ci-devant treuvés de ses coups et qui les pouvoient parer s'ils y eussent bien pourveu à l'heure, de se mieux tenir sur leurs gardes, à l'encontre de lui, qu'ils n'ont faict par le passé.

» Hercule alloit de par le monde combattant autant de monstres qu'il treuvoit ; celui-ci, n'en treuvant point, s'en forge et se fait ac-

---

[1] Allusion à la peste et à la famine qui ne cessèrent de règner pendant plusieurs années (de 1565 à 1567). A cette occasion, la cour de Dijon prit des mesures sévères contre les *enharreurs* ou accapareurs de blés, et défendit, par un arrêt du 21 octobre 1566, « à toutes personnes de la province d'achepter » aucungs grains ailleurs qu'ès marchés publics, ni enharrer les dits grains et » en faire amas, oultre ce qui est de leur revenu ou nécessaire pour leur pro- » vision, sur peine de confiscation et de bannissement du royaume. » [*Livre noir*, fol. 130.]

croire qu'il y en a : « *Dùm geminas Thebas geminum que Acteona terret* » et combat les chimères qu'il se faict en l'air, « *Factitius ipse Hercules aut Herculastes potius non qui se monstris sed monstra sibi imaginaria et ficticia objiciat.* »

» C'est une chose périlleuse de voir le glaive en la main des furieux. L'Hercule mesme estant tombé en fureur, de ces flèches et de l'arc dont il avoit autrefois abattu les monstres, tira contre ses propres enfans et les tua à ses pieds, estimant toujours que ce fussent des monstres qu'il voyoit devant soy et qu'il devoit saccager comme les aultres. — S'il en prenoit un jour ainsi à maistre frère Marcoux, comme nous allons ordinairement à ses prédications, il pourroit faire but de nous, et nous feroit mauvais parti.

» C'est pourquoi nous le prions de se souvenir de sa prédication du jour d'hier et de la doulceur, débonnaireté, mansuetude qu'il sceust bien recommander à nostre roy, à l'exemple de David, de Salomon et d'aultres, et qu'il dist aussi que tous les gens de bien estans en charges et magistrats, par ce temps-cy, devoient les imiter et suivre ; car il est certain, Dieu le veult et le roy l'ordonne, nos plaies et cicatrices le demandent, lesquelles ont maintenant besoing plus d'huile que de vin et de vinaigre.

» Mais qu'il en use ainsi envers nous, et s'il veult qu'on le supporte fraternellement, qu'on mette sous le pied, qu'on tienne couverts et cachés tous les scandales du passé; qu'il oublie de mesme le mal qu'il a voulu aux serviteurs du roy et aux gens de bien qui se contentent pour toute satisfaction de le voir revenu de sa faute et ne désirent rien, sinon que ce puisse estre à bon escient.

» Ce que toutefois il faut mettre en doubte, en écoutant les faits obliques qu'il donne, les figures qu'il va rechercher, les allusions sur lesquelles il prend carrière. Voyez plustôt son presche : « Dieu véritablement aime les villes et les lieux où sont les assem- » blées des hommes. Il a sur toutes aimé Jérusalem; il y a faict la » plus grande part de ses miracles. Où la religion est catholique, » apostolique et romaine, là Dieu se montre et faict voir ses œu- » vres, et Jésus-Christ ne veult rien faire qu'en son Eglise. S'il » est possible, aussi faut-il qu'en ceste Eglise et en la foi d'icelle » nostre ville persévère et continue; que ce soit une Jérusalem, si » elle veult que Dieu lui fasse du bien, et verse sa faveur et ses » grâces en nostre endroict. » Tout cela est merveilleusement bon et beau; mais c'étoit pour attaquer nos officiers et magistrats et leur donner atteinte.

» Ensuite, vous avez là-dessus continué : Qu'en étoit loué Dieu qui vous avoit faict la grâce de vous ramener en ce lieu et de vous y voir en chaire ; comme il n'en avoit été autrefois, car vous avez souvenance qu'il y a à peu près un an ou plus, on vous avoit fermé les portes, vous y estant présenté. Vous en avez voulu avoir vostre raison, et de nostre ville qui estoit une Jérusalem, vous avez incontinent faict une Samarie, alléguant en passant qu'à l'exemple de Jésus-Christ, lorsqu'il s'acheminoit à Jérusalem, les Samaritains lui fermèrent les portes, « *Quia facies ejus erat ut euntis in Jeru-* » *salem;* » vous veniez aussi dès-lors pour prescher ici comme en une Jérusalem, et les Samaritains, les officiers ou autres serviteurs du roy, voulez-vous dire, vous firent ce mauvais tour.

» Vous n'avez pas eu levé ceste pierre que quelsques-uns aussitôt n'aient regardé si nous baisserions la teste ; mais le coup estoit aisé à destourner et à renvoyer sur vous. « *Cujus verè facies* » *erat euntis tunc contrà Jerusalem, qui pacis habet symbolum…* » J'entends, frère Marcoux, que vous veniez alors contre la paix et pour troubler nostre repos.

» Suivant le texte de votre Evangile : « *Rex tùm venit tibi man-* » *suetus,* » vous n'avez pu louer la doulceur et la clémence de nostre roy sans en parler toujours de travers, à droite et à gauche, comparant les biens et les grâces qu'il nous a faictes, à celles que les Juifs habitans de Jérusalem receurent du roy Darius, quand il leur permit de réédifier et embellir le temple plus que jamais il n'avoit esté, quelque payen cependant et idolâstre qu'il fust d'aultre religion que celle des Juifs. On voit toujours où cela porte, et voilà l'ongle duquel vous ne pouvez tenir de gratter.

» Or, certes, ne treuve-t-on pas mauvais que vous exhortiez le peuple au devoir de la persévérance en la religion catholique, apostolique et romaine ; car y persévérant, il demeurera toujours en l'obéissance et fidélité qu'il doibt à son roy, et ceux-là sont vrais sophistes en matière de religion qui, sous ombre d'elle, voudroient destourner les hommes de l'aultre. Mais ne traictez point cela par fausses et calomnieuses hypothèses, comme vous faictes, en vous espanchant en vos discours, et en disant qu'il ne faut point quitter ni abandonner sa religion pour penser gratifier au roy et aux magistrats, et que Dieu ne laissera pas de les disposer à toute doulceur et bénignité envers l'Eglise, autant que besoing sera. Mais peut-on gratifier, soit au roy, soit aux magistrats, pour quitter sa religion, si le roy et les magistrats les premiers n'y font banqueroute. Ce sont les traicts que vous jettez par-derrière le dos, comme les Parthes, en vous saulvant, combien que l'on vous voit tousjours en face : « *Et facies ejus erat euntis contrà regem et magistra-* » *tus regios.* »

» Donc, que nostre maistre frère Marcoux parle ouvertement ; qu'il nomme quelques-uns, s'il en sçait, qu'il les montre plus tôt au doigt, afin qu'on leur fasse leur procès, si besoing est, ou qu'ils se justifient et aient moyen de rembarrer la calomnie. Au reste, de vaguer en un tel blasme et arroser ainsi tout le monde de cette eau de teincture noire, cela est odieux et ne nous sçauroit rapporter que folies et rages semblables ou pires que les premières.

» Pour abréger ce discours, employons succinctement les termes de l'orateur fort convenables à ce suject : « *Anseribus publicè* » *cibaria locantur et canes aluntur in Capitolio, ut significent, si fu-* » *res venerint : at fures internoscere non possunt.....* » Quant à penser de nous faire ciller les yeux par ces figures, « *Frustrà* » *antè pennatorum oculos res jacitur,* » cela n'est pas. L'on est delà le pont, quand il y met le pied ; et en la saison où nous sommes, celui-là même qui nous fait la chasse seroit aujourd'hui schismatique, qui demain se détourneroit ou voudroit détourner les aultres du bon chemin.

» Qu'il y marche de droit pied, qu'il suive son Evangile, qu'il nous réduise et se réduise le premier à cet esprit de mansuétude, pour paisiblement vivre les uns avec les aultres, en l'amour et crainte de Dieu, en l'observance de ses commandemens et persévérance en la foi et religion catholique, apostolique et romaine, le tout sous l'obéissance et fidélité que nous debvons à nostre roy, sans aulcune partialité ni division.

» C'est de quoy on le prie, pour éviter tout inconvénient, et il treuvera un peuple docile et les magistrats disposés à tout ce qu'il scauroit désirer d'eulx. Que s'il veut toujours mesler en sa pâte l'aigreur de ce mauvais levain qui semble lui enfler le cœur et le courage contre les serviteurs du roy, l'on proteste, qu'après cette admonition et remontrance (qu'il doibt bien prendre), s'il en advient du mal, il le lui sera imputé ainsi qu'à ceulx qui le soutiendront à l'encontre du service du roy, du repos et de la tranquillité de la ville. »

A vrai dire, les invectives de François Marcoux n'étaient pas sans motifs, et de graves griefs donnaient raison aux plaintes des catholiques. Afin de sauver, au moins pour l'avenir, les doctrines calvinistes dont l'application n'était plus possible, Bretagne conçut le dessein de porter vers l'éducation de la jeunesse un prosélytisme qui avait eu peu de succès sur ses contemporains. Ce fut sa principale, sa dernière tentative dans l'ordre des idées, et quoiqu'elle ait duré plusieurs années, nous allons en résumer les faits sous un même coup-d'œil.

Nous voyons, dès le commencement de l'Eglise d'Autun, des écoles instituées pour l'instruction des clercs, dans le palais épiscopal, sous la direction des évêques. Elles furent transférées, vers le XIIe siècle, dans le cloître de la cathédrale et placées sous la dépendance du chapitre. On y enseignait les sciences ecclésiastiques, les lettres grecques et latines, l'Ecriture sainte, le décret de Gratien [1150], la grammaire, la rhétorique, la musique, le chant grégorien, l'arithmétique, la géométrie, l'astronomie, la physique. Elles étaient dirigées par un chanoine connu sous le nom d'*écolâtre*, titre illustré dans l'Eglise d'Autun par un des écrivains les plus curieux et les plus érudits du XIIe siècle, Honoré-le-Solitaire, qui resta à la tête de ces écoles pendant près de trente ans [1]. Le concile général de Lyon, de 1245, statua qu'une prébende serait accordée dans chaque église possédant des revenus suffisants à ce maître chargé d'enseigner gratuitement les enfants pauvres. [2]

Au XVIe siècle, ces écoles se transformèrent et revêtirent

---

[1] Voir une biographie d'Honoré-l'Ecolâtre, dans le journal l'*Eduen*, 1839, numéros 26, 30, — et l'analyse des nombreux traités de cet auteur, *Hist. littéraire de France,* par les Bénédictins, t. VII.

[2] On conserve encore aujourd'hui au Grand-Séminaire une partie des ouvrages manuscrits sur l'Ecriture sainte, la théologie et les sciences profanes que possédait, au XIIe siècle, l'Eglise d'Autun. — Voyez Libri, *Catalogue général des Manuscrits des Bibliothèques des départements,* t. I, p. 1-40.

un caractère mixte. D'écoles de la cathédrale, elles devinrent écoles de la ville et reçurent les jeunes gens qui se destinaient à l'Eglise aussi bien que ceux qui devaient rester dans la vie civile [1]. Mais elles n'en demeurèrent pas moins dans la dépendance du clergé. C'était le grand-chantre de la cathédrale qui nommait le recteur. C'était le chapitre qui payait une pension à ce dernier, pension variable, du reste, suivant les circonstances. Enfin, prêtre ou laïque, ce recteur devait porter l'habit ecclésiastique et se recommander par sa science, sa piété et ses bonnes mœurs. [2]

L'ordonnance d'Orléans de 1561 modifia cet état de cho-

---

[1] Au XVe et au commencement du XVIe siècle, tout amoindrie que fût l'importance politique d'Autun, la renaissance des lettres anciennes s'y fit sentir avec plus d'activité qu'on eût pu l'attendre de sa décadence. Ses écoles s'élevèrent au premier rang parmi celles de la Bourgogne. Il en sortit une foule d'hommes distingués, de professeurs et de jurisconsultes qui se signalèrent au barreau ou dans les chaires. Tels furent les présidents Chasseneuz, Poillot et Jeannin ; le philologue Pierre Turrel ; le médecin Pierre Ailleboust ; les deux Montholon (Jean, cardinal, et François, garde-des-sceaux); Pierre Parpas, Georges de La Bouthière et Gabriel Breunot, conseillers au parlement, tous trois habiles traducteurs, légistes ou historiens ; les quatre frères Guijon, théologiens, hellénistes érudits et magistrats.

[2] Voici les noms des recteurs qui se succédèrent aux écoles d'Autun pendant le XVIe siècle :
1517. 1526. — Claude Charbonnier, maître-ès-arts et recteur.
. . . .
1560. 1571. — Gabriel Madier et Antoine Destample.
1573 (septembre). — Pierre Manès, clerc du diocèse de Langres, bachelier en théologie, vicaire de la cathédrale en 1565.
1577. — Nomination d'un nouveau principal.
1587 (28 janvier). — Nicolas Lallemagne, prêtre, maître-ès-arts de la faculté de Paris.
1593. — François Perrin, chanoine de Saint-Lazare.
1595 (27 octobre). — Simon Naudot, recteur pour trois ans.
1610. — Jondot, dernier principal avant l'établissement des Jésuites en 1618.
Selon Courtépée [t. II, p. 525], il faudrait mettre au nombre des recteurs, les nommés Mangeard et Baudot, ainsi qualifiés, dit-il, dans deux arrêts de 1571 et 1596. Dans l'arrêt de 1571, rendu au sujet de la prébende, François Mangeard est mentionné comme chanoine et non comme recteur. Quant au nom de Jean Baudot qui figure au procès de 1596, c'est celui du procureur-syndic chargé de soutenir les intérêts de la ville.

ses. L'article IX rappelait les dispositions du concile de Lyon, en ordonnant que les églises qui possédaient plus de dix prébendes, les dignités principales non comprises, en affecteraient une à l'entretien d'un précepteur tenu d'instruire gratuitement les enfants de la ville. Cette prébende était connue sous le nom de *préceptoriale*. Le pouvoir civil sanctionnait ainsi, en la rendant obligatoire, une institution créée par l'Eglise, et poursuivait un progrès qui avait sa racine ailleurs. Mais il dérogeait aux anciens usages en enlevant la nomination du recteur des écoles au grand-chantre pour la déférer à l'évêque et aux chanoines, les maire et échevins étant appelés.[1]

Cette disposition souleva de vives répulsions dans le clergé de France. Il réclama au parlement de Paris par son syndic-général. Le chapitre d'Autun forma de son côté opposition devant la cour de Dijon; mais les magistrats de la ville et l'évêque dont cet article augmentait l'autorité l'accueillirent avec empressement et se hâtèrent d'en demander l'exécution.

Marcilly invita le chapitre à s'entendre avec lui et avec les magistrats sur la désignation d'un recteur. Les délégués des chanoines, qui étaient le grand-chantre Charvot, le syndic Landreul et Gabriel de Grigny, représentèrent à l'évêque qu'il

---

[1] Article IX : « Une prébende ou revenu d'icelle demeurera destinée pour » l'entretènement d'un précepteur qui sera tenu, moyennant ce, instruire les » jeunes enfans de la ville gratuitement et sans salaire ; lequel précepteur » sera élu par l'archevêque ou évêque du lieu, appelés les chanoines de leur » église, et les maire, échevins, conseillers ou capitouls de la ville, et sera » destituable par l'évêque, par l'avis des dessus dits. » — Le parlement de Paris fit observer que cet article pouvait avoir seulement son application dans les églises où il y avait douze prébendes et plus, et que si cette prébende était suffisante dans les grandes villes, on devait nommer deux précepteurs des écoles. [*Procès-verbaux du clergé*, t. I ; *preuves*, p. 4.] Cet article, — ajoute Durand de Maillane, au mot *précepteur*, — trouva de grandes difficultés dans son exécution.

y avait appel par le clergé de France et par le chapitre, et que celui-ci ne consentirait pas à se dessaisir du privilège conféré de toute ancienneté au grand-chantre, avant que ces appels eussent été jugés. Ils ajoutèrent qu'aucune prébende n'étant vacante en ce moment dans leur église, il n'y avait pas lieu de s'occuper de sa dévolution et du choix d'un nouveau régent; que, du reste, ils s'offraient de contribuer volontairement à l'entretien de celui qui était en exercice [1]. Les choses en restèrent là pendant plus d'une année.

Au mois de juin 1562, le vierg et les échevins sommèrent de nouveau le chapitre de déclarer ce qu'il prétendait faire au sujet de la prébende préceptoriale. Il leur fut répondu que l'opposition formée par l'Eglise d'Autun et par le clergé du royaume contre l'ordonnance d'Orléans ayant été reçue, il fallait attendre qu'elle fût jugée, et qu'il n'y avait pas encore de prébende disponible. Huit mois après, en février 1563, une prébende canoniale étant devenue vacante par la mort de Philibert Dublé, archidiacre d'Avallon, les magistrats adressèrent une requête au chapitre pour qu'elle fût de suite affectée à l'entretien des écoles. Le chapitre répondit que le principal actuel, Gabriel Madier, étant marié, il était incapable de porter cette prébende ou chanoinie, à laquelle d'ailleurs il venait d'être pourvu.

Cette discussion avait lieu au moment où le parti calviniste venait de célébrer la Cène et se trouvait en plein prosélytisme. Il ne manqua pas de s'en prévaloir. L'ordonnance

---

[1] *Reg. Capit.*, 13 février 1561. — « Attendu la grande poursuite que font
» ceux de la ville au fait de l'école, pour avoir une prébende supernuméraire
» qui viendroit à grands frais et surcharge à l'église, on délibère de trouver
» tous moyens pour avoir suppression de la prébende querellée ; et à l'effet
» de dresser mémoires, Lombard, Féaul, Delafosse et d'Arlay se concerteront
» avec le grand-chantre, et tant par le moyen de suppression que par aultres
» adviseront. »

d'Orléans à la main, il profita du passage de Charles IX en Bourgogne pour faire intervenir l'autorité royale. Bretagne, accompagné du ministre Descrots et d'un professeur nommé Antoine Destample, favorable aux opinions nouvelles, se rendit, en 1564, à Lyon, auprès du roi, et obtint des lettres patentes qui conféraient à Destample le titre de recteur des écoles de la ville.[1]

Le chapitre, averti de ces démarches par Jean Serrurier, délégué de l'évêque dans l'affaire de la régale[2], et alarmé d'un acte qui compromettait à la fois ses prérogatives et l'éducation catholique de la jeunesse, se décida enfin à concourir avec l'évêque et le vierg Venot à la nomination comme recteur de Gabriel Madier, licencié-ès-lois, homme besogneux et peu capable, à qui il était facile d'imposer des conditions. Aussi se contenta-t-il de lui allouer une pen-

---

[1] C'était un avocat calviniste, originaire d'Orléans, qui était venu se fixer à Autun et y avait épousé Françoise Dechevannes, sœur du vierg catholique, veuve d'un procureur nommé Claude Bailly. Destample mourut sans enfants vers 1573. Il était d'une assez bonne famille de l'Orléanais où il avait plusieurs parents. Le 16 janvier 1574, Cécile, une de ses sœurs, mariée à Gilles Bassier, «honorable marchand,» date d'Orléans une procuration « à cette fin » d'appréhender la succession de défunt maître Ant. Destample, lui vivant » avocat en la ville d'Ostun en Bourgogne, et régent du *principal collège* du » dit lieu. » [Protocoles de L. Desplaces, fol. 87.] Son frère, *noble homme* Jean Destample, quitta momentanément sa ville natale pour accompagner, en qualité de secrétaire, le nouveau roi de Pologne, Henri III. — Quelles causes fixèrent Ant. Destample à Autun? Pourquoi l'avocat huguenot abandonna-t-il son premier état pour celui de pédagogue? Nous l'ignorons. Peut-être Bretagne et le ministre Descrots, que nous voyons servir d'acolytes à ce professeur de la *saine doctrine*, ne restèrent-ils pas étrangers à cette détermination. Quoi qu'il en soit, l'union des trois chefs calvinistes constitue une sorte de triumvirat qui s'était chargé de la défense civile, de la direction religieuse et de l'éducation du parti.

[2] Serrurier écrit de Lyon, le 16 juillet 1564, au grand-vicaire Etienne Boulet : « Avertissez M. Madier de la grande poursuite que fait Destample contre » lui, de laquelle il ne tient compte. Hier au soir, je vis le devoir que fait le » chanoine Charles Aillehoust envers son avocat, pour empêcher certain ap» pointement que vouloit prendre Destample ; ce qui s'est effectué. » [Correspondance de Serrurier aux Archives de l'Evêché.] — Voir ci-devant, p. 238.

sion annuelle, évitant par là de consacrer ses droits à la jouissance définitive d'une prébende [1]. Cette pension ne devait lui être desservie que sous forme d'*aumône* et *par grâce spéciale*.

« On délivre à Gabriel Madier, principal et *modérateur* des écoles de la ville, vu le traité fait avec icelui des fruits et revenus de la prébende scholastique, sous forme de pension, de la somme de 120 livres par an, laquelle de grâce spéciale on lui octroie, pour le devoir qu'il fait de bien et fidèlement instruire et régir ses disciples avec régens et pédagogues, en la foi et sous l'obéissance de l'Eglise chrétienne, catholique et romaine, comme aussi en considération des pertes et dommages qu'il a soufferts ces derniers temps, à raison de l'absence de pensionnaires, et pour l'espoir qu'ils ont de Madier de bien et mieux continuer les devoirs de sa charge et administration. »

En 1566, une nouvelle prébende étant devenue vacante par la mort du chanoine Adam Chiquet, Bretagne, récemment élu vierg, se présenta devant le chapitre avec ses échevins et ses syndics, et la réclama en faveur de Madier, menaçant, en cas de refus, d'en appeler immédiatement et d'agir par toutes voies de droit. Madier n'était évidemment en cette circonstance qu'un prête-nom qui devait frayer le chemin à Destample. Le vierg espérait qu'une fois la prébende accordée, il lui serait facile d'écarter le titulaire désigné par l'évêque et le chapitre, et d'installer à sa place Destample qui était pourvu d'une institution royale.

Le chapitre, tout en protestant de son respect pour la volonté du roi, invita les magistrats à se retirer afin de pou-

---

[1] Gabriel Madier, étranger comme Destample, était né à Ambert en Auvergne. En janvier 1556, il épousa, à Autun, Marie Jay, fille de Sébastien Jay, sergent royal. Les témoins au contrat furent deux notables de la ville, le lieutenant Ladone et l'ancien vierg Lazare Joffriot. — Le fils de Madier embrassa comme lui la carrière de l'enseignement et fut régent du collège de Saulieu, en 1614.

voir entrer en délibération. Ils étaient à peine sortis que Destample, impatient de faire valoir lui-même ses droits, entra dans l'assemblée et réclama, ses lettres patentes à la main, la prébende préceptoriale. C'était, on peut le croire, une scène concertée dans le but d'arracher au chapitre une concession qu'il s'obstinait à refuser. Les chanoines allèrent aux voix, firent recueillir celles de l'évêque et de quelques-uns de leurs collègues retenus par la maladie, et conférèrent la prébende vacante, avec ses fruits et émoluments, au nouvel élu François Mangeard.

« Nonobstant les réquisitions des officiers et magistrats de la ville d'Autun, et autres ayant requis d'être pourvus de la prébende vacante par la mort d'Adam Chiquet, MM. ont passé outre et ont pourvu de la dite prébende maître François Mangeard qu'ils ont nommé et créé chanoine; après avoir au préalable commis Claude Lombard et Claude Florent par devers l'évêque Marcilly, Etienne Cortelot et Pierre Tixier, chanoines, alors infirmes et malades, pour donner leurs voix et suffrages, ce qu'ils ont fait en faveur de qui bon leur a semblé, à l'exception du sieur Cortelot, les délégués n'ayant pu obtenir l'ouverture de sa maison à la porte de laquelle il a été frappé à grands coups, à trois diverses fois, sans aucune réponse, vue son indisposition grande. » [1]

Les magistrats attendaient dans une salle voisine le résultat de cette délibération. Ils protestèrent et déclarèrent en

---

[1] *Reg. Capit.*, 6 octobre 1566. — Les chanoines présents à cette séance importante étaient : Philippe de Marcilly, doyen, Jacques Charvot, Antoine Borenet, Claude Lombard, Claude Florent, Nicolas Joannis, Nicolas Humbelot, Guy Languet, Antoine Simonnin, André Ferrand, Nicolas Rivot, Jacques Voillot, François Bégat, Jacques de Genay, Nicolas Bernard, Michel Gautherault, Jean Chomedey, Etienne Poillot, Jean Dechevannes, Jean Rouhette, Hugues Ailleboust, Dominique Rouhette et Jacques Berthault.

En même temps le chapitre s'opposait de tout son pouvoir à l'installation de l'avocat Destample comme recteur. « On choisit et commet, — dit une délibération du 14 juin, — MM. l'évêque Marcilly, le chantre Charvot et autres » officiers catholiques de la ville, pour aviser sur ce que maître Antoine Des- » tample, contre les défenses à lui faites, veut tenir forme de collège en ce » lieu et faire lectures en icelui. »

appeler devant qui de droit. Un double procès s'ensuivit, l'un intenté par Bretagne contre le chapitre, au nom de la ville, pour obtenir la prébende; l'autre dirigé par Destample contre Madier pour le réduire à la gêne, lui faire abandonner ses fonctions et s'en emparer, lorsque le procès de la prébende serait gagné.

Pauvre et dépourvu de ressources, Madier faisait face à ces difficultés avec les secours du chapitre. Il réclamait à chaque instant des suppléments de pension pour entretenir son collège, faire des voyages à Paris, imposer silence à Destample. Les études, sacrifiées aux querelles des partis, placées sous la direction d'un recteur contesté et payé au rabais, tombèrent en décadence. Le chapitre se vit obligé d'adresser des remontrances à Madier sur l'insuffisance de son enseignement. Les jeunes chanoines, sortis du collège d'Autun « et reçus naguères en sa compagnie, étant, faute » de savoir, inutiles à tout œuvre et service », il prit le parti d'en envoyer quelques-uns étudier à Paris et dans les universités. Cette décision stimula le zèle de Madier qui, avec une somme de *dix écus* obtenue à force de sollicitations, promit d'aller chercher à Dijon et ailleurs « des régents idoi- » nes et suffisans pour l'érudition et institution de la jeu- » nesse. » [1]

La succession de Robert Hurault, qui s'ouvrit quelques

---

[1] Quelques années après, si nous en croyons les registres de l'Hôtel-de-Ville [14 nov. 1570, 31 oct. 1571], l'infortuné principal ne se trouvait pas dans une position plus florissante. Il ne se lassait pas d'adresser au chapitre et aux magistrats des suppliques pour leur exposer sa triste position. Il a souffert, dit-il, de grandes pertes par le danger des pestes et des troubles; il est excédé, harcelé des empêchements à lui donnés par Destample; il a composé pour sa prébende avec les chanoines qui ne lui octroient qu'une modique somme; il intercède donc quelque argent et l'appui de la ville pour obtenir une solution aux procès ruineux que lui intente son compétiteur.

« Gabriel Madier, principal et modérateur des écoles d'Autun, demande » quelque somme d'argent pour lui aider à faire un voyage à Paris pour

mois après, permit à Bretagne et à Destample de réaliser une partie de leurs projets, sans attendre l'issue du procès de la prébende. Ils trouvèrent dans cette succession des ressources suffisantes pour faire concurrence aux écoles. Cet abbé de Saint-Martin, dont on se rappelle le portrait tracé par Théodore de Bèze, mourut au mois de février 1567 dans une extrême vieillesse et laissa par un codicille des dispositions dernières qui font exactement connaître ses opinions religieuses [1]. Ce codicille fut reçu par le notaire huguenot Louis Desplaces, devant les témoins André d'Andozille et Geoffroy de Charancy, tous deux suspects d'hérésie [2], en présence des deux médecins réformés, Philibert de Goubault et Pierre Desbois. Il se fait remarquer par l'absence de de-

---

» chercher régens idoines et suffisans pour l'érudition et institution de la
» jeunesse. A cet effet, on l'aidera jusques à la somme de dix écus soleil. »
« Sur la requête par écrit de Gabriel Madier, recteur des écoles de la ville,
» suppliant qu'il plût à MM. lui subvenir de moyens et l'aider de quelques
» deniers, afin de lui permettre d'aller en cour pour imposer silence à
» maître Antoine Destample, son adversaire, de ne plus exercer ni faire état
» de tenir collège ; en considération de l'entreprise du suppliant, on mande
» à Antoine Bullier, chambrier, le satisfaire encore pour cette fois de la somme
» de vingt-six livres. »
Quelques années après, la ville, sur une nouvelle requête, se chargea du loyer des écoles, d'où Madier était sur le point d'être expulsé faute de paiement. [La maison occupée par le collège appartenait à M. Berthault, gouverneur de la chancellerie de Bourgogne.]

[1] Hurault mourut le 22 février, dans sa maison canoniale située rue Sainte-Barbe, en allant à la porte de Breuil, à côté de celle qui *souloit jadis* appartenir à Jean de La Coudrée. Il avait choisi le lieu de sa sépulture dans l'abbaye de Saint-Martin. — Voir dans l'histoire de cette abbaye, t. I, p. 339, et t. II, charte 160, les *testament et codicille* de Robert Hurault, dit l'Ancien. [6 décembre 1562 et 21 février 1567.] Ce codicille ayant été reproduit inexactement dans l'ouvrage de M. Bulliot, nous en donnons une nouvelle copie collationnée sur l'original, *Pièces justif.*, n° 25.

[2] André d'Andozille était médecin et fils de Pierre d'Andozille, accusé de la profanation de Saint-Jean-de-la-Grotte, en 1541. André, pourvu dans sa jeunesse d'un canonicat par bulle du pape Paul IV qui autorisait une résignation faite en sa faveur par François Popet, avait étudié la médecine aux frais du chapitre, puis avait quitté l'Église, quoique à cette époque quelques-uns de

mande de prières pour les morts et par un silence assez conforme sur ce point aux doctrines calvinistes sur la prédestination absolue et la justification sans les œuvres. Le préambule où son auteur déclare mourir dans la religion catholique ne peut être considéré que comme une formule dictée par sa position, sans infirmer les témoignages qui pèsent contre lui. Hurault léguait un tiers de ses biens (quotité disponible d'après la coutume de Bourgogne) à ses héritiers légitimes, et ordonnait que les deux autres tiers fussent distribués aux pauvres, et employés en œuvres *pitoyables* et *charitables*, à la discrétion de ses exécuteurs testamentaires [1]. Il dispensait ceux-ci, « pour la sûre fiance qu'il avoit d'eux dès long- » temps expérimentée, » de dresser inventaire et leur donnait plein pouvoir pour faire le partage des biens légués. Il recommandait instamment qu'aucunes personnes tierces, officiers de justice ou tribunaux s'entremêlassent dans l'exécution de ses volontés. Il la confiait tout entière à Lazare Ladone, lieutenant du bailliage, à Gabriel de Grigny, ce chanoine qui avait apostasié l'année précédente, et au notaire Claude Labarge qui professait les opinions calvinistes avec la majeure partie de sa famille. [2]

---

ses membres exerçassent la médecine. Il épousa, en 1566, Jeanne de Ganay (fille du procureur du roi Jean de Ganay) qui lui apporta en dot le fief de Lépanneaux, près Sommant. D'Andozille exerçait encore en 1596.

Geoffroy de Charancy, notaire et greffier en chef du bailliage, avait, en 1562, comme procureur de Vériet et de La Coudrée, présenté en leurs noms plusieurs oppositions au chapitre. Geoffroy laissa deux fils : Nicolas, son successeur au greffe, et Guillaume qui épousa Etiennette Pupelin, sœur de Pierre Pupelin, lieutenant particulier et vierg en 1577 et 1578.

[1] Courtépée a évalué, nous ne savons d'après quelles données, ces legs à la somme de 5,712 livres. Ce chiffre n'est pas plus exact que la date de 1569 assignée par lui au testament de Hurault qui mourut en 1567.

[2] Claude Labarge, châtelain de l'abbaye de Saint-Martin, sous l'administration de Hurault, eut deux fils : Georges, qui lui succéda comme notaire; et le marchand Guillaume Labarge, marié à Marie Vestu, tous deux adeptes du protestantisme.

Ces trois personnages se hâtèrent de remettre aux héritiers la portion qui leur appartenait [1]. Des deux tiers laissés aux pauvres, une partie fut employée par eux « à nourrir, » alimenter, habiller, entretenir enfans aux études et mé- » tiers, à marier pauvres filles, et à d'autres œuvres de cha- » rité. » Mais ils remirent aussi des fonds au professeur calviniste Destample qui, lassé d'attendre la dévolution de la prébende préceptoriale, avait établi, dès 1566, dans une maison que lui céda La Coudrée, un pensionnat où il instruisait les enfants dans la religion réformée. Ce pensionnat cherchait à rivaliser avec le collège de la ville qui était en désarroi. Dans ce nouveau foyer de protestantisme, « on » faisoit, *avec grands abus et monopoles*, des prêches et » catéchismes, sous couleur et prétexte d'instruction de la » jeunesse; on entretenoit des ministres et des précepteurs » hérétiques. » [2]

---

[1] V. *Pièces justif.*, n° 27, la transaction entre les héritiers naturels et les exécuteurs testamentaires de Hurault, du 6 avril 1567.

Le tiers des biens laissés par Hurault à ses héritiers s'élevait à 4,000 livres environ. Cette somme fut partagée par quart entre les nombreux descendants des frères et sœurs du testateur, formant ensemble *quatre* branches principales. (Les deux frères de Robert, *Jean*, son prédécesseur à la dignité d'abbé de Saint-Martin, ex-doyen du chapitre, et *Raoul*, archidiacre de Beaune, ayant embrassé comme leur aîné la carrière ecclésiastique, ne laissaient pas d'héritiers.) Ces quatre branches appelées à la succession furent représentées : 1° par André, Robert et Jean, tous trois conseillers au parlement de Paris et fils de *Nicolas* Hurault, de son vivant aussi conseiller; 2° par Geneviève et Marie de Morvilliers, filles de *Jeanne* Hurault, épouse de François de Morvilliers; 3° par les enfants de *Marie* Hurault mariée à Jacques Leroux ; et, 4° par les descendants de *Louise* Hurault, femme de Robert Lotin, conseiller à la cour des aides.

[2] *Reg. Capit.*, 14 juillet 1568.

L'école calviniste était établie dans la maison connue sous le nom de *Viévy* ou du *Grand-Saint-Christophe*, à cause de la statue de ce saint qui en ornait la façade. Elle occupait la masse des bâtiments, en forme d'îlot, que limitent aujourd'hui les rues *Neuve* et *Vieille du Collège, Saint-Christophe* et du *Carrouge*.

La maison du Grand-Saint-Christophe a subi de nombreuses transformations. Une charte du XV° siècle nous apprend qu'en ce lieu « on tenoit de

Ce ministre, qui recevait une quote-part de ces revenus, était Descrots, le fidèle acolyte de Bretagne. Il dirigeait la maison avec Destample et n'épargnait ni démarches, ni voyages, pour faire juger en faveur de ce dernier la question de la prébende, pour le maintenir dans la paisible possession des sommes provenant de la succession de Robert Hurault, et pour l'aider dans le procès que Madier lui avait intenté, afin d'obtenir la fermeture de son pensionnat.

L'année suivante, au mois de juin 1567, Georges Venot, ayant succédé comme vierg à Bretagne, se pourvut avec le chapitre et l'évêque devant les États de la province, pour faire fermer la maison de Destample et obtenir que les deniers du testament de Hurault fussent saisis entre les

---

» toute ancienneté les écoles. » Après avoir longtemps appartenu à l'abbaye de Saint-Andoche, Claude Charbonnier, époux de Huguette Guyon-Chamart, recteur des écoles, en fit l'acquisition, vers 1526, et y installa son enseignement. Elle passa ensuite au vierg Hugues Rolet, à l'ancien chanoine Jean de La Coudrée qui lui-même la transmit à l'avocat Destample pour y ouvrir son pensionnat. En 1583, une transaction intervint entre la ville et le médecin François Leauté, son nouveau possesseur; puis, en 1641, les registres du conseil nous apprennent que la ville étant devenue propriétaire de la maison de *l'école,* l'avait annexée au collège. Mais cette annexion fut de courte durée, car, deux ans après, les Jacobines de Saint-Dominique l'achetèrent des Jésuites, le 6 avril 1643, moyennant 7,500 livres, et s'y logèrent. Cette communauté ayant été supprimée vers l'année 1757, on y plaça un séminaire qui, en 1783, se trouvant trop à l'étroit, fut transféré rue Saint-Antoine. Depuis, la maison du *bon* saint Christophe fut accommodée à toutes espèces d'usages. En 1784, on ouvrit une salle de bal « pour les dames et mascarades des nobles et riches » de la ville », et en 1793, on fonda un club de sans-culottes dans le lieu où les réformés autunois avaient chanté les psaumes de Marot, où les femmes du Seigneur avaient psalmodié les saints cantiques..... Au commencement de ce siècle, l'antique édifice, qui avait ainsi vu passer la révolution religieuse et la révolution politique, fut livré aux constructions particulières, et aujourd'hui il n'en reste aucun vestige.

Le collège actuel n'occupe pas l'emplacement des anciennes écoles. En 1618, on acheta sur le Champ-de-Mars l'hôtel Montholon, et en englobant la rue Mazoncle, on construisit les bâtiments qui furent donnés peu après aux Jésuites. C'est seulement de 1757 que date le collège tel qu'il existe de nos jours, et c'est le 6 avril de cette même année que fut posée la première pierre de l'église Notre-Dame qui en dépendait.

mains de ses exécuteurs, « afin, disait-il, d'être plus fidèle-
» ment employés à l'avenir à l'alimentation des pauvres et
» autres œuvres de charité [1]. » Le 9 février 1569, les délégués du clergé, les officiers royaux et les magistrats passèrent avec Ladone et Grigny une transaction par laquelle ces derniers concédaient à la ville une somme de 5,712 livres, reliquat de celles qu'ils avaient eues entre mains. Elle devait être prêtée au denier-vingt et rapporter 476 francs d'intérêt. L'emploi en était conservé aux personnes instituées par le testateur, afin de se conformer à sa volonté. Mais l'évêque, le chapitre et les officiers du roi et de la cité se réservaient un droit de surveillance sur cet emploi, afin qu'on n'en abusât pas comme par le passé. Un bureau de charité fut formé avec leur concours commun. Il se réunissait chaque dimanche à neuf heures du matin, au palais épiscopal, quand l'évêque résidait en ville, et à l'auditoire du bailliage, lorsqu'il était absent. La ville, ne possédant pas de bâtiments propres à l'établissement de ses écoles qui avaient jusqu'alors occupé des maisons louées aux frais du recteur, fut autorisée à mettre en réserve 2,000 livres, afin d'acquérir la maison de Destample et arriver par là à la suppression du pensionnat calviniste; toutefois, ce projet ne reçut son exécution que plusieurs années après. La somme de 3,712 francs qui restait fut prise à intérêt par

---

[1] Dans plusieurs bourgs et villages dépendant du chapitre, les protestants avaient fait des prosélytes. A Bligny, près Beaune, terre importante de l'Eglise, « la fausse doctrine pullulait dans des prêches, et de nombreuses assemblées » étoient faites par de pervers dogmatisans, pour l'instruction des hommes » du lieu. » Il s'y était même installé un maître d'école réformé qui enseignait la jeunesse à l'encontre de celui désigné par les chanoines. Ces derniers envoyèrent des députés qui interpellèrent l'instituteur calviniste, Guillaume Bouhot, « de se déporter à l'avenir d'enseigner les jeunes enfans en la nou-
» velle opinion. » Il résista longtemps, et il fallut le poursuivre devant la cour de Dijon, pour avoir usurpé des fonctions que le chapitre avait seul le droit de conférer.

le marchand Philibert Tixier. — Tel fut le premier bureau de bienfaisance créé dans Autun et l'origine de celui qui existe aujourd'hui. [1]

Le pensionnat de Destample supprimé, et le legs de Hurault rendu à sa destination, restait la solution relative à la prébende préceptoriale. Un arrêt du parlement de Dijon y pourvut, en condamnant le chapitre à laisser au principal des écoles, conformément à l'ordonnance d'Orléans, les fruits de la première prébende qui viendrait à vaquer. Quelque temps après, le grand-chantre Jacques Charvot étant venu à mourir, le chapitre, en lui donnant pour successeur Anatole Ailleboust, s'abstint de disposer de la prébende attachée à sa dignité et la réserva pour l'entretien du recteur. Mais au lieu de lui en abandonner les fruits, il se contenta, comme par le passé, de lui payer, chaque année, une pension équivalente à son revenu estimé vers cette époque à 240 livres environ. [2]

---

[1] Transaction du 9 février 1569 entre Ladone, Grigny et Labarge, exécuteurs testamentaires de Hurault et les délégués du clergé et de la ville pour la réunion perpétuelle à la bourse des pauvres d'une partie des deniers délaissés par l'abbé de Saint-Martin. Ce traité fut ratifié par la ville le lendemain, et par le chapitre le 15 juin suivant. L'institution du *bureau des pauvres* date du 30 juin de la même année. — V. aux *Pièces justif.*, n° 33, ces titres extraits du *Livre noir,* fol. 121 et suiv., et des minutes du notaire Desplaces, protocole quatrième, fol. 442.

[2] L'arrêt rendu contre le chapitre à la poursuite du procureur-syndic de la ville est du 10 mars 1571. — [Extrait du *Livre noir,* f. 129, et rapporté aux *Pièces justif.*, n° 37.] — Un autre arrêt de la cour de Dijon, intervenu le 28 mai 1574, régla définitivement la question en adjugeant au maître des écoles une prébende canoniale avec tous ses fruits et revenus, « faisant ex- » presses inhibitions au chapitre comme au précepteur de faire à l'avenir » aucun accord sur les distributions de ladite prébende, à peine de nullité de » la convention. » [*Traité de l'Abus,* par Fevret, édit. Girin, 1667, t. 1, p. 230.] — En 1736, la prébende préceptoriale figurait encore dans les revenus du collège pour une valeur annuelle de 350 francs. — On peut voir sur toute cette affaire de la prébende et les nombreuses contestations auxquelles elle donna lieu un long *Mémoire* consultatif dressé à l'appui des prétentions de l'Eglise d'Autun et portant la date de 1745. Ce document manuscrit fait partie des Archives de l'Evêché.

Ainsi, toutes difficultés semblaient aplanies. Destample avait succombé dans sa poursuite du rectorat des écoles et son pensionnat était fermé ; mais il n'en avait pas moins répandu, pendant plus de huit ans, l'enseignement calviniste dans une partie de la jeunesse autunoise. Cependant cet enseignement, destiné à entretenir l'esprit de schisme et de mépris envers l'Eglise, ne paraît pas avoir laissé de traces profondes. Le résultat le plus marquant de ces divisions fut d'affaiblir les études qui avaient, au moyen-âge, jeté sur les écoles d'Autun un si grand éclat, et que les guerres religieuses allaient bientôt frapper de stérilité.[1]

---

[1] Ce n'est qu'après avoir traversé cette période des guerres de religion, où la vie intellectuelle est compromise par des désordres de toutes sortes, que l'on voit renaître un état de choses régulier. En 1587, en vertu d'un accord passé entre le chapitre, l'évêque et les magistrats, le collège fut confié, pour six années, au prêtre Nicolas Lallemagne, *maître-ès-arts, principal* et *recteur*, « à » la condition d'endoctriner les enfants au service de Dieu, selon l'Eglise apos- » tolique et romaine, » de les élever dans les lettres et les bonnes mœurs, et de soumettre l'approbation des livres mis entre leurs mains au clergé et aux officiers de la ville qui devaient en vérifier la moralité et l'orthodoxie. — Voir *Pièces justif.*, n° 50.

FIN DU LIVRE PREMIER.

LIVRE DEUXIÈME

LES GUERRES DE RELIGION

« Personne n'ignore que les guerres de Religion ne furent qu'une suite de combats et de trèves, de coups de main imprévus, de ruptures, de pillages, de surprises, sur tous les points du territoire et de la part de chaque parti. Les insurrections de cette époque lamentable, se mélangeant à la fois d'intolérance religieuse, de questions politiques, d'indépendance parlementaire et féodale, d'émeute populaire, mirent en mouvement toutes les passions et sillonnèrent le pays et chaque localité de tant de marches et contre-marches armées, de tant d'entreprises commencées, menées à fin ou avortées, qu'on a peine à en saisir les traits principaux, même dans un espace limité. »

Histoire de l'abbaye de Cluny, par M. Lorain, deuxième édition, p. 227.

LES GUERRES DE RELIGION

[1567-1577.]

CHAPITRE I

LE CHATEAU D'AUTUN EN ÉTAT DE DÉFENSE.

SOMMAIRE.

Indication des évènements généraux. — Description d'Autun fortifié. — Marchaux, le Château et la citadelle. — Préparatifs de guerre. — Nomination d'un capitaine du Château. — Jacques Charvot et le chanoine André Ferrand. — Clercs de complicité avec les huguenots. — Odot Foulenier, Jean Seguenot, la famille Desplaces. — Excès des gens de guerre autour de la ville. — Alarmes et précautions.

La paix qui suivit l'édit de pacification de 1563 dura près de quatre années. Les partis en profitèrent pour réchauffer leur zèle, réparer leurs forces et se surveiller réciproquement. Les réformés n'avaient pas tardé de s'apercevoir que le traité d'Amboise n'était qu'une trêve durant laquelle la cour et les catholiques se préparaient à une bataille prochaine et décisive. Ils continuaient de vivre entre eux comme confédérés et gardaient une sombre défiance. Plusieurs parlements s'étaient obstinément refusé à enregistrer l'édit et avaient adressé au roi des remontrances énergiques sur une mesure qui introduisait deux religions dans l'Etat. Les catholiques regardaient plus que jamais la tolérance comme un crime, et le nouveau culte comme un sacrilège. Beaucoup préféraient la guerre civile à la liberté de conscience. En Bourgogne, en Provence, en Dauphiné, dans différentes villes du Midi, de sanglantes collisions éclataient entre les communions rivales. Les gouverneurs faisaient pendre, fusiller les huguenots sans que les tribunaux informassent; les réformés, par représailles, dévastaient les couvents, les églises, massacraient les prisonniers et jusqu'aux habitants des campagnes.

Au commencement de 1567, Coligny, personnellement opposé au traité qui avait privé son parti de ses places fortes et des secours qu'il tirait de l'étranger, se présenta, avec une députation des princes protestants d'Allemagne, devant Charles IX, et lui demanda une liberté complète pour ses coreligionnaires. Charles irrité répondit que les princes allemands eussent à se mêler de leurs affaires et les réformés à se contenter d'un peu d'indulgence, sans vouloir devenir les égaux des catholiques leurs maîtres, et les chasser du royaume. En même temps, le bruit courait que le projet du roi était de révoquer l'édit d'Amboise, d'arrêter les chefs huguenots et de préluder par leur mort à l'extermination du parti.

Sur ces entrefaites, les Pays-Bas s'étant révoltés contre l'Espagne, Philippe II obtint de faire passer ses troupes par la Bourgogne, afin de les réduire. La cour, assurée en secret de l'appui de cet ennemi des huguenots, leva des milices à la hâte, fit venir six mille Suisses sous prétexte de protéger le pays contre le passage des Espagnols, mais en réalité dans le dessein de les tourner, en temps opportun, contre les protestants. Leurs chefs, indignés de cette trahison préméditée, coururent aux armes, tentèrent de s'emparer du roi qui était à Meaux avec sa mère, et perdirent, le 10 novembre, la bataille de Saint-Denis contre les Suisses que Catherine de Médicis avait eu l'adresse de faire arriver auprès d'elle avant le coup de main. Cette défaite essuyée au début de la campagne, l'indiscipline de troupes levées à la hâte, la pénurie d'argent et de vivres, engagèrent Condé et Coligny à accepter une paix nouvelle que leur offrit Catherine de Médicis. Cette paix, signée à Longjumeau, le 23 mars 1568, remettait en vigueur l'édit d'Amboise et annulait les restrictions qui y avaient été apportées postérieurement. Mais personne n'osait compter sur sa durée. Les haines des partis, la violence des prédications catholiques et réformées, le projet, toujours entretenu par Médicis et toujours déjoué, de faire arrêter dans leurs terres Condé, Coligny, d'Andelot et les autres chefs calvinistes, amenèrent bientôt la reprise des hostilités. En 1569, elles recommencèrent de tous côtés, acharnées, sanglantes, sans pitié ni trêve. Elles continuèrent jusqu'au traité de Saint-Germain, conclu au mois d'août 1570, après la perte par les huguenots des batailles de Jarnac et de Moncontour, *paix boîteuse* et *mal assise* qui fut suivie, deux ans après, du massacre de la Saint-Barthélemy.

Quoique par sa fermeté Tavannes eût presque étouffé le calvinisme en Bourgogne et que cette province ne fût pas le centre des opérations militaires, elle eut cependant beaucoup à souffrir pendant le cours de cette nouvelle guerre civile. Une troupe de huguenots, grossie de douze cents d'entre eux que Tavannes avait expulsés de Dijon après le refus de l'édit de janvier, au moment même où ils projetaient de se défaire de lui, s'empara d'Auxerre, le 27 septembre 1567, pilla et démolit les églises. Une autre troupe composée des protestants bannis de Beaune et de Chalon se répandit dans l'Auxois. Une poignée de sept cents révoltés saccagea l'abbaye de Moûtier-Saint-Jean ; dans le Nivernais, celle de Corbigny devint la proie des flammes. L'église de La Prée, en Bourbonnais, fut brûlée avec ses titres et les maisons des chanoines. Mâcon et Chalon furent pris et repris par les calvinistes et les catholiques ; Saint-Gengoux et Marcigny furent livrés au pillage. Les troupes allemandes, au nombre de 22,000 hommes, appelées par le prince de Condé au secours de son parti, après la perte de la bataille de Saint-Denis, battirent avec furie la ville de Cravant, massacrèrent les habitants d'Irancy, saccagèrent à Arnay les maisons catholiques, s'emparèrent de Vezelay, de Sancerre, de La Charité, et opérèrent leur jonction dans le Berry avec Coligny. A la suite des batailles de Jarnac et de Moncontour, qu'il perdit le 13 mars et le 9 octobre 1569, l'amiral, cherchant à se rapprocher de l'Allemagne d'où il recevait des recrues, se dirigea sur la Bourgogne à travers le Dauphiné et le Forez. Il tint en échec près d'Arnay-le-Duc le maréchal de Cossé-Brissac, et brûla sous les murs d'Autun les abbayes de Saint-Martin et de Saint-Symphorien. Il remonta dans la Haute-Bourgogne, tira de l'argent et des vivres de Vezelay, et se dirigeait sur Paris, lorsque le traité de Saint-Germain-en-Laye vint mettre fin à la guerre civile.

Telle est l'indication rapide des évènements qui se passèrent en France ainsi qu'en Bourgogne, de 1567 à 1570, et qui laissèrent des traces plus ou moins profondes dans l'Autunois ; nous y reviendrons plus longuement à mesure que notre sujet nous y ramènera.

Si l'on excepte la dévastation des abbayes de Saint-Martin et de Saint-Symphorien, Autun eut moins à souffrir, durant cette période, des désastres que des appréhensions de la guerre. La ville était en état suffisant de défense, pour que les troupes pressées dans leurs marches, les compagnies de reîtres, les bandes de soldats licenciés vivant de rapines, ne s'arrêtassent pas à l'attaquer. Elles se contentaient de rançonner les campagnes et de pousser une pointe sur les faubourgs, semant la misère sur leur passage. L'inquiétude était continuelle dans la ville qui se trouvait exposée à tout instant à une attaque. Il fallait être sans cesse sur le qui-vive, pourvu d'armes et de provisions, en état de soutenir un siège. — A défaut d'évènements importants, l'histoire d'Autun, pendant plusieurs années, nous présente une foule de détails curieux sur les craintes, les dangers, les mesures qui étaient la suite de ces luttes intestines.

Les deux principaux points de défense de la ville étaient, dans la partie haute, le Château; dans la partie basse, le quartier de Marchaux. On leur donnait le nom de *forts*. Là, les habitations étaient abritées derrière une enceinte de hautes murailles flanquées, de distance en distance, de tours couvertes et percées de meurtrières. Des portes soigneusement bastionnées commandaient l'entrée de ces deux forteresses, l'une intérieure du côté de la ville, l'autre extérieure du côté des faubourgs. Le reste de la cité, éparpillé entre ces deux extrémités, présentait trop de surface pour pouvoir être fortifié, et s'appuyait tantôt sur Marchaux, tantôt sur le Château. [1]

---

[1] « A Autun, il n'y a de clos que le Château dedans lequel est l'église Saint-Ladre et un autre fort plus bas que j'ay dict estre nommé Marchaux. Tout le reste est vague et espanché; mais, à en bien contempler le plan et les ruines, on ne peut nier que de tout temps, ce n'aist été quelque chose de grand. De ma part, je suis contraint dire d'Autun :
 » Edua quanta fuit, ipsa ruina docet. »
Le Livre des Antiquités de la ville d'Autun, par Saint-Julien de Balleure, Paris, Nicolas Chesneau, 1580.

Marchaux, voisin de quelques faubourgs avancés dans la plaine, précédé des anciennes portes d'Arroux et Saint-André, des monastères de Saint-Martin et de Saint-Jean-le-Grand dont on pouvait faire des maisons fortes, ne possédait pas de citadelle qui dominât les alentours. Entouré de murs non remparés de terre à l'intérieur, il était dans une position stratégique moins favorable. Rien, du reste, ne rappelait dans Marchaux le centre d'une ville, quoiqu'il fût dans Autun comme une cité secondaire, et qu'il possédât ses Halles, sa Maison-Dieu-de-Saint-Nicolas dont l'oratoire du XIIe siècle existe encore, sa tour de l'Horloge [1], celle de La Bondelue, dite *du Malheur,* où l'on enfermait les aliénés, quelques étroites chapelles où l'on célébrait le service divin, et l'auditoire de la viérie, seul établissement qui fût pour la cité d'un intérêt général. [2]

---

[1] L'ancienne tour de l'*Horloge* était dépendante de l'hôtel Clugny et donnait sur la place du *Boulevard*. On ne sait à quelle époque une horloge fut placée sur cette tour ; il est certain toutefois qu'elle existait en 1570, et que son timbre fut refondu en 1587, avec cette inscription : « Par le soin du conseil de
» ville, le 10 février 1587, fut faicte. Etant vierg, Claude Bernard ; échevins,
» Nicolas Garnier, avocat, Denis Thiroux, Lazare Rabiot et Jean Humbelot,
» citoyens ; syndics, François Baudot et François Guillelme. » — Cette tour ayant été détruite par un incendie, en 1785, l'horloge de Marchaux a été transportée depuis sur la tourelle où elle existe aujourd'hui.

[2] Vers la fin des guerres de religion, les *chevaliers de l'Arquebuse* et *archers* occupaient à Marchaux un emplacement compris entre la porte bastionnée de Saint-Nicolas et la rue de La Bondelue, près la nouvelle porte Mazagran. — Le bail, passé le 19 juin 1578, et inséré au *Livre noir,* fol. 157, est ainsi conçu : « Par devant Pierre Pupelin, docteur en droit, vierg d'Autun, ont
» comparus Amay Hasquin, *roi* du jeu de l'arquebuse de la présente année,
» Hugues Chéreau, *connétable,* Lazare Baudot, *empereur,* Jacques Foucault,
» Jean Thiroux, Claude Dupuis, Blaise Galin, Claude Gaillard, Jean Barbeau,
» Pierre Mortier et Pierre Dumay, *chevaliers* du dit jeu ; lesquels tant en
» leurs noms que des autres chevaliers de l'Arquebuse, attendu que la place
» qu'ils ont est hors l'enclos et derrière les Cordeliers, en lieu incommode,
» acquièrent ce dit jour, moyennant 20 sols de rente, pour y faire leur exer-
» cice, une place étant au dedans des murs, près des fossés de Marchaux,
» entre la tour Poulet et la muraille récemment construite en l'ouche An-
» thouard, au lieu dit *tranchée des buttes.* »

Le Château, situé sur le point culminant de la ville, était plus compact, plus resserré, plus isolé d'habitations où l'on pût prendre quartier. Les bois, s'étendant du versant de la montagne à la pointe du faubourg Saint-Blaise, facilitaient pendant la nuit l'entrée des troupes de renfort. Il était couvert de murailles élevées au-dessus du niveau du sol intérieur et dominé par la citadelle de Rivaux d'où l'on pouvait se défendre au levant, au midi, au couchant, et opposer une longue résistance. C'était là qu'au dernier moment se réfugiaient les habitants de la ville basse, des faubourgs et des campagnes.

Dans le Château s'élevaient de nombreuses églises vers lesquelles l'espérance tournait ses regards dans les heures d'angoisse, où l'on pouvait prier au moment du danger. Là, résidait le clergé dont la parole était puissante sur les âmes, qui donnait lui-même l'exemple de la défense armée et sans lequel on ne pouvait faire la paix ni la guerre, dont il payait en partie les frais et discutait les conditions. Là, demeurait l'évêque, ancien protecteur, maintenant chef spirituel de la cité. Là, délibéraient les officiers du roi et les magistrats municipaux qui, dans ces instants suprêmes, pouvaient grouper autour d'eux les forces morales et matérielles de la ville. — Comme c'est au Château que se rapportent la plus grande partie des mesures prises à cette époque et qu'il est le théâtre principal des évènements, il nous semble utile d'en donner une description plus détaillée.

Le Château, ainsi que son nom l'indique, s'élevait, à la partie supérieure de la cité, sur la déclivité d'une colline adossée à de hautes montagnes boisées formant un rempart naturel au midi. Il dominait la ville moyenne et Marchaux qui s'étendaient à ses pieds, profilant, sur les anciennes voies romaines, leurs longues lignes de maisons jusqu'aux bords de l'Arroux. De sa base, qui décrivait un demi-cercle du côté du Champ-de-Mars, à son sommet pointant vers les montagnes, le Château affectait une forme triangulaire. Il était entouré de remparts flanqués de tours, à courtes distances, accompagnées de fossés avec contrescarpes rejetées à l'extérieur. L'épaisse muraille, qui formait à l'ouest, en face de la colline des Druides ou de Rivaux, un des côtés de ce triangle, n'était percée d'aucune porte; elle surplombait une vallée étroite et profonde qui rendait difficile l'attaque de la place.

A la base de cette pyramide, s'ouvrait, sur la rue la plus élevée de la ville moyenne, la porte des *Bancs*, ainsi nommée des *bans* ou publications qui s'y faisaient du temps des ducs de Bourgogne, dans l'intérêt des deux parties de la cité [1]. Cette porte offrait un curieux *specimen* des entrées fortifiées du moyen-âge. Elle consistait, du côté de la ville basse, en un avant-corps massif, crènelé à sa partie supérieure et couronné d'un toit en pointe. L'entrée en était resserrée entre deux tours également crènelées et formant saillie de tout leur diamètre. Une allée voûtée régnait dans la longueur de la construction qui sur sa façade extérieure était percée de fenêtres éclairant une vaste salle servant d'Hôtel-de-Ville. Deux autres tours parallèles et reliées par de hautes murailles formaient, du côté du Château, l'arrière-plan de ce bastion dont l'issue, dans la rue des Bancs, se rétrécissait entre deux contre-forts pourvus d'une herse et donnant à peine passage à cinq hommes de front. Un pont-levis, jeté sur le fossé extérieur et qu'on levait pendant la nuit, complétait cette fortification.

Les remparts qui se rattachaient à la porte des Bancs, à

---

[1] Porte des *Bans*, devrions-nous écrire pour plus d'exactitude et en nous conformant à l'origine du nom; mais l'ancienne orthographe étant consacrée depuis plusieurs siècles, nous avons jugé inutile de la modifier.

droite et à gauche, étaient dégagés d'habitations. Ce n'est que plus tard que les fossés furent comblés et que l'on construisit sur leurs remblais cette ligne de maisons qui forme aujourd'hui les rues *Coquand* et des *Maréchaux*. Durant les guerres civiles, quelques constructions, qui avaient empiété sur cet espace vide servant de ceinture au Château, furent supprimées pour la commodité de la défense.

A main gauche de cette porte, en suivant une ligne courbe relevée légèrement vers le midi, deux autres portes voisines protégeaient l'entrée de la rue Piollin et le palais épiscopal, près de la place du *Petit-Marché* ou d'*Hallencourt*. Cette dernière, fort simple, flanquée de deux tours, donnait accès dans une vaste cour, au fond de laquelle, entre le *Donjon* carré de Saint-Léger qui existe encore aujourd'hui et un autre donjon parallèle qui a disparu, s'étendaient les anciens bâtiments de l'Evêché. On communiquait par leurs arrière-cours avec la basilique de Saint-Nazaire et l'église souterraine de Saint-Jean-de-la-Grotte.

En face des collines de Couhard, une longue suite de remparts élevait d'une manière pittoresque ses tours à toits aigus sur la gorge qu'elles dominent et sur leurs fossés maintenant comblés. Au centre de ces murs qui ne furent percés de fenêtres par les chanoines que vers le commencement du XVIe siècle [1], s'ouvrait la poterne de *Breuil*. Elle descendait par un couloir obscur, voûté, suivi de marches formant une échelle de pierres, dans une vallée qui, s'il en faut croire son nom [signifiant *buissons, taillis, halliers*], était autrefois garnie de broussailles jusque sous les murs de la ville. Cet

---

[1] En 1520, le viergt d'Autun, Jean Charvot, seigneur de Blanzy, obtint du chapitre la permission de percer une croisée dans la muraille du Château regardant le village de Couhard pour éclairer une maison qu'il voulait faire bâtir près de la tour *Bruneau* ou *Brillaut*.

étroit passage, que certaines traditions font remonter au temps de l'évêque saint Léger, était terminé par une tour avancée qui servait de poste d'observation et de première défense.

A l'extrémité de la rue Dufraigne, près du faubourg Sainte-Anastasie, aujourd'hui Saint-Blaise, vis-à-vis des montagnes de Montjeu, on rencontrait la porte *Matheron* composée d'un pont-levis extérieur, d'une porte principale surmontée d'une tourelle, avec guichet, corps-de-garde, et une entrée si basse « qu'un char ne pouvoit y passer. »[1]

Enfin, en remontant à l'extrême pointe du Château, s'élevait la citadelle connue sous le nom de *château de Rivaux*, qui formait une enceinte séparée, un second château dans le Château et dominait, du haut de ses deux tours gigantesques, ville, vallées, collines et campagnes. Cette forteresse avait été longtemps le siège du pouvoir ducal. A notre époque, elle servait de logis au gouverneur. Son entretien, ses réparations, le droit de pourvoir à sa défense avaient passé des ducs de Bourgogne aux rois de France, après l'annexion de la province à la couronne.

Les fortifications du Château, dont on ne peut exactement fixer la date, parce qu'elles furent reconstruites à différentes époques, étaient entretenues partie par les chanoines, partie par les habitants de la ville. Depuis 1313, elles étaient divi-

---

[1] Les portes du Château étaient, comme on le voit, au nombre de *six* : des *Bancs, Coquand, Piollin,* de l'*Evêché, Breuil* et *Matheron*. En temps de paix, les chanoines avaient le droit de les fermer, de les ouvrir et de disposer des clefs. Pendant la guerre, les clefs étaient remises entre les mains du représentant du duc et plus tard au gouverneur désigné par le roi. — « Deca-
» nus et Capitulum, — dit l'arrêt du parlement de Paris de 1286 déjà cité, —
» sunt in saisinâ clavium portarum castelletti Eduensis, claudendi easdem,
» aperiendi, reficiendi et ponendi serraturas eisdem, citrà tempus guerra-
» rum ducis. Tùm, dux est in saisinâ aperiendi et claudendi dictas portas et
» clavium earumdem. »

sées en trois portions qui marquaient la tâche de chacune des parties. — Le premier tiers, aux frais du chapitre, commençait à l'Evêché, passait par Breuil et aboutissait à la porte Matheron. — Le deuxième s'étendait de cette dernière porte jusqu'à la Tournelle ou grande tour de Rivaux. Elle ne comprenait point cette forteresse, ni la maison du *Petit-Montjeu*, entretenues par leurs possesseurs respectifs. — Le troisième tiers, depuis et non compris la Tournelle, descendait la promenade dite des *Tours,* tournait la porte Coquand et revenait à l'Evêché par la rue des Maréchaux. Ces deux dernières portions étaient à la charge des habitants retrayants du Château. La porte des Bancs devait être entretenue à frais communs. Dans une assemblée du 11 septembre 1313, où les lieutenants-généraux du bailliage, Jean de Rabutin et Guillaume de La Palu, procédèrent à cette distribution, les chanoines proposèrent à la ville d'échanger la part à eux échue, offrant même de payer en retour « une » somme de dix francs d'or ; » mais cette proposition ne fut pas acceptée.

L'exécution de cette transaction souleva quelques difficultés. En 1388, sur la requête des magistrats, le gouverneur de la chancellerie de Bourgogne, Pierre Pâris, rappela les parties à son observation. D'autres règlements intervinrent à différentes époques, tels que les lettres du 23 mars 1431 et du 3 octobre 1466, au sujet des impositions jetées sur la ville et le clergé, pour l'entretien des fortifications ; un arbitrage de 1483 par lequel Jean Rolin, abbé de Saint-Martin, réglait la contribution du chapitre et des habitants ; une commission du 13 juin 1489 qui renouvelait aux chanoines l'ordre d'entretenir en bon état les tours, boulevards, les *échiffes* ou guérites, ainsi que les murs, chemins de ronde et fossés, depuis l'Evêché jusqu'à la porte Matheron. Un des articles de cette commission les contraignait de contribuer à la fourniture des munitions de guerre. En conséquence, ils firent fondre six couleuvrines de fonte « portant deux livres de plomb, » et deux autres de moindre calibre, l'une pour placer à la porte de Breuil, l'autre pour être tenue à la disposition du capitaine du Château. Depuis cette époque, le chapitre dut avoir toujours en réserve six barils de poudre et une certaine quantité de boulets destinés à cette artillerie.[1]

Si maintenant, après avoir esquissé l'extérieur de cette partie de la ville, nous nous reportons à l'intérieur, nous aurons tout d'abord à parcourir la longue et montueuse rue des Bancs qui conduisait au centre même du Château, sur le parvis où se dressaient la cathédrale Saint-Lazare, la collégiale Notre-Dame, les églises Saint-Nazaire, Saint-Jean-de-la-Grotte et Saint-Quentin. Cette rue, principale voie de communication avec le reste de la cité, était peuplée de marchands et d'artisans dont les vieilles maisons, construites moitié en bois, moitié en pierres, occupaient tout le côté droit. A gauche, et contigu à la porte des Bancs, s'élevait l'hôtel Beauchamp, sorte de palais massif bâti par le chancelier Rolin[2] sur tout l'espace compris entre la place actuelle du Terreau, celle de l'Evêché et la rue des Maréchaux. Il communiquait avec l'église collégiale par une galerie jetée comme un pont sur la ruelle étroite qui les séparait.

L'église Saint-Lazare bornait la place au midi. Elle était

---

[1] Voir aux *Pièces justif.*, n°s 2 et 4, la transaction de 1388 entre le chapitre et les habitants [*Livre noir,* fol. 7, 8 et 9], et le procès-verbal de Jean Rolin, en 1483.

[2] « In hoc castro, est domus seu palatium Rolinorum. » [Chasseneuz.] — En dehors de la porte des Bancs, se trouvait l'ancienne maison de la *Jennetoie* où l'évêque d'Autun, à son entrée, devait se présenter, avant de franchir la barrière du cloître. Cette maison, dont il est souvent parlé dans les anciens titres, occupait à peu près l'emplacement de la maison formant l'angle droit des rues des Bancs et Coquand.

telle que nous la voyons aujourd'hui, à l'exception de quelques loges ou *écritoires* placées entre les contre-forts qui avoisinent la porte latérale. Le chapitre affermait ces cellules à des praticiens qui y recevaient leurs clients, à la sortie des offices [1]. Une boutique également louée par les chanoines était placée dans l'angle formé par la tour de gauche et l'un des bas-côtés. Le portail supérieur faisait face aux églises Saint-Nazaire et Saint-Jean-de-la-Grotte, monuments qui ne furent jamais achevés et qui étaient séparés de la voie publique par une ligne de maisons que l'on voit chaque jour construire à cette époque, et dont la plupart étaient occupées par des prêtres de différentes paroisses. Tout près de là était situé le cimetière Saint-Nazaire, sur l'emplacement où s'élève aujourd'hui la terrasse de la Maîtrise. Deux principales rues, à partir du parvis, traversaient la partie supérieure du Château : l'une conduisait à la citadelle de Rivaux, l'autre aboutissait dans le faubourg Saint-Blaise, à la porte Matheron. Parmi les ruelles et carrefours enchevêtrés derrière les églises, quelques-uns, comme la rue *aux Moines*, la rue du *Cloître*, l'impasse de la *Maîtrise*, etc., etc...., rappelaient le souvenir de la vie commune gardée autrefois par les chanoines.

Tel était l'étroit théâtre où devait se jouer, pendant plusieurs années, le drame des guerres civiles dont nous allons reproduire en quelque sorte le journal.

Depuis l'édit de pacification de 1563, la sécurité avait commencé de renaître dans la ville. On avait cessé de pren-

---

[1] Dans un acte du 18 novembre 1569, le chapitre fait délivrance au praticien Claude Thevenin, sa vie durant, « de deux *écritoires*, proche la descente des » degrés de la porte d'en haut de Saint-Lazare, lesquelles auparavant avoient » été à Jean Bullier et à Claude Lavernet, notaires royaux. »

dre des mesures pour garantir l'église des coups de main des protestants. On avait sorti les ornements, les vases précieux, les reliquaires, et repris les cérémonies du culte; mais au mois de septembre 1567, il fallut se mettre de nouveau sur la défensive.

L'union la plus étroite n'avait cessé de régner depuis la paix d'Amboise parmi les religionnaires groupés en confédérations ou fraternités. « Le secret, la fidélité, le zèle
» étoient par eux gardés... Des surveillants de Genève arri-
» voient avec des instructions pour établir les finances et
» recettes sur eux, réservant le tiers des butins, pour em-
» ployer à leurs causes. Postes à pied, jargons, signes, con-
» tresignes, écritures couvertes, chiffres, ne sont épargnés;
» les églises, les ministres, les plus fidèles avertis. Tout se
» prépare aux armes, surprises, trahisons, menées, et fait
» présager une explosion. » Elle éclata comme un coup de foudre. Le 28 septembre, la France était en feu, et en ce jour, dit Tavannes, il y eut cinquante places prises. Chaque chef avait levé sans bruit des soldats, et repris les hostilités dans sa province. A Beaune, à Chalon, les huguenots s'assemblèrent et tentèrent d'entrer en campagne. A Mâcon, ils se rendirent maîtres de la ville « avec une grande et horrible
» occision de plusieurs personnes, ecclésiastiques et autres. »
La Bourgogne entière fut bientôt en mouvement.

Dès le 26 septembre, l'alarme était à Autun. Le chapitre choisit dans son sein une commission extraordinaire ou *comité des troubles* chargé de prendre des mesures pour la défense commune.

« Afin d'obvier aux dangers que l'on pourroit encourir par le moyen des guerres subitement émues et survenues par les protestans et séditieux au fait de la Religion s'assemblant en force d'armes hors des villes, aux fins d'une rébellion grande contre la volonté royale, une commission extraordinaire contre les troubles est créée et instituée, laquelle, composée des gens de l'église les plus vigilans et affectionnés serviteurs du roi et amateurs du salut public, s'occupera avec plein pouvoir de resserrer les titres, reliquaires, joyaux, meubles, argenterie et autres objets précieux. Elle aura aussi pour charge d'exécuter les réparations et fortifications et de disposer de toutes affaires pour la tuition et conservation du Châtel, contre les incursions, violences et efforts de tel tas de désespérés et de gens à leur solde. »

Composée, dans le principe, du doyen Philippe de Marcilly, du grand-archidiacre Guy Languet, du syndic André Ferrand et des chanoines Cortelot, Humbelot, Voillot, Anatole Ailleboust et Delafosse, cette commission s'adjoignit plus tard [27 janvier 1568] deux autres membres, le chantre Charvot et le syndic-général du clergé, Charles Ailleboust. Présidée par le doyen et, en son absence, par Ailleboust et Delafosse, elle devait se réunir le lundi et le jeudi de chaque semaine dans le *revestiaire* de l'église.

En effet, de ce moment jusqu'à la fin de 1569, le chapitre ne fut plus occupé qu'à se défendre contre les ennemis du dedans et du dehors. Ses délibérations n'ont pas d'autre objet. Tout ce qui est de discipline, de vie morale, d'administration temporelle est oublié en face des exigences du salut commun. Les registres capitulaires ressembleraient presque à un journal militaire tenu par le commandant d'une place assiégée, si de pieux souvenirs et des exhortations religieuses ne venaient de temps à autre rappeler que les défenseurs du Château portaient tour-à-tour la soutane et la cuirasse, l'épée et la croix.[1]

---

[1] Pour cette deuxième partie, les registres capitulaires n'embrassent que les années 1567, 1568 et 1569, *in extenso*. Les registres des délibérations de l'Hôtel-de-Ville commencent au mois d'août 1568, continuent pendant 1569, 1570, 1571, s'interrompent de 1572 à 1574, reprennent en septembre 1575 et se terminent vers janvier 1577. — Différentes pièces des archives de la ville renferment des extraits de délibérations qui suppléent aux registres perdus.

L'évêque Pierre de Marcilly, n'ayant qu'un rôle secondaire à jouer dans le Château placé, comme on sait, sous le pouvoir du chapitre, s'était retiré, dès le mois de juillet, dans sa maison-forte de Lucenay, avec quelques-uns de ses officiers. Les chanoines, dans la prévision des évènements, lui envoyèrent des députés pour l'engager à revenir à Autun; mais le prélat, ne pouvant ou ne voulant se rendre à leurs désirs, argua de son état momentané de maladie dont il fit dresser acte, le 2 août 1567, par le notaire Nicolas de Morey:

« Considéré l'infirmité et impotence où le révérend évêque est de présent détenu depuis huit jours en ça, il déclare ne pouvoir satisfaire à la proposition du chapitre, sans danger de sa personne, ainsi qu'il est notoire; et afin qu'il en appert dûment, il a été requis de prendre le serment d'Etienne Huneau, apothicaire à Autun, de noble Jacques Charvot, seigneur de Blanzy, de frère Pierre Mottin, prieur de Saint-Roch, lesquels, après le serment par eux prêté sur le saint Evangile, ont dit et affirmé que le sieur de Marcilly est depuis le dit temps détenu au lit et malade de goutte, tellement qu'il en est vexé et crucié de jour et de nuit, ne se pouvant bouger, sinon à l'aide de ceux qui sont à l'entour de lui, et à leur avis, il ne sauroit se rendre jusqu'en la ville d'Autun, sans se mettre en grand danger de sa personne. »

Marcilly se trouvait, en ce moment, engagé avec le chapitre dans une discussion délicate, au sujet de l'aliénation de la baronie de Thoisy[1] vendue par lui à réméré, en 1566, à son frère Philibert de Cipierre, au prix de 25,000 livres. Le clergé, embarrassé pour acquitter les impôts portés sur le diocèse, avait d'abord consenti à cette aliénation; mais à la mort de Cipierre, des plaintes, retenues jusques-là par l'influence dont jouissait l'ancien gouverneur de Charles IX, s'étaient hautement manifestées. On prétendait que des

---

[1] Thoisy-la-Berchère, près Saulieu.

hommes plus dévoués aux intérêts de la famille de Marcilly qu'à ceux de l'Eglise avaient surpris le vote du clergé sur un prix de vente bien inférieur à la valeur de cette terre, l'une des plus considérables de l'évêché. Une assemblée fut convoquée le 2 septembre 1567 pour revoir cette affaire. Pierre de Marcilly, retenu au château de Lucenay par sa maladie, ne put s'y rendre, mais les membres les plus favorables à ses prétentions obtinrent, moyennant un supplément de 6,000 livres, la ratification du contrat en faveur de la veuve de Cipierre, Louise d'Halluin, et de son fils Humbert. Quelque temps après, une nouvelle protestation du chapitre s'éleva contre cet acte, et les difficultés allaient renaître, lorsqu'une délibération des députés du diocèse y mit fin, le 8 juillet 1568, en annulant la protestation, dont l'effet cependant fut tel, qu'on l'invoquait encore un siècle après.[1]

Ces contrariétés détachèrent peu à peu Pierre de Marcilly de sa ville épiscopale. La guerre civile lui servit de prétexte pour se retirer à Beaune, près du chapitre de Notre-Dame dont les registres contiennent, à la date du 21 novembre 1567, la mention suivante :

« A la procession du présent mois de novembre se doit trouver monseigneur l'évêque d'Autun, lequel est arrivé et s'est retiré en cette ville de Beaune, pour raison des troubles, invasions, pilleries et forces que font les huguenots et les gens de la nouvelle Religion, et ce, pour la tuition et défense de sa personne et de son bien ; lequel a été reçu honorablement avec grande joie et liesse, le vendredi 21 du dit mois, tant de la part du chapitre et clergé de

---

[1] Consulter aux Archives de l'Evêché l'*Inventaire du temporel*, f. 314-315, et la liasse de Thoisy-l'Evêque, n°⁵ 68 à 81. — Voir aussi dans nos *Pièces justificatives*, n° 31, une lettre du 12 sept. 1567 adressée par l'évêque Marcilly au chapitre et la délibération qui s'ensuivit. — La transaction définitive conclue entre le chapitre et la dame de Cipierre fut homologuée au parlement, le 23 mai 1571.

Notre-Dame, que des maire et échevins de la ville, — laquelle procession sera faite pour prier Dieu qu'il plaise donner santé et persévérance au roi notre sire, lui donner victoire contre les ennemis de son Eglise catholique, ensemble de sa personne et de son royaume. » [1]

Le chapitre d'Autun commença aussi de son côté par invoquer, dans des prières publiques, la protection de Dieu en faveur de la bonne cause.

« Considérant que pour néant l'on fait garde, si Dieu n'est protecteur et défenseur contre les insultes et rébellions des ennemis de son Eglise et de ses ministres; afin par prières et supplications de le rendre propice, on veillera à ce que le service divin soit célébré par gens connus idoines à ce faire, en choisissant les moins habiles à porter armes, lesquels, moyennant ce, seront déchargés de la garde. De plus, chaque jour, on fera processions dans l'intérieur de l'église ou ailleurs, avec les hymnes et cantiques convenans au sujet du temps, afin de mieux implorer la grâce de Dieu pour la défense de la sainte Eglise. » [2]

Les préparatifs de défense furent poussés avec activité. L'entrée du Château fut interdite aux étrangers et aux habitants suspects de la ville basse. Les chanoines et chapelains ne purent s'absenter sans permission, tant que durerait le danger. Ils furent tenus de faire garde et guet nuit et jour, et de se rendre au premier signal à leurs quartiers et aux endroits désignés des remparts, « étant dispensés, durant » le temps de ce service, de porter chapes, chaperons, au» musses et aucuns fourrés accoutumés, afin d'être plus pré-

---

[1] Registre huitième rédigé par Panès, secrétaire. — La collection des actes capitulaires de Notre-Dame de Beaune, collection plus complète que celle de St-Lazare d'Autun, fait partie des Archives de Bourgogne, à Dijon. La publication d'une analyse de ces documents doit être désirée par tous ceux qui s'intéressent à l'histoire du pays.

[2] *Reg. Capit.*, 30 septembre 1567.

» parés à l'occasion, et aussi d'éviter les inconvéniens qui
» pourroient s'ensuivre. » Toutefois, cette proposition ne
passa pas sans difficultés. Un chanoine en appela comme
d'abus et l'on reprit, peu de jours après, l'ancien costume.
On fit ouvrir et *desgonder* les portes des galeries des maisons donnant sur les murailles, pour y asseoir des sentinelles. Deux guetteurs furent placés au clocher de Saint-Lazare,
et l'on construisit aux angles d'une des tourelles contiguës
deux petites loges « couvertes d'essaules et de paille pour
» l'aisance de ceux qui faisoient la guette. » Ils avaient pour
consigne de sonner l'alarme dès qu'ils apercevraient l'ennemi, et plus il était nombreux, plus les coups de cloche
devaient être répétés [1]. Un autre poste d'observation fut établi entre la porte Matheron et la tour carrée de Rivaux. Les
huissiers et les marguilliers reçurent l'ordre « de coucher au
» bas de l'église, près du grand portail, chacun en leur tour,
» sans y défaillir, sur grandes et graves peines. » Les portes
du Château furent ouvertes tard le matin et fermées le soir
de bonne heure, au son du couvre-feu. On réclama des magistrats une des deux porteries ou loges de portier de la
porte des Bancs, pour servir de corps-de-garde. On fit couvrir d'une toiture légère les tours du rempart faisant face à
la ville, et on y posa des guérites avec des sentinelles « pour
» faire plus commodément les écoutes. » On démolit des

---

[1] En 1567, Jacques Popin promet de servir à l'*échauguette,* sur l'église
Saint-Ladre, aux gages de 10 fr. par mois. « Il y entrera dès l'aube du jour
» jusqu'à la nuit close, sans en pouvoir sortir qu'il n'y laisse homme à sa
» place, et en outre il couchera la nuit à la dite guette, quand il sera com-
» mandé. Il aura charge de *piquer* sur la plus grosse cloche tant de *coups,*
» comme il pourra voir venir de gens à cheval contre la ville; et s'il en vient
» tant qu'il ne puisse les nombrer, il *piquera* sur la dite cloche plusieurs
» *coups* sans cesser, tellement que l'on puisse entendre. » — En 1569, on
donne deux gros à Adam Gauthier, commis pendant deux jours *pour sonner
la guette au clocher,* à la venue des reîtres passant par Autun. — [Registres
des comptes de la ville.]

constructions qui avaient été dressées contre les murailles extérieures du Château, au-dessous de l'hôtel Beauchamp, et on les remplaça par des fossés, afin que le pourtour des murs fût complètement isolé et qu'on n'en pût tenter l'escalade. Dans le but d'avoir toujours une provision de poudre sous la main, le chapitre installa au cloître un salpêtrier, nommé Aimé Hasquin, « avec mortier à battre pour fabri-
» quer munitions à canon. » On obtint la permission de chercher du salpêtre dans les maisons des habitants et on surveilla avec soin le fabricant, de peur qu'il ne livrât de la poudre à d'autres qu'aux chanoines. Cette poudre revenait de dix à douze sols la livre. Le chapitre fit confectionner, au prix de vingt-cinq francs, *une belle enseigne en soie* portant d'un côté ses armoiries, de l'autre celles de la ville. Il acheta d'un certain capitaine de vieilles bandes passant par Autun une assez grande quantité de piques et de hallebardes, vingt arquebuses à mèche, douze *corselets* (à raison de trois écus la pièce), des *morions* et des *bourguignotes* qui furent « rhabillés » et mis en lieu sûr, en attendant l'occasion de les employer [1]. Il décida que chaque chanoine possèderait un corselet bien garni avec quelques armes, telles que pistolets, arquebuses et pertuisanes. Enfin, il s'occupa de réunir une quantité de blés et de farines suffisante pour parer aux éventualités d'un siège.

« Afin de n'être surpris de défectuosité de vivres, en cas d'assauts et téméraires entreprises, si aucuns (que Dieu ne veuille!) survenoient, on fera moudre du froment en quantité suffisante pour la cuite du pain du chapitre. Ce qu'il conviendra extraordinaire-

---

[1] *Corselet*, petite cuirasse qui ne couvrait que la poitrine.
Morion, armure de tête, sorte de casque léger.
Bourguignote (plus communément *armet* ou *salade*), casque de bataille à visière et bardé de fer.

ment fournir aussi est une quantité de seigle jusqu'à cinquante setiers pour faire un pain mêlé destiné à la nourriture des gens et soldats à ses gages, avec ordre de n'en distribuer à aucun d'eux ni à ceux de l'église que l'ordinaire, et avec injonction aux ecclésiastiques de ne vendre ni pain, ni vin de leurs distributions, sous peine de confiscation. » [1]

A peine ces dispositions étaient-elles prises, qu'il fallut les compléter par l'appui d'une garnison. On leva quatre-vingt-dix hommes de guerre divisés en quatre compagnies ou vingtaines, dont moitié devait être soudoyée aux frais de l'église, moitié aux frais de chaque chanoine. Ils furent choisis par Jean d'Epinac, lieutenant de Saulx-Tavannes, et placés sous les ordres d'un de ces capitaines étrangers qui louaient leurs services au premier venu, le sieur Burat, auquel on donna pour second le syndic André Ferrand. Quelques chapelains, au mépris des ordres du chapitre, ayant refusé de loger ces soldats, « suivant les *attiquets* ou billets » à eux distribués, » sous prétexte que les gens d'église étaient exempts de cette charge en temps ordinaire, on retint la paie du gîte sur le compte des opposants. Mais bientôt cette soldatesque indisciplinée se livra au tumulte et remplit les corps-de-garde de *noises, querelles* et *débats.* Elle faisait des sorties aux environs de la ville et tortionnait les pauvres gens des villages voisins « par infinis excès, pil- » leries et direptions de leurs biens. Elle ne montoit pas la » garde, comme il étoit prescrit, tous les jours ensemble- » ment à la porte, et le guet de nuit par moitié, les uns avant » minuit, les autres après. » Des plaintes s'élevaient de tous côtés contre elle. Son capitaine, trop doux envers ceux de la Religion, était sans respect pour les ordres de l'Eglise. Il

---

[1] Voir dans les registres les nombreuses délibérations relatives à la défense du Château, de septembre à la fin de décembre 1567.

autorisait par son silence tous ces désordres. Le chapitre, fatigué de payer pour ne pas avoir la paix, le congédia, « avec dix écus pour les frais qu'il pourroit faire à trans- » porter son ménage, et une distribution de pain et de vin » pour huit jours. » On ne garda que quarante hommes des plus traitables et « au fait des guerres. » Ils devaient suffire à garder le Château avec les archers de la maréchaussée commandés par le prévôt Syagre de Monnetoy, lequel reçut pour ses bons services, « au temps de Carême prenant, un pain » et une pinte de vin. »

La charge de capitaine du Château n'était presque d'aucune utilité, à cause de l'incurie de son titulaire, Jacques Charvot, seigneur de Blanzy, récemment investi de ces fonctions, après la mort d'Antoine, son frère [1]. Il ne régnait pas entre le chapitre et lui une parfaite entente. Charvot était redevable, du chef de son père, de deux rentes affectées à l'entretien d'une chapelle de famille fondée par ce dernier dans l'église cathédrale. Peu exact à payer ces rentes, il l'était un peu plus à réclamer ses gages. Il se plaignait « que ni lui, ni son frère, ni son père, depuis l'élection d'eux » faite à l'office de commandant, n'eussent reçu oncques un » seul denier. » Le chapitre, opposant compensation, consentait à lui donner quittance d'une certaine somme sur les arrérages de sa rente; mais cette décision ne satisfaisant

---

[1] Antoine Charvot, receveur royal des bailliages d'Autun et de Montcenis, mourut le 4 avril 1567 et fut inhumé dans la petite église Saint-Branchet (Saint-Pancrace). — Il avait fait peindre sur une des verrières les armes de sa maison, écartelées de *deux clefs unies*, armoiries parlantes des Clugny. Un membre de cette dernière famille prétendit que le défunt n'avait pas le droit de porter ces armes et fit briser les vitraux. Procès s'ensuivit, et les Clugny furent apparemment condamnés à les rétablir, car on voyait encore l'écusson de Charvot, au commencement du XVIIIe siècle. — Voir sur les trois frères du nom de Charvot, Jacques l'aîné, grand-chantre, Jacques le jeune, capitaine du Château et Antoine, les notes insérées au LIVRE I, pages 114 et 174.

qu'à demi Charvot, sa vigilance était proportionnée à la satisfaction reçue. A chaque instant il fallait l'interpeller de fermer les portes du cloître et de veiller à sa défense. Depuis longtemps le chapitre projetait de se débarrasser de cet officier indifférent ou trop amoureux de sa tranquillité. Mais il ne pouvait tomber d'accord sur le choix de son successeur avec les parties qui devaient y concourir. — Entrons à ce sujet dans quelques détails.

Aux XIIIe et XIVe siècles, le capitaine du Château était nommé par les trois pouvoirs qui existaient dans la partie supérieure de la ville : par le duc possesseur de Rivaux, siège de sa justice et de sa suprématie militaire, par le chapitre, seigneur haut-justicier dans le cloître, et par l'évêque qui possédait les mêmes droits dans l'enceinte de son évêché. Plus tard, le concours du vierg remplaça celui du duc. En effet, la ville basse prenant chaque jour une plus grande importance, il était indispensable qu'il y eût accord entre les autorités de la cité et celles du Château pour l'ouverture et la fermeture des portes qui communiquaient de l'une à l'autre, d'autant que la viérie occupait en partie les dépendances de la porte des Bancs, que les réparations de cette porte appartenaient par moitié aux chanoines et aux magistrats, et qu'en temps de guerre, c'était derrière elle que les habitants de la ville entière cherchaient un abri.

La nomination de ce capitaine avait été souvent un sujet de malentendus entre le duc, l'évêque et le chapitre. En 1372, cet emploi étant devenu vacant, l'évêque Geoffroy David y nomma Jean d'Epoisses; mais la duchesse Marguerite de Flandre, « princesse mal endurante et d'un naturel » vraiment gaulois », — dit Gollut, — étant mécontente de ce choix, conféra cette charge à Regnaud de Montcour, l'un de ses écuyers, et l'envoya prendre possession à main armée des portes du Château. Le nouveau capitaine, accompagné du bailli Guillaume de Charmes et de plusieurs complices armés de glaives, épées et autres armures, assaillit Jean d'Epoisses et Pierre son frère, « par manière de guerre, » criant à haute voix : « Ribauds ! bougres ! laissez les clefs, » et nous les rendez ! » ajoutant que malheur arriverait, s'ils ne les restituaient. Ils en vinrent donc aux mains avec les deux frères, « et, par aventure, ils les eussent maltraités et » occis, si à toute cette grande clameur et commotion ne » fussent survenues plusieurs honorables personnes qui » s'interposèrent, et encore leur dirent et firent-ils de gran- » des injures et menaces. » Il s'ensuivit, jusqu'en 1387, un conflit qui se termina par la nomination, au préjudice des deux prétendants, de Jean d'Anoul, chevalier, l'un des conseillers de Marguerite.[1]

A l'époque qui nous occupe, de nouvelles contestations existaient entre les trois pouvoirs auxquels appartenait le choix du commandant du Château. L'évêque Pierre de Marcilly appuyait Charvot que le chapitre repoussait, et les magistrats ne se prononçaient pas sur la nomination de Georges Venot ou d'Etienne Dechevannes, deux catholiques

---

[1] L'institution de Jean d'Anoul, conservée aux Archives de l'Evêché [*Cartulaire vert*, fol. 77 verso], est ainsi conçue : « Marguerite, duchesse de Bour- » gogne, comtesse de Flandre... ayant, en l'absence de Monseigneur le duc, » le gouvernement des pays et lieux dessus dits, scavoir faisons à tous : que, » comme d'ancienneté, l'institution du capitaine du Châtel d'Ostun appartient » à mon dit seigneur, à l'évêque et au chapitre ; — nous, naguères, pour es- » chever le péril qui lors pouvoit estre à la dite cité, pour cause des ennemis » du royaume, nous avons nommé un capitaine au dit Ostun, messire Jean » d'Anoul.... » — En 1388, dans un traité passé entre les chanoines et les habitants et retrayants du Château, on voit que ces derniers contribuaient aux deux tiers des gages du capitaine, l'autre tiers étant à la charge de l'Eglise. [*Livre noir*, fol. 9.] — On trouve aux mêmes archives l'acte d'installation, en 1410, de Guillaume d'Ocle, nommé capitaine d'armes, du consentement du duc, de l'évêque et des citoyens. Ses gages furent fixés à 15 livres par mois. Les clefs de la citadelle de Rivaux et des portes des Bancs, de Breuil et de Matheron lui furent délivrées par l'official du diocèse. La garde du fort de Marchaux était confiée à un officier particulier du duc.

zélés proposés par les chanoines. Ceux-ci, pour en finir, désignèrent comme capitaine provisoire André Ferrand, leur confrère, le priant de contenir les soldats « en la plus grande » modestie que faire se pourroit. » Cette élection laissait indécise la question des droits réciproques des habitants, de l'évêque et du chapitre.[1]

« Désirant maturément obvier aux dangers éminens préparés par les assemblées et levées d'armes des rebelles et séditieux, sous prétexte d'un masque de religion, en plusieurs endroits de ce royaume de France, — que Dieu, par miséricorde, veuille avoir en sa garde et protection! — Et afin de vivre en plus grande assurance contre les insultes et incursions de tels désespérés, honorable homme André Ferrand, chanoine, est institué garde et capitaine du Châtel, aux gages accoutumés de 25 livres par mois, pour ses peines et labeurs, en révoquant la nomination précédemment faite de Jacques Charvot, seigneur de Blanzy, ceux de la ville n'ayant pas voulu consentir à l'élection. »

André Ferrand avait succédé comme syndic à Landreul, en 1565[2]. Il fut par excellence l'homme du chapitre durant les guerres. On le rencontre partout. Il est envoyé aux Etats du clergé, à ceux de la province, auprès des gouverneurs pour les complimenter et leur exposer les besoins du chapitre. Il veille à la police de l'église, au châtiment des clercs

---

[1] L'évêque refusait également de contribuer à l'entretien de la garnison et aux dépenses des fortifications. Les chanoines obtinrent contre lui un ordre du lieutenant de la province auquel il fut contraint d'obtempérer. — [Délib. du 20 déc. 1567; 2, 21 et 29 janvier 1568.]

[2] On lit dans une tenue du chapitre général de Saint-Hilaire, 14 janvier 1565 : « On commet et institue à la charge de syndic, aux honneurs et profits » accoutumés, André Ferrand, pour la preuve suffisante de la diligence et in» telligence requise qu'il a baillé, et pour avoir ci-devant heureusement servi » dans la dite fonction. » — Le nom de Ferrand rappelle celui d'un conseiller au bailliage, vierg d'Autun en 1603 et 1604, son parent sans doute, mais à un degré que nous ignorons. Comme toutes les familles bourgeoises aisées de l'époque, la famille Ferrand avait des armoiries. « *Elle portait d'or, à* » *trois merlettes de sable.* »

indisciplinés. Il règle avec le commandant de la garnison le paiement des soldats, ou réclame contre leurs excès. Soldat lui-même, il avait fait l'apprentissage des armes comme lieutenant du capitaine Burat, en 1567. Il est enrôlé dans la confrérie de Sainte-Croix, est chargé de l'organisation de la milice, de l'acquisition des équipements de guerre, effectue des sorties à la tête de sa compagnie contre les pillards. Il semble qu'une activité incessante ait été pour lui un besoin et l'agitation son élément. Il possédait les qualités nécessaires dans ces temps bouleversés, énergie physique et morale. Son extérieur répondait sans doute à l'idée qu'on se fait d'un prêtre commandant à des soldats; mais il était soldat sans trop perdre de vue son caractère de prêtre et de dignitaire de l'Eglise.

En même temps que l'on s'armait contre l'ennemi du dehors, on tenait à l'œil celui du dedans. Charles IX, pour prévenir la guerre civile dans le sein des villes, avait récemment donné l'ordre d'en expulser les huguenots, et le chapitre s'était empressé de publier et de faire exécuter la volonté du roi.

« On enjoint aux chanoines et chapelains de chasser tous les suspects de religion retirés en leurs maisons, hommes ou femmes, de quelque qualité qu'ils soient, avec inhibition de les recevoir chez eux, à peine de procéder contre les délinquans par voie de rigueur et contrainte ; et exprès commandement est fait au capitaine Burat, à Ferrand, son lieutenant, et aux vingteniers établis à la garde des portes, ne souffrir dorénavant les suspects entrer ni fréquenter le Châtel, pour quelque cause que ce soit. »

Cette défense n'était pas inutile. Il restait au Château bon nombre d'hérétiques et, en ce moment même, l'école du calviniste Destample, grâce à la succession de Robert Hurault, était en pleine vigueur. De concert avec le ministre Descrots, son commensal, il travaillait l'esprit de la jeunesse et trouvait des disciples jusques parmi les prêtres et les jeunes chanoines. L'esprit d'indiscipline ravivait entre quelques membres de l'Eglise des haines funestes. Il s'était formé un parti d'opposition qui s'appuyait, non sur des doctrines hétérodoxes ou sur un scepticisme raisonné, mais sur des instincts de désordre et de guerre intestine. Il existait de chanoine à chanoine, de prêtre à prêtre, des inimitiés entretenues avec ardeur, surtout par ceux qui avaient entrepris d'humilier le chapitre et de le trahir à la première occasion. Parmi ces enfants terribles de l'Eglise, les uns étaient aussi ardents à la défendre que d'autres à l'attaquer. Tels étaient les bénéficiers Odot Foulenier, Jean Seguenot et le chanoine Barthélemy Desplaces.

Odot Foulenier, un des personnages les plus curieux de ce temps, n'en était pas à ses premiers méfaits. A tout moment, le chapitre informait contre lui ou le retenait prisonnier pour des fautes disciplinaires. Mais son zèle et son dévouement aux intérêts de l'Eglise servaient d'excuse à ses habitudes brutales. Homme d'action, espèce de fier-à-bras redouté, on l'envoyait en mission dans les terres du chapitre pour mettre à l'ordre quelque vassal récalcitrant, contrôler les travaux, discuter les comptes des entrepreneurs. Il avait pleine surveillance sur les sonneurs des grandes et petites cloches. Il était préposé à la garde des maisons et meubles dépendants de la succession des chanoines. Il dirigeait dans les campagnes les émissaires chargés de découvrir l'arrivée des gens de guerre. Il contenait les soldats du Château par ses remontrances et, au besoin, par des corrections manuelles, poussant en cela parfois le zèle un peu loin. Il ambitionnait d'être la terreur des huguenots et devint garde du cloître, quelque chose comme un commissaire de police ecclésiastique, à douze francs par mois. Il allait droit, dans les rues, aux hérétiques et aux suspects, leur distribuait des injures et des gourmades, sans égard à la qualité des personnes, croyant faire acte de justice et de bon chrétien.

« Le 24 juillet 1568, le chapitre porte défense, sous peine d'excommuniement, de retirer ni receler Odot Foulenier, mais le remettre ès mains de l'official, pour faire justice de l'outrage et violence par lui faite à dame de Montholon, femme de Jacques Bretagne. A la perquisition duquel ecclésiastique il est ordonné à l'official et à ses officiers de faire diligence et à chacun de leur bailler aide et confort. »

Il adressait volontiers ses attaques à ceux de l'Eglise qui, sans avoir abjuré, penchaient cependant du côté des calvinistes. Rien n'était plus dangereux que ces prêtres qui donnaient la main aux novateurs et se riaient des conseils de leurs confrères. Domiciliés au Château, à même d'y prendre un certain empire sur la garnison, ces prêtres à demi-huguenots pouvaient provoquer à chaque instant une trahison. Odot Foulenier était leur adversaire implacable. Il avait été précédemment réprimandé pour avoir frappé un bénéficier nommé Jean Seguenot, sujet assez peu édifiant, du reste, qui fut condamné à sortir du cloître avec un jeune chanoine, Barthélemy Desplaces, à cause de leur familiarité avec les hérétiques.

Ce Barthélemy Desplaces appartenait à une famille élevée à l'ombre de l'église, et qui pendant trois siècles ne cessa d'y compter des représentants [1]. Elle devait en partie sa fortune aux bénéfices ecclésiastiques et aux offices temporels occupés par plusieurs de ses membres. Elle en possédait trois à cette époque dans le clergé de la cathédrale, à

---

[1] La famille Desplaces, comme celle des Ladone, des Dechevannes, des Tixier, etc..., continua de donner, pendant les XVIIe et XVIIIe siècles, des chanoines à la cathédrale et à la collégiale de Notre-Dame.

savoir : un jeune chorial que, sur les instances de sa mère, le chapitre faisait élever au prix de huit écus par an, et deux chanoines portant comme lui le nom de Barthélemy ; car il semble que ce saint fût le patron de toute la famille. Le plus âgé des deux était ce Barthélemy Desplaces qui avait fait partie de la minorité dissidente dans la poursuite dirigée contre Vériet et La Coudrée. Il avait jusqu'au dernier moment, mais sans trop se compromettre, pris leur défense et penché vers leurs doctrines. Il était l'oncle de Barthélemy dont il nous reste à parler. Celui-ci avait reçu son canonicat de Gabriel de Grigny qui avait résigné en sa faveur ; et assurément, pour un quasi-huguenot, Grigny n'avait pas fait un mauvais choix. Tout jeune encore, Barthélemy Desplaces apportait dans l'Eglise, à défaut d'une vocation sincère ou d'une conduite décente, un caractère taquin, fougueux, obstiné et des opinions violentes. Ses confrères étaient en continuelle défiance à son égard. Il ne cessait d'être « en » assidue conversation, familiarité et intelligence avec les » hérétiques. » Dans la crainte « de quelque mauvaise en- » treprise et conjuration, » on l'expulsa du Château avec son intime le bénéficier Seguenot. On lui accorda, ainsi qu'à son complice, *un écu* pour se retirer quelque part ; et sur les fruits de sa prébende le pain et le vin seulement furent réservés pour la nourriture de Jean Desplaces, son père, ancien notaire et procureur du chapitre au bailliage, « homme » de bonne vie et religion catholique, pour révérence d'icelui » et non à autre égard [1]. » En vain Barthélemy réclama contre

---

[1] Jean Desplaces était déjà *vieil, caduc* et *ancien,* en 1566. — Jean, père du chanoine Barthélemy et du notaire Louis Desplaces, eut en outre cinq filles de Jeanne de Moroges : Jacqueline, femme du praticien Edme Barbotte ; Suzanne, mariée à Pierre Balaget, en 1563 ; Claudine, qui épousa le marchand Lazare Lombard, en 1566 ; Marie et Isabeau, femmes des deux notaires Jacques Gaudry et Pierre Dufraigne.

cette expulsion, demandant d'être gardé à vue dans sa maison et de n'en sortir que pour aller à l'église : la décision fut maintenue. La famille de Barthélemy Desplaces, qui penchait comme lui au calvinisme, en conçut un vif ressentiment, surtout son frère Louis, le notaire le plus accrédité de cette époque.

Louis était notaire des vénérables, substitut de Jean, son père, et bailli de la terre de Saisy appartenant au chapitre [1]. Il cumulait ainsi trois fonctions, de par les chanoines, dont il ne traitait les affaires qu'avec *négligence* et *mépris*. Depuis deux ans, on le menaçait de destitution; mais jusque-là cependant on avait usé de patience et il avait gardé ses offices. L'expulsion de Barthélemy mit le comble à son mauvais vouloir et lui fit oublier ses obligations envers l'Eglise. De dépit, il jeta le masque et afficha ouvertement l'hérésie. Il profita de la présence à Autun du ministre Descrots pour faire célébrer le mariage de sa sœur Jacqueline avec le marchand Edme Barbotte, dans sa propre maison, faute de pouvoir le célébrer au prêche. Le chapitre fulmina aussitôt sa destitution.

« Etant informés et bien advertis des insolences, monopoles, assemblées et plusieurs cas illicites, au su de chacun, notoirement commis par Louis Desplaces, leur officier, au grand mépris d'eux, de leur état et autorité, si quamment de la faction des fiançailles de Jacqueline Desplaces, sa sœur, qu'il a scandaleusement fait faire au lieu de sa demeure, à la forme de la damnable et pernicieuse nouvelle prétendue religion réformée, et en leur totale justice et

---

[1] Le notaire Desplaces, qui avait succédé en cette qualité à son père [1548], était petit-fils de Chasseneuz par sa femme. Le président avait eu de Pétronille Languet un fils nommé Arthus, mort conseiller au parlement de Dijon, et deux filles : l'aînée épousa Hugues d'Arlay, et Philippotte, la seconde, l'échevin et avocat Pierre Garnier. De cette dernière union naquit Pernelle Garnier qui, par son mariage avec Louis Desplaces, a été la tige de la nombreuse famille de ce nom existant encore de nos jours.

juridiction, contre l'intention du roi et ses édits de pacification, du consentement de Jean Desplaces, son père, et mêmement du dédain avec lequel il s'emploie de leurs affaires et procès.

« Pour ces causes et plusieurs autres à ce justement les mouvant, les seigneurs capitulans ont privé, démis et destitué, privent, démettent et destituent Jean et Louis Desplaces de tous états, offices et charges qu'ils ont et qu'ils tiennent d'eux, ensemble de tous les gages, profits et émoluemens en dépendant, leur faisant inhibitions et défenses de plus avant s'y entremettre, ni en aucune de leurs affaires s'occuper de façon ni manière que ce soit. — Ont aussi ordonné à leurs officiers du temporel informer à diligence des formalités faites aux fiançailles et des assistans à la passation d'icelles, pour les informations vues, en poursuivre et faire faire la réparation telle qu'il appartiendra. »[1]

On donna pour successeur à Jean Desplaces Simon Barbotte, praticien, « homme de savoir, vigilance, bonne vie » et intégrité de foi »[2], dont néanmoins il vint prêter serment entre les mains des chanoines. Jean Tixier, avocat,

---

[1] *Reg. Capit.*, 14 juillet 1568. — Quelques années après, le chapitre réinstalla Louis Desplaces dans ses fonctions. En 1591, nous le voyons procureur et notaire de l'église, charges dont il se démit, vers l'année 1600, en faveur de Hugues, son fils. Louis mourut plus que septuagénaire dans les premières années du XVIIe siècle. — La collection considérable des minutes des trois notaires Desplaces, qui n'embrasse pas moins de cent vingt-un ans [Jean, 1510-1548 ; Louis, 1548-1600 ; Hugues, 1600-1631], nous a été communiquée avec beaucoup d'obligeance par M. Alexis Rérolle qui en est dépositaire.

[2] Simon Barbotte, *bourgeois* et *praticien d'Ostun*, était secrétaire de l'Evêché dès 1560. Il était aussi greffier de l'officialité et avait son *écritoire* près de la porte des Bancs. Nommé échevin en 1564, et procureur de l'église en 1568, il mourut sur la fin de la même année, laissant trois enfants de Jeanne Lefort (sœur du greffier de la viérie, Etienne Lefort, et de Hugues, chambrier de l'église et chanoine), à savoir : Simon Barbotte, échevin et vierg sous la Ligue pendant laquelle il joua un rôle important ; Jacques, époux d'Anne Dardault, receveur et greffier de la justice de l'abbaye de Saint-Andoche, qui succéda à son père comme procureur du chapitre et comme greffier de l'officialité ; Antoinette qui épousa, le 11 février 1571, Pierre Brochot, fils d'un ancien receveur du grenier à sel d'Autun. — La maison patrimoniale de la famille Barbotte était située à l'angle de la rue Piollin et de la rue des Cordeliers, « à l'endroit ou pendoit anciennement une enseigne de sainte Barbe. »

fut pourvu de la judicature de Saisy, et le notaire Edme Goujon de la clientèle de l'église.[1]

Le complice de Barthélemy Desplaces, Jean Seguenot, avait trouvé le moyen de rester de gré ou de force au Château. Loin de venir à résipiscence, il continuait de ne tenir aucun compte des admonitions du chapitre et provoquait de nouvelles sévérités.

« Sur le mépris et dédain de Jean Seguenot à l'endroit du service divin et autres dévotes prières, aussi sur les blasphèmes et propos vicieux dont il use contre la religion et les ecclésiastiques, le syndic informera sur les paroles proférées par lui contre le saint sacrement, et sur plusieurs contraventions de hanter et communiquer avec les suspects de la Religion. Il devra l'interroger sur sa foi et croyance, comme sur le devoir qu'il fait en sa vocation, et sévira contre lui selon la gravité de son forfait. »

« On renouvelle au bénéficier Seguenot la défense de ne converser ni fréquenter en façon que ce soit, avec aucun suspect, à peine d'être mis hors du Châtel et privé de l'habit de l'église ; et pour s'être ri et moqué d'un écu à lui gratuitement offert pour sortir au premier commandement, on enjoint au chambrier, tout au préalable, lui retenir la dite somme, comme punition. »

Ces punitions étaient infligées en pure perte. Seguenot s'accointait plus volontiers de gens mal notés que de ses confrères. Huguenot à demi, il avait son pareil dans un prêtre de Saint-Lazare, Claude Gautherault.

« Sur les plaintes réitérées de l'assidue fréquentation de Jean Seguenot et de Claude Gautherault, bénéficiers, avec les hérétiques rebelles au roi et capitaux ennemis de l'Etat, notamment avec

---

[1] Edme Goujon occupait depuis plusieurs années l'office de procureur au tribunal de la temporalité dont Georges Venot était bailli, et Jean de Sully greffier. Avant d'entrer en possession de sa charge, Goujon fit profession de foi chrétienne, et « jura de bien et soigneusement s'occuper aux affaires de » l'Eglise, à l'honneur de Dieu, satisfaction des vénérables et contentement » de leurs sujets. »

un messager, nommé Pierre Bonjour, espion ordinaire des huguenots. — Ont été capitulairement appelés Seguenot et Gautherault auxquels itérativement inhibitions ont été faites de ci-après confabuler, ni traiter d'autres affaires, en façon ni manière que ce soit, avec les hérétiques, à peine de suspension de leur habit.

» De plus, il a été défendu au sieur Gautherault, sur la réquisition de vénérable personne Michel Gautherault, son oncle et chanoine, de n'instruire, ni enseigner aucuns jeunes enfans, faire ni tenir aucun exercice d'école, semblablement de ne parlementer pour affaires quelconques avec Jean Seguenot, et réciproquement ce dernier avec lui, sur peine arbitraire.

» Interrogé aussi depuis quel temps n'a été ouï le sieur Seguenot en confession, il a répondu n'y avoir jamais été ouï : plus Gautherault sur ce séparément enquis a dit n'avoir été confessé depuis Pâques dernier et n'avoir depuis le temps célébré la messe. — Desquelles réponses acte a été octroyé au procureur-syndic pour lui servir et valoir comme de raison. »[1]

Afin de rompre toutes relations avec les auteurs de tant de maux et pour ne pas leur procurer des ressources dont ils aidaient leurs coreligionnaires, on sévit contre certains officiers coupables :

« Considéré qu'il est malaisé que les officiers et gens de loi constitués en état de judicature, étant de religion contraire, puissent administrer justice à l'honneur de Dieu et édification du peuple, on décide que dorénavant nuls hérétiques mal famés et portés à la religion catholique, pour la différence de laquelle tels pervers ne travaillent qu'à son anéantissement et à sa ruine totale, et pour plusieurs autres causes, ne seront reçus aux ventes et amodiations, ni pourvus des offices, charges et affaires d'administration quelconque des biens de l'Eglise. — En conséquence, Jean Martin, notaire royal à Couches et greffier de la seigneurie de Perreuil, tant à raison de profession de nouvelle religion par lui tenue, que pour autres causes, est destitué. »

Malgré ces craintes continuelles, on ne laissa pas de combattre par la prière comme par les armes.

[1] *Reg. Capit.*, 12 décembre 1567, 24 février et 30 avril 1568.

« Nonobstant les troubles et schisme à présent régnans, on décide que les prédications du saint Evangile et de la parole de Dieu seront faites en lieu accoutumé, après les heures des messes et anniversaires. Des prières de *quarante heures* sont de même ordonnées pour la prospérité du royaume, et surtout pour implorer la grâce de Dieu à ce qu'il lui plaise donner force et victoire au roi contre les rebelles s'étant assemblés en forme d'armée contre son Eglise dont il est le protecteur. »

« Une procession générale sera faite par tous les chanoines, accompagnés de ceux du clergé et du bas-chœur, chaque jour de dimanche, de la cathédrale à l'église des religieux du couvent de Saint-François, où sera porté le corps de Jésus-Christ, le chef de monsieur Saint-Ladre et autres reliquaires et sanctuaires, pour remercier le Seigneur de la sainte inspiration et volonté du roi et du singulier désir qu'il a pour la conservation de la religion catholique et l'abolition de la nouvelle, comme schismatique, réprouvée et damnable, aussi pour la profligation et la réduction des hérétiques et dévoyés du giron de l'Eglise. »

« Le Jubilé tombant en ce mois de janvier 1568, le chapitre exhorte ses membres et les chapelains de se réconcilier à Dieu et de l'invoquer pour la tranquillité de la chrétienté que l'on voit si misérablement affligée; d'assister avec un cœur contrit et humilité aux processions du grand Jubilé et pardon général, ensemble aux sermons qui suivront ces processions, et ce, à peine d'une livre de cire d'amende contre les défaillans. »

Enfin, aux approches du Carême, des invitations pressantes sont adressées aux clercs et habitués de redoubler de régularité et de dévotion.

« Considérant les misères et calamités dont le peuple est agité par les oppressions et les tyrannies des ennemis de Dieu et du roi, l'occasion s'offre de recourir au Seigneur par affliction, supplications et bonnes œuvres, afin qu'il lui plaise d'appaiser son ire et courroux et réduire son peuple en même union et concorde, — exhortation est publiée d'assister entièrement, le prochain temps de Carême, aux heures du service divin. »

A partir du mois de mars 1568, les précautions augmentent. La paix de Longjumeau se préparait entre la cour et l'armée calviniste; elle fut signée le 23 mars. Condé, à bout de ressources, dépourvu d'argent et de vivres, renvoya les Allemands qu'il avait appelés à son aide. Ces troupes, mécontentes, ne sachant où prendre repaire, se débandèrent et jetèrent la consternation dans le pays.

On était cependant en temps de trève, mais quelle trève! Catholiques et protestants semblaient s'entendre pour continuer une guerre de pillards plus désastreuse qu'une guerre régulière. Claude de Saulx, seigneur de Ventoux, commandait en Bourgogne pendant l'absence de son parent, Gaspard de Tavannes, qui se préparait à la campagne du Poitou où devaient se livrer les batailles de Jarnac et de Moncontour. Actif, entreprenant, le nouveau gouverneur se montrait adversaire ardent des huguenots [1]. Il s'était joint récemment à Louis de Gonzague, duc de Nevers, qui arrivait d'Italie avec trois mille gens de pied [2]. Tous deux à la tête d'une armée de quatorze mille hommes, soutenus par une bonne artillerie, allèrent assiéger Mâcon tombé pour la seconde fois au pouvoir des calvinistes, et s'en emparèrent,

---

[1] Claude de Saulx, fils de Henri de Ventoux, après avoir été député de la noblesse de Dijon aux Etats d'Orléans et gouverneur de Beaune vers 1562, fut, à la mort de Guillaume de Villefrancon, en 1566, nommé lieutenant-général de Bourgogne, sous les ordres de Tavannes, « auquel il servit et aida » singulièrement à conserver la province contre les rebelles. » En 1570, accablé de maladies suscitées par le fait des armes, — disent les *Mémoires,* p. 342, — « il mourut jeune, avant le temps, et suivit le chemin de son frère aîné, » Alexandre de Saulx, sieur de Torpes, gouverneur d'Auxonne, mort une an- » née auparavant. »

[2] Louis de Gonzague, fils de Frédéric, duc de Mantoue, et de Marguerite Paléologue, marquise de Montferrat, avait épousé, le 4 mars 1565, Henriette de Clèves, dernière héritière de la maison de Nevers. Il prit part aux guerres civiles sous Charles IX, Henri III et Henri IV. Les huguenots disaient de lui : « Il nous faut craindre monsieur de Nevers avec ses pas de plomb et » son compas à la main. » Louis de Gonzague mourut en 1595.

après neuf jours d'une vigoureuse résistance [4 décembre 1567]. La réduction de cette ville, si importante à toute la province, était le premier avantage remporté par les catholiques depuis la reprise des hostilités. Une délibération capitulaire nous apprend avec quels témoignages de contentement la nouvelle en fut accueillie à Autun.

« Il sera ordonné, vendredi prochain, de faire prières à Dieu et chanter *Te Deum* à l'église Saint-Lazare, pour la prise de la ville de Mâcon réduite à l'obéissance du roi; encore pour la prospérité de Sa Majesté, à ce de lui bailler force et victoire sur les rebelles et perturbateurs du repos en son royaume. »

Après ce siège, Louis de Gonzague se sépara du lieutenant de Tavannes, et avec une partie de ses troupes retourna dans son duché par Chalon et Autun. Vers la fin de décembre, il était campé à quelques lieues de cette dernière ville, au village de Lucenay. Il mit le château de l'évêque en état de défense, répara les fossés et les murailles, frappa le pays de réquisitions pour la nourriture de ses soldats et fit appel à tous les retrayants de la baronie pour le guet et garde accoutumés [1]. Plusieurs compagnies d'Italiens et de Suisses à sa solde passèrent l'hiver dans cette forteresse, se répandirent dans les campagnes, vivant sur le paysan, mettant les villages à contribution, et s'avançant jusques sous les murs d'Autun. Entre autres dévastations, ils démolirent le do-

---

[1] Du temps de Pierre de Marcilly, on comptait 200 hommes tenus d'entretenir les fortifications de cette résidence et de s'y renfermer en cas d'*éminent péril*. Dans une montre qui eut lieu deux mois avant l'arrivée du duc de Nevers, on voit les retrayants de Lucenay et lieux voisins se présenter au château, armés de toutes pièces offensives et défensives, corselets, morions, bourguignotes, arquebuses, pistolets, pertuisanes, arbalètes, épées, hallebardes, épieux, cognées, serpes, haches d'armes, pioches, javelines, bâtons ferrés... — Voir aux *Pièces justif.*, n° 32, le procès-verbal de cette montre, dressé le 26 octobre 1567.

maine de Souvert qui appartenait au chapitre, et ruinèrent sa seigneurie de Thil-sur-Arroux.[1]

De son côté, le capitaine Chantal[2], qui avait été aux ordres du chapitre et qui était cantonné dans son château de Monthelon, laissait ses soldats commettre des *outrages* et *voleries* sur les sujets de l'église et sur les villages d'alentour. Le pays étant ruiné, les troupes approchaient à chaque instant des portes de la ville et cherchaient à prendre gîte

---

[1] A ces actes de brigandage, le chapitre répondait souvent par des bienfaits : « Vue la requête par écrit de Nicolas Colin, recteur de la Maison-Dieu-» du-Châtel, sur la nécessité et pauvreté de maladie de quelques Suisses, au » nombre de cinq, délaissés du camp du duc de Nevers, ayant été blessés griè-» vement au siège de Mâcon, lesquels sont retirés en son Hôtel-Dieu ; on ac-» corde à chacun d'eux cent sols, et on ordonne qu'il leur sera distribué deux » pintes et un pain, durant huit jours, pendant lesquels ils pourront, Dieu » aidant, entrer en convalescence et recouvrer guérison. » [19 janv. 1568.]

[2] Guy de Rabutin, fils de Christophe de Rabutin, seigneur de Sully et de Bourbilly [1500-1569], naquit en 1532 et fut le premier de sa maison qui porta le titre de *baron de Chantal*. La terre de Chantal, située à Monthelon, près Autun, avait longtemps appartenu à l'évêque et venait d'être aliénée par lui à la famille Rabutin. C'était, — disent les Mémoires contemporains, — un homme d'un caractère hardi et entreprenant, mais dur et chagrin. On lit dans la *Généalogie* manuscrite des Rabutin, composée par le célèbre Roger de Bussy, une particularité de la vie de Guy qui ajoute un trait au tableau des mœurs du siècle. Il avait une intrigue avec une dame de Traves. (Etait-ce la femme du seigneur de Saint-Léger, son voisin, huguenot déclaré, dont nous avons déjà parlé?) Le mari le sut et maltraita sa femme. Guy enleva sa maîtresse : procès criminel sur ce rapt. Ayant appris que deux témoins sont sur le point de déposer contre lui, et ne pouvant ni les corrompre, ni les démentir, Guy monte à cheval avec ses deux frères, François et Jean (ce dernier religieux de Moûtier-Saint-Jean), et suivi de quelques domestiques, il va trouver ces témoins et poignarde l'un d'eux, Celse de Traves, au milieu d'un marché public. Les meurtriers furent condamnés, en 1567, à avoir la tête tranchée sur la place publique d'Autun et à la confiscation de leurs biens ; mais ils parvinrent à se soustraire à cette peine en obtenant de Charles IX des lettres de grâce. — Guy de Rabutin qui vivait encore dans les premières années du XVIIe siècle (son testament est daté du mois d'avril 1610), épousa Françoise de Corcelles, fille du seigneur de Beauvoir-La-Nocle, représentant calviniste de la noblesse d'Autun aux Etats d'Orléans. Il fut père de Christophe, baron de Chantal, marié en 1592, à l'âge de 27 ans, à Jeanne-Françoise Frémiot, célèbre sous le nom de sainte Chantal. Nous retrouverons ce dernier sous la Ligue.

aux dépens des habitants, ou à leur extorquer des vivres et de l'argent. Quelquefois un engagement avait lieu. On tirait dix ou douze arquebusades afin de se débarrasser de ces importuns qui reportaient sur les paysans leurs vexations et leurs rapines [1]. Au mois de mars 1568, on fit une sortie avec les archers de la maréchaussée commandés par le prévôt Syagre de Monnetoy, avec quelques soldats de la garnison et des volontaires, « pour courir sus aux voleurs de la » compagnie du capitaine Blanay [2], dévastant les églises et » massacrant clercs et laïques. » Ce pillard se porta sur Charolles, surprit la ville, saccagea l'église de Saint-Nizier et brûla les livres d'office. Les chanoines de cette collégiale furent contraints d'emprunter au chapitre les missels et évangiles nécessaires à la célébration du service divin.

La campagne entre Saulieu et Autun étant inondée de reîtres, et le chapitre appréhendant qu'un détachement ne se portât sur la ville, pressa instamment le capitaine Burat de mettre en état la forteresse de Rivaux, et de placer des postes et sentinelles sur les remparts. Il invita le vierg Venot à faire murer la porte Matheron, et l'évêque celle de sa maison épiscopale. Il ordonna la démolition de la tour de la Motte de Chissey, de peur qu'on n'en fît une forteresse. Les portes du Château et de Marchaux furent exactement fermées, les milices du clergé et de la ville mises sur pied. Afin d'alléger les dépenses qui surchargeaient les biens de l'église,

---

[1] « On octroie à Jean Poinsot, bénéficier, pour le faire guérir de la blessure à lui advenue d'un coup de balle, à la garde des portes, au moment de l'entreprise du baron de Chantal, la somme de trois livres » [février 1568.] — Le mois suivant, « on accorde à Louis Prévost, pâtissier, ayant été naguères blessé et mutilé d'un coup d'arquebuse, en faisant sentinelle pour le service des vénérables, la somme de cinquante sols. »

[2] René de Monceaux, sieur de Blanay, près Vézelay, « vieil soldat des plus hardis hommes de France, » — dit Théodore de Bèze, — battait le Nivernais entre Vézelay, Cosne, La Charité, Donzy et Autun.

il fut ordonné à chaque chanoine de se pourvoir d'un serviteur valide et fidèle, « lequel devoit être entretenu à ses » frais et prêt à défendre la place¹. » On poursuivit l'exécution d'une ordonnance rendue par Saulx-Ventoux, pour contraindre les villages situés dans un rayon de quatre lieues à venir faire le guet et garde, et l'on accorda *de bonne grâce* à ces retrayants « trois pintes de vin d'anniversaire » et deux pains de l'aumône du réfectoire, pour les mieux » soutenir au service du roi et à la défense de la cité, contre » les malheureuses entreprises et cauteleuses conjurations » des ennemis » On recommanda un redoublement de vigilance aux officiers et aux soldats de la garnison, réduits par économie au nombre de trente, parmi lesquels se trouvaient deux Suisses du camp du duc de Nevers. Dans la quinzaine avant Pâques, le lieutenant Ferrand reçut ordre de faire circuler les patrouilles à toute heure, « afin d'em- » pêcher les séditieux de troubler le service divin et de » molester les bons catholiques à la réception du saint sa- » crement de Pénitence et du précieux corps de Notre Sei- » gneur². » Le jour de Pâques, une escouade de vingt hommes, sous les ordres de deux dizeniers, fut placée à la garde de l'église, pendant les offices, pour prévenir les attentats des rebelles venus des environs. Une police sévère fut prescrite les jours d'audience du bailliage, où l'on était

---

[1] A la date du 8 octobre 1568, les dépenses faites depuis le commencement de la guerre [septembre 1567], pour réparations, fortifications, achat d'armes, poudres, munitions et autres frais, la solde de la garnison non comprise, s'élevaient à la somme de 1,497 écus 1 sol 7 deniers. Vente de l'argenterie et d'une partie du trésor de l'église, cession de terres et de droits de justice, rentes aliénées, emprunts, etc..., tous les moyens furent employés pour faire face à ces dépenses.

[2] « On octroie quarante sols à Louis Bonnard, cuisinier, blessé d'un coup » d'arquebuse, le jour de Carême entrant, ès débats et querelles qui se firent » devant l'église au dit jour. » [3 avril 1568.]

obligé de laisser entrer les gens de l'extérieur. Les processions des grandes fêtes ne sortirent plus du cloître ou ne dépassèrent pas la Belle-Croix placée au sommet de la rue Chauchien. Celle de la Fête-Dieu n'osa même se risquer jusque-là que sous la protection d'un poste de soldats placés à la porte des Bancs. Dans l'attente des évènements, chanoines et magistrats, ecclésiastiques du Château et habitants de la ville se tinrent plus que jamais sur la défensive.

On se fatiguerait à suivre dans les registres capitulaires l'énumération de ces mesures intérieures, de ces préparatifs de guerre renouvelés à chaque moment, au premier cri d'alarme. Le plus souvent l'alarme était fausse et on était quitte pour la peur. — Attendons encore quelques années pour voir nos ancêtres aux prises avec des difficultés plus sérieuses.

CHAPITRE II

ÉTABLISSEMENT DE LA CONFRÉRIE DE SAINTE-CROIX
A AUTUN ET ORIGINE DE LA LIGUE.

SOMMAIRE.

Associations catholiques instituées par Tavannes en Bourgogne. — La confrérie du Saint-Esprit. — Confrérie de Sainte-Croix fondée à Autun, par Etienne Dechevannes. — Origine de la Ligue. — Reprise de la guerre. — Georges Venot élu vierg. — Ladone et Bretagne quittent la ville. — Mesures contre les huguenots. — Assemblées générales.

Les *fraternités* instituées parmi les huguenots afin de concentrer leurs moyens d'action, les intelligences entretenues par eux dans toute la province où la sédition cherchait à lever la tête, les incursions des gens de guerre à travers les campagnes, avaient, dès 1567, engagé plusieurs villes de Bourgogne à former des associations afin de se protéger elles-mêmes. Ces associations religieuses et politiques prirent naissance sous l'inspiration de Gaspard de Tavannes. Cette âme, trop énergique pour n'avoir point été passionnée, fut conduite à ne voir le salut de son parti que dans une ligue fortement constituée, capable de résister aux menées secrètes des réformés.

Tavannes avait appris depuis longtemps à se défier de la politique cauteleuse de Catherine de Médicis et de la *diversité de ses desseins*. Personne ne lui était plus antipathique que cette reine indifférente en matière de religion et dont le système de balance et de concessions arbitraires tendait à contenir ou à détruire les partis les uns par les autres. Quelques années auparavant, peu après l'édit de janvier, et au moment même où il venait de recevoir l'ordre d'interdire le culte hérétique à Dijon et dans les villes frontières, Tavannes arrêtait à Chalon un courrier porteur d'une correspondance dans laquelle la reine-mère engageait la duchesse de Savoie, zélée pour les protestants, à s'entendre avec elle contre la faction de la maison de Lorraine. Dans ses *Mémoires*, le lieutenant catholique raconte qu'il recevait de la cour des dépêches de toute nature : « celles de M. de Guise » portoient qu'il falloit tout tuer, celles de la reine tout » sauver. » Il avait beau se plaindre « des différentes com- » missions et commandemens favorisant et soudain disgra- » ciant les huguenots, il admonestoit en vain Leurs Majestés » de parler franc, avec promesse de les faire obéir en sa » province et d'y exalter leur parti ; » il lui fallait être l'instrument d'une politique à double face ; aussi répétait-il sans cesse « que vouloir maintenir la paix par la division, c'étoit » vouloir faire du blanc avec du noir. »

Au milieu de ces ordres contradictoires, Tavannes, persuadé de plus en plus de l'insuffisance des mesures ordinaires pour défendre la cause catholique, résolut de n'agir que selon sa volonté et sous sa responsabilité personnelle. Presque abandonné par la cour à ses propres ressources, il voulut pourvoir seul désormais à son gouvernement, « après

» avoir à plusieurs reprises, sans être cru, averti la reine
» des entreprises des réformés. Pensant que la prudhomie
» peut aussi bien fournir aux gens de bien d'inventions de
» se conserver, que la meschanceté de les offenser, aux re-
» belles; persuadé que les huguenots ne devoient avoir plus
» de zèle à leur parti que les catholiques à l'ancienne reli-
» gion et que ceux qui la conservoient y employant leur vie,
» pouvoient employer leurs deniers pour secourir le roi, »
il se décida à opposer ligue contre ligue, et, en 1567, il établit à Dijon une association sous le nom de *confrérie du
Saint-Esprit*, composée d'ecclésiastiques, de bourgeois aisés, de gens de noblesse sincèrement attachés à la religion
et à la paix.[1]

Ces confréries, qui avaient pour but de défendre les églises, les personnes et les cités, disposaient d'un fonds commun, d'un corps de troupes prêt à marcher à la première
occasion, et possédaient des émissaires pour découvrir les
menées des huguenots. Celle de Dijon, dont Tavannes était
le chef, avait droit, en cas de besoin, à 200 chevaux et à
250 hommes de pied fournis par la ville; à 1,500 hommes
de cavalerie et à 4,000 fantassins fournis par le reste de la

---

[1] V. *Mémoires de Gasp. de Tavannes,* p. 289 et *passim,* où l'auteur cherche à justifier la création de ces confréries, et cite l'exemple de l'empereur
d'Allemagne qui avait constitué une fédération de ce genre pour combattre la
Ligue protestante de Smalcade. « Les hérétiques, — écrit-il quelque part, —
» sont source de toutes rébellions et ont esté les premiers ligués contre les sou-
» verains à Smalcade et ailleurs, en Allemagne, en Flandre, contre la du-
» chesse de Parme, en France, avant et après l'entreprise d'Amboise. Ils ne
» peuvent blâmer les catholiques de ce qu'ils ont fait à leur exemple, dont ils
» sont l'occasion et le sujet. » — M. de Lacretelle, malgré une légère tendance
à favoriser la cause des huguenots, fait observer que ces derniers formaient
dans l'Etat un gouvernement occulte parfaitement organisé, et que le désir de
propager leurs principes religieux les poussaient à la guerre civile : « Ce qui
» leur rendait la paix insupportable, — dit-il, — c'est qu'ils ne faisaient que
» peu de prosélytes. » [*Histoire des guerres de Religion,* t. II, p. 169.]

province. A Chalon, une confrérie semblable fut instituée sous cette même invocation du Saint-Esprit[1]; et Autun, où le désir de la résistance n'était pas moins prononcé, ne tarda pas d'avoir la sienne. Elle fut fondée par l'avocat Etienne Dechevannes.

Etienne Dechevannes appartenait à une famille déjà notable au commencement du XIVe siècle et connue par sa fidélité à l'Eglise où elle compta plusieurs membres. Esprit éclairé, ferme avec modération, Dechevannes jouissait d'une confiance égale dans le clergé et dans la ville. Il avait été un des compétiteurs de Jacques Bretagne aux fonctions de vierg en 1561, au moment où ce dernier cherchait à installer le prêche et à constituer le calvinisme comme parti. Avocat de Pierre de Marcilly, bailli de l'évêché, commandant des centaines du Château, il représentait avec Georges Venot l'opinion catholique et était l'antagoniste naturel de Bretagne

---

[1] Le P. Perry, dans son *Histoire de Chalon*, p. 345, raconte ainsi l'établissement de la confrérie. « L'Eglise des Carmes fut choisie pour y établir, en » 1568, une confrérie à l'honneur du Saint-Esprit, y dire une messe tous les » dimanches et faire une exhortation au peuple. Philibert de Montconis, ca- » pitaine de la citadelle, en fut choisi *prieur;* Jean Renaudin, lieutenant-gé- » néral de la chancellerie et ancien maire, nommé *sous-prieur;* Palamède » Bélie et Charles Lambert en furent les *secrétaires*. Cette confrérie tint long- » temps les esprits bien unis; mais comme il n'est point de chose si sainte, où » quelquefois il ne se glisse de l'abus, aussi entreprit-elle plus qu'elle ne de- » voit; elle empêcha que les habitans tant catholiques que huguenots ne sor- » tissent les dimanches hors de la ville pour aller faire leurs affaires à la cam- » pagne. Ces derniers en prirent de l'ombrage et là-dessus se retirèrent à » Sennecey et ailleurs, de sorte que pour les faire retourner à la ville, on » fut contraint dresser quelques articles qui contentèrent les deux partis, et » de la sorte la ville fut plus paisible qu'auparavant. » — L'historien de Chalon, — ajoute Courtépée, t. I, p. 230, — nous apprend que les autres villes de la province se voyant dans un si déplorable état, par la continuation des troubles, firent contre les huguenots de semblables confréries, sous l'agrément de leurs gouverneurs. Il rapporte même la lettre de Tavannes, du 8 août 1568, dans laquelle, tout en autorisant ces associations, le lieutenant-général se justifie du meurtre de plusieurs calvinistes commis à Dijon et à Chalon par ces ligues catholiques. C'est peut-être sur ce fait que plusieurs auteurs ont prétendu que la véritable *Ligue* remonte au règne de Charles IX.

et de Ladone[1]. Dans une assemblée secrète des catholiques, Dechevannes exposa la situation des partis, rappela que depuis près d'une année une ligue existait en Bourgogne et que les fidèles de la ville n'y avaient encore pris aucune part.

« Nous avons été, — dit-il, — admonestés et interpellés de la part de Mgr de Tavannes, lieutenant pour le roi en ce pays, lequel auroit commandement exprès de Sa Majesté de faire la description de ses bons sujets de l'ancienne et catholique religion desquels il se pourroit servir, advenant que ceux de la religion qu'ils disent réformée vinssent entreprendre quelque chose contre son autorité, ordonnances et édits, ou qu'il fût occasionné de les réprimer et châtier, nous devons obtempérer à la volonté du roi, connoissant que la parole seule ne suffiroit pour lui en donner plus ample assurance. »[2]

---

[1] Etienne était fils de Jean Dechevannes, avocat, *citoyen d'Ostun*, et de Mathelie d'Auron, frère aîné de Jean, chanoine de Saint-Lazare, de Françoise, femme de Louis Dubanchet, et de Jean Dechevannes, avocat et plusieurs fois échevin. En 1567, au commencement des troubles, Etienne avait été nommé garde et capitaine du Château, à la place de l'écuyer Jacques Charvot, « comme vigilant, industrieux et très suffisant à ce faire »; mais cette nomination n'eut pas de suite, Dechevannes n'ayant pas accepté, parce que Charvot était appuyé par Marcilly, et que Dechevannes étant lui-même conseil de l'évêque ne voulait pas se trouver en opposition avec le candidat de ce dernier. Il déposa même au chapitre, comme procureur du seigneur de Blanzy, une requête par laquelle celui-ci demandait à être maintenu dans ses fonctions. En 1575, Dechevannes fut élu centenier de la milice urbaine. Avocat fort occupé, on le voit en outre, de 1570 à 1585, remplir les fonctions de juge de l'évêché, de procureur de la *communauté des pauvres* de la cité, et en cette qualité poursuivre le paiement des aumônes du clergé, obtenir les arrêts du 13 mars 1572 et du 23 octobre 1573 qui condamnèrent l'Eglise à payer les trois-quarts de l'aumône du Carême. — Etienne Dechevannes laissa trois enfants : Nicolas, qui suivit la carrière de son père ; Paul, pourvu d'un canonicat à Saint-Lazare, en 1569; et Claudine, femme de Jean Desplaces, conseiller au bailliage d'Autun.

[2] Ce discours de Dechevannes n'est pas textuel, mais c'est à peu près celui qui fut tenu, au dire de Tavannes, dans toutes les réunions de ce genre. — Nous n'avons rien trouvé qui désignât le lieu où les associés avaient coutume de se réunir. C'était sans doute la grande salle du couvent des Cordeliers. Là, en effet, se tenaient les assemblées publiques, celles surtout convoquées dans un but d'administration ou de politique.

Dechevannes proposa ensuite de délibérer, « et par en-
» semble s'inscrire et s'obliger tant envers le roi que les
» uns envers les autres par un serment solennel. »

On a conservé plusieurs formules du serment prêté à
Dijon par les associés de la confrérie du Saint-Esprit. Ce
serment, où l'on retrouve le véritable caractère d'une coalition religieuse et politique, reçut dans les différents cen-
tres de la province des modifications qui diminuent légèrement sa portée; toutefois nous le citerons de préférence,
parce qu'il fait mieux comprendre que tout autre le but de
l'association. [1]

« Nous soussignés avons, au nom de Notre Seigneur Jésus-Christ
et par la communion de son précieux corps et sang, convenu et
contracté la fraternité et association qui s'en suit, pour de tout notre pouvoir soutenir l'Eglise de Dieu, maintenir notre foi ancienne
et le roi notre Sire, souverain naturel et très chrétien seigneur,
ainsi que sa couronne, et ce toutefois sous le bon vouloir et plaisir de Sa Majesté et non autrement.

» Nous jurons par le très saint et incompréhensible nom de Dieu,
Père, Fils et Saint-Esprit, auquel nom nous avons été baptisés, et
promettons sur l'honneur et péril de nos vies, que désormais,
toutes et quantes fois que les chefs et élus qui seront ci-après nommés par le roi sur la présente description, nous serons avertis d'aucune entreprise que l'on puisse faire contre la religion catholique
et romaine dont nous avons fait profession en notre baptême, et
que nous avons maintenu avec la grâce de Dieu jusques à présent,
sur la première sommation des dits chefs et élus, nous confé-
rerons toute l'aide et devoir qu'il nous sera possible, tant de nos
propres personnes que de nos biens, pour la manutention de la
dite religion et couronne et pour réprimer toutes entreprises contraires. A cette fin, faisons serment de toute obéissance à Mgr de

---

[1] La formule que nous reproduisons est extraite de la Bibliothèque nationale, fonds du président de Fontette, porte-feuille XXXIX, n° 22. — On en
trouve une autre un peu différente dans les *Mémoires* de Tavannes, collection
Michaud, p. 289.

Tavannes, lieutenant du roi en ce pays de Bourgogne, contre toutes personnes du parti contraire, sans aucun en excepter, fors la personne du roi.

» Semblablement, nous jurons le très saint et incompréhensible nom de Dieu que toutes et quantes fois que, par le dit sieur de Tavannes ou ses députés, nous serons avertis d'entreprises quelconques que puissent faire aucuns de ce royaume ou autres de quelque qualité qu'ils soient, à cause de religion contraire, contre la maison de Valois qui règne à présent en France et continuellement depuis le chevalereux roi Philippe de Valois qui le premier a été nommé le *Catholique,* pour donner lieu à une autre famille de ce dit royaume ou d'autre pays quel qu'il soit, nous confèrerons semblablement toute aide et devoir qui nous sera possible, tant de nos propres personnes que de nos biens, pour la manutention de la couronne en la dite maison de Valois, premièrement au roi et à ses enfans, quand il plaira à Dieu lui en donner, et par ordre à ses frères et leurs enfans respectivement, tant qu'il plaira à Dieu continuer et proroger la dite famille et nom, et leur permettre nous régir en notre susdite religion. A cette fin, promettons aussi toute obéissance au dit seigneur de Tavannes, contre toutes personnes de parti contraire et même advenant que les députés et élus fussent oppressés de sorte qu'on ne pût recevoir leur commandement, promettons de lui obéir entièrement.

» Afin de maintenir la présente société, nous promettons et jurons nous cotiser chacun, selon nos puissances et facultés, tant pour servir en nos personnes, selon que nous nous en sentirons capables, que pour fournir armes et chevaux, et de nos biens à la dite société, toutes et quantes fois que l'entreprise sera faite pour la dite manutention ; lesquelles cotes nous jurons et promettons tenir prêtes pour le jour qui nous sera commandé par le dit sieur de Tavannes, de les fournir dans huit jours après la dénonciation au plus tard, entre les mains de celui qu'il ordonnera, et nous rendre pour l'exécution de ce qu'il aura ordonné où il nous commandera. [1]

---

[1] Le serment prêté dans certaines villes, Beaune, Chalon, Autun, contenait à propos de ces cotisations volontaires la disposition suivante : « Nous promettons avancer entre les mains du receveur qui sera ci-après nommé, de nos biens *si largement* que nous pourrons, pour faire fonds qui sera employé par l'ordonnance de Tavannes, selon ses commandemens, duquel fonds le dit receveur sera comptable. »

» Jurons et promettons en la présente société toute amitié et fraternité les uns aux autres, pour nous secourir réciproquement contre tous ceux du parti contraire, s'ils font aucune entreprise contre aucun des soussignés, à cause du dit parti. Pour lequel secours, promettons respectivement les uns aux autres employer tant nos personnes que nos crédit et faveur sans y rien épargner, et promettons aussi tenir tous les articles dessus jurés, sans avoir égard à aucune amitié, parentage, ou alliance que nous puissions avoir avec ceux qui entreprendroient au contraire.

» Jurons et promettons comme dessus tenir secrète la présente association et ne la révéler à quelque personne que ce soit, quelque lien d'amitié que nous puissions avoir avec eux, soit femme, frère ou autres quels qu'ils soient. Promettons n'en parler en aucune compagnie et n'en signifier rien, directement ou indirectement, de parole, par écrit ou par signe, sinon autant que par le seigneur de Tavannes, il sera permis et commandé à nous et à ceux qui auront charge de lui, pour l'exécution et exploit de la présente société.

» Pour faire foi du dit serment, nous avons souscrit les présentes. »

De ce jour, la confrérie de la Ligue fut constituée à Autun et s'étendit bientôt à tout le pays [1]. Elle eut des assemblées

---

[1] La société établie à Autun compta des affiliés dans la plupart des bourgs et villages voisins, et dans les châteaux possédés par des seigneurs catholiques. Sully, comme on sait, appartenait à Gaspard de Tavannes; Epiry, aux Rabutin; Monthelon, aux Chantal; Dracy et Cromey, aux Morin; Couches, par moitié à la famille d'Aumont, et à Philippe de Rochechouart, partisan déclaré des idées nouvelles.

Voici le récit un peu dramatisé de l'établissement de la confrérie à Couches, récit tracé par M. Maillard de Chambure, à qui nous en laissons la responsabilité. « Alors les catholiques de Couches se réunirent en compagnies qui chan» gèrent bientôt leur nom pacifique de confrérie du Saint-Esprit en celui » plus significatif de *Ligue catholique*. Ce fut dans la chapelle du château » que les confédérés descendirent, un soir, *vêtus de buffle, armés de fer*, pour » fixer et jurer, *à la face de Dieu*, les bases de leur association. A droite de » la porte, l'un d'eux faisait bonne garde du haut des marches d'un escalier » qui subsiste encore, de peur de surprise de la part des calvinistes qui, de » leur côté, se réunissaient non loin de là, pour pourvoir à leur sûreté per» sonnelle. » — *Voyage pittoresque en Bourgogne*, Saône-et-Loire, p. 17. — A quelles sources M. de Chambure a-t-il puisé? Il ne le dit pas.

fixes, une police, des exercices, des repas, des deniers communs. Elle enrôla un corps de troupes prêt à se dévouer à la défense de la foi. Georges Venot, vierg en exercice, put user de son influence sur les corporations ouvrières pour les faire entrer dans la compagnie dont la bannière devint ainsi un point de ralliement. Cette Ligue organisait, pour la première fois, la résistance par le concours volontaire des catholiques, en dehors des voies ordinaires de la guerre. Elle tendait à former une nouvelle milice bourgeoise qui pouvait dispenser de prendre à gages des troupes dont l'entretien était toujours désastreux. On espérait aussi par là imposer silence aux calvinistes en déployant des ressources morales et des forces supérieures à celles dont ils disposaient; car, en donnant à cette institution le nom, le règlement, les privilèges d'une confrérie, on y attirait naturellement le peuple qui avait un penchant prononcé pour ces associations. La nouvelle société n'étant pas purement laïque, son fondateur s'était chargé d'obtenir l'appui du clergé. Le 24 mai 1568, Dechevannes, admis au chapitre, fit la proposition suivante :

« Au nom de la plus grande part des catholiques de cette ville, qui, mus du zèle de l'honneur de Dieu et amplification de son service, désirent et prétendent ériger une fraternité et société entre eux, sous le titre : *Du sacrifice et oblation du précieux corps et sang de Nostre Seigneur Jésus-Christ,* ou tel autre titre de dévotion[1], Etienne Dechevannes supplie le chapitre permettre aux membres de cette confrérie faire prières à Dieu, chaque premier di-

---

[1] Les statuts lus par Dechevannes à cette séance capitulaire ne nous sont pas parvenus; mais l'organisation connue des autres confréries de Bourgogne, le serment rapporté plus haut et qui était à peu près le même pour toutes, peuvent nous en donner une idée assez exacte. Notons toutefois que les officiers et directeurs de la confrérie prenaient à Autun le nom distinctif de *chefs-d'hôtels,* tandis qu'à Chalon nous leur voyons porter la dénomination ecclésiastique de *prieurs* et de *sous-prieurs.*

manche du mois en l'église Saint-Nazaire, à l'autel de Sainte-Croix, spécialement pour la manutention et conservation de la foi, la prospérité du royaume et de la personne du roi, notre Sire, contre les hérétiques rebelles à Sa Majesté. »

Les chanoines n'eurent garde de se refuser à cette demande. Ils désignèrent quatre d'entre eux « pour avoir l'œil
» et superintendance, avec ceux des laïques élus par les
» catholiques, aux choses concernant l'état de la religion
» et le repos du peuple, et aux affaires de la fraternité et
» société entre eux érigée[1]. » La confrérie naissante fut placée, en souvenir des anciennes croisades contre les infidèles, sous l'invocation de la *Sainte-Croix*, du nom de l'autel antique devant lequel elle se réunissait, autel provenant de l'église Sainte-Croix bâtie avant le IXe siècle sur l'emplacement de celle de Saint-Lazare[2]. On disait à cet autel, chaque premier dimanche du mois, une messe solennelle pour les confrères. Chantres, musiciens gagistes, diacres, sous-diacres, semainiers, enfants d'aube, étaient obligés d'y assister sous peine d'être privés de leurs distributions. Elle était célébrée, à *note et musique,* par les chanoines et choriaux inscrits au rôle des confrères. La cloche Marthe, la

---

[1] Le choix de ces délégués montre quelle importance on attachait à la nouvelle confrérie. Ce furent les plus notables du chapitre : le doyen Philippe de Marcilly, frère de l'évêque, le grand-chantre Charvot, le syndic Ferrand et le chanoine-prédicateur Jean Delafosse. — *Reg. Capit.* [28 mai 1568.]

[2] Cette ancienne église consacrée à la Croix existait vers 851, époque où elle fut ruinée par les Normands, selon la charte de Jonas insérée dans le *Gallia Christiana,* t. IV, col. 49. En 853, Jonas fut nommé *missus dominicus* pour visiter le comté d'Autun appartenant alors à Isambard. [*Capitulaires* de Baluze, t. II, p. 70.] Voici comment il indique la position de l'église Sainte-Croix alors en ruines : « A viâ publicâ usque ad murum præmissæ civitatis, spatii perticarum quatuordecim et alterâ fronte perticarum duarum et pedum quatuor, » alteram verò item duarum et pedum duorum. » L'emplacement de cette primitive église est à peu près celui de la cathédrale Saint-Lazare qui l'a remplacée. — Nous renvoyons au *Légendaire* de M. l'abbé Pequegnot, t. I, p. 375, pour les détails sur le culte de la Sainte-Croix à Autun.

même qui convie encore de nos jours les fidèles aux offices, devait sonner « depuis les Laudes jusques à six heures du » matin pour annoncer cette messe, comme aussi sur l'heure » de midi, un quart-d'heure entier, pour assembler les con- » frères à l'enterrement d'un d'entre eux. »

A l'une des fêtes de cette association, le jésuite Odet Pigenat, que nous retrouverons sous la Ligue comme un des prédicateurs les plus violents, vint adresser des exhortations aux confrères.

« Le 14 septembre, jour de l'exaltation de la Croix, il y aura procession générale par l'environ du grand cloître, après laquelle se fera la prédication en l'église Saint-Nazaire, à l'issue de l'offertoire de la messe accoutumée, par Odet Pigenat, afin d'exhorter le peuple à prières et dévotions pour la réunion des errans et dévoyés de la foi de l'Eglise et pacification des troubles à présent régnans, auquel Pigenat on distribuera une prébende de pain et de vin, chaque jour qu'il fera prédication. »

« Les processions de la fête Sainte-Croix seront faites chaque dimanche, après vêpres, afin que plus commodément les laïques y ayant dévotion s'y puissent trouver, ordonnant à tous de l'église de faire devoir d'y assister en toute humilité, avec prières et dévotions, pour la conservation et multiplication des biens de la terre, revenance des errans et dévoyés de son Eglise. »

« Dimanche prochain, une procession générale aura lieu où sera porté le corps de Notre Seigneur Jésus-Christ, avec les cierges allumés de toutes les confréries et corporations de métiers avec leurs bannières. Seront invités tous ceux du clergé, magistrats, nobles, bourgeois, marchands, artisans, gens du commun et autres d'y assister. Aussi, on fera montre de toutes les reliques des églises et le dais sera tenu par des prêtres et des laïques. Enfin, la grosse cloche de la cathédrale, pendant la dite procession, sera sonnée aux frais du chapitre. » [1]

---

[1] Voir aux *Reg. Capit.*, années 1567, 1568, 1569, plusieurs délibérations sur la célébration de la fête de la confrérie de Sainte-Croix.

Les évènements ne donnèrent pas, dans le principe, à ces ligues une grande importance politique; mais elles ne laissèrent pas d'inspirer des craintes aux huguenots. Ils se pourvurent contre elles au parlement, alléguant que, « sans » l'autorité du roi, ses sujets s'assembloient. » La cour de Dijon, dans la crainte de déplaire à Tavannes, n'osa se prononcer et renvoya la cause à Charles IX. Catherine ne voulut pas autoriser ces associations de peur de donner trop de prépondérance aux catholiques, et quelque temps après, « les partisans huguenots à la cour les firent rompre par » des commandemens exprès de Leurs Majestés. »[1]

Réduites à leurs propres forces, ne possédant plus désormais qu'une existence anonyme, ces confréries ne tinrent pas ce qu'elles avaient promis et bornèrent leur action à l'intérieur de la cité. Elles vécurent cependant tant que Tavannes, qui en était le père et qui les avait jetées dans un même moule, resta en Bourgogne; mais après sa mort, elles languirent et finirent par se dissoudre. Elles furent la pierre d'attente sur laquelle devait plus tard être assise cette confédération formidable de la Sainte-Union; et, en 1576, elles se ranimèrent pour se fondre bientôt avec la Ligue dont elles avaient donné le premier modèle.[2]

---

[1] *Mémoires de Saulx-Tavannes,* p. 289. — Plus loin, p. 294, l'auteur ajoute : « Il y eut des articles exprès, à la paix, d'abolir ces associations des » confréries du Saint-Esprit et toutes autres, à la requête des huguenots pré- » voyans leur ruine par cette intelligence des catholiques... L'extinction en fut » facile à Leurs Majestés, n'ayant ces premières associations été faites que » pour les maintenir. »

[2] En 1576, Henri III, ayant autorisé la Ligue formée à Péronne, résolut de se mettre à la tête du parti catholique qui s'organisait partout sous la direction des Guise. Il s'ouvrit de ses desseins à ses plus fidèles serviteurs : « Le roi, » — dit le vicomte de Tavannes, dans ses *Mémoires,* p. 294, — me déclara » son intention qu'il vouloit se faire chef de la Ligue. Je lui fis voir le serment » de la confrérie du Saint-Esprit fait par mon père, pour la conservation de » la couronne en la maison de Valois, et il se résolut de suivre le style de ce

Au mois d'août 1568, l'alarme se répandit à Autun. Le prince de Condé, après la trêve de Longjumeau, s'était enfui de son château de Noyers avec Coligny et s'était réfugié à La Rochelle, au moment où Catherine de Médicis projetait de les faire arrêter tous deux d'un seul coup. Elle en avait chargé Tavannes, qui ne voulant, dit-il, s'exposer à un désaveu, au lieu de diriger en toute hâte vers Noyers 2,000 soldats placés sous ses ordres, les retarda dans leur marche et envoya sur les fossés du château des messagers porteurs de lettres dans lesquelles il disait : « *Le cerf est aux toiles, la* » *chasse est préparée.* » Ces messagers arrêtés, comme il l'espérait, avertirent le prince et l'amiral de l'imminence du danger. Après avoir pris des dispositions pour protéger sa fuite, Condé traversa avec une faible escorte la Bourgogne et le Nivernais et arriva en Poitou où il fit appel à ses partisans et se prépara à de nouveaux combats [1]. Le moment

---

» serment bien différent de celui qui se signoit secrètement à Péronne. » Le roi, de l'avis du chancelier de Chiverny, approuva cette formule et envoya le vicomte de Tavannes avec d'autres gentilshommes dans les provinces pour la faire adopter par les catholiques. Ce fut le serment qu'il prononça lui-même aux premiers Etats de Blois. Ainsi, d'après Tavannes, les éléments de la Ligue se formèrent en Bourgogne, et ce fait peut expliquer le rôle que jouèrent dans la suite plusieurs de nos compatriotes, tels que les deux fils du maréchal, les Montholon, le président Jeannin, les frères Pigenat et Lazare Morin.

[1] *Histoire de Bourgogne,* par dom Plancher, t. IV, p. 570. — *Histoire de France,* par Lacretelle, t. II, p. 208. — Guillaume de Tavannes, dans ses *Mémoires,* p. 447, met l'association de la confrérie du Saint-Esprit au nombre des causes de la reprise des hostilités par Condé. « Le prince, — dit-il, — » s'étant alarmé de quelques associations qui se faisoient par les catholiques, » en Bourgogne, pour se conserver, et présumant qu'il y eût entreprise contre » sa personne et celle des autres chefs de son parti, s'en alla de sa maison de » Noyers, suivi de plusieurs d'eux, et commença à rassembler des forces, pour » avec icelles attenter de toutes parts. » — L'abbé Lebœuf, dans l'*Histoire de l'Église d'Auxerre,* imprimée en 1723, après avoir fait des réserves sur les excès des deux partis, n'hésite pas à rejeter les causes de la guerre sur ces confréries auxquelles le prince de Condé, dans ses *Remontrances* au roi, donne le nom de *ligues catholiques* « dressées, dit-il, par toutes les villes de Bour- » gogne, où l'on prêtoit de dangereux et secrets sermens. »

était favorable pour arborer le drapeau de la guerre civile. Depuis le dernier traité de paix, l'exaspération des partis était parvenue au comble. On avait entendu dans la chaire et dans les prêches des exhortations furibondes à s'exterminer réciproquement par la trahison, l'assassinat, l'incendie, et tous les moyens possibles. Les menaces, les meurtres, les émeutes aboutirent à une levée de boucliers plus terrible que par le passé. Chaque chef huguenot organisait le massacre dans sa province, pendant que l'armée, sous les ordres de Condé et de Coligny, cherchait à se porter sur Paris. Jamais les troupes protestantes et catholiques n'avaient été si nombreuses; elles avaient doublé depuis la lutte précédente et s'étaient accrues de tous les gens que la misère laissait sans moyens d'existence.

Quoique les fraternités réformées ne possédassent pas de chefs notables en Bourgogne, elles ne laissèrent pas de s'assembler en armes. Les châteaux et les maisons-fortes étaient pleins de conventicules armés. A Autun, un mouvement inaccoutumé régnait parmi les confédérés. On les voyait aller et venir comme des gens qui méditent un grave projet. Le vierg Venot fut averti à plusieurs reprises qu'ils cherchaient à se rendre maîtres de la ville. On ne doutait point qu'ils n'eussent de secrètes intelligences avec ceux du dehors. Les catholiques se plaignaient que la porte des Bancs fût mal gardée par les capitaines de vingtaines « et qu'on laissât entrer » et saillir hors, à heure intempestive et indue, les person- » nes suspectes de Religion. » Les meneurs du parti habitaient le Château et y donnaient le mot d'ordre, sous l'œil des chanoines. Ils se préparaient de tous côtés « pour suivre les prin- » cipaux chefs, proches de ce pays, avec leurs forces. » Le 25 août 1568, le jour même où Condé quittait Noyers avec Coligny, ils sortirent à l'instigation des lieutenants Bretagne et Ladone qui s'échappèrent en secret et les rejoignirent à peu de distance de la ville [1]. Georges Venot, assisté de quelques volontaires et des soldats du chapitre, leur donna la chasse, mais sans pouvoir les atteindre. Il s'empara de trois chevaux appartenant au marchand Guillaume Labarge « parti » pour aller au camp et service des ennemis du roi » ; et sur la déclaration de Saulx-Tavannes que la prise était de bonne guerre, on les vendit pour subvenir aux frais de l'expédition. De ce jour, les magistrats et les chanoines convinrent de ne plus souffrir désormais au Château les suspects de Religion. A l'égard de Bretagne et de Ladone, le chapitre, se félicitant d'en être débarrassé, déclara le lendemain de leur sortie qu'ils ne rentreraient désormais au Château, pour y faire leur demeure, « vu que malicieusement, sans force ni » contrainte, ils en étoient issus, » et il ordonna aux commis à la garde des portes de veiller à l'exécution de ces ordres.

Ainsi la réaction contre le parti protestant était complète. L'élection de Venot, renouvelée en 1567 et 1568, l'avait réduit à l'impuissance. L'autorité du chapitre et celle de la ville se confondaient dans la même main. Le triomphe du bailli de l'Eglise était celui de l'Eglise elle-même. L'opinion catholique, ranimée par la création de la confrérie de Sainte-Croix, reçut encore de la présence du grand-bailli un nouvel appui.

Le chapitre, pressé par les difficultés de la guerre, avait, dès le mois d'avril, député le chanoine Ferrand à Simon de Loges, afin de l'inviter à se rendre dans la ville. Il comptait sur lui pour tenir en échec ses deux lieutenants Ladone et Bretagne. Ce dernier pouvant d'ailleurs être élu au mois de juin suivant, on redoutait avec raison d'être trahi dans la

---

[1] *Reg. Capit.,* 14 juillet; et *Reg. de l'Hôtel-de-Ville,* 26 août 1568.

défense du Château; mais on échappa à ce danger par la réélection de Venot. Sur la fin de juillet seulement, Simon de Loges se rendit à Autun. Les chanoines l'installèrent dans l'une de leurs maisons et l'investirent du commandement supérieur de la ville [1]. Il se montra animé « de bon zèle et » vouloir à l'honneur de Dieu, défense de sa sainte foi, ma- » nutention des personnes ecclésiastiques et conservation » de la place. »

Le 10 septembre, quelques jours après la sortie des réformés, il convoqua ceux qui restaient dans la salle des Cordeliers, les prévint que jamais ils n'iraient à la guerre contre le roi, leur enjoignit de se présenter chaque semaine devant les magistrats, et de déposer leurs armes dans la chambre du conseil. Il leur permit seulement de s'assembler « pour » faire prières en leur maison, » ce qui provoqua les remontrances des chanoines. D'après ses ordres, le Château et le fort de Marchaux furent mis en état de défense. Le chapitre ordonna de dresser un inventaire exact « de toutes les choses » requises en ménage, en cas d'obsidion. » Il fit passer la revue des armes et le dénombrement des personnes en état de s'en servir. On ne laissa à la garde de l'église que les chapelains les moins valides. Ils devaient rester en prières pour demander à Dieu l'abolition des hérésies et sa protection contre leurs fauteurs. On répartit sur différents points les vingtaines de la milice bourgeoise. On recommença la guette au clocher, et douze nouveaux soldats *avec tambour et fifre* furent levés aux frais du clergé, en attendant de plus grandes forces. On acheta *six-vingt-douze* livres de poudre à canon, et deux forges bien garnies furent établies au cloître, « avec un maréchal et serrurier sachant

---

[1] Le chapitre lui assigna 100 livres de gages; la ville devait contribuer pour la même somme.

» rhabiller arquebuses et racouster artillerie. » On fit confectionner à un maître fondeur six fauconneaux ou pièces de campagne de cinquante livres chacune (la livre devait revenir à 10 sols en moyenne). Provisions de bois, de sarments, de fascines, de charbon, de lanternes pour le guet de nuit, amas de farines et moulins à bras furent resserrés en lieu sûr.

De son côté, l'Hôtel-de-Ville enjoignit aux habitants de veiller à la garde de Marchaux; il pourvut ce fort de blés, vins et vivres. Il fit réparer les bastions et placer aux portes de chaque maison des tonneaux remplis de terre, appelés *gabions,* destinés à être portés sur les remparts et à servir de parapets. Enfin, les boulevards de terre placés précédemment aux avenues de la cité et qui étaient *jà tous rompus* furent remplacés par des boulevards en pierre, « pour » mieux obvier aux incursions des ennemis. »

Le 1er septembre, jour de la fête de Saint-Ladre, il y eut une montre générale où figurèrent la milice bourgeoise, la compagnie des enfants de la ville, et le prince des clercs ou de la Basoche; mais, de peur de tumulte, le *soupé* accoutumé n'eut pas lieu et les vingt écus destinés à ce banquet furent réservés pour affaires urgentes [1]. A raison de l'affluence du peuple à la fête patronale, on renforça les corps-de-garde du Château. Ordre fut donné aux vingteniers de refuser l'entrée de la porte des Bancs aux étrangers, vagabonds et gens armés. Quant à la cavalcade du terrier, le chapitre laissa ses membres libres d'y assister, en les invi-

---

[1] Ce banquet a une origine assez singulière. Vers le milieu du XVIe siècle, les Autunois n'étaient pas très exacts à faire la cavalcade le jour de Saint-Lazare. Afin de les engager à s'y rendre, le vierg Lazare Joffriot décida, en 1548, qu'il y aurait dans la soirée un *soupé* général auquel les habitants les plus apparents seraient invités. La dépense de ce repas fut fixée à *vingt écus soleil,* c'est-à-dire 45 livres tournois environ.

tant expressément de se pourvoir d'armes et de se faire accompagner en bon équipage.

Ces préparatifs restèrent inutiles pendant plusieurs mois. La fin de l'année 1568 et le commencement de la suivante n'amenèrent aucun nouveau danger. La dureté de l'hiver, qui fut un des plus rigoureux du siècle, obligea les armées catholiques et protestantes, sans qu'il y eût aucune convention entre elles, à prolonger leurs quartiers jusque dans les premiers mois de 1569.

Le 5 mars, on reçut la nouvelle de la prise de Vézelay par les calvinistes. Située au sommet d'une montagne escarpée, qui n'est accessible que d'un côté, enceinte de fortifications en bon état, cette place, l'une des plus importantes de Bourgogne, donnait aux protestants une position avancée. Par les vallées de la Loire et les défilés du Morvan, ils pouvaient pénétrer aux portes de Nevers et d'Autun. Cette nouvelle causa un redoublement de précautions. Le chapitre enjoignit, sous peine d'amende, aux clercs et chapelains d'assister continuellement en personne à la garde des portes, des tours et des remparts, « ou de constituer gens à ce suffi- » sans et robustes. » Il fit faire le dénombrement des villages qui devaient contribuer aux fortifications et invita l'évêque à mettre son palais épiscopal en état de défense. Le vierg Venot fit publier l'ordonnance de Saulx-Ventoux qui défendait aux réformés, même à ceux retournés à la religion catholique, « de sortir hors des villes et de conserver des » armes en leurs maisons [1]. » Enfin on eut recours à une

---

[1] « Vers le même temps, — dit une délibération, — après information d'un » grand scandale advenu au faubourg Saint-Blaise, par un nommé Patarra » ayant tenu plusieurs propos mal sonnans sur la religion, Georges Venot a » fait constituer prisonnier le délinquant avec un sien fils et les a cités par- » devant son tribunal de la viérie. »

assemblée générale des habitants, ainsi qu'il était d'usage dans les circonstances majeures.

Ces assemblées étaient l'exemple le plus frappant de la vitalité des institutions municipales, l'expression la plus large des libertés communales de nos ancêtres. Quand une affaire importante nécessitait leur réunion, quand il était besoin d'établir des impôts, des tailles, des octrois, de voter une dépense extraordinaire, d'apurer les comptes de la communauté, de parer à un danger imminent, le conseil de ville composé du vierg, des quatre échevins et des deux procureurs-syndics, laissait fléchir son autorité devant la gravité des circonstances et faisait appel aux habitants[1]. Ils étaient convoqués, à son de trompe, par les carrefours, et se réunissaient dans cette même salle du couvent des Cordeliers, où, chaque année, ils procédaient à l'élection des magistrats. Tous, sans distinction de rang, d'état, de fortune, avaient droit d'opiner, et l'on vit souvent des hommes du peuple prendre la parole à côté de l'évêque, du lieute-

[1] En 1546, les bourgeois d'Autun étaient tenus d'assister aux assemblées générales et de signer au registre de présence, à peine de *cinq sols* d'amende; toutefois, ces prescriptions étaient rarement observées. Cette même année, on proposa de choisir parmi les gens de robe longue, procureurs et marchands, dix-huit conseillers pour représenter la ville et traiter de toutes affaires, « après » serment par eux prêté de faire ce que de bons citadins doivent à la répu- » blique. » Mais ce système mis à l'essai pendant quelque temps ne prit pas racine. — Ce fut seulement en 1787 que Louis XVI, sous prétexte de remédier aux abus qui résultaient de ces réunions souvent tumultueuses, porta une ordonnance, en date du 17 février, par laquelle les citoyens devaient se faire représenter aux assemblées par trente députés élus dans vingt-six classes d'habitants. Les avocats nommaient *quatre* députés, les procureurs *deux;* tous les autres états, en finissant par celui des messagers, voituriers, jardiniers et manœuvres, en désignaient *un* seul. Les ecclésiastiques nobles et privilégiés avaient droit d'envoyer six d'entre eux, avec voix de suffrages comme les autres élus. Une amende de *cinq livres* et au-dessus était prononcée contre ceux qui s'abstenaient, à la réquisition du syndic, sur un simple billet de convocation écrit de la main des magistrats.

nant-général et du vierg [1]. Les gens du roi, les procureurs, les avocats au bailliage et aux justices seigneuriales assistaient à ces assemblées seulement comme notables et n'y possédaient que voix délibérative ; ces réunions présentent souvent à cette époque le spectacle d'une unanimité touchante. C'était dans un sentiment de commun patriotisme que résidait principalement leur force, et rarement fit-elle défaut au besoin.

Le 13 mars, une assemblée générale ayant été convoquée à son de trompe, comme de coutume, le vierg exposa la situation faite à la ville par la prise de Vézelay, et consulta les assistants sur les mesures à prendre.

« Georges Venot a remontré, — dit le procès-verbal de la délibération, — qu'il avait depuis peu de temps reçu avis que la ville de Vézelay s'était laissée surprendre par les ennemis du roi, quand on estimait les choses être pacifiques au duché de Bourgogne. Il a exposé, attendu la proximité de cette place qui est à dix-huit lieues d'Autun, d'autant plus que les huguenots s'efforcent chaque jour de s'emparer des villes fortes et usent de stratagèmes pour les surprendre, qu'il étoit besoin se tenir sur ses gardes et pourvoir au danger par toutes voies, afin d'éviter semblables ruines à celles advenues les précédentes années en France.

En même temps, le vierg fit donner lecture par Etienne Lefort, secrétaire du conseil, d'une missive qu'il venait de recevoir de Charles de Missery, gouverneur d'Auxois [2], qui,

---

[1] Au moment du passage de Coligny, en juin 1570, on voit un citoyen, que son nom de *maître Jacques* semble désigner comme un artisan, émettre avec fermeté son avis sur l'expulsion de la garnison.

[2] Charles de Malain, seigneur de Missery, près Saulieu, élu de la noblesse d'Auxois aux Etats d'Orléans en 1560, et aux Etats de Blois en 1576, avait été nommé, vers 1566, par Charles IX, pour procéder à la réformation de la coutume de Bourgogne avec Jean Bégat et deux représentants du clergé et du tiers. Il occupa le gouvernement du bailliage d'Auxois pendant près de vingt années.

ayant l'intention de reprendre Vézelay, demandait des troupes et engageait la confrérie de Sainte-Croix à lui envoyer des hommes et de l'argent, comme l'avaient fait les associations des autres villes. Une discussion s'engagea sur cette demande :

« Nicolas Rolet, conseil de la ville, n'est pas d'opinion d'accorder des secours, parce que Vézelay est situé hors du duché et qu'il faut en communiquer avec le sieur de Tavannes pour connoître sa volonté ; joint à cela qu'il n'est bon de désemparer la cité de la jeunesse, même aux dangers présens.
» Barthélemy d'Arlay, Mathieu Humbelot, Clément Perrin, Antoine Roux, tous échevins, ont opiné de même et ont été d'accord d'en référer au gouverneur.
» Jean Pupelin et Noël Guinot, procureurs-syndics de la communauté, ont tenu même langage.
» Etienne Dechevannes est d'autre avis. Il dit qu'un secours des confrères de Sainte-Croix doit être octroyé au capitaine Missery, parce que la prise de Vézelay importe par trop à la Bourgogne ; d'autant que si les ennemis venoient à se fortifier en icelle, ils porteroient un merveilleux intérêt au plat pays et lieux circonvoisins, et viendroient piller jusques aux portes de cette ville. De plus, un envoi de volontaires leur étant accordé en pareil cas, et Autun se trouvant plus tard en nécessité, cela donneroit occasion aux autres villes de lui prêter aide à leur tour. »

Cet avis du chef de la confrérie termina les indécisions. On résolut d'envoyer au gouverneur d'Auxois cent à cent vingt arquebusiers pris parmi les associés ou levés à leurs frais. On convint de veiller à la garde du Château et de Marchaux et de faire le guet de nuit, sans avoir recours aux garnisons étrangères. Les réformés ne devaient plus être reçus aux forts ; ceux qui y résidaient étaient consignés en leurs maisons, « sans en isser. » Le chapitre, au nom des confrères ecclésiastiques de Sainte-Croix, donna cent livres, fournit quelques hommes d'armes, et remplaça les absents par des chapelains, « pour ordinairement et journellement

» avec quelque peu de soldats sister à la garde des portes
» et des remparts. »

Sur ces entrefaites, l'Hôtel-de-Ville reçut avis de Saulx-Ventoux qu'une armée allemande venait d'envahir la France et s'acheminait vers la Bourgogne. Le lieutenant exhortait les Autunois à se tenir sur leurs gardes et « à réserver » plus sévèrement que jamais les religionnaires en leurs maisons, avec défense d'en sortir sous peine de cinquante livres d'amende. Le vierg convoqua une nouvelle assemblée et proposa, pour parer aux besoins les plus pressants, d'enrôler quelques soldats. Mais Etienne Dechevannes et la majorité ne jugeant pas à propos « de charger la ville, » on résolut d'envoyer l'ordre à l'expédition de Vézelay de revenir en toute hâte. Trois jours après, les confrères de Sainte-Croix rentraient à Autun où l'approche des ennemis causait les plus vives alarmes.

CHAPITRE III

L'INVASION ALLEMANDE ET LA MAGISTRATURE DU CALVINISTE PHILIBERT TIXIER.

SOMMAIRE.

Les Allemands en Bourgogne. — Garnisons. — Philibert Tixier, élu vierg, s'appuie sur les protestants. — Réclamations du chapitre. — Envoi d'un gouverneur militaire. — Verdignac de Champecullion et Gaspard de Tavannes. — Mesures de sûreté. — Tixier insulté par les religieux de Saint-Symphorien. — Nouvelles garnisons.

Ce fut sur la fin de mars 1569, que les troupes allemandes appelées par les protestants de France, après la désastreuse journée de Jarnac, pénétrèrent en Bourgogne. Cette armée composée de sept mille cinq cents reîtres, six mille lansquenets et deux mille volontaires français était conduite par le prince Jean-Casimir Wolfgang de Bavière, duc des Deux-Ponts. On y voyait une noblesse nombreuse, des ambitions naissantes ou froissées, des aventuriers qui se trouvaient heureux de quitter les champs et les bois, pour piller sous la protection des princes [1]. Cette armée inspirait sur son passage une terreur profonde. Villes et châteaux se fermaient. Les campagnes étaient désertes. Les paysans cachaient leur petite fortune et fuyaient avec leurs troupeaux. Partout on priait Dieu. La province était sillonnée par des processions quotidiennes, pour demander victoire sur Wolfgang et ses seize mille barbares.

Le 8 avril, le vierg Georges Venot fut averti par un courrier que les reîtres passaient aux portes de Dijon. Claude de Ventoux écrivit qu'ils prenaient leurs brisées vers l'Autunois. On fut d'abord d'avis de se contenter du vierg, comme capitaine, et de quelques soldats soudoyés aux frais des réformés. Mais à la nouvelle que les ennemis commençaient à approcher, sur les représentations pressantes du chapitre, et dans la crainte que les forces ne fussent insuffisantes, la municipalité se décida à demander des secours au duc d'Aumale. On enrôla tous les habitants en état de porter les armes et on augmenta les réserves de munitions et de poudre [2]. Le chapitre cathédral, de concert avec celui de

---

[1] Parmi les seigneurs huguenots figurait, — dit un historien, — « le capi-
» taine de Traves qui récemment avait quitté Genève pour se jeter sur Mâcon;
» qui, repoussé par cette ville, avait pillé Romenay, brûlé Cuisery et quel-
» ques bourgades; qui, enfin, chassé de la Bourgogne par Tavannes, s'était
» réfugié chez les Allemands pour y rentrer avec eux. » Ce capitaine, appelé *de Trans* par quelques auteurs, n'était autre que l'Autunois Jacques de Traves que nous avons vu ouvrir un prêche dans son château de Vautheau, et tenir la campagne pour le parti.

Dans une récente notice sur l'invasion de 1569, M. Cl. Rossignol, conservateur des Archives de la Côte-d'Or, a donné des détails nombreux sur la composition et la marche de l'armée de Wolfgang. Nous eussions désiré faire de plus considérables emprunts à cet épisode de l'histoire de notre province; mais ces extraits eussent trop agrandi notre cadre renfermé dans les limites de l'Autunois. Nous ne pouvons que renvoyer à l'intéressant travail de M. Rossignol.

[2] Nous lisons dans les registres, que l'on conservait 350 livres de poudre à l'Hôtel-de-Ville, et que cet approvisionnement fut porté au double.

Notre-Dame et avec l'évêque, leva douze soldats étrangers pour la garde du Château [1], sous le commandement de Philippe de Vichy, seigneur du Jeu, délivra des arquebuses aux chanoines, habitués, chapelains, fit remonter et redresser les grosses pièces d'artillerie, et rétablir le chemin de ronde sur les murailles. Il ordonna une procession générale dans laquelle fut prêché au peuple un sermon pour l'*émouvoir* et l'inviter à faire bonne contenance contre les misères du temps.

Les troupes demandées à d'Aumale arrivèrent sous la conduite du baron de Montperroux [2]; mais elles n'eurent pas affaire à l'ennemi. Wolfgang passa, le 26 avril, sous les murs de Dijon, fit de nombreux prisonniers et ruina les villages qui la plupart demeurèrent déserts et inhabitables. « Ce n'étoit que rançonnemens, pilleries et massacres, com-
» bustions de maisons, viols d'églises, chasse-prêtres, et
» généralement tous actes de picorée et autres voies d'hos-
» tilité. » Il se fit ouvrir par trahison la ville de Nuits, sous les yeux de l'armée royale campée à une lieue de distance, et la mit à sac et à pillage. Il s'arrêta deux jours devant Beaune pour réunir ses bagages, descendit jusqu'à Chagny

---

[1] Le chiffre de cette garnison paraîtra peu considérable. Elle était cependant établie sur le pied de guerre. La hauteur des fortifications, le système d'attaque suivi à cette époque étaient cause qu'en temps de paix les garnisons se réduisaient à un chiffre fort restreint. Au moindre soupçon de danger, on doublait et quadruplait le nombre des soldats, et ce surcroît de force suffisait ordinairement, sauf le cas de trahison. Il était rare que l'ennemi pût s'emparer en quelques jours d'une place forte, et le gouverneur avait le temps d'accourir avec des renforts. — Voir, pour plus de détails, Cibrario, *Economie politique du moyen-âge*, p. 144 et 145.

[2] Le baron de Montperroux, de l'ancienne maison de Dyo, possédait le fief de Montperroux, près Grury, qui avait longtemps appartenu aux sires de Bourbon. — Un Montperroux est élu de la Noblesse aux Etats de la Bourgogne de 1581. — C'était un des quatre barons de l'Autunois tenus d'assister à la prise de possession de l'évêque.

où d'Aumale engagea, le 3 juin, un combat sans succès, se jeta dans les bois de l'Auxois, s'arrêta cinq jours près d'Arnay et se dirigea sur Vézelay, La Charité, le Berry et le Limousin où il opéra sa jonction avec l'amiral. « L'armée catho-
» lique l'avoit cotoyé pendant dix-sept jours sans l'attaquer
» qu'en quelques logemens, par diverses et légères escar-
» mouches, sinon à Nuits, au passage de la rivière, auquel
» il sembloit que l'engagement dût être plus grand qu'il ne
» fut [1]. » Chemin faisant, les reîtres avaient saccagé plusieurs seigneuries appartenant au chapitre, brûlé ses granges, ses métairies, tué et dispersé ses tenanciers. [2]

La garnison du capitaine Montperroux, si précipitamment appelée, devint bientôt une charge insupportable pour la ville et pour le clergé dont les finances étaient épuisées. Ses excès soulevèrent des réclamations générales, surtout de la part des réformés.

[1] *Mémoires* de Castelnau, p. 539. — On peut suivre pas à pas dans la notice de M. Rossignol la trace des dévastations du nouvel *Attila* dont *l'intention, disait-il naïvement, n'étoit cependant tant soit peu de piller.* Il faut lire les procès-verbaux contemporains rapportés par l'auteur, pour se faire une idée du triste spectacle qu'offrait la Bourgogne. Au reste, la marche de l'armée française ne fit guère moins de mal que l'invasion allemande. « A
» part le feu et le pillage des églises, disent plusieurs auteurs, les soldats de
» Sa Majesté causèrent à cette province presque autant de dommages que ses
» ennemis. »

[2] Extraits de quelques délibérations :
« A Saulon-la-Chapelle, l'ennemi brûla des granges et maisons. On fera en-
» quête sur les dégâts et dommages faits en cette terre et on traitera les habi-
» tans comme bons enfans de famille. »
« Pierre Simonnet, vicaire de Saint-Jean-de-Trézy, expose les pertes qu'il
» a souffertes au passage de l'armée du duc des Deux-Ponts. »
« A Suze, François Billard, dit le Mouchet, a perdu ses biens, outre l'homi-
» cide commis sur la personne d'un sien fils chargé de plusieurs enfans, et a
» été sa métairie brûlée par le camp de l'ennemi. »
« André Ferrand a fait voyage vers le duc d'Aumale, pour exposer les dé-
» vastations commises sur les terres du chapitre, aux bailliages de Dijon,
» Beaune, Autun, et au pays d'Auxois, par les Allemands et François héré-
» tiques, lesquels ont mis en feu la plus grande partie de la province de
» Bourgogne. »

« Ils ne faisoient, — répétait-on de toutes parts, — aucun semblant de déloger, mais continuoient d'être d'une grande foule et vexation pour le peuple, vu qu'ils se trouvoient grandement dissolus en leur vivre, sans vouloir rien payer, au contraire exigeoient avant de partir être payés pour un mois et, comme gage de ce paiement, se vouloient saisir de ceux de la Religion, les emmener, les rançonner selon qu'ils avoient déjà fait. Il falloit donc y obvier d'urgence et composer avec eux sans attendre au lendemain, parce que s'étant de ceux de la Religion saisis, ils les rançonneroient plus que leurs biens ne vaudroient, et il n'étoit vraiment raisonnable de laisser ainsi traiter et manier les habitans de la ville. »

Quoique les armées régulières existassent de longue date, rien n'était plus bigarré que la composition des troupes, en ces temps de guerres intestines. Les villes étaient défendues par le gouverneur de la province, lorsqu'il y avait un intérêt majeur à les défendre, et lorsqu'il possédait une armée suffisante pour en détacher une partie sans disséminer ses forces et sans compromettre le reste du pays. Dans le cas contraire, il répondait aux villes qui demandaient un secours : « Défendez-vous vous-même et avisez à vos dépens. » Les municipalités s'adressaient alors à des compagnies libres, espèces de corps francs placés sous les ordres d'un chef qui, selon ses sympathies personnelles, se rangeait à l'un ou à l'autre parti.

Ces compagnies se composaient de gens de toutes sortes, d'artisans dépourvus d'ouvrage, de paysans dont les bestiaux avaient été enlevés, les chaumières ruinées, de vassaux entraînés par leurs seigneurs. Elles étaient l'image vivante du désordre, comme aujourd'hui, à l'aide de la discipline, elles représentent l'ordre et la soumission. Le droit de la guerre, respectable à leurs yeux comme la loi même, consistait pour elles dans le pillage, le vol, la violence, la satisfaction des instincts les plus brutaux. Certaines de l'impunité dans l'exercice d'un pareil métier, elles en usaient sans scrupules.

Ces corps francs étaient ordinairement conduits par des seigneurs qui, au lieu de s'ennuyer dans leurs châteaux, recrutaient une compagnie et comptaient alors pour quelque chose. Tels étaient, dans l'Autunois, les Montperroux, les d'Epinac, les Champecullion. Quelquefois un roturier qui avait acquis expérience au rude métier des armes et conquis un certain ascendant par son courage ou ses façons délibérées réussissait à composer une troupe et à s'en faire déclarer chef. C'est ainsi que nous avons vu, à Autun, les capitaines Blanay, Burat et autres.

Lorsque ces compagnies étaient en garnison dans les villes, on leur allouait une somme avec laquelle elles pourvoyaient à leur entretien, ou bien on leur fournissait blé, pain, vin, fourrages et autres munitions, ainsi qu'une gratification en argent, au moment de leur départ, ou bien encore on les laissait vivre à discrétion chez l'habitant, lorsque la ville ne possédait aucune ressource. Chaque capitaine traitait sur l'une ou l'autre de ces conditions et la plupart du temps abusait de toutes. [1]

Fatigué d'un pareil état de choses, le conseil de ville résolut d'y mettre fin. Il s'assembla, le 7 mai, et fut d'avis avec le chapitre d'offrir à Montperroux cinq ou six cents écus dont les chanoines consentirent à avancer la moitié, le reste de cette somme devant être *jetée* sur les réformés. Le vierg Venot prit la parole :

---

[1] Des lettres patentes de Henri II, datées du 13 novembre 1551, avaient, à l'occasion d'un nouvel impôt jeté sur les villes, déchargé leurs habitants de fournir *logis, meubles et ustensiles* aux gens de guerre tenant garnison et vivant de gré à gré. Quant à l'étapier ou soldat en passage, on ne lui devait « *ni bois, ni sel, ni verjus, ni vinaigre, mais seulement le feu.* » Mais en temps de guerre, ces ordonnances étaient peu ou point respectées. Elles ne concernaient du reste que les troupes royales.

« On a fait sonder, dit-il, le baron de Montperroux et ses officiers par le capitaine Verdignac pour savoir s'ils se contenteroient de 400 écus une fois donnés ; mais la somme offerte s'est trouvée trop foible, si bien qu'il leur faudroit 100 écus en plus, voire davantage, comprise la dépense des officiers faite à l'hôtellerie, revenant à 142 livres, par calcul fait avec l'hôtesse du logis de la *Croix-d'Or*. »

Le vierg insista de nouveau pour déloger les gens de guerre à tout prix; mais comme il n'y avait pas un seul denier dans la caisse municipale, il invita chacun à émettre son avis.

« Nicolas Rolet, avocat, étant le premier en rang, s'est levé et a prétendu que les officiers avoient fort bien procédé; qu'il étoit d'avis de récompenser les chefs des compagnies, outre ce qui seroit donné au sieur de Montperroux, et que, pour y satisfaire, il falloit prendre deniers à intérêts sur ceux de la Religion.

» Nicolas Gorlet, enquêteur au bailliage, a été de même opinion, à savoir : que les deniers se doivent lever sur ceux de la Religion.

» Antoine Delacroix a dit que les huguenots devoient tout payer, puisque c'étoit pour les redimer des vexations des gens de guerre.

» Jean de Sully, Jean Deschasaulx, Jacques Devoyo ont été tous du même accord, le dernier disant que ceux de la Religion étoient cause de tous les maux.

» Etienne Dechevannes a soutenu comme les autres que ceux de la religion nouvelle devoient tout payer et que la somme se devoit lever sur vingt des principaux d'entre eux, et cela d'une manière égale.

» Quinze autres assistans ont été d'avis que tous les deniers nécessaires pour les capitaines jusques à leur contentement, ensemble tous autres frais qu'ils feroient pendant leur séjour, fussent pris sur ceux de la Religion, adhérans au surplus aux discours des orateurs précédens.

» Sur quoi, on a conclu, à la pluralité des voix, qu'une somme de 400 écus est nécessaire pour de cette somme en bailler 200 aux chefs et le surplus aux capitaines et membres des compagnies ; comme aussi il faut ajouter la dépense des chefs faite à l'hôtellerie de la *Croix-d'Or*. Ces deniers seront pris par égale portion sur ceux de la Religion et levés promptement, afin de décharger la ville au plus tôt des gens de guerre. En même temps, la recette, vue la nécessité urgente, en est confiée à l'échevin Barthélemy d'Arlay, pour faire toutes contraintes et poursuites nécessaires, et la distribution au capitaine Verdignac assisté d'un officier de la viérie et d'un membre du clergé. »

La difficulté était de trouver de l'argent à l'instant même. Une somme de sept cents écus fut empruntée, au compte de la ville et du chapitre, à Philibert Tixier, seigneur d'Ornée, procureur du roi de la gruerie, receveur des décimes du diocèse, fermier-général des greniers à sel de Bourgogne, un des bourgeois les plus riches d'Autun [1]. Les troupes, satisfaites, déguerpirent sur-le-champ.

Dès le surlendemain, Tixier se hâta d'adresser au chapitre une demande en remboursement, attendu, disait-il, qu'il était pressé, que c'étaient deniers du roi; qu'un commissaire arrivait exprès à Autun pour les réclamer, « et qu'il plût » à MM. d'aviser à la contribution de ce qu'ils pensoient être » raisonnable à leur part. » Le chapitre, se prévalant de la délibération de la veille, répondit : « Qu'il ne satisferoit

---

[1] Philibert Tixier, auquel les papiers du temps donnent les qualifications de *sage maître, honorable homme, noble seigneur, marchand* et *capitaine* (il commandait une compagnie de la milice bourgeoise), tenait aux Jeannin par sa mère, et par son père, Guillaume Tixier, *citoyen* d'Autun, à une famille nombreuse qui comptait des représentants dans toutes les conditions et qui donna des viergs, des échevins et plusieurs officiers royaux. — Pierre Tixier, son oncle, chanoine de Saint-Lazare, était mort le 13 septembre 1567, en laissant tous ses biens à Philibert Tixier l'aîné, Pierre Tixier, tanneur, et Philibert Tixier le jeune, ses neveux. [Gagnare rapporte, p. 374, plusieurs fondations faites par ce chanoine.] — Un Lazare Tixier fut doyen de Saulieu. Quelques années auparavant, le 2 octobre 1564, il avait été nommé chanoine d'Autun, et cette nomination à laquelle on voit Philibert Tixier s'intéresser prouve que Lazare lui tenait de près et que le chapitre, en choisissant son parent pour succéder à la prébende de Celse Morin, espérait le rendre lui-même favorable à l'Eglise. — Edme Tixier, dit Damas, était, en 1566, bénéficier de l'église, — et Jean, avocat, remplissait les fonctions de substitut du chapitre.

» d'aucune chose à cette demande, parce que les catholi-
» ques devoient en demeurer exempts; que la somme avoit
» été jetée sur ceux de la Religion, et que si les magistrats
» vouloient procéder par contrainte, il se pourvoiroit auprès
» du duc d'Aumale. » Ce refus mécontenta vivement Tixier,
les réformés et une partie des habitants. Mais le chapitre,
par amour de la paix, revint peu de jours après sur cette
décision et déclara qu'il consentait que moitié de la somme
fût répartie entre les ecclésiastiques de la ville et des faubourgs, d'après des rôles régulièrement dressés. [1]

La position des réformés, quoique adoucie par ce moyen
terme, restait toujours indécise quant au surplus de la dette.
Elle pouvait, à la rigueur, comme on l'avait proclamé dans
la réunion du 7 mai, être mise à leur charge. Mais les magistrats répugnant à cette mesure d'exception, craignant
d'autre part d'imposer une ville épuisée, laissaient les propositions du chapitre sans réponse et Tixier sans remboursement. Ces difficultés se compliquaient de différentes com-
pensations opposées par les chanoines, au sujet des dépenses de la milice, des fortifications du Château, des fourni-
tures faites au camp du duc de Nevers lorsqu'il avait assiégé
Mâcon, et au camp du duc d'Aumale lorsqu'il poursuivait les
reîtres. Le vierg Venot, partagé entre la crainte de désobli-
ger le chapitre et celle de surcharger la cité, jugeait à propos
de traîner les choses en longueur, d'ajourner la convocation
d'une assemblée générale et d'attendre le sort des élections
futures.

Afin de tendre la main aux réformés et de poursuivre plus
sûrement lui-même la rentrée de ses avances, Tixier imagina de briguer la viérie. Il avait de nombreuses chances

---

[1] *Reg. Capit.*, 7-13 mai 1569.

en sa faveur. Ses fonctions et sa fortune lui donnaient une grande influence [1]. Il ne s'en contenta pas et recourut à d'autres moyens. Il ne paraît pas que jusque à ce moment ses opinions religieuses aient été prononcées et qu'il ait donné des gages au parti calviniste. Il était avant tout un financier plaçant ses affaires avant ses croyances. Mais, dans l'intérêt de sa candidature et pour se venger du chapitre, il fit ouvertement appel aux réformés. Il leur promit de les exempter de la contribution qu'on voulait rejeter sur eux, de la reporter en entier sur l'Eglise et de les dispenser du guet et garde qu'ils refusaient de faire avec les catholiques. Il les flatta d'une égalité complète vis-à-vis de ces derniers et appuya ses promesses par des distributions d'argent et autres libéralités. La division existant entre les habitants au sujet de ces impôts donnait une grande force à ses prétentions. Il ne s'agissait pas seulement de savoir qui des catholiques ou des protestants arriverait au pouvoir, mais encore qui d'entre eux paierait ou ne paierait pas.

---

[1] Les registres capitulaires et les protocoles de Desplaces renferment un grand nombre de reconnaissances de sommes prêtées par Tixier à des habitants d'Autun, à des gens de noblesse, au clergé du diocèse et au chapitre.

A la suite de l'édit du 9 décembre 1563 qui autorisait l'aliénation du domaine ecclésiastique, le *marchand* Tixier (il signe toujours ainsi) prit le titre de seigneur d'Ornée, en vertu d'un échange fait entre lui et Pierre de Marcilly, en 1565. « L'évêque, dit un manuscrit du temporel de l'Evêché, lui bailla » la terre d'Ornée, à l'exception de la haute justice, en échange du village de » Cortecloux, assis dans la paroisse de Monthelon. » — Plus tard, Tixier racheta le droit de haute justice réservé par l'évêque. En 1569, le 21 août, il acquit la terre de Bois-le-Duc, de Jeanne de Montjeu, veuve de Claude de Villers, sieur de Gerlans et de Montjeu. Le 5 novembre de la même année, le chapitre lui céda la seigneurie de Cortecloux et une partie de Monthelon pour acquitter la dette de 700 livres dont nous venons de parler.

Remarquons, en passant, que l'ordonnance d'Orléans avait statué que l'acquisition de terres nobles par des *roturiers* ne suffisait pas pour les anoblir. En revanche, au XVIe siècle et jusqu'au règne de Louis XIII, les charges de maire conféraient la noblesse ; aussi les voyons-nous fort recherchées. La noblesse bourgeoise des Bretagne, des Venot, des Berthault, des Tixier, n'eut pas d'autre origine.

L'élection de Philibert Tixier obtint un plein succès [1]. Les calvinistes chantèrent victoire et se permirent toutes sortes de *jactances* et d'*audaces*. Les nouveaux magistrats les laissèrent circuler librement dans la ville, mirent de côté les ordonnances qui les imposaient aux guet et garde et abdiquèrent toute surveillance.

Le professeur Destample reprit son enseignement.

« 26 *juin*. — On commet le syndic Ferrand pour entendre de M. le vierg Tixier la permission que maître Antoine Destample dit lui avoir été faite par icelui, contre les arrêts sur ce intervenus, de tenir école et faire aucun exercice d'enseigner la jeunesse dans la nouvelle religion, pour, après sa réponse ouïe, y pourvoir selon qu'il appartiendra. »

Bretagne et Ladone, écartés par Venot depuis leur fuite, rentrèrent dans le Château [2] et tentèrent de le livrer à leurs partisans. Le chapitre jeta un cri d'alarme.

---

[1] Les échevins élus étaient catholiques : Barthélemy d'Arlay, Antoine Rolet, Antoine Roux et Claude Berthault, seigneur de La Vesvre. Les deux syndics dont les opinions religieuses nous sont inconnues furent Nicolas Gorlet et Jean Pupelin.
L'échevin d'Arlay, avocat et docteur en droit, était, comme Georges Venot, petit-fils du président Chasseneuz, par sa mère Jeanne de Chasseneuz qui avait épousé, en 1531, Hugues d'Arlay, seigneur de Macarnay au comté de Bourgogne et bailli de Lons-le-Saulnier. Barthélemy, dont la descendance a donné des officiers au parlement, à la chambre des comptes de Dijon, et un vierg d'Autun [1620-1621], avait un frère du même nom, chanoine de Saint-Lazare, et une sœur, Jeanne d'Arlay, femme de noble messire Jean Le Save, *citoyen d'Ostun et de Rome*, secrétaire de la chambre apostolique. Barthélemy a publié une seconde édition des *Consilia* de Chasseneuz.

[2] Ce fait est prouvé par la commission de Claude de Saulx, du 16 juillet, citée plus bas, où il est fait allusion aux officiers du bailliage « qui *souloient* » *être* de la prétendue religion. » Dans les protocoles du notaire Desplaces, nous trouvons, à la date du 26 décembre 1568, un acte signifié à Lazare Ladone, « combien qu'il soit absent. » D'où il résulte que les deux lieutenants furent exilés d'Autun près de onze mois et remplacés dans l'exercice de leurs charges par leurs substituts.

« 28 *juin.* — Attendu les jactances et audaces des hérétiques et nouveaux religieux, au moyen de la récente création des magistrats, pour l'intelligence et familiarité que ces derniers pourroient avoir avec eux, on commet le doyen, l'archidiacre Languet, Anatole Ailleboust et Delafosse, pour interpeller les vierg et officiers de commettre sûre garde aux portes, afin d'empêcher les entreprises qu'ils pourroient machiner, protestant, faute de le faire, de se pourvoir par tous moyens. »

« 8 *juillet.* — Les chanoines susnommés sont priés, sans plus tarder, de mettre ordre aux affaires qui concernent la défense et sûreté du Château, pour rompre le dessein des hérétiques conjurés, et on leur donne tout pouvoir de rafraîchir les dizaines, lever tels soldats en nombre compétent et en armes, pour empêcher les conspirations des huguenots, qui se font au moyen des connivences et dissimulations des officiers de la ville et autres. »

Les chanoines n'attendirent pas le résultat de ces mesures. Ils dédommagèrent Georges Venot de l'échec qu'il avait éprouvé dans l'élection, en lui conférant l'office de capitaine du Château, en remplacement d'André Ferrand dont le titre n'était que provisoire. Il était déjà nanti des clefs des portes Matheron et des Bancs, depuis deux ans, époque où comme vierg il en disposait, selon l'usage, avec les chanoines. Mais, jaloux de rentrer dans la légalité, il avait présenté requête [1]

---

[1] Cette requête était ainsi conçue :
   « Messieurs les chanoines,
» Maître Georges Venot expose humblement qu'il y aura deux ans à cette
» prochaine fête des agonisans, sur votre nomination et celle de messieurs de
» la ville, il se seroit chargé des clefs des portes du Châtel d'Autun, pour en
» faire la garde et s'employer à la clôture et ouverture des dites portes, ce qu'il
» a fait le mieux qu'il lui a été possible. Or, comme ci-après, il est contraint
» d'aller souventes fois aux champs pour ses affaires, et, par suite, il ne pour-
» roit avoir soin des portes, ainsi qu'il a eu ci-devant, il vous supplie d'avoir
» à conférer avec ceux de la ville pour y pourvoir de quelqu'autre, en déchar-
» geant le suppliant des dites clefs.
   » Quoi faisant, vous le rendrez tant plus affectionné à vous faire service en
» autres endroits. — Autun, 28 juin 1569, Georges Venot. »

au chapitre, afin d'être déchargé de ces clefs, sous prétexte, disait-il, qu'il était obligé « d'aller, souventes fois, aux » champs pour ses affaires. » Il les conserva sur les instances pressantes du chapitre qui, plus que jamais, tenait à s'appuyer sur un homme qui lui avait rendu de si grands services. Par là, la police de la ville haute, la fermeture et l'ouverture des portes étaient confiées en des mains fidèles, et les magistrats calvinistes se retrouvaient en présence de leur ancien adversaire.

Ce n'était là toutefois qu'une première déclaration de guerre : Tavannes se chargea de la poursuivre. Le moment, il faut l'avouer, n'était pas sans péril. La présence des reîtres au centre de la France, la prise de Vézelay, l'occupation des villes du littoral de la Loire avaient accru les forces des réformés. La Bourgogne, d'où leur armée se trouvait à quelques marches, était en émotion : « ce n'étoient que meurtres, » outrages, combustions et voleries commises sur les per- » sonnes et sur les biens. » Dans les villes où le parti ne l'emportait pas, il cherchait, comme Tixier l'avait fait dans Autun, à gagner la population et à capter les fonctions municipales. Il se ménageait ainsi l'occasion de s'emparer des villes par violence ou par surprise. Rien n'était plus fréquent qu'un pareil coup de main ; il suffisait, dans un moment donné, de désarmer sous un prétexte quelconque les catholiques, d'appeler nuitamment des partisans à qui l'on ouvrait les portes, de surprendre la garde à l'improviste avec une poignée de soldats et de se jeter dans le fort ou la citadelle.

Tavannes, en apprenant l'élection de Philibert Tixier, entra dans une vive colère. Cette élection avait ressuscité l'agitation des partis dans une ville depuis quelque temps calmée. Il résolut de balancer l'influence du nouveau vierg par l'envoi d'un gouverneur d'une fermeté éprouvée. C'était Verdignac, seigneur de Champecullion, capitaine connu par sa bienveillance pour l'Eglise [1]. Il adressa, le 11 juillet, au vierg et aux échevins une lettre empreinte de toute la roideur de son caractère :

« Messieurs, j'ai de grandes doléances à vous adresser des libertés que ceux de la nouvelle prétendue religion ont commencé de gaigner en la ville d'Autun, depuis votre élection nouvelle. Je ne puis conjecturer en bonne part cette licence contre les défenses faites en toutes les villes de mon gouvernement, par commandement du roi, mêmement eu égard à la nécessité de ce temps et à la situation de votre ville, où l'ennemi est plus à craindre qu'en aucun autre lieu de mon gouvernement.

» Aussi, je suis très irrité du refus et délaissement que vous avez mis sur l'exécution de la dernière ordonnance que je vous ai envoyée pour imposer les réformés pour le guet et garde dont ils sont soulaigés par les catholiques, ainsi qu'il se pratique en toutes les villes ; ce qui me feroit penser beaucoup de choses important à votre réputation, si je n'avois espérance que vous ne rendiez bon compte à Sa Majesté de cette façon de faire, à laquelle néanmoins étant besoin de présentement y pourvoir, j'ai ordonné à M. de Verdignac, pour beaucoup de raisons que je ne puis vous écrire, se rendre au Château d'Autun, pour y commander, et se rendre le plus fort, jusqu'à ce que j'y aie aultrement pourvu et plus amplement.

» D'autant qu'il y a beaucoup de choses là-dessus à vous y faire entendre qui concernent votre serment au bon service de Sa Majesté et sûreté de votre ville. Vous, monsieur le vierg, incontinent cette lettre reçue, ne faillerez de venir en ce lieu avec deux des principaux échevins, pour nous entendre de ce qui est de besoin ; ce néanmoins, vous, les échevins et aultres officiers, ne faillerez de faire le département des soldats que j'ai ordonné estre entre-

---

[1] Verdignac de Champecullion, mari de Louise de La Palu, sœur de Jean de La Palu de Bouligneux, ancien seigneur de Lally, occupait le fief de Champecullion à Saint-Léger-du-Bois, lequel fief relevait de la terre de Lally possédée par Jacques Bretague. — Le château de Champecullion fut démoli, en 1593, par les ordres de Mayenne, « avec ses tours, flancs et forteresse, de » peur que l'ennemi s'en pût prévaloir. »

tenus sur ceux de la prétendue religion, selon la forme de la commission à vous adressée, laquelle vous exécuterez promptement et sans délai, selon sa teneur, à peine de répondre sur la perte de vos vies de l'inconvénient qui pourra en advenir à la ville d'Autun. Le sieur de Verdignac commandera à ces soldats, comme je ferois si j'y étois moi-même en personne. Surtout ne faites faulte d'obéir à Verdignac en ce qu'il vous prescrira pour le service du roi ; et au surplus faites que les dits soldats soient payés et entretenus et le reste de l'ordonnance à vous envoyée, exécutée de point en point ; aultrement, je m'en prendrai à vous, en vos propres et privés noms. Vous savez que l'inconvénient qui tombera sur votre ville tombera sur vous. Les élémens de la politique la plus simple montrent tous les jours qu'il n'y a guères à gagner aux dissimulations ; aussi, le roi n'entend pas que l'on dissimule, mais veut des serviteurs qui exécutent *roidement* ses ordres.[1]

» Si vous avisez aultrement, j'y pourvoirai avec réprimande.

» De Dijon, le 11 juillet 1569. — Gaspard de Saulx. »

Tavannes écrivit en même temps au nouveau gouverneur d'Autun :

« Monsieur de Champecullion, pour certaines difficultés qui se présentent sur l'état de la ville d'Autun, je vous prie, autant que vous aimez le service du roi, vous rendre, incontinent cette lettre reçue, dedans le Château d'Autun et vous y faire fort pour y commander pour le Roi et en notre absence, et maintenir la dite ville en l'obéissance de Sa Majesté et sous l'autorité de M. le lieutenant en ce gouvernement par la bonne et entière intelligence que vous avez avec ceux de l'Eglise d'Autun. Vous prendrez à cet effet les dix soldats que j'ai ordonné être entretenus sur ceulx de la nouvelle prétendue religion, auxquels vous commanderez comme à tout le reste de la dite ville ; attendant que je vous donne plus amples règlemens, après avoir ouï M. le vierg nouvellement élu sur certains points pour lesquels je lui mande de me venir trouver ; et pour ce que cette affaire importe grandement au service de Sa Majesté et peut attirer grandes conséquences, je vous prie ne faillir à ce que dessus. Je vous despecherai ci-après plus ample com-

---

[1] Souligné, sur l'original, de la main de Tavannes.

mission en forme, mais cependant il ne faut oublier aucunement de se garder de surprises et surtout de l'ordre quel qu'il soit établi par tous les habitans, sans aucun excepté, comme au temps du plus éminent péril.

» De Dijon, le 11 juillet 1569. — Gaspard de Saulx. » [1]

Le 16 du même mois, le lieutenant de Tavannes adressa aux vierg et officiers d'Autun la commission suivante qui renfermait les prescriptions les plus sévères :

« On fait inhibitions et défenses à tous ceux qui sont ou ont été de la nouvelle prétendue religion, depuis *deux ans* en ça, d'entrer au fort du Château d'Autun, s'ils n'y sont domiciliés, enjoignant au sieur de Verdignac-Champecullion, commis gouverneur au Château, pour y commander en notre absence, au vierg Philibert Tixier et aux échevins ne souffrir l'entrée des susdits, à peine d'être responsables en leurs propres et privés noms des dommages qui en pourroient advenir.

» De plus, il est ordonné, selon la volonté de Sa Majesté, que les prétendus réformés de la ville d'Autun, tant dedans que dehors le Château, se contiendront en leurs maisons, sans en partir, jusqu'à ce qu'il en soit autrement prescrit, à peine de cinquante livres d'amende applicables aux réparations du Château qui seront levées sans déport contre les contrevenans, nonobstant oppositions ou appellations quelconques et sans préjudice d'icelles pour les premières fois et de punition corporelle, s'ils y retournoient. Quant aux étrangers non domiciliés, le sieur de Champecullion les fera sortir hors du Château, et cela au plus tôt, sans acception de personnes.

» Aussi, on ordonne que les officiers qui souloient être de la prétendue religion se contiendront en leurs maisons, sans conférer avec personne, jusqu'à nouvel ordre ; comme ne se tiendra la juridiction dans le Château, jusqu'à ce que la ville de Vézelay et autres places occupées par les huguenots, circonvoisines d'Autun, soient remises en l'obéissance du roi. Le sieur de Champecullion

---

[1] Ces deux lettres sont extraites du manuscrit du fonds La Mare, 9,484 [2], folios 96 et 99. [Biblioth. nationale.]

fera faire le guet et garde tant de jour que de nuit, comme il étoit ci-devant accoutumé, et mieux s'il est possible, et pour ce faire contraindra les refusans de quelque qualité qu'ils soient, par emprisonnement de leurs personnes et autres peines ou amendes, selon l'exigence des cas, les deniers en provenant devant être appliqués aux fortifications du Château.

» Fait à Dijon, le 16 juillet 1569. — Signé de Saulx. »

Ces mesures rigoureuses contre les officiers « qui sou- » loient être de la prétendue religion » étaient dirigées évidemment contre Bretagne et Ladone. C'est la dernière fois qu'il est fait mention d'eux comme protestants. Ils comprirent qu'il n'y avait rien à gagner à ces agitations et abandonnèrent la partie de guerre lasse. Ladone était brisé par l'âge et Bretagne céda lui-même au découragement. Leur rôle se trouve tellement amoindri que nous connaissons à peine l'année de leur mort. [1]

---

[1] En janvier 1574, Ladone est invité, en qualité de lieutenant-général du bailliage, à l'entrée de l'évêque Charles Ailleboust, et meurt vers le milieu de cette année. Il eut pour successeur son gendre, Barthélemy de Montrambault, ancien échevin de Bretagne, institué par lettres du 7 juillet 1574, et reçu au parlement de Dijon le 2 août.

Quant à Bretagne, on le trouve encore lieutenant de la chancellerie pendant l'année 1571. En 1572, il n'est plus au bailliage, sans que l'on connaisse le motif de sa retraite; sa charge est occupée par Odet de Montagu qui fut depuis vierg d'Autun et député aux seconds Etats de Blois. [Les lettres de cet office, datées du 27 septembre 1572, furent enregistrées à la cour, le 26 novembre suivant.] Pourquoi Bretagne, après dix-sept années d'exercice, résigna-t-il ses fonctions? La raison ne se trouverait-elle pas dans ce besoin de repos que nécessite, au déclin de l'âge, une vie pleine et agitée? Bretagne, bailli de Saulieu dès 1530, lieutenant de chancellerie depuis 1555, était plus que sexagénaire en 1572. — Le 22 décembre 1578, nous voyons *noble et sage maître* Jacques Bretagne signer un acte de L. Desplaces [Huitième protocole, fol. 461], et prendre les qualités de *docteur en droit, seigneur de Lally, citoyen d'Autun*. En 1579, il figure sur la liste des tenanciers du chapitre, comme possesseur de l'*Ouche Lombard* située entre l'église Saint-Jean-l'Evangéliste et les fossés de Marchaux. Vingt ans après (10 mai 1598), à propos de vignes situées à Monthelie et provenant d'un Montholon, on parle des « *héritiers de* » *Monsieur Bretaigne.* » A quelle époque le lieutenant de la chancellerie mourut-il et quels furent ses héritiers ? nous l'ignorons.

Nous savons seulement qu'en 1589, la terre de Lally n'appartenait plus aux

420   LIVRE DEUXIÈME.

Quatre jours après, le chanoine Delafosse, délégué du chapitre, se rendit à l'Hôtel-de-Ville et interpella le premier échevin, Barthélemy d'Arlay, d'avoir à faire promptement exécuter cette commission. D'Arlay ayant exhibé une missive adressée par Ventoux à Champecullion pour le même objet, le conseil décida que la publication de ces ordres serait différée jusqu'à l'arrivée du gouverneur.

Le lendemain, 24 juillet, Champecullion fit son entrée, accompagné du vierg Tixier qui revenait de Dijon rendre compte de ses actes à Tavannes. Les magistrats s'empressèrent d'aller le complimenter et lui offrir leurs services. Le gouverneur répondit laconiquement : « qu'il avoit accepté » sa charge, afin de faire devoir bon et loyal pour le roi et » le contentement du lieutenant-général de Bourgogne. » De son côté, le chapitre lui fit préparer un logis *décent*, lui accorda une prébende de pain et de vin [1], et avança, sauf remboursement par les huguenots, une somme de quarante livres, pour le paiement des dix soldats avec lesquels il devait garder la ville haute [2]. Il députa en même temps deux

---

Bretagne. Elle était possédée par une famille de l'Auxois, dont un membre, Jean Bréchard, seigneur de Lally, Velerot et Saint-Pierre-en-Vaux, se fit remarquer sous la Ligue par son attachement à Henri IV. Quelques années auparavant, deux frères Bréchard, seigneurs de Lally et de Fouchey, étaient morts [au dire de Courtépée, t. IV, p. 32] en combattant les huguenots qui s'étaient emparés d'Arnay-le-Duc. Enfin, dans cette dernière ville il y avait l'hôtel de Lally possédé depuis le commencement du XVIe siècle par la famille La Palu de Bouligneux, qui ajoutaient, comme les Bréchard, à leur titre de barons de Meilly celui de seigneurs de Lally.

[1] Quand des troupes étaient envoyées à Autun pour la défense de la ville, le chapitre accordait une prébende aux capitaines, lieutenants, guidons, maréchaux-de-logis, « et non à autres personnes, — dit une délibération de 1558, » — de peur d'attirer le séjour des compagnies, le commun populaire citant » cette opinion que la trop grande libéralité des prébendes avoit été cause » d'amener en ce pays les garnisons de gens d'armes qui s'y étoient précé- » demment établies. »

[2] Ces dix soldats avaient nom : Valentin Magnien, Jacques Naudin, Etienne

de ses membres à Saulx-Ventoux, afin d'obtenir d'être exempt de toute contribution aux gages de ce capitaine et à l'entretien de ses soldats, « attendu les extrêmes dépenses sou- » tenues par les gens d'église, tant à la garde de la cité qu'à » l'entretènement des compagnies mises en garnison précé- » demment, la diminution grande de leurs biens, le service » qu'ils faisoient journellement en personne, enfin les char- » ges tant ordinaires qu'extraordinaires qu'ils étoient obli- » gés de supporter[1]. » Les deux envoyés Borenet et Ferrand représentèrent à Ventoux que Georges Venot, leur capitaine ordinaire, inspirait pleine confiance « par sa fidélité et » grande assurance, » et qu'ils ne consentiraient point que les clefs fussent mises en d'autres mains que les siennes [2].

Joffriot, Jean Desrues, Lazare Bonnard, Guillaume Lebailli, Simon Raudot, Philibert Bard, Blaise Gauterault, Nicolas Didier. Ils touchaient une solde de 8 livres par mois, soit 5 sols 3 deniers par jour, à peu près ce que l'on payait aux soldats d'infanterie avant 1789.

[1] *Reg. Capit.*, 1ᵉʳ août 1569. — Dans la même séance, on adressa au chantre Charvot une remontrance assez curieuse. On se rappelle le rôle qu'il avait rempli dans le chapitre durant les premiers troubles. Il paraît que leur retour l'avait effrayé et fait battre prudemment en retraite. « François Bégat, » chanoine, est chargé de remontrer au grand-chantre le mécontentement que » ses confrères ont de lui, de si longuement s'abstenir de l'assistance du ser- » vice divin et se séquestrer de toutes affaires, vu la grandeur d'icelles. » Il faut remarquer qu'il touchait à l'extrême vieillesse. Il mourut le 20 décembre 1572, dans sa maison canoniale sise à l'entrée de la rue *Blanche*, proche la fontaine de l'*Official* ou de l'*Evêché*. Son successeur à la dignité de grand-chantre fut Anatole Ailleboust. — Dans ces derniers temps, Charvot avait rempli plusieurs missions importantes. En avril 1566, il avait représenté le clergé du bailliage aux Etats de la province, où, comme vicaire-général, il disputa la préséance aux députés des autres Eglises et même aux chanoines de la Sainte-Chapelle de Dijon. En 1567, il assista à l'assemblée générale du clergé de France, et protesta, au nom du diocèse d'Autun, contre l'article du concile de Trente qui révoquait les exemptions des chapitres cathédraux. Auteur de recherches sur l'histoire d'Autun, ami du beau style et de l'éloquence fleurie, Charvot était de ces chanoines lettrés, comme il s'en est toujours trouvé dans le chapitre. — Voir LIVRE PREMIER, page 113.

[2] Il est probable que le chapitre, en nommant son bailli capitaine, ne le payait pas et espérait ainsi alléger ses dépenses.

Pour montrer toutefois sa bonne volonté, le chapitre décida de lever huit soldats, « de bonne marque et connoissance, » au meilleur prix possible, aux frais de chaque chanoine, » afin de se décharger pour quelque temps du guet et afin » que la garde fût mieux observée. »

L'arrivée de Champecullion rétablit le calme et la sécurité. On publia le lendemain, à son de trompe, l'ordonnance de Ventoux qui séquestrait les réformés dans leurs maisons, *comme moines*. Le conseil réorganisa les centaines de la milice bourgeoise, et enjoignit à tout catholique de porter épée, à peine de soixante sols d'amende, et de tenir ses armes prêtes. On ferma les abords des rues écartées par où l'on pouvait pénétrer secrètement dans la ville [1]. Les magistrats, avertis « que des étrangers et artisans au service de » plusieurs gens de métier abandonnoient le service de leurs » maîtres pour aller à la guerre [2], » firent procéder à une visite

---

[1] Entre autres, les rues *Bouteiller* et *Saint-Branchet* (Saint-Pancrace), la rue *Coquand* ouvrant sur le faubourg *Talus* ou des *Bouchers* (aujourd'hui Petit-Puits). La porte de Breuil fut cadenassée et la clef fut déposée entre les mains du vierg.

[2] S'ensuit au registre le dénombrement :

« Jean Michelet l'ancien, lequel a déclaré avoir cinq serviteurs, à savoir : l'un nommé Philibert Oudin, natif de Château-Chinon ; le deuxième, Gilles Clerc, natif d'Orléans ; le troisième, Nicolas Barbier, de Bourbon-Lancy; et les deux autres sont de la ville d'Autun.

» Lazare Theureau a dit n'avoir qu'un serviteur qui est de cette ville.

» Jean Michelet le jeune, menuisier, a affirmé avoir trois serviteurs, dont deux sont de la ville ; le troisième étant de Bourbon-les-Bains, et est de la religion catholique et romaine.

» Barthélemy Virot, cordonnier, a déclaré trois serviteurs : l'un nommé Guy Lambert, de St-Gengoux; l'autre, Vivant Rabiot, de Chalon; l'autre, Jacques Philibert, de Saulieu.

» Jean Cusin, orlogeur, déclare avoir deux apprentis, Dimanche Barnet, et l'autre, Léonard Paupin, de Paray.

» Pierre Jacquemin déclare aussi n'avoir que deux artisans : l'un nommé Moine, de Chatillon-sur-Seine ; l'autre, Claude Clément, de Dijon . »

....
{ Délibération du conseil du 17 août 1569. }

générale des maisons et boutiques, afin de s'enquérir des noms, prénoms de chaque serviteur, de leur nombre et de leur religion, « pour iceux être représentés par les maîtres » quand besoin seroit. » On défendit à tous hôteliers, taverniers et *métiers vendant vin*, de recevoir aucun étranger en leurs logis, sans avoir au préalable averti les magistrats municipaux. C'était le moyen d'éloigner les vagabonds armés, les voleurs *discourans* et les mendiants qui, chassés de l'Auxois et des pays voisins par la peste, apportaient dans Autun la contagion, la misère et le vol.

Les magistrats, surveillés désormais et obligés de montrer une bonne volonté sincère ou contrainte, ne parvenaient pas cependant à se concilier l'affection. On ne pouvait pardonner à Philibert Tixier d'avoir ramené le triomphe momentané des calvinistes. Les gens de justice et les religieux du prieuré de Saint-Symphorien trouvèrent l'occasion de satisfaire les rancunes des catholiques, tout en vengeant leurs propres griefs.

Il était d'usage que le vierg, revêtu des insignes de sa dignité, se rendît chaque année en cavalcade au village de Saint-Symphorien, le 22 août, jour de la fête patronale, pour y exercer sa juridiction. Accompagné des officiers municipaux et des notables habitants, il faisait le tour de l'enclos, puis se présentait au couvent pour le visiter et offrir au prieur son autorité en cas de besoin. A sa sortie, il prenait place *sur un degré de pierre, devant la maison du prieuré*, près d'un domaine dont les possesseurs étaient tenus de fournir au corps de ville une table et des sièges. Là, les sergents de la mairie s'adressaient au peuple, criant à haute voix : « *Qui veut justice!* » et le vierg ouvrait son audience. Ce droit juridique s'était établi à l'occasion d'une émeute advenue autrefois à Saint-Symphorien, et qui avait été réprimée par les magistrats. En souvenir de ce service, le prieur payait tous les ans à la ville un cens perpétuel d'une pièce d'argent appelée l'*écu blanc*. [1]

Le 22 août 1569, le vierg Tixier, après avoir parcouru la ville, les faubourgs Saint-André et Saint-Pantaléon, descendit en grand cortège au prieuré pour cette *tenue de jours*. Les religieux et leurs officiers, moitié par haine de religion, moitié par désir de se venger d'un patronage qui les humiliait, lui dressèrent une sorte de guet-apens, et l'obligèrent de battre assez piteusement en retraite. Laissons-le parler lui-même.

« Philibert Tixier, seigneur d'Ornée et vierg d'Autun, à tous présens et à venir savoir faisons, que ce jourd'hui, 22 août 1569, jour de fête Saint-Symphorien, en suivant l'ancienne coutume et usance des viergs nos prédécesseurs, nous nous sommes acheminés au prieuré de Saint-Symphorien-les-Autun, accompagnés de maîtres Barthélemy d'Arlay, Antoine Rolet, Antoine Roux, échevins, de Jean Pupelin, syndic, Etienne Lefort, greffier, et des sergens de la viérie, au nombre de huit, à savoir : Guillaume Poisson, Antoine Boudreaul, Barthélemy Giraux, Claude Munier, Michel Desrues, Barthélemy Rougelot, Claude Magnien et Guillaume Cortelot, pour, au dit prieuré, pourvoir à ce qui sera utile et nécessaire, suivant l'ancien usage continué de tout temps jusqu'aux dernières années.

» Auquel lieu étant arrivés, à son de trompe et en compagnie d'un grand nombre d'habitans, après avoir passé à travers le mar-

---

[1] Ce privilège sur les justiciables de l'abbaye, cet exercice de police dans le cloître de Saint-Symphorien donna lieu, pendant près de deux siècles, à de fréquents débats. Les religieux ne cessèrent de s'opposer à un usage qui leur rappelait une faute, ou leur paraissait une sujétion. Ils interceptèrent le chemin de ronde par des barrières et d'autres obstacles, portèrent leurs réclamations au bailliage, à la cour de Dijon, etc., etc... Enfin, en 1719, par transaction passée, le 2 août, devant Pierre Abord, notaire, les magistrats se désistèrent de leur *droit de visite*, à la charge par les religieux de continuer le paiement, entre les mains du vierg, le jour de la fête, « de la redevance per-
» pétuelle, inaliénable, imprescriptible et non rachetable de l'*écu blanc,* selon
» la valeur qu'il auroit plus ou moins forte. » Cette transaction fut sanctionnée par un arrêt de 1751. — [Inventaire des Archives, fol. 427.]

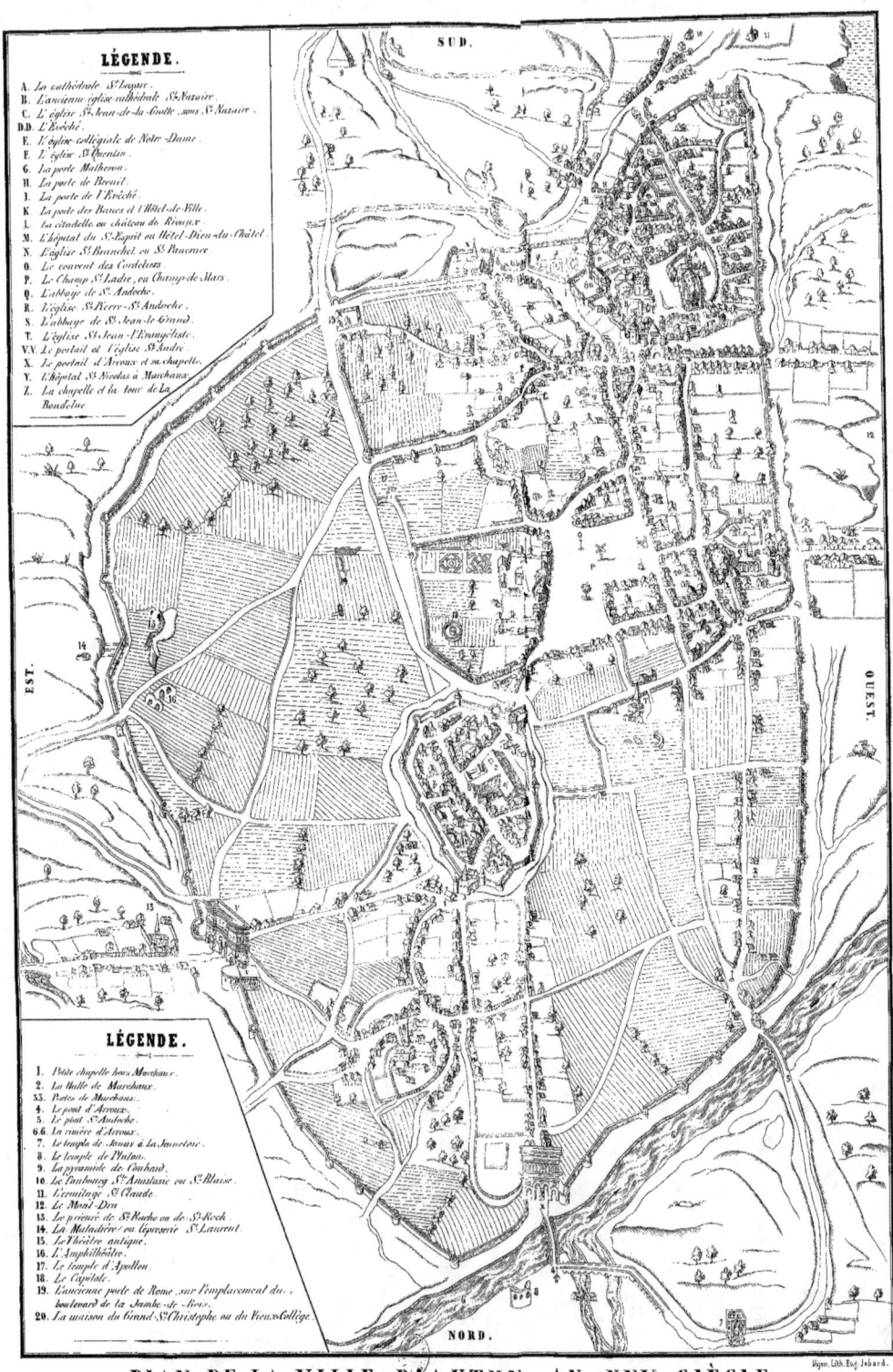

PLAN DE LA VILLE D'AUTUN AU XVIᵉ SIÈCLE
POUR SERVIR
A L'HISTOIRE DE LA RÉFORME & DE LA LIGUE.

ché, apport et réunion publique qui, ce jour, se tient à Saint-Symphorien, nous avons d'abord circuit et environné tout le prieuré, vu et visité les environs, puis sommes entrés dans l'enclos, parcourant l'église et le cloître, où nous avons été reçus humainement par les religieux, pour nous informer s'il y avoit gens assemblés ou de mauvaise intention qui puissent nuire et offenser les prieur, religieux et autres y étant ; nous avons déclaré n'avoir rien trouvé qui ne fût en bon ordre et sûreté.

» Après avoir procédé à cette visite et être sortis du cloître, nous avons, suivant la même coutume, pris place et nous sommes assis sur un degré de pierre étant devant la maison du prieuré, en la basse-cour. Là, assistés de nos échevins et greffier, Nicolas Rolet, avocat, docteur en droit et conseil ordinaire de la ville, a pris la parole et nous a fait sommaire remontrance des droits, prérogative, prééminence et majesté du roi, notre souverain seigneur, duquel nous sommes officiers et tenons la viérie et justice, rappelant qu'en cette qualité nous devions protection à tous, spécialement en ce temps assez fâcheux pour les ecclésiastiques. A son tour, le syndic Pupelin nous a requis d'avoir à proclamer, par un de nos sergens, s'il y avoit personne qui voulût nous adresser plainte ou doléance et qui eût besoin de notre aide, secours et justice, ce qui a été fait.

» Le plaids étant ainsi ouvert, se sont incontinent présentés maître Lazare Châtel, juge et châtelain du prieuré de Saint-Symphorien, Jean de Sully, avocat, Philippe de Cercy, greffier, et Jean Saulnier, procureur d'office de la dite justice, lequel s'étant mis à faire plusieurs diverses réquisitions au sieur Châtel et sur l'ordre de ce dernier, tous les officiers susnommés, assistés de quelques religieux, valets et satellites apostés, ont soudainement fermé les portes du prieuré sur nous et, nous retenant de force, se sont jetés sur Etienne Lefort notre greffier, lui arrachant ses papiers et registres, puis par deux de leurs sergens l'ont fait prendre pour le constituer prisonnier ; puis après, sur nous et nos échevins se sont rués, nous poussans et reculans, de sorte qu'avons été contrains d'abandonner au plus tôt la place et par suite la tenue de jours que nous entendions faire.

» Après être sortis par une portelle dérobée du prieuré, nous avons été encore poursuivis de vive force par les officiers et leurs adhérens jusques au dehors, toujours eux nous poussant et tumultuant. Auquel instant, notre greffier ayant voulu porter plainte contre ceux qui lui avoient ravi ses papiers et registres, il a été aussitôt violemment frappé, battu et outragé au visage et ailleurs jusqu'à effusion de sang, par Jean Saulnier, Châtel et Sully, auquel effort et bataille d'une part et d'autre commençoient à prendre part diverses personnes présentes ; ce qui auroit amené une telle querelle, que peut-être la mort de plusieurs s'en seroit suivie. Pour à quoi obvier et éviter plus grand péril et inconvénient, nous avons décidé reprendre notre chemin vers Autun accompagnés comme dessus.

» Où arrivés, nous nous sommes assemblés dans la chambre de ville, et avons ordonné au syndic Pupelin de requérir prise de corps immédiate contre les sieurs Châtel, Saulnier, Sully et Cercy et leurs adhérens, où ils se pourront appréhender en la ville, attendu qu'ils en sont habitans et citadins. La dite prise de corps décernée, ayant appris la présence de Jean de Sully en son logis, nous avons aussitôt enjoint à Guillaume Cortelot, sergent de la viérie, de le constituer prisonnier. Ce que voulant exécuter, le sieur Sully a de nouveau usé de plusieurs rébellions, blasphèmes et paroles insolentes. Voyans ce, nous avons enjoint aux habitans de la garde présens prêter la force à la justice, ce qui a reçu son exécution, en conduisant le dit Sully au château de Rivaux. Puis avons, par même moyen, fait appréhender Châtel, Saulnier, Cercy et leurs complices, et les avons cités en cour de viérie, pour se voir condamner à l'amende et autres peines, pour la sédition et violence inouïe dont ils ont usé envers les magistrats établis par le roi en cette ville d'Autun. » [1]

Jusqu'à la fin de cette année, Autun continua de jouir d'une certaine tranquillité. La guerre sévissait dans les provinces voisines; mais il n'était plus question d'*assemblées* d'ennemis aux environs. Tout au plus, quelques soldats du gouverneur Champecullion offensaient-ils de temps à autre par *outrage, effort* ou *attentat,* la vénérable personne d'un

---

[1] Ce procès-verbal, que son importance relative nous fait reproduire *in extenso,* est extrait du *Registre de l'Hôtel-de-Ville* cité précédemment, t. III, coté D.

chanoine; ce qui soulevait le point d'honneur du chapitre et appelait la prompte punition du coupable.

« Sur la plainte de vénérable personne Etienne Cortelot, chanoine, des outrages, efforts et attentats faits sur sa personne le jour d'hier, à la garde de la porte, par aucuns des soldats du sieur de Champecullion, gouverneur du Château, et sur les remontrances du suppliant de réprimer telle audace et témérité, afin que ci-après nul de l'église soit offensé de telle outrecuidance, — les capitulans conviennent donner à leur confrère tout secours et faveur pour la réparation des injures à lui commises, et néanmoins commettent Philippe de Marcilly, doyen, Antoine Borenet, prévot, et Guy Languet, grand-archidiacre, pour faire entendre au gouverneur les insolences de ses *souldarts*, et afin que plus grand scandale ne s'en suive, d'avoir à licencier les auteurs du présent tumulte. »

La perte par les huguenots, le 9 octobre 1569, de la bataille de Moncontour où périt le prince de Condé, bataille glorieuse pour le jeune duc d'Anjou, mais *dont le bruit fut plus grand que le fruit*, donna lieu à des réjouissances générales. Le chapitre ordonna une procession solennelle dans l'église des Cordeliers, pour rendre grâces à Dieu « de la » victoire par lui donnée au roi contre les ennemis de son » Etat et de son Église, en laquelle procession se devront » chanter cantiques et motets pour l'exaltation des grands » biens de Dieu et reconnoissance de son omnipotence [1]. » Le soir, on fit de grandes *allumeries de feux de joie*, devant le portail de l'église Saint-Ladre, au grand contentement du peuple.

Dans les premiers mois de 1570, les précautions recommencèrent. Les magistrats publièrent de nouveau l'édit de Saulx-Ventoux qui consignait les protestants dans leurs

---

[1] *Reg. Capit.*, délibérations des 11 et 14 octobre 1569.

maisons et leur défendait d'en sortir, à peine de cinquante livres d'amende.

« De par le roi et le vierg d'Autun,

» Il est défendu et inhibé à tous ceux qui sont de la nouvelle religion, suivant les proclamations ci-devant faites et publiées à son de trompe, en ensuivant la volonté du gouverneur de ce duché de Bourgogne, de communiquer par ensemble, de façon ni manière que ce soit, tant en leurs maisons que dans les lieux publics, et ce, à peine de cinquante livres d'amende que dès à présent l'on adjuge contre les contrevenans. — Sous les mêmes peines, il est défendu à ceux de la Religion résidans aux forts, en sortir ni départir de la ville, pour aller à leurs affaires, sans la permission et la licence des magistrats. — Pareillement leur est inhibé sous même amende de porter armes.

» Fait et délibéré en la chambre du conseil de ville, le 13 février 1570. »

L'occupation de Vézelay par les protestants entretenait ces frayeurs. Ils rayonnaient de là dans le Nivernais, dans la partie contiguë de la Bourgogne, et poussaient des reconnaissances jusque sous les murs d'Autun. Afin de protéger les campagnes contre leurs dévastations, Philibert Tixier et ses échevins demandèrent à Gaspard de Tavannes des secours d'argent et de troupes :

« Monseigneur,

» Nous vous avons adverti par ci-devant des entreprises que ceux de Vézelay font aux environs de cette ville, jusqu'à imposer particulièrement chacun village à certaines sommes de deniers, et depuis le précédent advertissement, sont venus à nous ceux de Lucenay, Reclesne, Verrières-sous-Gleinnes et autres bourgs et bourgades proches, qui nous ont montré certains commandemens signés Bosset, capitaine au dit Vézelay, par lesquels aucuns d'iceux villageois, bourgs et bourgades sont imposés à huit vingt livres par mois, et leur a été ordonné rendre leurs deniers à Vézelay dans bref temps, à peine du feu. Les pauvres gens ne savent ce qu'ils doivent faire, craignant de voir à tout instant la démolition de leurs maisons qui sont en ces quartiers trop éloignées l'une de l'autre pour les secourir.

» A quoi, nous vous supplions fort humblement vouloir pourvoir tant pour nous que pour ceux du plat pays ; car, vu leurs déportemens et menaces si grandes en l'absence des gens de guerre, il est fort nécessaire de prompts secours et remèdes, ce qui ne nous peut advenir que par votre puissance et autorité.

» Monseigneur, nous prions le Seigneur qu'il vous conserve en santé bonne et longue vie.

» Ce 31 mars 1570. — Vos très obéissans serviteurs, les vierg et échevins de la ville d'Autun. » [1]

Quelques jours après, Saulx-Ventoux annonça par une lettre adressée au vierg l'envoi prochain de deux compagnies à Autun, pour y tenir garnison. Cette missive était ainsi conçue :

« Afin d'empêcher les surprises, leurres, saccagemens et volleries que font les ennemis qui sont à Vézelay par tout le pays d'Autunois et d'Auxois, et jusques ès environs de la ville d'Autun, lesquels font tous les efforts de surprendre les villes et places fortes du pays ; nous avons advisé de mettre en garnison en votre ville les compagnies du comte Guillaume de Tavannes et du vicomte de Lugny, son frère. A ces causes, nous vous mandons recevoir les dites compagnies et les faire loger en icelle ville le plus commodément que faire se pourra, et en mettre ès maisons de ceux de la prétendue nouvelle religion, tant qu'il y en aura, avant que d'en loger en icelles des catholiques, sans toutefois leur faire aucun moleste ni oppression. Ils ne prendront les munitions et vivres que de gré à gré et seulement suivant l'ordonnance, et à ce que dessus ne devez faire faute ni remettre en longueur pour éviter la foule du pays.

» Pour ce faire, nous vous avons donné et donnons pouvoir et puissance, et mandons à tous justiciers et officiers du roi en le faisant vous obéir.

» Donné à Dijon, le 21 avril 1570. — Claude de Saulx. »

---

[1] Biblioth. nationale, fonds Fontette, porte-feuille XL, n° 24. — Cette lettre est signée à l'original, Jean Lefort, greffier de l'Hôtel-de-Ville.

Dès que l'apparence du danger eut disparu, les magistrats, de peur d'écraser la ville, essayèrent d'obtenir qu'il fût sursis à l'entrée de ces compagnies. Leur éloignement fut acheté à grands frais qui retombèrent sur les huguenots. Mais à peine les difficultés auxquelles cette imposition donna lieu étaient-elles réglées, qu'un péril plus pressant rendit indispensables de nouvelles troupes. [1]

---

[1] Dans la séance du 9 mai, le conseil fit appeler les principaux réformés, afin d'obtenir d'eux remboursement des sommes avancées pour détourner d'Autun les troupes de Tavannes. Voici leurs noms : Louis et Denis Devoyo, Lazare Tixier, Jean Duban, Claude de Salins, marchand, Lazare Joffriot, Jean Naulot, Claude Delacroix, Pierre Lebeau, Guillaume et Georges Labarge, Thibault Boscheron et Edme Barbotte. Ils demandèrent que les notables habitants fussent convoqués afin d'adopter la répartition de la somme sur toute la ville, « sans faire division. » Cette proposition n'eut pas de suite et fut entre les protestants et les catholiques une source de contestations interminables. Quelque temps auparavant, le maréchal de La Vieuville, nommé commissaire royal pour l'exécution de l'édit de pacification en Bourgogne, avec le président de Lamoignon, Potier, seigneur de Blancmesnil, maître des requêtes, et Miron, maître des comptes, avait mandé près de lui deux députés de chaque religion, pour prendre des arrangements à ce sujet. Etienne Dechevannes et Georges Venot avaient été envoyés par les catholiques ; l'avocat Louis Devoyo et le médecin Lalemant par les calvinistes. Mais cette tentative de rapprochement était restée sans résultats.

CHAPITRE IV

BATAILLE D'ARNAY-LE-DUC
ET PASSAGE DE L'AMIRAL DE COLIGNY PAR AUTUN.

SOMMAIRE.

Marche de Coligny à travers la Bourgogne. — Bataille d'Arnay-le-Duc. — Saccagement des abbayes de Saint-Martin et de Saint-Symphorien. — Excès de la garnison. — Débuts de Pierre Jeannin. — L'avocat autunois et Chabot-Charny préservent la province du massacre de la Saint-Barthélemy. — Charles Ailleboust succède à l'évêque Pierre de Marcilly.

Au commencement de juin 1570, il n'était bruit dans Autun que de l'approche de l'armée de Coligny. L'inquiétude était à son comble. On pria Simon de Loges de rester en ville pour mettre ordre à la défense. Le bailli prit des dispositions pour fortifier Marchaux et le Château. Il ordonna de retirer les vivres et *butins* à la citadelle, dans les vingt-quatre heures, avec menaces de *faire le dégât* de ceux qui resteraient au dehors, à la disposition de l'ennemi. Il défendit aux habitants d'abandonner la ville, à peine d'être déclarés « rebelles au roi et criminels, » et fit publier la nouvelle ordonnance de Charles IX qui plaçait sous séquestre les biens des protestants « surpris les armes au » poing, contre la volonté du prince. » Le guet s'effectua avec un surcroît de vigilance, et le service des portes et des remparts eut lieu comme dans une ville assiégée.

Le maréchal de Cossé-Brissac, dont l'armée marchant à la rencontre de Coligny devait passer sous les murs d'Autun, y envoya trois compagnies de gens de pied qui furent logées dans la ville basse [1]. A peine installées, ces troupes firent payer leur protection par des excès et des rançonnements inouïs. Elles pillaient, sans acception de personnes, amis et ennemis. « Ces soldats, dissolus et mal amplection- » nés, avoient violé plusieurs filles, » et on fut obligé de leur refuser l'entrée du Château de peur qu'ils ne fissent pis. Dans une assemblée générale, on agita la question de savoir s'il ne valait pas mieux essayer de faire résistance en se renfermant dans les forts avec quelques soldats et les citoyens en état de porter les armes, plutôt que de garder des troupes qui, par leurs *voleries* et *efforcemens*, étaient, selon l'expression de Georges Venot, « semblables du tout à » l'ennemi. » Protestants et catholiques furent d'avis de leur donner congé « sans attendre demain » et de retirer les ôtages dont elles s'étaient emparées comme gage de leur solde.

---

[1] « Le maréchal de Cossé, — dit La Popelinière dans son *Histoire des der-* » *niers troubles,* p. 551, — suivant le mandement qu'il en avoit reçu du roi, » après avoir assemblé des troupes aux environs d'Orléans, qui étoit son gou- » vernement, traversa le Berry et, entrant en Nivernois, passa la Loire à » Decize, le 17 juin, près Nevers, avec 4,000 suisses, 5 à 6,000 arquebusiers » françois et un peu moins de 4,000 cavaliers allemands et italiens, et avec » 12 pièces aussi bien coulevrines qu'autres de campagne. De là, il se porta » sur Autun, Saulieu, Mont-Saint-Jean, duquel, le 25 juin, il partit pour cam- » per en vue d'Arnay-le-Duc en Bourgogne. »

Le maréchal Arthus de Cossé, seigneur de Gonnor, avait ajouté, en 1564, à son nom celui de Brissac, après la mort de son frère, Charles de Cossé-Brissac, maréchal de France.

Plusieurs conseillers proposaient de faire contribuer exclusivement les huguenots, répétant à diverses reprises : « Que » ceux qui ont commandé la fête récompensent les méné- » triers ! — Que ceux qui ont fait venir les musiciens ac- » quittent leurs gages ! — Que ceux qui ont dansé paient les » violons ! » [1]

L'arrivée de l'amiral fit diversion à ces projets. De nouvelles compagnies expédiées par Tavannes arrivèrent sous la conduite des capitaines Montperroux, Lagarde, Charnay, Cuzy, Burat et autres. Coligny sortait du Languedoc où il avait hiverné après la perte de la bataille de Moncontour. Il y avait groupé les forces que Montbrun et d'autres chefs protestants avaient mises à sa disposition. Après avoir pillé la plaine de Toulouse et saccagé le Roussillon, il remonta par les Cévennes et le Vivarais jusqu'à Saint-Etienne en Forez, afin d'opérer sa jonction avec les Allemands sur la frontière de Bourgogne. De là, il devait se porter sur Paris et tenter encore le hasard d'une bataille. Il s'arrêta quelques jours à Saint-Etienne, se porta par Saint-Saphorin et Roanne sur la Loire qu'il passa avec trois mille chevaux et cinq à six mille hommes de pied, et pénétra en Bourgogne, après une marche de six mois à travers la moitié de la France, sans avoir trouvé de résistance. Il ravagea La Clayette, Cluny, brûla l'abbaye de La Ferté, ruina plusieurs villages aux environs de Chalon, se dirigea vers Chagny et arriva, le 25 juin au soir, à Arnay-le-Duc, petite ville située à une demi-journée d'Autun. [2]

---

[1] *Reg. de l'Hôtel-de-Ville*, 15-22 juin.

[2] Voir *Mémoires* de Castelnau, édit. Michaud, p. 553, et ceux de François de Lanoue, p. 648. — Le pillage de l'abbaye de Cluny eut lieu, selon l'histoire de M. Lorain, le dimanche 18 juin. L'abbaye de La Ferté-sur-Grosne, incendiée le 20 du même mois, fut longtemps à se relever de ses ruines. On voyait dans la sacristie, au commencement de la Révolution, un tableau assez remarquable représentant le massacre des religieux.

Le maréchal de Cossé-Brissac y était campé depuis le matin avec treize mille hommes. Comptant avoir bon marché d'un ennemi inférieur en nombre, dépourvu d'artillerie et harassé par une longue route, il jugea à propos de présenter la bataille [1]. Les deux armées prirent position sur deux collines situées en face l'une de l'autre, et distantes seulement d'une portée d'arquebuse. A leur pied s'étendait une vallée large de huit cents pas, arrosée par un ruisseau descendant de l'étang du village de Clomot vers un autre étang dit de Solonges. Ce terrain, resté neutre et inoccupé toute la journée, fut choisi par Brissac pour entamer l'attaque.

Le mardi 27 juin, au matin, les troupes catholiques l'engagèrent avec impétuosité, s'efforçant à l'aide de l'artillerie et du feu des arquebuses de débusquer l'ennemi de ses positions, entre autres de la chaussée de l'étang de Clomot, où se porta le fort de la mêlée. « Là se firent de rudes charges » et recharges de cavalerie, où les uns et les autres furent » relancés à leur tour [2]. » Mais les calvinistes, ayant l'avantage du terrain, repoussèrent leurs adversaires à plusieurs reprises sans oser toutefois franchir le ruisseau pour les poursuivre. Le combat fut plus long que meurtrier. Le prince de Navarre (depuis Henri IV), âgé de dix-sept ans, et

---

[1] On ne connaît pas au juste le nombre des troupes de Coligny. L'exactitude en pareille matière est difficile à obtenir, chaque parti ayant intérêt à augmenter ou à diminuer ses forces. Voici, selon La Popelinière, l'état de l'armée protestante : infanterie composée de 2,500 arquebusiers ; cavalerie distribuée en six régiments français présentant 2,000 chevaux, et en vingt cornettes ou compagnies de reîtres de semblable force ; point d'artillerie, l'amiral l'ayant abandonnée pour rendre sa marche plus légère. D'autres historiens ont diminué cet effectif, et portent l'armée protestante à 5,000 hommes. Nous croyons être dans le vrai, en adoptant le chiffre de Castelnau et du calviniste Lanoue, historiens peu suspects, qui estiment environ à 8,000, tant gens de pied que de cheval, les troupes de Coligny, inférieures, comme on voit, à celles de son adversaire de près de 5,000 hommes.

[2] Mézeray, *Histoire de France*, t. XI, p. 145.

qui faisait ses premières armes à la tête d'un escadron de cavalerie, donna des preuves de son sang-froid et de sa valeur, ainsi que les jeunes princes de Condé et de Nassau « qui montrèrent dans leurs contenances, dit Lanoue, qu'ils » seroient un jour excellents capitaines [1]. » Le maréchal, après plusieurs tentatives infructueuses, ne jugea pas à propos de continuer l'épreuve. Il fit sonner la retraite et se retira dans ses retranchements, laissant la victoire indécise. On peut dire néanmoins que le succès resta à Coligny, puisque les catholiques, plus nombreux environ d'un tiers et munis d'une bonne artillerie, ne purent gagner un pouce de terrain. Il s'agissait d'ailleurs pour Brissac de fermer le chemin à l'amiral et de l'empêcher d'approcher de Paris. Or, ce combat laissait libre à Coligny la route de l'Ile-de-France, et on le verra bientôt dicter la paix qui mit fin à la troisième guerre civile. [2]

Quelques escarmouches eurent lieu le lendemain, sans autres résultats que d'incendier des bois situés au-dessus

---

[1] « Au nord-est d'Arnay, entre cette ville et Clomot, — dit La Popelinière, » — et sur un grand pasquier (appelé depuis le *Pâquier du roi*), étoit dis- » posé le quartier des trois jeunes princes, Henri de Navarre, son cousin Henri » de Condé, fils de celui tué à Jarnac, et Henri de Nassau, dont la garde étoit » confiée au prince Ludovic, son frère. »
Le roi de Navarre, devenu roi de France, se souvint du lieu où il avait débuté *en preux et valeureux chevalier*. Il accorda plusieurs droits et privilèges à Arnay-le-Duc. « Je n'ai pas oublié, mes bons amis, — disait-il, en » 1595, à des députés de cette ville, — que mes premiers exploits furent à » Arnay, où il étoit question de combattre ou de périr. Nous n'avions retraite » qu'à plus de quarante lieues de là et nous demeurions à la merci des pay- » sans. En combattant aussi, je courois fortune d'être pris ou tué, parce que » nous n'avions pas de canon et que les gens du roi en avoient, et à dix pas » de moi fut tué un cavalier d'un coup de coulevrine ; mais recommandant à » Dieu le succès de cette journée, il le rendit heureux et favorable. »

[2] Voir, dans l'ouvrage déjà cité de La Popelinière, *Vraye et entière histoire de ces derniers troubles*, Cologne, 1571, in-12, p. 551 à 566, un récit circonstancié de cette bataille. — Consulter aussi les *Annales d'Arnay-le-Duc*, par M. César Lavirotte, p. 61 à 75.

d'Arnay et connus depuis sous le nom de *Bois-Brûlé*. Les protestants, animés par leur succès de la veille, attendirent en vain, durant toute la journée, l'ordre de recommencer le combat. Aucun des deux généraux n'osa tenter un nouvel engagement. Coligny, résolu à accepter la bataille mais non à l'offrir, voyant que le maréchal ne faisait *mine* de quitter ses positions, leva son camp dans la nuit du 28 au 29 et battit lentement en retraite du côté d'Autun. Il traversa Arnay qu'un de ses détachements occupait depuis trois jours, pilla Mimeure, Maligny, Aubigny, et arriva subitement, le 29 juin, jour de saint Pierre et saint Paul, devant l'abbaye de Saint-Martin d'Autun, entre six et sept heures du matin, « son armée étant plutôt en vue qu'on ne fut averti de sa » venue. »[1]

« Les habitants du monastère, — écrit l'historien de » Saint-Martin, — leurs vassaux et quelques troupes à la » solde des religieux se retirèrent en hâte derrière les » fortifications. Ils pensaient n'être point attaqués, l'inten-» tion de Coligny n'étant pas de s'arrêter à guerroyer contre » des bicoques, puisqu'il n'attaquait pas Autun. Les choses » se seraient probablement passées en paix, si un des gens » enfermés dans l'intérieur de l'abbaye ne se fût mis, par » motif de religion ou de vengeance particulière, d'intel-» ligence avec les huguenots et ne leur eût livré passage.

---

[1] « Le surlendemain de la bataille, tous les protestans sortis des bois furent » aperçus, comme ils étoient à cheval, tirans la volte sur Autun, Moulins-en-» Gilbert, Dampierre et Châteauneuf, pour joindre La Charité. Le maréchal » de Cossé les voyant ainsi acheminés dépêcha le sieur de La Valette, pour » entreprendre sur les plus paresseux et ne les laisser tous *dormir à la fran-» çoise;* mais les longues traites que l'armée protestante (tant pour n'avoir » aucun attirail, que parce qu'ils étoient tous à cheval) fit de dix et quelque-» fois douze grandes lieues par jour, le força enfin de prendre un autre parti » qui fut d'avancer son armée à droite, sur leur flanc, pour toujours les cô-» toyer et empescher qu'ils ne donnassent du côté de Paris. » — [La Popeli-» nière, p. 566.]

» Entrés dans l'enceinte du monastère par une poterne
» écartée, ils se dirigèrent vers l'église, brisèrent les mar-
» bres, les autels et les images, mutilèrent les statues,
» coupèrent les pieds, les mains, le nez et les oreilles au
» célèbre crucifix de saint Odon, dévastèrent le sanctuaire,
» lacérèrent les livres religieux et les ornements, brûlèrent
» dans la chapelle Saint-Ladre les armoiries qui renfer-
» maient les titres, défoncèrent les verrières et essayèrent
» d'incendier l'édifice, en amoncelant aux portes des fas-
» cines enflammées. Ils s'attaquèrent ensuite au palais ab-
» batial et aux lieux réguliers, démolirent le dortoir, s'em-
» parèrent du trésor, et vidèrent le grenier et la cave. » [1]

« Ayant rompu les celliers, ils burent et gâtèrent quantité de vin qui y étoit pour la nourriture des religieux ; comme aussi aux greniers, ils prirent grande quantité de blé appartenant au sieur André Ailleboust, économe, lequel en avoit en si grande quantité que, le lendemain, il en devoit livrer cent setiers à un marchand auquel il les avoit vendus, oultre ce qu'il réservoit tant pour lui que pour la nourriture des religieux, et néanmoins il n'en put trouver après qu'environ vingt setiers de reste. » [2]

---

[1] *Essai historique sur l'abbaye de Saint-Martin d'Autun,* par M. Gabriel Bulliot, t. I, p. 343.

[2] Procès-verbal des *dégât, ruine* et *incendie* de l'abbaye de Saint-Martin dressé le 31 juillet 1570, extrait des Archives de l'Evêché et publié *in extenso* aux *Pièces justif.*, n° 36.

Courtépée, dom Plancher, Rosny, M. Bulliot [p. 344] prétendent que les religieux rachetèrent le pillage de l'abbaye, en livrant eux-mêmes le blé qui y était renfermé. Courtépée, t. II, p. 489 et 518, s'exprime ainsi : « En 1570, » après sa victoire d'Arnay-le-Duc, Coligny pilla l'abbaye de Saint-Martin, » brûla quantité de reliques, ainsi que le palais abbatial et le dortoir, brisa » les images et mutila le crucifix de saint Odon. Tous les religieux, au nombre » de huit, avaient pris la fuite, à l'exception de l'ancien grand-prieur, Guil- » laume de Tintry, etc...; l'abbaye n'échappa à une ruine entière qu'en livrant » 1,200 boisseaux de blé. » Cette assertion nous paraît inexacte. Le passage du procès-verbal inséré plus haut prouve assez que le monastère était à la discrétion de l'armée protestante, et que les religieux eussent eu mauvaise grâce à offrir ce qui appartenait déjà à un ennemi maître de la place et disposant de tout, selon les droits de la guerre.

Qu'étaient devenus pendant cette scène de désolation et de pillage les hôtes de Saint-Martin ? Ce fut, comme on pense, un sauve-qui-peut général. Garnisaires, retrayants, vassaux, religieux, et à leur tête l'aumônier Michel de Laval, l'infirmier Florent de Montmorillon, depuis grand-prieur, avaient à l'approche de l'ennemi abandonné la place et gagné Autun en toute hâte.

« A la venue du camp des protestans hérétiques, religieuses personnes frères Michel de Laval, aumônier, Florent de Montmorillon, infirmier, Balthazar de La Bouthière, chantre, André Pichoux, Gilbert Jacquinet et Louis Bonnard, religieux lais, qui étoient en l'abbaye avec noble frère Guillaume de Tintry, âgé de quatre-vingt-dix ans et plus, furent contraints délaisser leurs habits de religieux, et discourant par les rues, de fuir à la ville pour sauver leurs vies; et parce que Guillaume de Tintry ne put avec eux s'enfuir à cause de son grand âge, il fut pris, tué et occis. Comme aussi furent faits prisonniers Lazare Jacquinet, neveu du dit Jacquinet, religieux; Pierre Boreault, habitant du bourg ; le laquais du frère infirmier, nommé Pierre, et Jacques Jaulpoy, marguillier, ayant charge de sonner les cloches, lequel Jaulpoy depuis s'est échappé du lieu de Verrières-sous-Glennes où il avoit été conduit, ainsi que Pierre Boreault, lequel s'est sauvé de Saint-Honoré d'où il est de retour. Quant aux autres, on ne sçait ce qu'ils sont devenus, n'en ayant été reçu aucune nouvelle depuis qu'ils ont été emmenés par les ennemis. »

A leur départ, les huguenots jetèrent le feu à tous les coins de l'abbaye; toutefois on eut le temps de porter un prompt secours et d'arrêter les ravages de l'incendie, dont le dégât dans les seuls bâtiments conventuels fut estimé à 16,500 livres.

Le prieuré de Saint-Symphorien, voisin de Saint-Martin, fut tout aussi maltraité. Coligny s'y arrêta quelques heures et le livra au pillage. Il fit mettre le feu à l'église, qui fut détruite en partie, viola les trois tombeaux où reposaient les dépouilles du premier martyr d'Autun, entre celles de Faustus et d'Augusta, son père et sa mère, et s'empara de la châsse d'argent du poids de cinquante marcs, dans laquelle le cardinal Rolin avait renfermé ces précieux restes [1]. Le prince Henri de Navarre et Henri de Condé, suivant une tradition du pays, regardaient ce spectacle, assis sous un noyer qui existait encore, il y a quelques années, dans le jardin du monastère. Les Autunois, si nous en croyons un contemporain, ne pardonnèrent pas à Henri IV une dévastation qu'il aurait pu empêcher, et leur rancune ne fut pas étrangère au dévouement qu'ils montrèrent plus tard au parti de la Ligue. [2]

Coligny passa sous les murs d'Autun, mit le feu aux faubourgs, et fit volte-face sans entreprendre un siège qui retardant sa marche l'aurait exposé aux attaques du maré-

---

[1] En 1467, l'évêque Jean Rolin, abbé commendataire de Saint-Symphorien, exécutant des réparations à l'église, fit ouvrir les trois tombeaux de grès renfermant la famille de saint Symphorien et placés chacun sous l'autel, dans une crypte soutenue par vingt-sept colonnes. Sur une tablette, on lisait cette inscription :

Faustus et Augusta jacent : inter hæc duo busta
Integer et sanus, medius jacet Symphorianus.

Il déposa ces restes dans trois nouveaux tombeaux derrière le maître-autel et en renferma une partie dans une châsse de cinquante marcs d'argent. C'est ce reliquaire qui fut enlevé par les calvinistes. Après leur départ, on recueillit les ossements portant la trace du feu et des profanations et on les abrita provisoirement dans le sanctuaire à demi renversé de l'église. Ce n'est qu'un siècle plus tard, en 1664, que les reliques de saint Symphorien furent transférées à l'abbaye de Saint-Martin. — [V. sur l'ancienne église du prieuré, incendiée par Coligny, les *Études monumentales* de M. l'abbé Devoucoux, publiées dans l'*Annuaire* de Saône-et-Loire, année 1851, p. 217.]

[2] Cette tradition repose sur une note manuscrite, en marge d'un catalogue de livres dressé en juillet 1791. L'auteur anonyme s'exprime ainsi : « Le jour » de saint Pierre et saint Paul 1570, le feu fut mis à l'église de Saint-Sym- » phorien, par ordre de Gaspard de Coligny, chef des calvinistes contre les » Guise, du prince de Condé et du roi de Navarre ; et se tenoit le sieur de » Coligny sous la grande porte du prieuré, en une litière, pendant qu'on » mettoit le feu à l'église, et le dit roi de Navarre et le prince de Condé » étoient sous les noyers du curtil du prieuré. »

chal de Cossé [1]. Trois jours après son départ d'Arnay-le-Duc, il se trouva devant Vézelay, Entrains, Sancerre et La Charité, villes calvinistes, où il fit halte avant de pénétrer dans l'Orléanais et de marcher sur Paris.

Le chapitre et la ville fondèrent en souvenir de leur délivrance une procession solennelle qui se célébrait, chaque année, le 29 juin, jour de la fête de saint Pierre. Elle descendait de la cathédrale, la croix portée par un chanoine en chape, couverte d'un voile rouge en signe de deuil, à l'église des Cordeliers, où une action de grâces était rendue devant le maître-autel. Cet usage subsista jusqu'au commencement de la Révolution. [2]

Peu de jours après le combat d'Arnay-le-Duc, un envoyé du roi se présenta au camp de l'amiral pour offrir la paix. Les deux partis se trouvaient à bout de ressources. Les provinces, suivant l'expression de La Noue, étaient *mangées* par les gens de guerre; les finances de l'Etat étaient épuisées. Coligny, fatigué de guerroyer sans résultats, s'empressa de l'accepter. Elle fut conclue, le 8 août, à Saint-Germain-en-Laye. Les principales dispositions renouvelées des traités d'Amboise et de Longjumeau consistaient dans une amnistie générale pour les réformés, la liberté de conscience, l'exercice public de leur culte dans deux villes de chaque province [3], et dans celles où ils se trouvaient établis à la

---

[1] On lit dans un *Inventaire* annexé aux registres de la temporalité : « Le » 29 juin 1570, Alexandre Humbelot, mercier, demeurant en cette ville d'Au-» tun, fut occis par les gens de guerre du camp de l'amiral, ayant passé par » les faubourgs. » — L'année suivante, une demande en modération d'impôts, fondée sur les maux *intolérables* supportés par les habitants d'Autun lors de l'étape des troupes de Cossé-Brissac, « lequel avoit aussi bien que l'ennemi » brûlé les faubourgs », fut favorablement accueillie par le roi.

[2] V. *Pièces justif.*, n° 35, le texte latin du *Cérémonial* de cette procession.

[3] L'article VIII du traité limitait la liberté et la publicité du culte, pour la Bourgogne, aux villes d'Arnay et de Mailly-la-Ville, près Auxerre.

cessation des hostilités. On leur laissa pour places de sûreté La Rochelle, Montauban, Cognac et La Charité. Cette paix, favorable aux protestants, ne servit qu'à masquer les desseins de la cour et à préparer le piège de la Saint-Barthélemy. Négociée par le duc Armand de Biron, qui était boiteux, et par Jacques Mesme de Malassise, on lui donna le nom de paix *boiteuse* et *malassise*.

Le passage de Coligny et les gens d'armes qui remplissaient la ville avaient fait ajourner les élections municipales. Il est même douteux qu'elles aient eu lieu cette année. Philibert Tixier continua d'administrer la cité. Il put profiter des évènements pour échapper à l'arrêt rendu le 12 juin 1570 par le parlement de Dijon contre les protestants et leurs complices. Cet arrêt, provoqué par l'élection de plusieurs d'entre eux aux magistratures, était ainsi conçu :

« Aux états et offices de maires, *viergs* et échevins, ne seront élus et appelés que personnes idoines et suffisantes ayant toujours persévéré en la religion catholique et romaine, sur peine de nullité des dites élections. Sont faites inhibitions à toutes personnes ayant fait profession de la nouvelle prétendue religion d'assister et se trouver aux dites élections sur peine d'amende arbitraire, et aux habitans des villes d'user de brigues et monopoles pour le fait des dites élections, *sur peine de la hart.* » [1]

---

[1] Philibert Tixier, remplacé à l'élection municipale de 1571 par Claude Berthault, seigneur de La Vesvre, disparaît de la scène ; son nom ne se lit plus que dans des actes relatifs à ses intérêts ou à ses fonctions de procureur de la gruerie. Dans la sacristie de l'église Saint-Lazare, il existait, en 1774, — dit Courtépée, t. II, p. 505, — un tableau votif au bas duquel on lisait ces mots :

PHILIBERTUS TIXIER, EDUENSIS VERGOBRET,
1573.

Cette année 1573 fut celle de sa mort. Le 11 avril, il figure comme témoin dans un acte du notaire Desplaces. Le 22 octobre suivant, une autre pièce mentionne l'ouverture de sa succession et son remplacement à la gruerie par le praticien Edme Lalemant. — De son mariage avec Jeanne Dardault, le riche marchand autunois laissa plusieurs enfants : Antoine, qui hérita de sa seigneurie d'Ornée, Philibert, et Jeanne, femme de Jacques de Genay, vierg d'Autun sous la Ligue.

Autun se débarrassa successivement des compagnies qui avaient été envoyées lors de l'approche de l'amiral. Il resta seulement quelques soldats sous la conduite de ce capitaine Burat que nous avons vu, en 1567, commander une garnison de quatre-vingt-dix hommes au Château. Son nouveau titre de gouverneur (il succédait à Champecullion) lui donnait autorité sur toute la ville. Quoique soldé par le chapitre, il était faible envers ses soldats, oppressif envers les habitants. Il laissait aller les uns à toutes sortes d'excès et usait de rigueur envers les autres au sujet du guet et de la sentinelle. Aussi insoucieux de la discipline que par le passé, il se vengeait des plaintes des magistrats et des chanoines en contrariant en toutes circonstances leur autorité. Ceux-ci firent intervenir Claude de Saulx qui dépêcha au capitaine Burat la lettre suivante :

« Seigneur Burat,

» Ceux de l'Eglise de la ville d'Autun nous ont fait par deçà plusieurs remontrances concernant votre charge, sur lesquelles il semble qu'il y ait peu d'intelligence entre vous et eux, chose qui concerne bien fort le service du roi, d'autant que la commission qui vous a été donnée pour garder la ville en la nécessité présente n'a point été, à ce que je scais certainement, en intention d'aucune chose préjudicier à l'autorité et aux privilèges du vierg, lesquels procèdent de Sa Majesté et sont par lui confirmés : non plus n'a entendu monsieur de Tavannes y déroger aucunement, comme de même n'ai-je fait de ma part. Aussi falloit-il pour bien faire le service du roi que vous vous entendissiez avec le vierg, sans rien entreprendre de commander à ceux de la ville, sinon par sa voix, quoi qu'il doive vous respecter en votre charge et vous obéir en ce que vous commanderez. Toutefois, vous devez reconnoître que vous n'êtes là que par le favorable et libéral secours que fait le chapitre ; et pour cela, toutes choses doivent se passer entre vous de bon accord et par douceur, autrement le service du roi ne se peut bonnement faire.

» Je vous ai donc bien voulu écrire la présente pour vous prier et enjoindre que vous ayez à faire toutes choses par avis et intelligence avec le vierg, sans entreprendre de forcer, battre, ni outrager aucuns habitans auxquels vous ferez commander par l'intermédiaire du vierg ce que vous aurez conclu et délibéré par ensemble, être nécessaire pour la garde de la ville. Si quelque habitant fait défaut en ce qui lui sera enjoint pour le guet et garde, vous ferez procéder contre lui par le moyen du dit vierg, selon les contraintes en tel cas accoutumées ou plus rigoureuses, s'il est entre vous advisé.

» Quant aux soldats, c'est autre chose, car vous avez toute autorité sur eux comme gouverneur. Or, on se plaint que vous les laissez sortir dehors et aller tenir les champs, voires qu'on dit même que vous les laissez sans punition sur plusieurs insolences et excès qu'ils commettent, jusques à forcer les maisons, chose qui vous importe grandement, si elle est véritable, car vous-même en serez responsable, comme très bien vous l'entendez. Pour ce donc, prenez-y garde, et faites en sorte que telles plaintes cessent désormais, autrement j'y pourvoirai, car un chef ne peut rien commander, mêmement au temps qui court, s'il ne se met en peine de se faire aimer des bons sujets qui emploient volontairement leurs biens et leurs vies pour le service de Sa Majesté. Vous avez partout surintendance, mais il faut rendre à chacun ce qui lui appartient, qui est de faire commander aux habitans par le vierg, et aux chanoines par leurs supérieurs, se comportant en cela avec telle dextérité que le service du roi se fasse; et s'il y a quelque défaut de la part des autres, en m'en avertissant, j'y pourvoirai comme l'occasion le requerra.

» Je n'ai laissé d'avertir le vierg et le délégué du chapitre, qui est venu ici, du devoir où ils se doivent comporter à votre endroit, à quoi je pense qu'ils satisferont, après avoir entendu mes affectionnées recommandations.

» A votre bonne grâce, priant Dieu, seigneur Burat, vous donner heureuse et longue vie.

» Dijon, ce 26 décembre 1570. — Signé, votre bien bon ami, de Saulx. » [1]

L'année 1574, qui fut pour la France une année paisible, présente peu d'intérêt. Les registres de la ville ne font men-

---

[1] *Livre noir*, fol. 11.

tion que du paiement des dettes, taxes et impôts et de leur répartition entre les catholiques et les protestants. Ce règlement, dans lequel intervint le maréchal de La Vieuville, homme d'une grande considération, d'une prudence consommée, envoyé par le roi en Bourgogne, après la paix de Saint-Germain, pour réconcilier les partis, continua pendant l'année 1572.

Ce fut le 24 août de cette année, qu'eut lieu le massacre de la Saint-Barthélemy, coup de mort des huguenots, selon les uns, baptême de sang des nouveaux évangélistes, selon les autres. On sait comment la Bourgogne en fut préservée par le comte de Chabot-Charny, successeur de Tavannes [1], et comment le jeune Jeannin, par son opposition à des ordres sanglants, épargna à la province de nouveaux malheurs et à Charles IX de plus grands remords.

---

[1] Gaspard de Tavannes, que sa campagne du Poitou et sa part glorieuse aux journées de Jarnac et de Moncontour avaient fait élever au grade de maréchal de France [28 nov. 1570], était forcé par ses fonctions de rester à la cour. Ce fut un bonheur pour la province de ne point l'avoir eu à sa tête, lors de la Saint-Barthélemy. Sa conduite à Paris dans cette funeste journée fait assez prévoir celle qu'il eût tenue dans son gouvernement. « Tavannes avoit, en » effet, conseillé à Charles IX d'employer la *voie du renard;* voilà pourquoi, » dit Brantôme, la paix se fit et au bout de quelque temps la *fête* de la Saint-» Barthélemy s'inventa, de laquelle M. de Tavannes fut le principal auteur.» Il prétendait qu'il ne fallait pas s'en tenir là. « Dans une conversation qu'il » eut avec le roi, il lui traça un plan général de destruction, imitant la femme » du pot-au-lait, qui, en le portant vendre au marché, formoit de jolis rêves, » ou encore le discours du seigneur Picrocole de Rabelais. » Comme il marchait contre La Rochelle, pour donner à ce plan un commencement d'exécution, il tomba malade à Chartres. De là, il se fit transporter au château de Sully, qu'il faisait reconstruire, et mourut, le 19 juin 1573, à l'âge de 64 ans, *enragé* et *désespéré,* prétend Brantôme. Il fut inhumé à la Sainte-Chapelle de Dijon, ville de sa naissance. (Il y était né en mars 1509.)

Depuis trois ans [5 nov. 1570], il avait traité de sa charge de lieutenant de Bourgogne avec Léonor Chabot, comte de Charny, grand-écuyer de France, d'où vint à ce dernier le surnom de *Monsieur le Grand*. Chabot-Charny était fils de l'amiral Chabot, seigneur d'Arnay, de Mirebeau, de Buzançois, et faisait sa résidence ordinaire au château de Pagny, près Seurre. Il y mourut le 14 mars 1597.

Pierre Jeannin était né à Autun, en 1540, au faubourg du Carrouge, d'un père exerçant la profession de tanneur et en qui un grand sens, une vie intègre, la considération de ses concitoyens compensaient le manque de fortune. Il avait deux fils : Nicolas Jeannin, qui fut abbé de la Sainte-Chapelle de Dijon et doyen de l'Eglise d'Autun, et Pierre qui devint un des principaux négociateurs de son temps. Après une jeunesse passée dans une dissipation que l'on pardonnait à la bonté de son caractère, Jeannin s'appliqua avec succès à l'étude de la jurisprudence. Reçu docteur à dix-huit ans, il parut avec éclat au barreau de Dijon; mais le discours qui fonda véritablement sa réputation fut celui qu'il prononça en faveur de sa ville natale, pour la préséance aux Etats de la province, que les députés de Beaune lui contestèrent à l'assemblée de 1570. Entrons, à ce sujet, dans quelques détails.

Pendant la première année de sa viérie, Philibert Tixier avait été appelé, comme élu du tiers, à siéger aux Etats de Bourgogne. A cette époque, où l'épidémie de la controverse régnait dans toute sa puissance, les Beaunois s'avisèrent de soutenir, à grand renfort de textes et de citations, que l'antique Bibracte de César était Beaune et non Autun, qu'en conséquence leurs élus devaient précéder, aux Etats, les magistrats autunois [1]. Un procès ayant été intenté par Tixier et porté, le 28 janvier 1570, devant le parlement de Dijon, Jeannin, alors à ses débuts, fut choisi par ses concitoyens pour soutenir les droits de la ville d'Autun. Dans une plai-

---

[1] Cette question, si nous en croyons Courtépée, fit autant de bruit dans les lettres qu'au barreau, et l'on vit des écrivains d'au-delà des frontières se mêler à la querelle. — On peut lire, t. II, p. 279, un passage du poète italien Boccalini, qui prit occasion de ce procès pour faire rendre par Apollon un jugement en vers assez curieux. — Voir aussi *Histoire de Beaune*, par M. Rossignol, p. 431.

doirie pleine de mouvement, fortifiée d'une érudition portée avec aisance et d'une logique graduellement ménagée, il retraça les titres de sa ville natale, rappela qu'elle était la seconde cité de Bourgogne par ses privilèges, sa viérie, son évêché, son bailliage, et par les hommes illustres sortis de son sein. Il s'étendit sur la déférence qu'on doit avoir pour les personnes en dignité, chercha à démontrer que le rang des députés dépendait de la célébrité des villes, que les plus anciennes devaient avoir la préséance, et que, dès lors, Autun devait précéder Beaune, quand même son rang ne serait pas reconnu par nombre d'actes authentiques. Un arrêt confirma, au milieu des applaudissements, et malgré les efforts de Bouhier, avocat des Beaunois, des prétentions si bien défendues. Cet arrêt maintenait le vierg au droit de prendre rang et d'opiner immédiatement après le maire de Dijon, et avant celui de Beaune à qui défense était faite de troubler à l'avenir les députés d'Autun. [1]

De ce jour, la réputation de Jeannin ne cessa de grandir. Son éloquence était mâle, serrée, dégagée d'ornements superflus, sa physionomie pleine de dignité, ses gestes de noblesse. Il portait dans sa personne ce caractère d'autorité qui tient aux avantages extérieurs et à l'élévation du caractère. Ceux qui l'ont entendu lui rendent ce témoignage qu'il eût égalé les modèles d'Athènes et de Rome s'il se fût plus

---

[1] Le texte du plaidoyer de Jeannin n'est pas venu jusqu'à nous, mais on en possède une analyse assez étendue dans la teneur de l'arrêt du 30 janvier 1570, inséré au *Livre noir*, fol. 103 à 119, sous ce titre : « *Arrêt obtenu par les » vierg, échevins et habitans d'Autun contre MM. de Beaune, au fait de la » préséance et droit d'opiner en la chambre du Tiers, immédiatement après » le vicomte majeur de Dijon, le dit arrêt ayant été obtenu à la poursuite de » messire Philibert Tixier, vierg et élu des Etats pour l'année 1570, en la- » quelle la ville d'Autun étoit à son tour.* » — Cet arrêt ne faisait, au reste, que confirmer différents décrets des Etats de 1460, 1483 et 1524 qui désignaient Dijon comme la première ville de la province, et Autun comme la seconde.

longtemps exercé aux luttes oratoires. En 1571, les élus de la province l'avaient choisi pour leur avocat, et, en 1572, la ville de Dijon pour conseil. [1]

Ce fut en cette qualité qu'il assista à l'assemblée tenue chez Chabot-Charny, au moment où le comte de Commarin, arrivant de la cour, présenta au gouverneur de Bourgogne deux lettres *de créance* écrites de la main de Charles IX, pour lui recommander de mettre à exécution des ordres que cet envoyé était chargé de lui expliquer de vive voix. [2]

Opinant le premier comme le plus jeune et le moins qualifié, Jeannin interpella Commarin et le seigneur de Saint-Miran, qui l'accompagnait, d'appuyer de preuves écrites leurs ordres verbaux, ou de certifier qu'ils émanaient du prince, en signant une déclaration. Sur leur refus et sur l'allégation que le roi ne leur avait pas donné ses volontés par écrit : « Messieurs, dit Jeannin, avant d'exécuter cet ordre qui » nous est signifié verbalement pour la fête de saint Bar-

---

[1] En 1571, Jeannin avait été désigné comme conseil de la province, « sous » le bon vouloir et plaisir des Etats », en remplacement de Bénigne Desbarres, nommé conseiller au parlement, lequel avait succédé à Pierre Morin de Cromey, en son office de maître de la chambre des comptes. Ce Pierre Morin, avocat, fut longtemps conseil de la ville d'Autun et solliciteur de ses procès près la cour de Dijon. En 1576, la municipalité le remercia de ses services, parce qu'il favorisait trop ouvertement les intérêts du chapitre et de l'évêque.

[2] Petitot remarque avec raison, dans une note aux *Mémoires pour servir à l'histoire de France,* t. XX, que les lettres écrites par Charles IX ne portaient pas, comme l'ont avancé la plupart des auteurs, l'ordre de faire massacrer les religionnaires, mais seulement d'exécuter ce que les porteurs de ces lettres ordonneraient de sa part. C'était, comme nous le disons, de simples lettres de créance, et des historiens, pour n'avoir pas fait cette distinction, sont tombés dans de graves erreurs. — « Mon avis, — dit le président Jeannin » dans ses *Mémoires,* — fut qu'il falloit mander ces deux seigneurs et savoir » d'eux, séparément, s'ils voudroient donner créance et signer. A quoi ils » firent réponse qu'ils ne le pouvoient faire : ains qu'on se devoit contenter » qu'étant connus pour gentilshommes, et du pays, ils ne voudroient, en chose » de telle importance, avancer mensonge dont le blâme et le péril tomberoient » sur eux-mêmes. » — *OEuvres mêlées* de Pierre Jeannin, t. III, p. 619.

» thélemy, demandons des lettres patentes. *Il faut obéir*
» *lentement aux souverains quand ils commandent en*
» *colère.* » Il rappela l'exemple de Théodose se repentant
du massacre de Thessalonique et prescrivant le délai « d'un
» mois » entre un commandement sévère et son exécution. Il
en conclut que le jeune roi n'avait pu donner des instructions si cruelles « avec une mûre délibération. » Il ajouta
hardiment « qu'un bon serviteur doit différer l'exécution
» d'ordres prononcés dans la violence d'un mauvais jour,
» pour la remettre à un lendemain plus calme. » Puis, faisant valoir des considérations plus élevées d'humanité et de
clémence, il laissa entrevoir l'espérance d'un prochain pardon, et termina en disant qu'un monarque étant le « père
» naturel » de ses sujets, bons et mauvais, la pitié toucherait
bientôt le cœur paternel du roi de France. Nobles paroles
dignes d'être citées à côté de celles de l'Autunois Denis
Poillot, parlant au nom des députés de Bourgogne devant
François Ier qui voulait céder cette province à Charles-Quint
pour prix de sa rançon : « Si Votre Majesté veut céder la
» Bourgogne au roi d'Espagne, le pays en appelle aux Etats
» généraux ; si les Etats l'abandonnent, il saura se défendre
» et restera toujours Français. » Noble action digne d'être
placée à côté du refus de Chasseneuz, président du parlement d'Aix, d'exécuter l'arrêt d'extermination des Vaudois,
à côté du désintéressement de François de Montholon, garde-des-sceaux, qui remit aux habitants de La Rochelle une
somme de 200,000 francs confisquée sur eux, dont Charles IX avait récompensé ses services ! [1]

---

[1] Un de nos compatriotes a consacré dans une œuvre récente et de mérite le souvenir de la belle conduite de Jeannin. La statue de M. Bernard Lhomme le représente au moment où, dans le conseil du gouverneur, il repousse du geste et de la voix les ordres de Charles IX.

L'avis de Jeannin l'emporta dans l'assemblée, et Chabot prit sur lui de désobéir et d'attendre. Deux jours n'étaient pas écoulés, qu'un courrier apportait un contre-ordre avec défense d'attenter à la vie et aux biens des protestants.[1]

Autun, comme le reste de la Bourgogne, resta donc pur de toute participation à la Saint-Barthélemy. La ville était administrée par des catholiques sincères[2], et le chapitre continuait d'exercer sa surveillance sur les huguenots qui, peu nombreux, isolés, dépourvus d'action, ne constituaient plus un parti redoutable.[3]

---

[1] Mathieu, dans son *Histoire de Charles IX*, 1631, t. I, p. 48, écrit : « La seule province de Bourgogne ne se ressentit point de cette fureur par la prudence de son gouverneur. » — « Il n'y eut point de meurtres, ajoute Mézeray, t. XI, p. 259, sinon à Dijon, celui de Clermont de Traves, dont le comte de Grammont avoit épousé la sœur, qui fut tué à la chaude durant l'absence de Chabot. » — Faut-il ajouter à ce fait une anecdote rapportée par Rosny, p. 136. Il raconte que Chabot-Charny, *alors bailli d'Autun*, s'étant contenté de faire arrêter les protestants, écrivit au chancelier de L'Hôpital pour avoir une confirmation de ses premiers ordres. A la réception de la lettre, L'Hôpital s'était empressé de la montrer au roi, en s'écriant : « *C'est un juge de village qui nous prescrit notre devoir.* »

Quelques années après la Saint-Barthélemy, Henri III, étant venu à Dijon, le 3 juin 1575, loua la conduite du comte de Charny; mais alors la politique de transaction commençait à prévaloir, et le roi en parlant de ces massacres les appelait *les désordres et excès du 24 août.*

[2] Claude Berthault, seigneur de La Vesvre-sous-Roussillon, venait d'être réélu. Berthault était fermier-général des décimes du bailliage et avait succédé à Antoine Charvot comme receveur des deniers royaux. L'échevinage se composait de : Nicolas Garnier, Louis Devoyo, avocat, Jacques Chéreau, Louis Dubanchet; le syndicat de : Jean Pupelin et Sébastien Moreau. — Les hommes influents du chapitre étaient : le doyen François de La Guiche; le prévôt de Sussey, Antoine Borenet; le grand-archidiacre Guy Languet; l'official Claude Lombard; Claude de Salins, abbé de Saint-Etienne-L'Etrier; le théologien Delafosse.

[3] Courtépée est tombé, croyons-nous, dans une grave erreur quand il porte sans aucune preuve le nombre des réformés autunois à huit cents, et leur donne une position militante : « Autun, — dit-il, t. II, p. 489, — étoit environné de calvinistes et en renfermoit dans son sein plus de 800, qui épioient, comme ailleurs, l'occasion de piller les églises et de les profaner, ainsi qu'ils firent à Saint-Jean-de-la-Grotte, en 1562. » Nous avons vu que cette profanation eut lieu plus de vingt ans auparavant, en 1541.

Quelques mois après la Saint-Barthélemy, le duc d'Aumale, gouverneur de Bourgogne, fit publier, en octobre, le nouvel édit de pacification. Il portait qu'il ne devait y avoir dans le royaume que la religion catholique, apostolique et romaine. Les citoyens étaient engagés à vivre entre eux dans l'union. Chaque ville principale devait entretenir cent hommes habiles au métier des armes, pour prêter main-forte à la justice et surveiller les *messagers* de Genève qui sollicitaient le peuple à quitter l'obéissance du roi. La Bourgogne fut à peu près tranquille pendant les deux années suivantes. Nos archives gardent le silence sur ces jours de calme succédant aux orages civils. Mais il s'en fallait beaucoup que les plaies de la guerre fussent fermées ; elles saignèrent encore longtemps. [1]

Le 16 août 1572, huit jours avant la Saint-Barthélemy, était mort, en son château de Lucenay, Pierre de Marcilly, évêque d'Autun, dont l'épiscopat, pendant quatorze ans, avait été traversé par une longue suite d'inquiétudes et de combats. Sa fermeté, que ne partagea pas son successeur, n'avait pu prévaloir contre la force des évènements, et il descendit au tombeau avec le regret d'avoir vu son diocèse presque tout entier envahi par les nouvelles doctrines. [2]

Le siège épiscopal fut conféré à Charles Ailleboust, natif

---

[1] Les registres de la ville présentent de fréquentes interruptions pendant les années 1572, 1573 et 1574. Ils renferment parmi un grand nombre de pages blanches quelques rares délibérations sans intérêt, concernant les comptes et les impositions.

[2] Il fut enterré dans l'église Saint-Lazare, devant l'autel du Petit-Crucifix, près du cardinal Rolin, à côté de ses frères Philibert de Marcilly-Cipierre, ancien gouverneur de Charles IX, et Philippe, doyen du chapitre, mort dès 1570. — Un de ses parents, Aymard de Marcilly, religieux du couvent de Saint-Symphorien et prieur commendataire de Saint-Racho, sur la résignation de Pierre Motin (23 avril 1569), choisit quelques années après ce même lieu pour sa sépulture.

d'Autun, fils de Pierre Ailleboust, médecin de François Ier.[1] Successivement curé de Vindecy-en-Brionnais, chanoine de la cathédrale, abbé de Septfons dans le Bourbonnais, prieur d'Anzy-le-Duc et de Bar-le-Régulier, Ailleboust avait appartenu dans les premières années de son canonicat à cette minorité du chapitre qui appuya au début, dans leur opposition, les deux chanoines hérétiques Vériet et La Coudrée. Nommé à différentes reprises procureur-général de la province de Lyon et syndic du clergé de France, ces fonctions l'avaient fixé à la cour, où son père avait laissé d'honorables souvenirs. Courtisan lettré et poli, il avait fait ses études avec un des beaux esprits du temps, Pontus de Thiard, l'un des sept poètes de la Pléïade, depuis évêque de Chalon.

Ailleboust était bien fait de sa personne, doué d'une physionomie pleine de grâce et de bonté, d'un caractère bienveillant, d'une urbanité exquise [2], très instruit dans l'histoire sacrée et profane. Aussi passait-il aux yeux de son

---

[1] Pierre Ailleboust, décédé à Fontainebleau, le 3 septembre 1531, fut inhumé à Autun dans le monument de sa famille, placé dans la chapelle Saint-Côme et Saint-Damien de l'église Saint-Jean-de-la-Grotte. On y lisait son épitaphe jusqu'en 1783, année où cette crypte et la basilique de Saint-Nazaire, qui tombèrent en ruines, furent démolies. Il avait épousé Pierrette de Scez dont il eut six fils et une fille [Françoise, femme du calviniste Lalemant] : Jean, l'aîné, embrassa la carrière de son père et devint médecin du duc d'Alençon, en 1578 ; Jean, le plus jeune, fut attaché en la même qualité auprès de Henri IV ; André, seigneur de Collonge-la-Magdeleine, mari d'Odette Rolet ; enfin Charles, Anatole et Hugues, tous trois chanoines de Saint-Lazare. Les deux derniers se succédèrent dans la dignité de grand-chantre.

[2]   Or, luire en toi je vois je ne sais quelle grâce
        Tant bien mêlée aux traits de ta bénigne face,
        Qui me fait présumer qu'une si belle forme
        Rendra à ce beau corps l'âme du tout conforme.

Compliment présenté à Ch. Ailleboust, pour son entrée solennelle (le 24 janvier 1574), par le notaire Bonaventure Goujon. Ce naïf auteur d'une histoire d'Autun a raconté, dans le plus grand détail, les *cérémonies* et *réjouissances* faites à la réception d'Ailleboust qui, pourvu de l'évêché dès 1572, ne prit possession que deux années après. — V. aux *Pièces justif.*, n° 39.

clergé « pour un singulier ornement de son temps, qui
» n'étoit pas parvenu inconsidérément et de pleine volée
» au sommet des grandeurs, mais après avoir fait bonne
» preuve de ses suffisance et mérite, pourquoi l'on a em-
» ployé méritoirement en sa faveur le mot de *perfectis-
» sime* [1]. » Il n'obtint pas cependant sans poursuites ambi-
tieuses l'évêché d'Autun. Par un accord passé, le 17 septembre 1572, entre lui et Louise d'Halluin, veuve de Philibert de Cipierre, Ailleboust s'obligea à payer à cette dame
une somme de 5,000 livres, si elle secondait sa nomination
à cet évêché. Il avait puisé dans sa résidence à la cour des
sentiments de tolérance à l'égard des protestants. Il comptait même parmi ses parents un réformé dans le médecin
Jean Lalemant, son beau-frère. Il n'en donna pas moins des
preuves de son patriotisme au moment du passage des troupes allemandes près d'Autun, et de son attachement à la
religion catholique, aux États de Blois, ainsi que nous le
verrons dans la suite.

[1] *Le Livre des Antiquités de la ville d'Autun,* par Saint-Julien de Baleure, p. 210, dédié, en 1580, à Charles Ailleboust.

SCEAU DE CHARLES AILLEBOUST, ÉVÊQUE D'AUTUN.

CHAPITRE V

ÉTAT DU PAYS A LA FIN DES GUERRES.

SOMMAIRE.

Enquête sur la situation du pays par ordre de Charles IX. — Procès-verbal de la visite de Guillaume de Tavannes dans l'Autunois. — Le prince de Condé et le duc des Deux-Ponts traversent la Bourgogne. — Appréhensions dans Autun. — Assemblées générales. — Les députés du bailliage aux premiers Etats de Blois. — La Sainte-Union ou la Ligue.

Sur la fin de l'année 1573, Charles IX, effrayé de la misère du royaume, chargea deux gentilshommes de chaque province « de visiter les villes et les campagnes, pour s'in- » former de ce qui étoit nécessaire au bien de ses sujets, » afin d'y pourvoir et y mettre ordre. » Guillaume de Saulx, comte de Tavannes, fut désigné pour la Bourgogne avec Charles de Missery, gouverneur d'Auxois. Le premier devait visiter les villes, le second les bourgs, les villages et le plat pays.

Guillaume était le second fils du maréchal qui venait de mourir, le laissant chef de sa maison. Il avait un frère cadet,

Jean de Saulx, vicomte de Tavannes, dont nous aurons à parler sous la Ligue [1]. Gentilhomme de la chambre de Charles IX, en 1569, Guillaume se distingua, sous son père, à Jarnac et à Moncontour, par son intelligence et par son courage. L'année suivante, à l'âge de dix-huit ans, il épousa Catherine Chabot, fille aînée du comte de Charny. Tavannes, en considération de ce mariage, obtint pour Chabot la survivance de la charge de grand-écuyer de France occupée par Claude Gouffier de Boisy, son beau-père. Il se démit également, en faveur de Chabot, de la lieutenance-générale de Bourgogne, « sous promesse de la rendre dans six mois à » son fils, à quoi le comte de Charny manqua [2]. » Ce dernier était, en effet, comme nous l'avons vu, lieutenant-général au moment de la Saint-Barthélemy, avec Tavannes sous ses ordres. Il faut penser, dit un biographe [3], que cette charge fut l'objet d'arrangements ultérieurs que nous ne connaissons pas. Le beau-père et le gendre étaient du reste dignes l'un de l'autre, et la bonne intelligence ne cessa de régner entre eux. En 1585, après le traité de Nemours, Guillaume, ayant été enfin nommé lieutenant-général, continua de montrer la plus respectueuse déférence pour son beau-père. On le voit, jusqu'à cette époque, rester auprès de lui, le seconder dans ses efforts pour défendre la religion et pour maintenir la paix de la province contre les attaques des protestants.

Guillaume de Tavannes, dans le cours de sa visite, réunit

---

[1] Gaspard de Saulx-Tavannes avait eu de Françoise de La Baume-Montrevel trois fils et trois filles. L'aîné, Henri de Saulx, était mort fort jeune au retour du siège du Hâvre, en 1563.

[2] *Mémoires de Gaspard de Tavannes,* p. 351.

[3] Notice sur Guillaume de Tavannes, par M. Moreau. — Collection des Mémoires pour servir à l'histoire de France, par Michaud et Poujoulat, t. VIII, p. 437.

dans chaque ville les principaux citoyens dévoués au roi, les maires, échevins, syndics, les commis aux finances et les dignitaires ecclésiastiques. Il s'enquit de chacun d'eux s'il y avait rien dans l'administration de la justice, de la police, des charges publiques, qui pût altérer l'ordre et la tranquillité. Il demanda si les factions n'avaient pas laissé d'inimitiés entre les gentilshommes des campagnes et les bourgeois des villes; s'il ne se commettait pas de violences et de mutineries; si la loi était sincèrement et expéditivement appliquée; si les gens d'église étaient de bonnes vie et mœurs, respectés dans leur caractère et dans la jouissance de leurs bénéfices.

Les habitants des villes répondirent par des doléances sur le nombre excessif d'officiers publics, sur leur incapacité, leurs exemptions d'impôts, « se plaignant de voir les » charges et les offices occupés par ceux qui avoient le plus » de moyens pour les acheter et non par les plus idoines, » suffisans et de meilleure volonté, lesquels devroient être » recherchés et tirés de leurs maisons, pour être employés » au service du public [1]. » Ils s'élevèrent avec force contre les vices des clercs et le trafic qu'ils faisaient de leurs bénéfices. Ils tracèrent le triste tableau des ravages des gens de guerre pillant et brûlant le pays, des subsides, impositions et emprunts de toutes sortes qui avaient réduit le peuple en si grande pauvreté, « qu'il ne lui restoit sinon l'esprit mi- » sérable et souffreteux. » Ils finissaient en suppliant le roi, « comme loyaux et affectionnés sujets », de leur rendre les services qu'on peut espérer d'un bon prince. De leur côté, les ecclésiastiques se plaignaient d'être troublés dans la jouissance de leurs biens, dont les revenus et les récoltes

---

[1] « Charges données non au mérite des hommes, mais à leur toison d'or, » disait déjà de son temps l'orateur grec Eschyne.

étaient le plus souvent confisqués par les seigneurs voisins ou par les soldats qui battaient la campagne. Les évêques reçurent ordre de dresser acte de ces empêchements afin d'en obtenir justice.

Dans le procès-verbal de cette enquête, Tavannes s'exprime sur Autun en des termes qui montrent que les discussions religieuses y avaient laissé peu de traces et que les sujets de plaintes y étaient moins nombreux qu'ailleurs.[1]

« Du lieu de Beaune, je me suis transporté, — dit Guillaume de Tavannes, — en la ville d'Autun, siège d'un évêché et d'un bailliage, où j'ai reçu plaintes, principalement pour les tailles, subsides, impositions et passages de gens d'armes, nous remonstrant que l'impuissance, la nécessité et la pauvreté les contraignoient supplier Sa Majesté de les soulager d'autant qu'ils étoient en un pays stérile, qui ne produisoit rien et qui étoit destitué de toutes les commodités nécessaires à la vie.

» Quant au peuple, gentilshommes voisins et autres de quelque qualité et religion qu'ils fussent, qu'ils vivoient doucement les uns avec les autres, sans que pour raison du passé ou pour autres rancunes et inimitiés, il y eût querelle entre eux qui pût porter préjudice au bien public.

» Quant aux ecclésiastiques du lieu, pour l'absence de l'évêque, le grand-vicaire d'icelui s'est présenté devant moi assisté de nombre de chanoines et autres ayant dignité en l'église cathédrale, lequel s'est excusé de ce qu'il n'avoit encore dressé procès-verbal contenant le trouble et empêchement qui seroit fait à un chacun des bénéfices étant dans le diocèse, suivant mes lettres qu'il avoit dès longtemps reçues à cet effet pour l'exécution de vos comman-

---

[1] Les documents de cette visite sont de deux sortes : le *procès-verbal* des plaintes et doléances particulières de chaque ville que Tavannes parcourut, et le *rapport* au roi ou discours qu'il prononça à Saint-Germain. Ce discours, assez concis et qui renvoie aux détails consignés dans le procès-verbal, se trouve dans ses *Mémoires* (p. 466). Le procès-verbal de la visite des principales villes de Bourgogne (Dijon, Beaune, Autun, Chalon, etc., etc.) que nous publions *in extenso* aux *Pièces justif.*, n° 40, est jusqu'ici resté inédit. — Nous l'avons extrait de la collection Fontette, porte-feuille xxxix, n° 26.

demens, disant que la dite demeure ou retard étoit advenue à l'occasion du différend qui se traitoit pour la régale entre l'archevêque de Lyon et l'évêque d'Autun ; mais qu'il ne failleroit, après s'être diligemment informé de la dite non-jouissance, de la continuation ou intermission des services accoutumés être faits en l'honneur et louange de Dieu, en dresser procès-verbal et me l'envoyer pour être présenté au roi.

» Puis, je me suis acheminé à la ville de Charolles. Avant que d'y arriver, averti sur les chemins mêmes, au bourg de la Tannière, que le lieu étoit infecté et gâté par les courses et voleries d'aucuns insignes voleurs, assassineurs et boute-feux qui faisoient leur résidence ès environs et lieux prochains, je commandai soudain au prévôt des maréchaux, auquel je donnai force, se saisir d'eux, ce qu'il fit de deux personnages de mauvaise réputation de par la commune voix des habitans du lieu, grands voleurs, l'un portant la qualité de gentilhomme, l'autre de soldat, enjoignant au prévôt de leur faire en toute diligence leur procès, sans user d'aucune commutation à la punition des crimes qui se trouveroient bien vérifiés. »

Après avoir consciencieusement rempli la première partie de sa mission, Tavannes vint à Saint-Germain-en-Laye rendre compte au roi. Il prononça, en présence des princes du sang, des ministres et de la cour, un discours qu'il nous a conservé dans ses *Mémoires* et qui contenait un bref mais sincère résumé des griefs du clergé et du peuple. Ce discours fut trouvé *téméraire* en ce qu'il demandait la convocation des Etats généraux *libres*, « ce qu'aucun autre dé- » puté, dit-il, n'avoit osé faire. » Son auteur prétend toutefois que Charles IX ne parut pas éloigné de se rendre à cet avis, mais que la mort l'en empêcha. [1]

---

[1] « Les résolutions prises en cette occurrence, — écrit Tavannes, — appor- » tèrent quelque fruit, mais non tel qu'il eût été à désirer, par la mort du roi » arrivée quelques temps après. » — Sous le règne de Henri III, cet état de misère et d'oppression des provinces ne fit que s'accroître. Qu'il nous suffise de citer les remontrances faites, en 1578, par Nicolas Boucherat, abbé de Cî-

Le massacre de la Saint-Barthélemy avait frappé d'épouvante ses auteurs et ses complices. Ils reculèrent devant l'atrocité d'un forfait qui était allé plus loin qu'ils ne s'y étaient attendus et qui ne leur assurait pas la victoire. La voix de la conscience réveillée à la suite du crime se trouva d'accord avec celle de la politique pour les condamner. On avait cru exterminer les protestants, on ne fit que les exaspérer. Une sombre horreur se joignit dans leur cœur à une haine implacable contre les assassins. Ils reprirent les armes et se fortifièrent dans les villes restées en leur possession. Trois surtout leur offraient un asile redoutable, Nîmes, Montauban, La Rochelle. Ils se soulevèrent dans le Velay, le Vivarais, le Forez; ils parcoururent le Dauphiné, la Normandie et d'autres provinces, en appelant aux armes. Partout l'autorité des gentilshommes réformés se substituait à l'autorité royale. L'unité politique de la France semblait sur le point d'être brisée, comme l'avait été l'unité de religion, pour faire place à des formes de gouvernement moitié féodales, moitié républicaines.

Ce fut dans ces circonstances que Henri III, quittant le trône de Pologne, vint succéder à son frère Charles IX. C'était le prince le moins propre à réduire les seigneurs rebel-

---

teaux, au nom des Etats de Bourgogne, sur la nécessité d'alléger les impôts et de recourir à une meilleure répartition des tailles. Voici quelques fragments de ce discours inédit. [Biblioth. nation., porte-f. XXXVII, n° 5.] « Les » gens de justice avec leurs offices de judicature sont contraints de vendre en » détail aux sujets ce qu'ils achètent en gros au roi. » — « Pour parvenir aux » dignités ecclésiastiques il vaut mieux être bon courrier que bon théologien.» L'orateur rappelle au sujet des impôts cette expression de Tibère : « L'office » d'un bon berger est de tondre son troupeau et non pas de l'écorcher. » — Et cet autre mot d'Alexandre-le-Grand : « Le bon jardinier n'arrache pas les » racines des plantes qu'il a semées, mais il coupe l'herbe pour recueillir en » une nouvelle saison une seconde récolte. »—Boucherat termine sa harangue par ces paroles : « Si vous voulez avoir la puissance de nous imposer deux » tailles dans une année, il faut aussi que vous ayez le pouvoir de nous don» ner deux étés et deux automnes, deux moissons et deux vendanges. »

les et à pacifier le pays. Sa vie efféminée, perdue aux soins de la toilette et de la débauche, son abandon à de jeunes courtisans connus sous le nom de *mignons*, le rendirent bientôt un objet de mépris et de risée. Catholiques et protestants conçurent un égal dédain pour un monarque qui n'avait ni conviction religieuse, ni souci de son royaume, et dont les voluptés étaient de celles qu'on n'ose nommer. Il se forma bientôt à la cour un troisième parti qui tint le milieu entre les protestants et les catholiques : ce fut celui des *malcontents, politiques* ou *modérés*. Il se composait d'un grand nombre de seigneurs qui partageaient les idées de L'Hôpital, avaient en horreur la Saint-Barthélemy et cherchaient à combattre l'influence toute puissante de la maison de Guise. A leur tête figurait le maréchal de Montmorency, fils du connétable tué à Saint-Denis. Lorsque le roi de Navarre et le prince de Condé, chefs des réformés, se furent joints à lui, ils formèrent tous trois, malgré la différence de religion, un seul parti sous la conduite du duc d'Alençon, frère du roi, qui s'échappa de Paris pour les rejoindre.

Leurs forces furent partagées en trois armées : l'une, aux ordres d'Henri Montmorency-Damville, ravagea le Languedoc; la seconde, sous le duc d'Alençon, occupa le Poitou; la troisième, commandée par le prince de Condé, attendait en Bourgogne six mille reîtres conduits par Jean-Casimir de Bavière, fils de ce même Wolfgang, duc des Deux-Ponts, qui, quelques années auparavant, avait dévasté une partie de la France [1]. Ces deux armées opérèrent leur jonction sur la

---

[1] Wolfgang de Bavière, fils de l'électeur palatin Frédéric III, et chef de l'invasion de 1569, était mort, le 11 juin de la même année, des suites de son intempérance pendant son séjour en Bourgogne. Courtépée, — t. III, p. 597, et t. IV, p. 93, — raconte qu'au siège d'Avallon, il trouva le vin si exquis qu'il

frontière, entrèrent dans la Franche-Comté, s'approchèrent de Châtillon, passèrent près de Langres, semant sur leurs pas le pillage et l'incendie. Elles campèrent huit jours près de Dijon sans oser en entreprendre le siège. Le comte de Charny et Guillaume de Tavannes, qui s'y étaient renfermés avec la noblesse du pays, firent plusieurs sorties et les éloignèrent. Elles s'emparèrent de Nuits et le pillèrent trois jours durant, prirent la route du Charollais, ruinant bourgs et villages, et saccagèrent pour la seconde fois Paray, Anzy-le-Duc et Marcigny. A Semur-en-Brionnais, où les reîtres séjournèrent du lundi 6 février 1576 au samedi suivant, l'église fut détruite, les vases sacrés furent enlevés, le feu fut mis à la ville et les habitants réfugiés dans les bois « et buissons » ne trouvèrent à leur retour aucune espèce de subsistance [1]. Ces troupes pénétrèrent dans le Bourbonnais et rejoignirent, près de Moulins, celles du duc d'Alençon.

Dès le 17 janvier, on redoutait à Autun le passage de l'armée de Condé qui était arrivée à Pont-de-Pany, près Dijon, au-devant du prince Casimir. Le lieutenant Chabot-Charny prévint le vierg Berthault, successeur de Georges

en emporta plus de deux cents bouteilles, lesquelles, « après plusieurs excès » à l'allemande, » causèrent sa mort au village de Nesson, près de Limoges. Le bruit courut que le vin était empoisonné, mais une enquête ordonnée par Coligny ne constata pas la présence du poison. Avant de mourir, dit un historien, il avait mandé près de lui ses parents et les chefs de son armée, « les » priant tous de poursuivre cela pour raison de quoi ils étoient venus en » France. » — Le prince Casimir ne faisait qu'exécuter, en 1576, les dernières volontés de son père.

[1] Voir aux *Pièces justif.*, n° 41, le procès-verbal inédit du pillage de Semur-en-Brionnais, dressé par Jean Raquin, lieutenant du bailliage, en présence du chantre Pierre Rousset et des chanoines de l'église Saint-Hilaire. Le grand-chantre vint quelque temps après à Autun implorer des secours du chapitre. De là, il se rendit à Blois où se tenaient les Etats, et le roi, « après » attestation judicielle faicte de la pauvreté de son église, » lui accorda plusieurs exemptions d'impôts.

Venot ¹, de pourvoir à la sûreté de la ville, sans espérer de secours, attendu qu'il ne pouvait lui en envoyer. L'Hôtel-de-Ville se mit de nouveau en état de soutenir un siège, nomma une commission pour aviser aux moyens les plus expédients, invita le clergé à redoubler de soins pour la défense du Château, fit mûrer, après visite des fortifications et des remparts, toutes les portes à l'exception de celle des Bancs, et agita la question de réparer et de terminer la clôture de Marchaux. ²

Le 20, personne ne doutait que le camp des deux princes ne prît ses brisées contre la ville. On recourut à une assemblée générale du clergé et du peuple. Elle eut lieu au palais épiscopal et dura la journée entière sous la présidence du vierg. L'évêque Charles Ailleboust, Barthélemy de Montrambault, lieutenant-général du bailliage, Odet de Montagu, lieutenant de la chancellerie, Pierre Pupelin, lieutenant particulier, y assistaient avec les délégués de l'église, les notables et autres habitants. Le procès-verbal de la délibération montre

---

¹ Après deux années de viérie, Venot avait été remplacé, le 24 juin 1575, par Claude Berthault, seigneur de La Vesvre, déjà vierg d'Autun au moment de la Saint-Barthélemy. Depuis cette époque, nous ne voyons plus Venot remplir de fonctions municipales. Il a toujours conservé l'estime de ses concitoyens, qui le nomment député aux Etats de Blois, et la confiance du chapitre dont il continue à diriger la justice temporelle. (Il était aussi bailli de l'abbaye de Saint-Andoche.) Il figure comme conseil dans la plupart des affaires importantes de ce temps; mais il s'est retiré de la scène, et les dernières années de sa vie sont tellement obscures qu'on ignore l'époque de sa mort. — En 1588, son fils aîné Philibert avait recueilli sa charge de bailli et hérité de sa terre de Drousson (près Curgy), ce qui fait présumer que Georges Venot mourut avant cette année.

² Cette partie de la ville basse comprise entre le fort de Marchaux et la porte du Carrouge était mal fermée. Le plan de clôture dont il est parlé ici ne fut exécuté qu'au commencement de 1577. A cette époque, on décida « que » la muraille seroit commencée, à prendre au-dessus de la tour de l'horloge » de Marchaux, à l'endroit de la muraille joignant l'ouche *Chaffault*, tirant » de droit fil, par l'ouche de La *Grange-Vertu*, au-dessous du Carrouge. » Cette muraille, qui comprenait dans son circuit l'église de Saint-Jean-l'Evangéliste, est celle que nous voyons aujourd'hui.

combien l'alerte était vive et le patriotisme de nos aïeux surexcité.[1]

« Charles Ailleboust, évêque d'Autun, a annoncé qu'il avoit eu avertissement certain que l'armée du prince de Condé s'acheminoit vers Autun, étant jà près de Dijon : partant, qu'il étoit besoin en premier lieu de connoître la volonté de tous les habitans, s'ils ont l'intention de résister, et en second lieu, des moyens d'y parvenir. Selon lui, le principal moyen est l'union, la concorde entre tous et la promesse de ne s'abandonner, ains employer les vies des uns pour les autres au salut commun de la ville. Il est besoin surtout que ceux départis pour commander aux forts et en la ville basse soient obéis ; qu'au surplus, il faut advertir le gouverneur de la province, afin que, suivant son conseil, on agisse. Pour son regard, il a juré et promis devant Dieu qu'il ne désemparera de la ville, mais qu'il y vivra et mourra en vrai concitoyen.

» Le lieutenant-général Montrambault a dit : qu'il s'étoit résolu vivre et mourir pour la patrie et pour la ville où il a pris naissance.

» Odet de Montagu a dit comme son collègue : qu'il vivra et mourra à la défense de la ville.

---

[1] Voici les noms des Autunois qui prirent part à cette délibération où s'agitait en quelque sorte le destin de la cité :
Les échevins Jean Dechevannes, Louis Devoyo, avocats ; Edme Barbotte, marchand, et Pierre Jeannin, tanneur ; les syndics Sébastien Moreau et Philippe de Cercy ; Nicolas Rolet, conseil de la ville ; Antoine de Ganay, procureur du roi ; Nicolas Munier, avocat du roi ; Jacques Devoyo, Jean de Ganay et Claude Bernard, tous trois conseillers au bailliage ; les avocats Georges Venot, Etienne Dechevannes, Antoine Rolet et Jean Tixier ; Jean Baraud, André d'Andozille et Jean Lalemant, médecins ; Jacques Barbotte, André Lalemant, Lazare, Louis et Bénigne Thomas, Lazare Maître, Nicolas Dagobert, Etienne Lefort, Jean Duban, Antoine Delacroix, Pierre Chapet l'ancien, Etienne Devoyo marchand, Hugues Devoyo, Edme Goujon l'ancien, Mathieu Humbelot, Lazare Cortelot, Préject Vizaine, Jacques Oudin l'ancien, Charles et Philibert Oudin, Pierre Larcher, Guillaume Baillet, Simon Dumay, Lazare Thoison, François Coutault, Jacques de Genay, Louis Dubanchet, Pierre Jacquesson, Claude Guillard, Pierre Girard, Antoine Bureau, Etienne Chifflot, Joseph et Nicolas Laguille, Nicolas Leriche, Noël Guinot, Antoine Roux, Clément Perrin, Lazare Madot, Jean Michelet, Philibert Laguenne, Jacques de La Genestoye, Antoine Féboreaul, Jean Dardault, Edouard Boulon, Jacques Panissat, Jean Millot, Lazare Seurre, Lazare Châtel, Pierre Lambert, François Terrasson, Jacques Perrin et Guillaume Dupuis. — Les chanoines Hugues Ailleboust, Georges Ballard, Nicolas Bernard et Claude Chaffault représentaient le clergé.

» Pierre Pupelin a opiné : qu'en tous actes occurrens, il s'est employé pour la patrie et service du roi ; que, par plusieurs fois, les troupes passant aux alentours pour le service de Sa Majesté ont été repoussées ; mais qu'à présent l'ennemi étant aux portes, il n'est aucun devoir ni moyen pour sa conservation ; en quoi, il sembleroit préférable que l'on s'assure plus de l'ennemi que de l'ami ; néanmoins il a protesté de vivre et mourir à la défense de la ville, de laquelle il ne veut retirer aucune chose.

» Jacques Devoyo, Claude Bernard et Jean de Ganay, conseillers au bailliage, ont dit qu'ils vouloient vivre et mourir à la défense de la patrie.

» Nicolas Munier et Antoine de Ganay ont aussi protesté qu'ils vouloient vivre et mourir pour le service du roi, tuition et défense de la ville.

» De leur côté, Claude Chaffault, Nicolas Bernard et Hugues Ailleboust, tant pour eux qu'au nom des autres chanoines et habitués de l'église, ont juré ne désemparer ces lieux, ains y vivre et mourir avec les citoyens pour le service du roi.

» Tous les autres ont fait même promesse et ont été d'accord qu'on aille en diligence vers le gouverneur.

» Sur quoi, il a été décidé qu'on se mettra dès maintenant en armes, sous la charge des centeniers et dixeniers ; que les guets et gardes commencés se continueront tant de jour que de nuit, tant aux forts qu'aux advenues de la ville basse. — A cet effet, on commet pour le Château, Georges Venot avec le sieur de Champecullion, capitaine y étant, auquel Venot est donnée toute puissance et autorité à ce requise. — Lazare Devoyo aura l'œil à la garde de la ville basse, aussi aux barrières de la porte ou Croix-des-Marbres et à la porte Saint-Branchet. — Pierre Jeannin est choisi pour la barrière du Carrouge et le portail Saint-Andoche. — Enfin, le vierg Claude Berthault avec les syndics, pour Marchaux et le Champ-Saint-Ladre. De plus, sur l'avis des assistans, il a été délibéré que Antoine Borenet, chanoine, avec Edme Barbotte, échevin, s'achemineront où est Mgr le duc du Maine, gouverneur en ce pays, pour l'avertir de la venue du camp du prince à Autun, demander son conseil et suivant sa volonté se conduire. »

Vers le milieu de la journée, on apprit qu'il n'y avait aucun secours à espérer de Mayenne qui se portait avec ses forces entre Auxerre et Avallon. La municipalité députa aussitôt à Dijon l'échevin Pierre Jeannin [1] et Philibert Hilaire, habitué de l'église cathédrale, pour supplier Chabot-Charny « d'octroyer au plus vite quelques compagnies à la ville, vu » son extrême nécessité. » En attendant, on chercha à recruter dans les villages deux à trois cents arquebusiers pour aider aux habitants. Le capitaine Champecullion et Georges Venot furent investis du commandement de ces troupes. Deux émissaires, Claude Gaillard et Lazare Balaget, dépêchés par le conseil pour découvrir l'ennemi, déclarèrent qu'ils avaient appris d'un gentilhomme nommé Montfort que les princes alliés avaient arrêté entre eux de passer par la ville d'Autun « et en icelle faire montre et revue de leur ar- » mée. »

Le 23 janvier, l'assemblée continua dans la matinée et dans l'après-midi :

« Le vierg Claude Berthault a remontré que la présente convocation avoit été faite à l'effet d'exhorter les habitans d'avoir à retirer en diligence leurs biens les plus précieux aux forts, comme aussi, en cas de nécessité, leurs personnes. On ne peut penser

---

[1] Pierre Jeannin, tanneur, père du président, était lui-même fils d'un tanneur. Ses ancêtres paraissent avoir été, — d'après Courtépée, t. IV, p. 122, — originaires d'Aligny, près Saulieu, où est encore la *Meix-Jeannin* et où demeura longtemps un oncle et parrain du ministre de Henri IV. Jeannin possédait au Carrouge une maison sur laquelle il devait une rente de 13 gros à la collégiale de Notre-Dame. Cette rente, selon un *Manuel des revenus et redevances de l'église Notre-Dame-du-Châtel*, avait été constituée le 23 novembre 1526 et reconnue le 6 juillet 1542. En 1591, le chapitre en ayant réclamé les arrérages, l'abbé Jeannin pria de remettre le règlement de cette affaire à la prochaine venue de son frère. — La tannerie Jeannin était voisine de l'abbaye de Saint-Andoche. Un censier de l'Evêché, de 1533, parle de la maison de Pierre Maret, boulanger d'Autun, « tenant d'une part à la tannerie de Pierre » Jeannin, le chemin entre deux. » Elu plusieurs fois à l'échevinage, en 1576, 1582, 1583, Jeannin vécut depuis dans l'obscurité et mourut vers l'année 1594. Il fut enterré dans la petite église Saint-Pierre-Saint-Andoche, et l'on voyait, il y a cent ans à peine, encadrée dans le mur de la nef, à deux pas de la porte d'entrée, une modeste plaque de bois noir avec son épitaphe latine et française.

conserver la ville basse contre un tel camp que celui de M. le Prince et du duc *Casemil* [1], au nombre de 25 à 30,000 hommes, car la garnison venant à être séparée et divisée entre la ville moyenne et les deux forts, il est à considérer qu'en perdant ces boulevards, le tout est abandonné et en désespoir. Sur quoi, le vierg a exhorté les habitans assemblés d'opiner et émettre leur avis :

» L'évêque Ailleboust a pris la parole : Pour la conservation des corps et biens des habitans de la ville, ils doivent retirer leurs personnes et leurs biens dans les forts, si nécessité oblige, afin de rendre ces forts plus tenables et mieux garnis d'hommes, plutôt que de tout perdre en pensant conserver et défendre la ville moyenne, d'autant que l'ennemi venant à s'emparer des forts, tout est perdu.

» Barthélemy de Montrambault, Pupelin, Devoyo, Bernard, Antoine de Ganay, gens du roi, ont été de même opinion que le révérend évêque.

» Georges Venot dit que si les habitans ne veulent faire la dite retraite, il vaudroit mieux démolir les forts pour rendre tous les habitans égaux.

» Les sieurs Lazare d'Angoste et Nicolas Rolet ont exposé, au contraire, que si l'ennemi entre dans la ville, voyant qu'il n'y ait résistance et n'y trouvant gens pour le recevoir, il la brûlera. Partant qu'ils sont d'avis de défendre au possible la ville du milieu, et étant repoussés de se réfugier au Château et à Marchaux.

» Tous les autres assistans ont été d'avis et ont conclu de conserver la ville entière, s'il est possible, et pour ce, d'appeler les retrayans, les villageois et faubourgeois circonvoisins, d'engager

---

[1] C'est ainsi que nos ancêtres nommaient le prince Casimir (en prononçant *Cazemi*)..Ils faisaient de même de Vézelay, *Védelay*. La prononciation à cette époque était beaucoup plus douce qu'aujourd'hui. On recherchait avec soin les consonnes euphoniques et l'on évitait les consonnes sifflantes et dures. Ce système de prononciation doux et fluide faisait réellement de notre langue « une parleur plus délitable que toute autre. » Nous nous rappelons avoir entendu des vieillards, fidèles aux habitudes du passé, prononcer les mots *plaisir, désir,* en supprimant l'r final, dire *segret* au lieu de *secret, geval* au lieu de *cheval*. Cette prononciation, qui paraîtrait aujourd'hui ridicule et passerait pour un manque d'éducation, était autrefois d'un usage général. — Voyez sur ces questions l'ouvrage curieux de M. Génin, *Des Variations du langage français,* 1 vol. in-8°.

des soldats et arquebusiers disponibles, mais que cette partie venant à être forcée, il se faut retirer dans les forts pour les conserver. »

Dans l'après-midi, le vierg manda les cinq centeniers de la milice bourgeoise, Louis Dubanchet, Jacques de Genay, Lazare Cortelot, Pierre Jacquesson, François Coutault, et, afin de tenir leur courage en haleine, il leur adressa le discours suivant :

« Le vierg démontre que, vu le péril auquel étoit exposée la ville, il falloit aviser à conserver l'ancienne gloire et réputation de cette antique cité des plus célèbres et renommées de toutes les Gaules. Ce qui ne peut se faire que par l'union de tous les citoyens desquels il est urgent connoître la volonté, à savoir : s'ils sont délibérés, l'ennemi forçant la ville, de se retirer aux forts ou non. Si, au contraire, les citoyens sont divisés, les uns à la garde des forts, et les autres ailleurs, ce sera ainsi amoindrir les forces et donner occasion à l'ennemi de s'emparer de la cité entière. Or, les centeniers étant les principaux chefs desquels dépend la conduite des centaines, lui vierg a jugé à propos de les appeler pour connoître leurs sentimens.
» Les centeniers promettent unanimement de n'abandonner la ville, mais la défendre avec leurs centaines autant qu'il sera en leur pouvoir, et s'ils sont contraints de se retirer dans les forts dont ils sont retrayans, ils jurent vivre et mourir pour la patrie.
» Sur l'avis des assistans, comme plusieurs se sont déjà réfugiés d'icelle cité, il sera publié à son de trompe qu'ils aient à rentrer incontinent après la publication, à peine leurs maisons d'être exposées au pillage. On a aussi été d'accord d'avertir le bailli Simon de Loges, ou bien le seigneur de Montperroux, de s'acheminer à Autun pour y donner ordre et commander ce qui sera nécessaire au service du roi. »

Le lendemain, 24 janvier, une nouvelle et dernière réunion eut lieu :

« Le bruit s'est confirmé que l'ennemi s'approchoit fort de la ville pour la défense de laquelle il falloit se pourvoir au plus tôt de quelques troupes, et comme dans ce cas d'éminent péril les capitaines de Gerlans [1] et de Fougerettes se sont volontairement offerts de venir avec bon nombre d'arquebusiers, on doit délibérer s'il seroit bon les accepter avec leurs deux cents soldats, ou s'il faut aviser à d'autres moyens.

» Ayant été pris les suffrages de tous les comparans, il a été convenu que le capitaine Champecullion avec le conseiller Bernard s'achemineront vers eux pour les prier d'aider la ville du plus grand nombre d'arquebusiers qu'ils pourront, lesquels on satisfera et contentera à leur désir et volonté. »

Ce patriotisme généreux, ce dévouement de chacun au bien public, tout louables qu'ils nous paraissent, furent dépensés en pure perte. Le 2 février, on reçut la nouvelle que le danger s'éloignait et que les troupes allemandes se dirigeaient du côté de Chalon [2]. On ne pensa plus qu'à se débarrasser du capitaine Emery et de son régiment de douze enseignes envoyé, quelques jours auparavant, par Mayenne pour protéger la ville. Dans l'assemblée de ce jour, Georges Venot, suppléant le vierg en mission, prit la parole :

« Il déclara qu'il étoit nécessaire et expédient, pour le soulagement des habitans qui ne peuvent, à cause de leur pauvreté, supporter plus longuement la *foule* des troupes en garnison, de les licencier et faire reconnoissance, à prix d'argent, tant à l'endroit

---

[1] Jean de Villers, sieur de Gerlans, Civry et Raveloux, devint seigneur de Montjeu par son mariage avec Jeanne, dame de Montjeu, qui lui apporta cette terre en dot. Jean de Villers fut le dernier qui porta le nom seigneurial de Montjeu, le président Jeannin l'ayant acquis, en 1596, de Louis Brancion de Visargent, son dernier possesseur.

[2] Au mois de mai, la coalition des protestants de France et d'Allemagne était dissoute. Le prince Casimir avait vendu à Henri III sa neutralité, moyennant donation, pendant sa vie, de plusieurs terres et seigneuries situées presque toutes en Bourgogne : Argilly, Châtel-Girard, Pontalier, Brazey, Beaumont, Viel-Château, Saint-Léger-de-Foucheron, Saint-Germain, Montsert et Rouvre. [Lettres patentes du 30 mai 1576 ; Archives du parlement de Dijon, registre IXe, fol. 145.]

des sieurs d'Emery et Combette, qu'autres capitaines, lieutenans et enseignes, du secours opportun qu'ils ont rendu à la ville, d'autant que sans l'avertissement que l'ennemi a eu de ce secours et de ces forces, il venoit y faire séjour.

» Sur cette proposition, on décide que les magistrats prendront deniers à intérêts jusques à telle somme nécessaire, pour être distribués tant au sieur d'Emery qu'aux autres officiers de son régiment, de laquelle somme le révérend évêque, les chanoines et les habitans s'obligeront, et pour ce faire il a été donné au vierg toute procuration et puissance. »

Le 16 février suivant, Claude Berthault et les échevins se rendirent à la visite que les gens du roi étaient chargés de faire des murailles du Château et du mauvais état des fortifications. Il s'agissait de les réparer. Le chapitre, à bout de ressources, voulait y faire contribuer les habitants de Marchaux et de la ville moyenne. Ceux-ci également obérés cherchaient à s'en dispenser. Venot fut député près de Chabot-Charny pour lui faire entendre qu'il n'y avait au fond aucune division entre les ecclésiastiques et les habitants, « mais que vu la grande charge supportée par les citoyens » de Marchaux, ils ne pouvoient faire aucunes réparations » au Châtel, si les habitans du Châtel ne contribuoient à » celles de la ville basse. »

On n'en continuait pas moins de se tenir activement sur ses gardes, afin de parer à toutes éventualités.

« Le 3 mai, à raison des troubles régnans, les sergens assisteront les quatre échevins au guet de nuit aux heures requises. — Louis Devoyo gardera la porte *devers cheux Coquand* [1]. — Edme

---

[1] Ces expressions, *cheux Coquand*, prouvent que le nom de la porte Coquand vient d'une famille qui habitait près de là. Ce nom était un sobriquet donné à la famille Dubanchet. Le *Livre noir* mentionne, à la date de 1501, le bail à ferme « d'un jardin tenant à la rue publique tendante de la boucherie du Château à la maison d'Antoine Dubanchet, dit Coquand. » Le nom de *Matheron* donné autrefois à la porte Saint-Blaise avait la même origine.

Barbotte celle du Pas-des-Marbres. — Pierre Jeannin les barrières du Carrouge et celle sise près de la maison Jean Rabiot. — Enfin, Jean Dechevannes sera désigné à la garde de la porte des Bancs du Château. »

La puissance des protestants, accrue par la réunion du roi de Navarre qui s'était évadé de la cour où il était retenu depuis la Saint-Barthélemy, effraya Catherine de Médicis et l'engagea à proposer sérieusement la paix. Elle commença par détacher du parti le duc d'Alençon, son fils, qui était devenu méprisable aux huguenots par son esprit d'intrigue et d'ambition; elle leur promit des conditions aussi avantageuses que celles qu'ils pourraient gagner par la force des armes. Le 14 mai 1576, fut rendu un nouvel édit de pacification, le plus favorable qu'eussent obtenu jusque-là les huguenots. On leur permettait l'exercice public de la religion dans tout le royaume, et on leur accordait huit places de sûreté. Le duc d'Alençon, le maréchal de Montmorency, le prince de Condé furent pourvus de nouveaux gouvernements, et le roi promit la convocation des Etats généraux, afin d'affermir sur ces bases le maintien de la paix publique.

La tranquillité revenue, il ne resta plus aux habitants d'Autun qu'à éloigner, à prix d'argent [1], vers la fin de juin, les

---

Les rues *Piollin, Chaffault,* des *Lochins* (par corruption *Aulachien*), dans la partie haute de la ville; les rues *Jeannin, Jondeau, Guérin,* du *Puits-Charpiot,* dans la partie basse, ont pris également le nom des familles qui les habitaient.

[1] Extrait de la délibération du 13 juin 1576 : « Des lettres ayant été adres-
» sées de la part de Monsieur, frère du roi, aux vierg et officiers, pour les
» prévenir de sa venue prochaine en la ville d'Autun, où il se proposoit de
» faire étape, on avise à pourvoir aux approvisionnemens nécessaires et l'on
» désigne à cet effet : pour le *vin,* Etienne Dechevannes et Claude Nuguet;
» pour le *fait des fascines* et la *distribution du pain,* Louis Devoyo, avocat,
» et Philippe de Cercy, syndic; pour le *bestial,* Antoine Dubanchet et autres
» qui voudront; enfin, Edme Barbotte, pour les munitions de *foin, paille* et
» *avoine.* »

troupes royales qui avaient dessein de prendre étape dans la ville. On se débarrassa par le même moyen de mille ou douze cents reîtres qui rentraient en Allemagne et qui, passant près d'Arnay, projetaient « de se porter sur Autun, ce » qui en causeroit la ruine s'il n'y étoit pourvu par toutes » voies. » On s'adressa au capitaine d'Epinac « ayant con- » noissance entre les dites troupes, pour s'y acheminer afin » de les divertir, et on lui promit tous les deniers qu'il con- » venoit à cet effet payer. »

Les Etats généraux promis par Henri III s'assemblèrent à Blois le 6 décembre 1576. Les députés du bailliage d'Autun furent : pour la noblesse, Humbert de Marcilly-Cipierre, seigneur de La Motte près Saulieu, fils de l'ancien gouverneur de Charles IX; pour le clergé, l'évêque Ailleboust et le chanoine Antoine Borenet qui remplit les fonctions de secrétaire de la chambre ecclésiastique [1]; pour le tiers, Georges Venot et le vierg en exercice Claude Berthault. Tous deux étaient chargés, de concert avec les députés de Chalon et de Mâcon, de solliciter, entre autres réformes, la suppression des juridictions cléricales. La question était délicate pour Venot à qui c'était mettre des armes à la main pour se frapper lui-même. Il présenta requête à la ville, alléguant sa qualité de bailli de l'église, afin d'être dispensé d'un voyage où il avait mission de demander le retrait de son emploi. Le conseil,

---

[1] Antoine Borenet, nommé greffier du clergé avec François Laquellier, chanoine de Poitiers, rédigea le procès-verbal des délibérations de son ordre. Ce procès-verbal n'est pas parvenu jusqu'à nous. Quelques années après, l'assemblée de Melun, dans sa séance du 24 septembre 1579, enjoignit aux deux anciens secrétaires d'envoyer « les rédactions et autres papiers qu'ils te- » noient par devers eux. » Cet ordre pour des causes ignorées resta sans exécution. — La collection des *Procès-verbaux des Assemblées générales du clergé de France,* Paris, 1767, mentionne, p. 71 et 101, deux pièces signées par Borenet au nom du clergé :

1° *Lettre* aux diocèses pour faire des prières, du 5 octobre 1585.

2° Autre *Lettre* aux diocèses, du 14 juin 1586.

qui se trouvait engagé dans ce moment en un procès avec le chapitre au sujet de la justice temporelle, déclara que Venot serait contraint, par toutes voies, *de s'acheminer aux Etats.*

Les cahiers du tiers de Bourgogne se déclarèrent hautement pour la réformation des mœurs et la diminution des bénéfices de l'Eglise, pour l'abolition des garnisons, le disciplinement des gens de guerre *vivant sur le bonhomme, sangsues du pauvre peuple, dont la liberté,* disaient-ils, *est tout abattue* [1]. Ils se prononcèrent énergiquement en faveur de l'unité de religion, supplièrent le roi d'interdire tout exercice public et particulier du culte réformé, d'expulser du royaume les ministres et de faire la guerre aux protestants, jusqu'à ce qu'ils fussent rentrés dans le sein de l'Eglise romaine.

Le tiers du bailliage de Dijon était représenté par Guillaume Royer et par Pierre Jeannin, gouverneur de la chancellerie de Bourgogne. Nommé l'un des orateurs de son or-

---

[1] Expression textuelle des cahiers du tiers-état de Chalon, Mâcon et autres villes, recueillis par M. Marcel Canat, à qui nous en devons la bienveillante communication. — Les procès-verbaux des assemblées préparatoires et les cahiers de l'Autunois n'ont pas été conservés. En revanche, et grâce aux recherches persévérantes de M. Canat, on possède ceux du Chalonnais et du Mâconnais qui présentent les indications les plus précises sur une foule de questions : formes de convocations, modes d'élections, tenues des assemblées, noms des députés, état du clergé, de la noblesse et des communes, etc... Parmi les vœux exprimés, nous citerons ceux-ci : Une répartition plus égale des revenus de l'Eglise et la cession d'une partie de ces biens aux pauvres. On demandait que les ecclésiastiques fussent théologiens, savants, de bonnes mœurs ; qu'ils ne possédassent qu'un seul bénéfice ; que l'élection aux dignités, même à celle d'évêque, fût faite dans une assemblée générale des trois ordres ; qu'on augmentât l'autorité des maires sur les troupes et qu'on diminuât celle des capitaines ; que les juges portassent la peine de leurs erreurs ; que les biens des étrangers forcés de quitter le royaume servissent aux aumônes ; que la plupart des fêtes fussent remises au dimanche ; que l'on établît l'unité de poids, aunage et mesure, etc... — Voyez aussi, sur les cahiers des Etats de Blois, les considérations de M. Aug. Thierry, *Essai sur l'histoire du Tiers-Etat,* t. I, p. 152.

dre, Jeannin signala avec fermeté les menées des Guise pour faire déclarer la guerre aux huguenots contre la volonté du roi, conseilla de rattacher ces derniers à l'Eglise par des voies conciliatrices et s'opposa à l'emploi de la force et de la contrainte [1]. Cet avis, partagé par un petit nombre de provinces, n'obtint pas la majorité. L'assemblée était peu disposée à accepter un moyen terme entre les catholiques qui voulaient qu'on exterminât l'hérésie, et les protestants qu'on la reconnût comme religion du royaume. Le signal de la guerre fut donné malgré les représentations du roi et de la cour. Les huguenots protestèrent contre la réunion des Etats et la déclarèrent illégale, sous prétexte qu'ils avaient été convoqués à leur exclusion. La vérité est que les élections s'étaient opérées dans toute la France sous l'influence du clergé, des ordres religieux et des ligues catholiques. Les calvinistes, considérés par les populations fatiguées comme les auteurs des maux du pays, n'avaient obtenu qu'un petit

---

[1] Jeannin écrivait, le 6 décembre 1576, à Guillaume de Tavannes, lieutenant-général de Bourgogne, la lettre suivante :

« Monseigneur, je n'ay eu aucune occasion de vous écrire depuis mon dé-
» part pour vous advertir qu'arrivé par delà j'ay trouvé moyen de faire en-
» tendre au roy, bien particulièrement en son cabinet, ce qui s'est traité en
» Bourgogne pour son service, où n'ay oublié luy descouvrir l'affection et fidé-
» lité de laquelle vous êtes employé. Vous avez sceu par Monsieur vostre frère
» quel changement que la nécessité plutôt qu'autre choix a fait prendre à Sa
» Majesté. Dieu veuille que ce soit avec bon succès. Il doit demain faire la
» proposition aux Etats où l'on s'attend que quelques-uns feront des protesta-
» tions au nom du roy de Navarre et du prince de Condé, qui n'auront force
» pour empescher ou reculer l'assemblée des Etats, de laquelle je ne peux
» encore rien promettre, sinon avec trop d'incertitude; il y a pour craindre
» et pour espérer. Messieurs de Guise y sont attendus dans deux ou trois jours.
» J'espère d'estre mieux instruit dedans peu de temps ; lors vous écriray plus
» amplement.

» Ce pendant, je prie Dieu, Monseigneur, qu'il augmente, en toute prospé-
» rité, vos grandeurs.

» De Blois, ce 6e jour de décembre,
» Vostre très humble et obéissant serviteur,
» PIERRE JEANNIN. »

[Extrait de la Bibliothèque nation., fonds Fontette, porte-f. XL, n° 42.]

nombre de représentants. L'inflexible détermination des députés catholiques les consterna.

Un des premiers actes de l'assemblée fut d'envoyer des délégués aux trois chefs réformés, le roi de Navarre, le maréchal de Montmorency, le prince de Condé, pour les engager à s'y rendre et à souscrire l'article qui défendait l'exercice de toute autre religion que la religion catholique. Condé se tenait à Saint-Jean-d'Angely, prêt à répondre à ces propositions par un appel aux armes. Le représentant du clergé d'Autun, Charles Ailleboust, envoyé auprès de lui avec deux autres délégués des Etats [1], le trouva [29 janvier] au bourg de Surgères, près La Rochelle. Le prince les reçut fort mal, refusa d'ouvrir leurs lettres et de les reconnaître pour mandataires des Etats généraux, « assemblée, — disait-il, — » convoquée ni tenue légitimement, où il n'y avoit de re- » présentans que d'un seul parti, et où l'on n'avoit daigné » mander les élus de quantité de villes et de provinces, où » les consciences étoient forcées et les libertés de la couronne » violées ; assemblée enfin qui n'étoit qu'un amas d'hommes » subornés et corrompus par les perturbateurs du repos » public. » Sur son refus d'entendre leurs explications, les députés se retirèrent. [2]

Les sentiments du prince de Condé étaient ceux des principaux religionnaires. Le souvenir de la Saint-Barthélemy rendait impossible toute transaction. Après plusieurs délibérations, les Etats finirent par révoquer l'édit de paix. Une ligue fut signée entre le roi, le duc d'Anjou, les membres de la famille royale, par laquelle on promettait de faire bonne guerre aux huguenots. Henri III se déclara chef de

---

[1] Les deux collègues de l'évêque d'Autun étaient le sieur de Montmorin, pour la noblesse ; et Pierre Rat, président du parlement de Poitiers, pour le tiers-état.

[2] V. aux *Pièces justif.*, n⁰ˢ 42 et 43, la légation de Charles Ailleboust.

la Sainte-Ligue et fit présenter la formule du serment à la signature des habitants de Paris et du royaume.

En Bourgogne, les confréries organisées par Tavannes avaient été comme autant de ligues particlles conclues entre les habitants de chaque ville et entre chaque ville du duché. Constituées sur des bases plus générales, ces associations reprirent une nouvelle vigueur, et leur réseau s'étendit bientôt sur toute la province. En 1577, d'après l'ordre de Henri III, le gouverneur Chabot-Charny assembla à Dijon les gens de noblesse, les membres du clergé et du tiers et leur fit prêter le serment d'assistance mutuelle et de dévouement à l'Union. [1]

Ces ligues furent un nouveau signal de haines et de menaces, un germe de dissensions renaissantes. Mais le pays n'offrait plus de ressources pour la guerre; la misère et l'épuisement régnaient partout. Ils firent taire pendant plusieurs années la fureur des partis. Cette guerre, jurée avec tant de passion, aboutit à un sixième édit de pacification signé à Bergerac, au mois de septembre 1577, et qui dépassait les précédents par l'étendue des concessions faites aux huguenots [2]. Ils obtenaient le libre exercice de leur culte dans le royaume, à l'exception de Paris. On leur accordait un certain nombre de places fortes et l'admission aux dignités et aux honneurs, comme les catholiques; enfin, on jura pour tous *amnistie* et *oubliance*. A ce prix, les confédérations réformées et la ligue royaliste devaient être dissoutes.

---

[1] *Pièces justif.*, n°ˢ 44, 45. — « *Articles de l'association faite entre les seigneurs, gentilshommes et autres, tant de l'état ecclésiastique, noblesse que tiers-état, et sujets du duché de Bourgogne assemblés à Dijon par Monsieur le Grand, selon le commandement du roi, en l'année 1577.* »

[2] Le premier édit de pacification fut rendu le 19 mars 1563 ; le second est du 23 mars 1568 ; le troisième du 8 août 1570 ; le quatrième du mois de juillet 1573, et le cinquième du 14 mai 1576.

De ce moment, commence une nouvelle période pour l'histoire d'Autun. Les vieux partis s'effacent; les divisions entre les familles disparaissent; les inimitiés entre les personnes s'éteignent. Le protestantisme chez le plus grand nombre n'a point laissé d'animosité religieuse, mais seulement la crainte de le voir renaître. La plupart des acteurs qui ont figuré pendant la *Réforme* et les *Guerres de Religion* meurent ou tombent dans l'oubli. La génération qui leur succède, en passant du terrain de la lutte religieuse sur le terrain de la lutte politique, revêtira, sous la *Ligue*, un caractère différent. Protestants et catholiques ne se retrouveront pas, à l'avenir, sous l'habit de royalistes et de ligueurs; il n'y aura que des citoyens plus ou moins ardents pour le maintien de leur foi, plus ou moins disposés à soutenir ou à combattre le principe de l'hérédité monarchique.

FIN DU LIVRE DEUXIÈME.

TABLE DES MATIÈRES

CONTENUES

DANS LE PREMIER VOLUME.

	Page
AVANT-PROPOS	V

INTRODUCTION.

    I. — Préliminaires de la réforme en Bourgogne et dans l'Autunois 1

    II. — Le clergé d'Autun au moment de la réforme . . . 39

    III. — Les officiers du bailliage d'Autun et les magistrats de la ville au XVIe siècle 71

LIVRE PREMIER.

LA RÉFORME.

CHAPITRE I. — Les députés d'Autun aux États généraux d'Orléans, de Pontoise et au Colloque de Poissy.

Sommaire. — Situation des partis au moment de la convocation des États généraux d'Orléans.—Jacques Charvot, Charles de Beauvoir-La-Nocle, Jacques Bretagne et Jean Lalemant, députés du bailliage. — Causes de leur élection. — L'Autunois Jean Quintin et sa harangue. — Jacques Bretagne aux États de Pontoise. — Portrait du lieutenant de la chancellerie. — Il porte la parole devant la cour au nom du tiers. — Tendance et portée de son discours. — Le colloque de Poissy et le théologien Lazare Brochot 107

CHAPITRE II. — LE CALVINISME DANS LE CHAPITRE CATHÉDRAL.

SOMMAIRE. — Etat moral du clergé d'Autun au moment de la Réforme. — Dissidences religieuses dans le chapitre. — Robert Hurault, abbé de Saint-Martin, et son portrait par Théodore de Bèze.— Le théologal Louis Féaul et ses prédications. — Jean Vériet et Jean de La Coudrée, chanoines hérétiques. — L'évêque Pierre de Marcilly informe contre eux. — Phases diverses de ce procès. — Mouvements calvinistes et désordres dans la ville. — Arrêt du parlement de Dijon contre les protestants. — Condamnation de Vériet et de La Coudrée. — Leur expulsion du chapitre. — Conséquences et réflexions 147

CHAPITRE III. — ÉTABLISSEMENT D'UN PRÊCHE A AUTUN.

SOMMAIRE. — Les protestants de Bourgogne après les édits de juillet et de janvier. — Vériet et La Coudrée sont institués ministres. — Les réformés autunois s'emparent de la grange de Saint-Jean-Baptiste. — Réclamations de l'évêque et du chapitre. — Montbrun et Gaspard de Tavannes. — Célébration de la Cène à Autun. — Expédition de Guillaume de Villefrancon contre les religionnaires. — Georges Venot supplante Bretagne à la viérie. — Menées calvinistes du lieutenant de la chancellerie et du médecin Lalemant. — Installation du prêche à La Barre.— Le pays à la suite des guerres civiles. 183

CHAPITRE IV. — PÉRIODE DÉCROISSANTE DU CALVINISME A AUTUN.

SOMMAIRE. — Voyage de Charles IX en Bourgogne. — Question de la Régale et prétentions de l'évêque d'Autun sur l'archevêché de Lyon. — Jacques Charvot et Jean Serrurier. — Pierre de Marcilly et le cardinal Hippolyte d'Est. — Philibert de Marcilly-Cipierre. — Sa mort et son inhumation dans l'église Saint-Lazare. — Edit de Roussillon et ses conséquences. — Transfert du prêche de La Barre à Bois-le-Duc. — Sa suppression. — Divergences religieuses dans les familles d'Autun 223

CHAPITRE V. — ÉTAT MORAL DU CHAPITRE A LA SUITE DES TROUBLES RELIGIEUX.

SOMMAIRE. — Causes des mœurs dissolues du clergé. — Efforts du chapitre pour y remédier. — Contestations sur des points de dogme. — Le théologal Louis Féaul. — Apostasie du chanoine Gabriel de Grigny. — Le prévôt de Sussey, Antoine Borenot. — Clercs libres penseurs et débauchés. — Mesures contre les femmes de mauvaise vie. — Aumônes. — Prédications. . . . 247

DES MATIÈRES.   479

CHAPITRE VI. — LUTTE ENTRE LA JURIDICTION SEIGNEURIALE DU CHAPITRE ET LA MAGISTRATURE DU BAILLIAGE ET DE LA VILLE.

SOMMAIRE. — Conflits de juridiction entre les chanoines, les baillis et les viergs. — Le lieutenant Ladone réclame la suppression de la justice temporelle de l'Eglise. — Longs débats à ce sujet. — Bretagne réélu vierg conserve à la ville la viérie réclamée par le domaine royal. — Arrêt de la reine de Hongrie et ses conséquences. — Accroissement des attributions de police des magistrats dans le Château. — Création de la justice consulaire et de la maréchaussée. 287

CHAPITRE VII. — DERNIÈRES TENTATIVES DU CALVINISME SUR LA JEUNESSE D'AUTUN.

SOMMAIRE. — Attitude des magistrats calvinistes. — Discours contre les prédications ultra-catholiques du cordelier François Marcoux. — Les écoles d'Autun au XVIe siècle. — Pensionnat calviniste dans la ville. — Le professeur Destample et le ministre Descrots. — Testament et succession de Robert Hurault. — Le parti réformé et la jeunesse des écoles. — Décadence des études 315

LIVRE DEUXIÈME.

LES GUERRES DE RELIGION.

CHAPITRE I. — LE CHATEAU D'AUTUN EN ÉTAT DE DÉFENSE.

SOMMAIRE. — Indication des évènements généraux. — Description d'Autun fortifié. — Marchaux, le Château et la citadelle. — Préparatifs de guerre. — Nomination d'un capitaine du Château. — Jacques Charvot et le chanoine André Ferrand. — Clercs de complicité avec les huguenots. — Odot Foulenier, Jean Seguenot, la famille Desplaces. — Excès des gens de guerre autour de la ville. — Alarmes et précautions. 341

CHAPITRE II. — ÉTABLISSEMENT DE LA CONFRÉRIE DE SAINTE-CROIX A AUTUN ET ORIGINE DE LA LIGUE.

SOMMAIRE. — Associations catholiques instituées par Tavannes en Bourgogne. — La confrérie du Saint-Esprit. — Confrérie de Sainte-Croix fondée à Autun par Etienne Dechevannes. — Origine de la Ligue. — Reprise de la guerre. — Georges Venot élu vierg. — Ladone et Bretagne quittent la ville. — Mesures contre les huguenots. — Assemblées générales. 381

CHAPITRE III. — L'INVASION ALLEMANDE ET LA MAGISTRATURE DU CALVINISTE PHILIBERT TIXIER.

SOMMAIRE. — Les Allemands en Bourgogne. — Garnisons. — Philibert Tixier, élu vierg, s'appuie sur les protestants. — Réclamations du chapitre. — Envoi d'un gouverneur militaire. — Verdignac de Champecullion et Gaspard de Tavannes. — Mesures de sûreté. — Tixier insulté par les religieux de Saint-Symphorien. — Nouvelles garnisons 403

CHAPITRE IV. — BATAILLE D'ARNAY-LE-DUC ET PASSAGE DE L'AMIRAL DE COLIGNY PAR AUTUN.

SOMMAIRE. — Marche de Coligny à travers la Bourgogne. — Bataille d'Arnay-le-Duc. — Saccagement des abbayes de Saint-Martin et de Saint-Symphorien. — Excès de la garnison. — Débuts de Pierre Jeannin. — L'avocat autunois et Chabot-Charny préservent la province du massacre de la Saint-Barthélemy. — Charles Ailleboust succède à l'évêque Pierre de Marcilly. . . 431

CHAPITRE V. — ÉTAT DU PAYS A LA FIN DES GUERRES.

SOMMAIRE. — Enquête sur la situation du pays par ordre de Charles IX. — Procès-verbal de la visite de Guillaume de Tavannes dans l'Autunois. — Le prince de Condé et le duc des Deux-Ponts traversent la Bourgogne. — Appréhensions dans Autun. — Assemblées générales. — Les députés du bailliage aux premiers Etats de Blois. — La Sainte-Union ou la Ligue. . . 453

FIN DU PREMIER VOLUME.

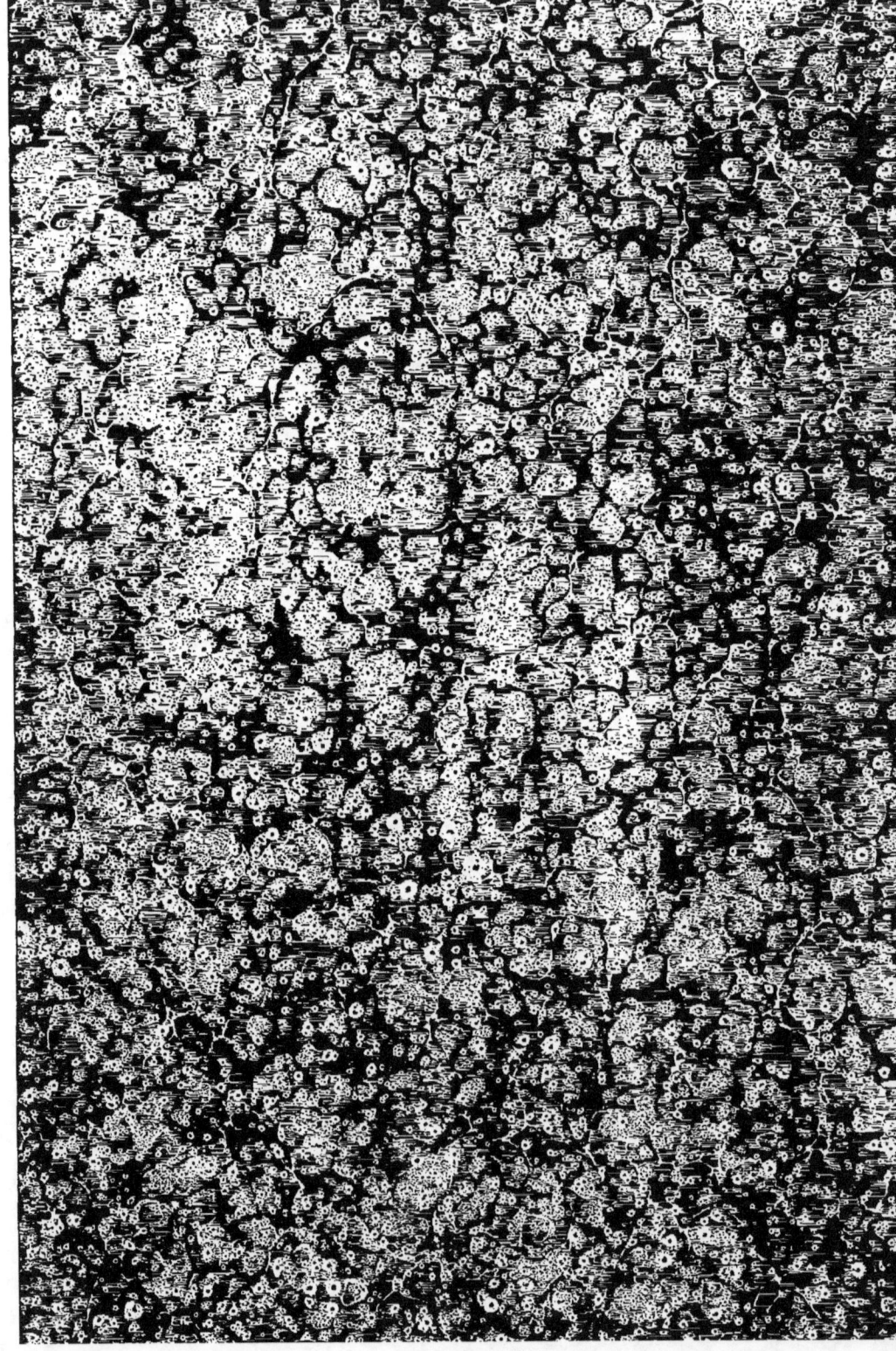

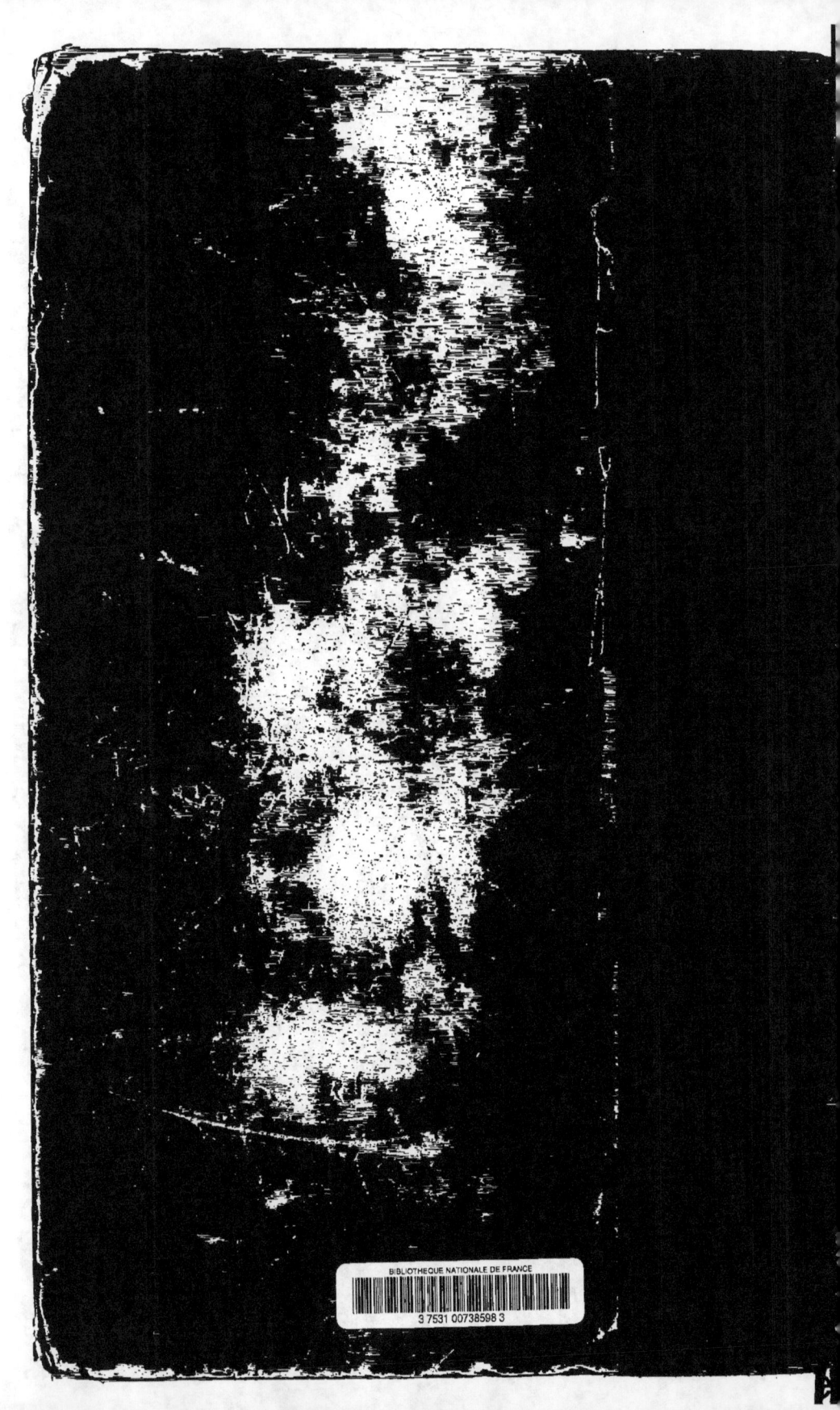

www.ingramcontent.com/pod-product-compliance
Lightning Source LLC
Chambersburg PA
CBHW071707230426
43670CB00008B/938